大 学 问

始 于 问 而 终 于 明

守 望 学 术 的 视 界

长江三角洲的小农家庭与乡村发展

黄宗智 著

GUANGXI NORMAL UNIVERSITY PRESS
广西师范大学出版社
·桂林·

长江三角洲的小农家庭与乡村发展
CHANGJIANGSANJIAOZHOU DE XIAONONGJIATING YU XIANGCUNFAZHAN

图书在版编目（CIP）数据

长江三角洲的小农家庭与乡村发展 / 黄宗智著. --
桂林 ：广西师范大学出版社，2023.2
（实践社会科学系列 / 黄宗智主编）
ISBN 978-7-5598-5304-2

Ⅰ. ①长… Ⅱ. ①黄… Ⅲ. ①长江三角洲－小农经济－家庭经济学－关系－农村经济发展－研究 Ⅳ. ①F327.5

中国版本图书馆 CIP 数据核字（2022）第 153417 号

广西师范大学出版社出版发行
（广西桂林市五里店路 9 号　邮政编码：541004
网址：http://www.bbtpress.com）
出版人：黄轩庄
全国新华书店经销
广西民族印刷包装集团有限公司印刷
（南宁市高新区高新三路 1 号　邮政编码：530007）
开本：880 mm ×1 240 mm　1/32
印张：18.5　字数：400 千
2023 年 2 月第 1 版　2023 年 2 月第 1 次印刷
印数：00 001~10 000 册　定价：98.00 元

“实践社会科学系列”总序

中国和美国的社会科学近年来多偏重脱离现实的抽象理论建构，而本系列丛书所强调的则是实践中的经济、法律、社会与历史，以及由此呈现的理论逻辑。本丛书所收入的理论作品不是由理论出发去裁剪实践，而是从实践出发去建构理论；所收入的经验研究则是那些具有重要理论含义的著作。

我们拟在如下三个子系列中收入精选后的重要作品，将同时推出中文版和英文版；如果相关作品已有英文版或中文版，则将其翻译出版。三个子系列分别是“实践法史与法理”“实践经济史与经济学”“中国乡村：实践历史、现实与理论”。

现今的社会科学研究通常由某一特定的理论立场出发，提出一项由该理论视角所生发出的研究问题，目标则是证明（有时候是否证）所设定的“假说”。这种研究方法可以是被明确说明的，也可以是未经明言的，但总是带有一系列不言而喻的预设，甚或是无意识的预设。

因为当下的社会科学理论基本上发端于西方，这种认识论的进路经常伴随着西方的经验（诸如资本主义、自由市场、形式主义法律等），以及其理论抽象乃是普适真理的信仰。而在适用于发展中的非西方世界时，社会科学的研究基本上变成一种探索研究对象国家或地区的不足的工作，经常隐含或者公开倡导在西方“模式”道路上的发展。在经济学和法学领域内，它表现得最为明显，这是因为它们是当前最形式主义化和意识形态化的学科。而中国乡村的历史与现实则是最明显与主流西方理论不相符的经验实际。

我们的“实践社会科学系列”倡导把上述的认知过程颠倒过来，不是从源自西方的理论及由此得出的理论假说出发，而是从研究对象国家的实践历史与现实出发，而后进入理论建构。近代以来，面对西方在经济、军事及文化学理上的扩张，非西方国家无可避免地被卷入充满冲突性斗争的历史情境中——传统与西方“现代性”、本土与引进、东方与西方的矛盾。若从西方理论的视野去观察，在发展中国家的历史社会实践中所发生的现象几乎是悖论式的。

我们从实践出发，是因为不同于理论，实践是生成于研究对象国家自身的历史、社会、经济与政治的情境、视域和话语内的。而且由实践(而非理论)出发所发现的问题,更有可能是所研究国家自身的内生要求,而不是源自西方理论/认知所关切的问题。

实践所展示的首先是悖论现象的共存——那些看起来自相矛盾且相互排斥的二元现实,却既真实又真切地共存着。例如,没有(社会)发展的(全球化的)商业化、没有民主的资本主义,或者没有相应司法实践的西化形式主义法律。其挑战着那些在它们之间预设因果关系的主流西方理论的有效性,因此呼吁新理论的构建。此外,理论往往由源自西方的形式演绎逻辑所主导,坚持逻辑上的前后一贯,而实践则不同于理论,惯常地容纳着看起来是自相矛盾的现象。从实践出发的认知要求的是,根据实践自身逻辑的概念化来建构理论——比如中国的“摸着石头过河”。

从实践出发的视野要求将历史过程作为出发点,要求由此出发的理论建构。但是,这样的实践和理论关怀并不意味着简单地拒斥或盲目地无视西方的社会科学理论,而是要与现有理论进行自觉的对话,同时自觉地借鉴和推进西方内部多样的非主流理论传统。此类研究还可以表现在实际层面上,在西方主流的形式主义理论以外,有必要结合西方主流以外的理论传统去理解西方自身的经验——例如,结合法律实用主义(以及马克思主义和后现代主义)和主流的“古典正统”法学传统,去理解美国法律实践的过去和现在，或者结合马克思主义、实体主义和主流的亚当·斯密古典自由主义经济学传统，去理解西方的实践经济史。更重要的还在于，要去揭示这些存在于实践中的结合的运转理论逻辑，在这些看起来相互排斥的二元对立之间，去寻找超越“非此即彼”之逻辑的道路。

我们的丛书拟收入在实践法史与法理、实践经济史与经济学，以及中国乡村的实践历史、现实与理论研究领域内的此类著作，也包括讨论中国创新的著作，这些创新已经发生在实践内，却尚未得到充分的理论关注和表述。我们的目标是要形成一系列具有比主流形式主义研究更适合中国历史、现实的问题意识和理论观念的著作。

黄宗智

《华北的小农经济与社会变迁》《长江三角洲的小农家庭与乡村发展》新版合序

《华北的小农经济与社会变迁》(以下简称《华北》)与《长江三角洲的小农家庭与乡村发展》(以下简称《长江》)这两本书分别在 1986 年和 1992 年由中华书局出版,迄今已快四十年了。出版之后一再重版,此版已是第五次在国内出版。为此,我觉得有必要写篇新序来回顾两本书的写作过程和主要内容。

中西方学术的异同

在写作两书的 1980 年代,我面对的一个主要问题是针锋相对的中英文学术界的两大主流理论。一是当时仍然属于中方主流的马克思主义生产方式分析,主要强调生产关系，以地主相对佃农、富农相对雇农两条生产关系轴线为主的理论。另外则是西方主流形式主义经济学的论析，拒绝生产关系（阶级剥削）的论点，聚焦于人口、市场、资本、技术和生产率等的论析。

两者虽然如此针锋相对，但也有一定的、意外的共同点。中国的马克思主义理论框架，虽然是从社会主义的革命视角来看待资本主义生产方式，但同时也坚决将资本主义生产方式视作先进的、优越于封建主义的方式。因此，中国学界提出了比较独特的“资本主义萌芽”理论建构，将帝国晚期的雇佣关系视作比封建主义租佃关系先进的萌芽中的资本主义方式。众多学者花费了大量的劳动来试图论证这个被认作现代型的发展趋势。

吊诡的是，西方的学术思路在这方面其实和中国的“萌芽”思路比较偶然地相似，同样倾向要在中国的前近代和近代史中发现西方式的现代资本主义和市场发展倾向，为的是证明西方的现代化模式乃是普适的，不仅适用于西方，更适用于全球，包括中国。我们可以将其称作西方的“现代化主义”模式。

固然，以上指出的倾向仅是“主流”意见。即便在改革前的中国，在资本主义萌芽理论中，也有偏重生产关系和偏重生产力的不同意见——譬如，当年特别优秀的经济史研究领域的两位领军人物李文治和吴承明便是如此。还有过分强调和不那么强调"萌芽"论的流派，也有许多说到底乃是主要偏重扎实经验主义研究的学者。我在两书中，都连带讨论和考虑了这些不同派别。

同时，在西方（以及日本学术界）当然也绝对不是清一色的形式主义经济学/资本主义意识形态那么简单。我的两本书讨论了诸多不同的支流意见。譬如，源自马克思主义的"左派"的众多不同意见，包括对阶级关系中的"潜在剩余"的独特论析。在日本，除了马克思主义和资本主义意识形态，还有具有一定影响力的关于村庄社区共同体的论点。

但是，中西双方的主流倾向，以及其中的不同点和意外的共同点，还是比较清晰的。读者可以据此来认识当时的学术环境，不要被琐碎的细节混淆了双方不同的主要倾向和交搭，这是认识我这两本专著的核心问题和基本思路。

两本专著的经验基础

如今回顾起来，我的两本专著与之前学术成果最主要的不同首先是在经验层面的依据。1979 年中美正式建交之后，双方都开始探索建立诸多方面的新交流，包括学术。美方成立了名为"与中华人民共和国学术交流委员会"（Committee for Scholarly Communication with the People's Republic of China，CSCPRC）的组织，并在 1979 年开始通过公开竞争选派学者前往中国做学术研究。

机缘巧合，我成为最先被选的学者之一，并于 1980 年全年在中国第一历史档案馆查阅档案材料。一方面是查阅国内已经有不少人使用的“刑科题本”命案，从中挖掘（比较有限的）与经济史相关的信息；另一方面，我偶然发现了顺天府宝坻县的地方政府档案。后者才真正成为《华北》一书的重要支柱材料之一。同时，我还有幸获得进入顺义县沙井村的机会，对“南满洲铁道株式会社”（以下简称“满铁”）在 1930 年代后期到 1940 年代初期非常系统详尽地调查过的这个村庄进行重访，做跟踪调查，并与多位关键村民长谈。之后，在 1983、1984、1985、1988 年，我四次深入松江县华阳桥的四个（同样是满铁特别集中调查的）小自然村进行详细和系统的跟踪调查。另外，我还获准进入华北和江南多个地方政府档案馆搜集相关档案。（之后，我在 1990、1991、1993 年又三次进入满铁调查过的这些村庄集中研究其社区正义体系，并继续在地方档案馆搜集诉讼案件档案。后两者成为我之后关于法律史研究的两卷本的主要材料依据。）这些是 1980 年代之前中西方学者都不可能有的研究条件。

翔实精准的满铁资料与跟踪调查，加上地方档案，成为我写作《华北》和《长江》两书比较独特的研究资源，其给予了本领域之前不容易做到的“一竿子插到底”的详细材料。

读者将会在书中看到众多深入到一个个自然村和一家一户的,以及个别人的丰富、详尽的材料。这是这两本书的主要特点之一。

规模化资本主义农业模式之不适用于中国

另外则是我在问题意识上具有比较独特的背景和视野。长期以来,我一直经受着跨越双重文化和双重意识形态在感情和理智上的拉锯及斗争。我的父亲是1911辛亥年庚子赔款的留学生(是年排名第一)、美国普林斯顿大学学士及哥伦比亚大学经济学博士,深深认同美国的自由资本主义思想和传统。我的导师萧公权先生也同样如此。而我的母亲则是来自无锡农村耕读世家的闺秀,不懂英文(但写得一手好字)。我自己因此乃是真正意义的“双重文化人”。

我在学术方面的初始研究是(在父亲和导师的双重影响下)梁启超的自由主义思想,但后来发现,自己对那样的研究一直缺乏深层的感情和理智层面的动力。之后,仅仅为了保留自己的教学职位,为了通过加州大学的终身权考核,方才勉强地“完成”了算是自己的第一本专著《梁启超与近代中国的自由主义》(1972)。

其后,我逐步发现自己内心最关心的问题乃是相对父亲和母亲、美国和中国在感情和理智上的深层矛盾,认识到自己最需要做的,是通过扎实的研究来解答、解决心中的矛盾和疑惑。因此,在35岁那年,我抽出了两年时间来找寻能够解答心中最深层问题的研究材料,发现了之前较少被使用的满铁所做的大量系统、翔实、精准、可靠的材料。之后,伴随中美学术交流的开放,才有机会重访、调查、核实、延伸那些材料,想凭借深入的经验调查来解决长期以来的最为深层的一系列疑问,借此来处理自己心中至为紧迫的关于自由主义和马克思主义、美国和中国到底孰是孰非的深层问题。其结果便是这两本书。

《华北》得出的结论首先是,自由主义和马克思主义理论各有是处,都有助于我们认识、理解中国农村社会和经济的一些重要方面。雇工3人及以上,并且超过100亩规模的"经营式农场"乃是当时最富裕和成功的农户,中农则多是小规模的自耕农,而贫农则既有租佃土地的(虽然占比较低),但更多的是农忙要外出打短工的农民。这些基本社会经济实际都与资本主义萌芽论和生产关系直接相关。

《华北》上半部分主要探索了当时比较突出的经营式农场,将其与小规模的家庭农场仔细对比。令我感到意外的是,它们在资本投入(如肥料、用水、用牲畜等)、技术、亩产量等各方面都与小规模农场并无显著的不同。两者间最主要的差别在于,经营式农场由于是雇工经营的,能够做到比小农场更适度的劳动力配置:前者劳均种植20—25亩,后者则是15亩以下。这是这两种农场间最突出的不同。

为什么会如此？我借助马克思主义和资本主义两大意识形态之外的实质主义理论，发现其中的关键在于小农家庭的特殊组织逻辑。小农家庭的家庭劳动力是给定的；妇女、老人，乃至于小孩的辅助性劳动力基本谈不上什么“机会成本”，不像男劳动力那样可以外出打短工。在人口（相对过剩）与土地（相对稀缺）的压力下，那样的生产单位会尽可能将亩均劳动投入最大化，借此来尽可能提高产量，即便其劳动边际报酬严重递减也只能如此。而经营式农场，由于其劳动力主要是雇佣的，可以适当调整，则不会如此。因此，小农场常会种植更高比例的（特别劳动密集的）棉花，冒更大的市场风险，来尽可能提高自己土地不足的农场的收入。但同时，贫农，由于农忙时要靠打短工来补充自家土地收入的不足，则有时又不可能在自家土地上投入必需的劳动。

同时，经营式农场规模一般不超过200亩。这主要是因为超过那样的规模，农场主本人便不再能够亲自带领和监督劳动，劳动成本会快速上升。更重要的是，达到那样的规模之后，他会有更多机会选择报酬更高的经商或入仕的途径，其报酬会远远高于务农。

在华北，上述两种不同性质农场的共存与拉锯，组成了华北农村基本的社会经济状态。经营式农场占到大约10%

的土地,其余都是小规模家庭农场。

如此,雇工经营的经营式农场说不上是什么资本主义型的突破性生产方式或新的“发展”模式;同时,使用自家劳动力的小农家庭农场明显具有更顽强的生命力,即便有的要靠租佃土地,但也不见得就是简单的落后的“封建主义”生产方式。

在此之后,我转入《长江》一书写作的调查研究,则更惊讶地发现,在这个市场经济更发达的地区,华北那样的经营式农场居然会被小农家庭的特殊经济逻辑所完全淘汰掉。它们从明清之际以来逐步衰落,到十九、二十世纪已经完全绝迹。这就与“资本主义萌芽”论和“理性”“(资本主义性)农场主”理论的预期完全相悖,展示的是另一种截然不同的逻辑。

深究之后,我更清晰明确地发现,小农户由于其组织特点,能够承受雇佣劳动的“资本主义”单位所不可能承受的人地压力。它能够借助家庭的辅助劳动力来进行雇工所不可能肩负的、低于基本生存回报的辅助性生产活动,借此在小块土地上维持生存,并支撑更高度的商品化。其中,长江三角洲最主要的乃是棉花—纱—布和桑—蚕—丝的生产。它们按亩投入的劳动日总量分别达到水稻的18倍和9倍,但收入才3到4倍。正是那样的"内卷"(或"内卷化")[①]的经营方式,亦可称作"没有(单位劳动报酬)发展的(总生产量的)增长",使其能够在长江三角洲长期维持,并且完全消灭了学术理论中多以为是更先进、更优越的类似资本主义单位的"经营式农场"。

这就确证了《华北》已经得出的关于"经营式农场"的基本结论:其经营方式与小农经济的根本不同不在其"发展"方面的"先进"性,不在于更多的资本投入或先进的技术,以及更高的亩产量,也不在于其更高度的商品生产,而实际上在于一个简单的组织逻辑——由于是雇工经营,它们可以根据需要而雇工,借此达到比小农户更合理的劳动力配置,免去自身生产单位"劳动力过剩"的问题,达到更高效率的劳动力使用。而小农户则由于其家庭劳动力是给定的而不能"解雇"家庭的劳动力,最终只能走上投入越来越

① 拙作英文版一贯使用了"involution"一词,中文译作"内卷",包括"内卷化"和"内卷型商品化"是我"发明"的中文关键词,借以表达中国小农经济的突出特点。但《长江》的中文版改用了"过密"和"过密化",当时意在特别突出人口压力对稀缺土地所起的作用。但是,"过密"虽然有那样的优点,却容易掩盖同样重要的小农家庭生产单位组织的特殊性——没有或少有市场价值的家庭辅助劳动力。"内卷"一词虽然乍看会觉得古怪难懂,但其优点是可以给上述中国小农经济的两大特点做出更充分全面的说明,不会单一地突出人口压力。众所周知,最近几年"内卷"一词已经成为网络上的热门词,并且被用于几乎任何超额的劳动密集投入,如"996"的工作日程,应试教育体系,甚至官僚体系运作等。它显然触发了许多人的深层共鸣,突出了人多机会少、资源少的中国基本国情。一定程度上,也说明了广大民众在那样的环境下的焦虑心态。因此,此次《长江》推出新版,便返回到原用的"内卷"一词。另外,本版校阅较细,纠正了一些之前版本中出现的笔误。

多的劳动力的“内卷”道路。由于其亩产所得要高于经营式农场,长期下来经营式农场就被完全消灭了。

在这样的经验实际下,我们显然完全谈不上通过资本主义式的雇佣经营而达到更高生产率的“先进”生产单位,并期待其将最终取代小农经济。这就证伪了“资本主义萌芽”论的预期,也证伪了资本主义必将取代封建主义的西方现代主义预期。

也就是说,《华北》和《长江》两书共同证明的是,无论是形式主义经济学理论还是马克思主义经济学理论,都不足以认识和理解中国人多地少的“基本国情”,以及在此前提下的小农经济的顽强生命力,也不足以认识所谓的资本主义经营模式的实际。倒是实质主义的第三理论传统洞察到了小农经济的最基本特色。

过去如此,今天实际上仍然基本如此。小农经济过去依赖的是结合耕作与家庭副业两柄拐杖来支撑,今天依赖的则是结合耕作与外出佣工、做买卖等非农就业。两种结合同样具有极其顽强的生命力。其不同仅在通过非农就业而逐步减轻了单位土地面积上的“内卷化”压力。

贫农经济的形成

《华北》的第二个主要论点是,突出“贫农经济”和“贫农社区”的形成过程。土地贫瘠和人地压力是当时最为现实的两个基本因素。西方帝国主义的入侵、民国时期的军阀混战、日本军国主义的蹂躏促使众多之前较普遍的以中农为主的农村紧密社区的解体。在生产关系方面,租佃关系和雇佣关系都在递增。并且,不再带有原有的亲邻间的道义约束和礼仪;部分具有稳定和紧密人际关系的社区越来越多地成为松散的、没有人情可言的村庄;由社区受人尊敬的具有道德威望的人士来承担领导责任的传统逐步衰落,到战乱时期越来越多的"恶霸"型的流氓或逐利型的小人来充当村长,鱼肉村民;越来越多的中农沦为自家土地不足、必须依赖打短工来维持生计的"贫农"。同时,国家的临时摊派日益繁重和苛刻。无论在"阶级关系"层面上,还是村民与国家政权的关系上,矛盾都比较突出。这是一个相对其他地区更可能响应中国革命号召的地区。

长江三角洲则不一样。其土地相对肥沃高产,生态相对稳定,生活相对"富裕"。长江三角洲的"佃农"所占比例虽然要比华北高好几倍,但实际上村民拥有长期稳定租种的土地的"田面权",拥有"田底权"的地主则主要居住在城镇。在城镇中田底交易虽然频繁,但并不影响在农村的稳定的"田面"耕作。由于土地总产较高,田面地租显得相对并不十分苛刻,"阶级矛盾"并不同样显著,佃种田面的小农较像华北的自耕中农。而且,由于那样的土地关系,田赋基本都由拥有"田底权"的居住在城镇的不在村地主来交付,村民相对而言较少与国家打交道,也较少感受到民国时期华北那样日益苛刻的新型摊派。长江三角洲的村民与国家间的矛盾并不突出。因此,其农村无论在阶级关系还是与国家政权关系中,矛盾都没有像华北那么显著。

两地相比,我们都不能用简单的"生产关系"或发展还是欠发展的框架,以及"先进"或落后的框架来认识和理解中国的小农经济,一定要用更宽阔多维的视角来认识:不仅仅是纳入阶级关系的因素,当然更不是简单地将租佃和雇佣关系视作一方落后一方先进的不同;也不可仅凭"市场经济"、资本和"前现代"相对"现代"发展的划分来认识;我们更需要考虑到农户家庭的特殊性、生存和生态的关键性、村庄社区组织等因素,国家与这些因素的关系,以及历史偶然性等一系列不同的维度。否则,便不可能真正认识两地在革命前的社会经济实态。

最突出和重要的一点是,在相对更高度商品化和富裕的长江三角洲,依据雇佣劳动的资本主义式规模化经营式农场,居然会在明清更替之后逐步走向消失,完全被小农家庭农场所取代。仅凭此点,我们便可以清楚知道为何无论是中国之前的"资本主义萌芽论"还是西方资本主义(规模化农场)的现代主义发展论,都是不符合中国实际的。其答案要通过中国小农经济自身的特点来认识和理解。

新中国成立之后的演变

《长江》与《华北》最主要的不同是,《长江》的后半部分将此地区的乡村社会经济史一直追溯到新中国成立之后的1980年代,而不是像《华北》那样基本终止于1949年。而《长江》的后半部分最主要的发现乃是,革命前的"内卷"型耕作——农业的演变主要不在劳均产出的提高,而在依赖更多的"内卷型"劳动力(主要是家庭的辅助劳动力)投入,来将亩均产量和产值提高的变迁——仍然非常关键。

集体农业意外地和之前的家庭农业具有一些关键的共同之处。主要是,其劳动力是给定的。在这方面,集体实际上等于是一个扩大了的家庭——它无法裁员。而且,集体下的工分制促使对妇女劳动力更完全地动员和使用,这方面比内卷型的小农经济只有过之而无不及。同时,和小农家庭一样,生产队和大队集体最关心的是总产出,不是劳均报酬。它们带有尽一切可能提高总产出的强烈动力,不会太多考虑到伴随更多劳动投入而来的劳均报酬的递减或停滞。正因为如此,在集体制下,农业内卷的程度比过去更高、更强烈。最突出的实例是1965年之后被广泛推广的"双季稻"的种植。多加一茬水稻固然提高了单位土地的总产,但却是以单位劳动和土地边际报酬只可能严重减低的代价换来的。即便是新纳入的机械化,它所起的作用也不是农业的去劳动密集化,而主要是使其在早晚稻两茬交接的最紧迫的时间段中完成必要的耕地工作,使添加一茬的进一步劳动密集化成为可能。在国家的领导下,配合集体组织,固然在技术、水利、整田、良种等诸多方面都有一定的改进,但并不足以改变农业内卷化的基本趋势。在集体制下的二十年,单位土地的总劳动投入直线上升,总产是提高了,但单位工分值一直没有显著的提高。实际上,总体上与之前长期以来的"有(总产量的)增长、无(单位劳动产出的)发展"的内卷化趋势基本一致。农村农民依然贫穷,城乡差别依然显著。

农业长期以来的内卷化意味中国农业必须摸索出不同于西方的发展道路。我之后关于农业的《超越左右:从实践历史探寻中国农村发展出路》《中国的新型小农经济:实践与理论》两书中探讨的主要问题便是:中国怎样才可能做到既是必然(由于中国的基本国情)的劳动密集,又是真正意义上的农业现代化,即单位劳动力平均产出和产值的提高?

固然,这里我们要考虑到,城镇化和中国非农经济的大规模发展,起到了巨大的作用。但是,如今中国的劳均耕地面积仍然才7亩,户均才10亩,内卷化农业依旧,实在不可与美国平均2700亩的所谓"家庭农场"相提并论。东南沿海和城郊农村除外,中国的农村和农业的主体,说到底仍然是极小规模的家庭农场。

我提议,除了行将城镇化的东南沿海和市郊农村,我们必须接纳给定的"小农经济"将不可避免地较长期延续的现实,在这样的前提下探寻出路,而不是坚决追求规模经济效益的大农场。

如今,那样的出路最突出的实例乃是近三四十年来发展的新型的"劳动与资本双密集化"的小农场、小农业,其劳动力来自小农家庭,其资本则来自大规模外出打工后的非农收入,与规模化的西方式资本主义农场截然不同。也就是说,中国农村的出路在较长的时期内,仍然不是以资本主义大农场来取代小农经济,而是在借助小农经济的特殊组织逻辑和顽强生命力来推进其高附加值"新农业"的发展——如1、3、5亩地的拱棚蔬菜、几亩地的果园、一二十亩地的种养结合农场。那样的农业在2010年实际上便已经占到农业总产值的2/3,耕地面积的1/3。它们是使中国人的食物结构(粮食∶蔬菜∶肉食)从原先的8∶1∶1比例转变为如今的4∶3∶3的关键基础。中国农业未来的出路在于,为新农业的小农经济建造迄今仍然欠缺的新型的、类似于东亚(日本、韩国)基于小农社区合作社的产、加、销"纵向一体化"的优良基础设施服务,进一步推进城乡间真正对等互利的贸易,做大两者相互推进的发展,而不是长久地陷于三大差别状态。

这是现代中国农业史为我们说明的最主要的现实和逻

辑。最近几年，尤其是2018年制订《国家乡村振兴战略规划(2018—2022年)》以来，相关问题已经得到了国家的重视。尽管之前对规模经济和资本主义生产的迷信仍然具有较大的影响，即便在农政决策者和学术界中，仍然有不少人坚持将小农经济视作落后的、必须消除的负担。但是，今后国家应当能够更自信地走出一条具有中国特色的小农经济现代化发展道路。这才是两书主要结论的含义。

黄宗智

2022年7月

中文版序

历史研究必须联系理论，但理论，尤其是政治化了的理论，很容易成为探索历史真实面貌的障碍。在研究过程中，我一直执着从史实到理论而再回到史实的认识程序，避免美国社会科学研究为模式而模式的陋习。我力求到最基本的事实中去寻求最重要的概念，再回到事实中去检验。对现存各家各派的理论，争取去误存真，建模式于实际。在这个基本的方法上，此书与拙作《华北的小农经济与社会变迁》是一致的。

本书的出发点是20世纪30年代的实地调查资料，尤其是费孝通、林惠海和日本满铁调查部门对长江三角洲8个村庄的研究。这些资料翔实细致，非一般历史文献资料可比。我试图在这条基线上，结合江南地区比较丰富的文献资料，追溯明初以来的一些主要变化。这个研究方法也是与《华北》一书一致的。

本书与《华北》不同之处在于应用了我自己 1983 年至 1985 年在松江县华阳桥乡的薛家埭等 6 个自然村的调查，考察了 20 世纪 30 年代至今日的变化。我相信跨越革命前后的这条研究鸿沟会对阐明两个部分都有帮助。同时，本书着重把江南和华北对照相比。

在华阳桥乡调查的一切安排，都由南京大学吕作燮教授和松江县外事办公室陆敖根同志承担。罗崙教授参加了第一年的调查。严学熙和周国伟两位先生和我方周锡瑞、裴宜理合作研究工业、民众集体活动和政治。陈忠平同志则和顾琳合作，研究商业与华阳桥镇。本书虽然没有引用他们的调查资料（除了第 12 章注明的一节），但我在认识上和精神上都受惠于协作的同仁颇多。我个人的调查，主要在薛家埭等村内进行，采用的是仿效满铁在华北调查的方法，每次围绕几个预定的题目座谈，但也随时追踪原定范围之外的线索。这样的调查，关键在于虚心和具体地问讯。调查期间，当地前大队支部书记何勇龙同志对我帮助至多。

我们原计划要出一部与仁井田陞根据满铁在华北的调查所编的资料集（《中国农村惯行调查》）相类似的书。全部调查的问答记录、统计资料、按户调查，以及为出资料集而挑选的各节问答记录，都由南大吕先生保管。根据未来的实际情况，这些资料也许有可能发表。

在前人有关江南的大量研究之中，我从吴承明先生的商业研究和徐新吾先生的手工业研究中所获至多，在有关各节都有注明。此外，本书亦受益于我在洛杉矶加利福尼亚大学几位博士生的研究。正文之中引用了夏明德、武凯芝和叶汉明的博士论文，以及程洪、李荣昌和卢汉超的研究论文，都有注明。程、李、卢三位更承担了此书的翻译，由程洪统稿。谨此向他们致以衷心的感谢。译稿经我自己两次校阅，应基本准确。

目录

第二编　1949 年以后

第三编 结语

附 录

图表目录

正文表

附录表

正文图

第一章　导论

在1350年至1950年长达6个世纪的蓬勃的商品化和城市发展过程中,以及在1950年至1980年的30年集体化和农业现代化过程中,中国先进地区长江三角洲的小农农业长期徘徊在糊口的水平。只有到了20世纪80年代,质的发展才真正在长江三角洲农村出现,并使农民的收入相当程度地超过了维持生存的水平。本书旨在探讨长江三角洲农民糊口农业长期延续的过程和原因,及其变化的过程和原因。我将着重分析农民的生活状况,而不是整个经济的毛收入或全部人口的人均收入。重点在于揭示一个特定地域和社会阶层的发展与不发展,对中国历史总体,以及对农民社会和经济的各派学术理论的意义。

经典理论:斯密和马克思

亚当·斯密(1723—1790)和卡尔·马克思(1818—1883)尽管

有着明显的分歧,却共同认为商品化会改造小农经济。[①] 斯密认为,自由的市场竞争和个人致富的追求会导致劳动分工、资本积累、社会变革,乃至随之而来的资本主义发展。马克思的观点与此类似,他认为商品经济的兴起会促进资本时代的来临。

马克思进而把小农农业等同于小生产,把资本主义等同于以雇佣劳动为基础的大规模生产。商品经济的发展会伴随着以拥有生产资料的资产者与他们的无产阶级劳动者为对立双方的资本主义性质的"生产关系"。即使斯密没有这样去关注资本主义生产的社会关系,但他在相当程度上持有同样的观点:劳动分工和专业化会导致资本"改进"和规模经济(斯密,1976[1775—1776],第1卷:特别是第7—16页)。[②]

当然,斯密和马克思的共识很大程度上是基于英国的经验。小农农场随着商品化而让位于以雇佣劳动为基础的大规模资本主义农场,这毕竟是英国圈地运动和18世纪农业革命的实际经历。随之而来的是城镇中"原始工业"和工业的兴起。斯密和马克思的共识于是在实证之上逐渐成了人们心目中的一个规范认识,似乎到了不可置疑的地步。

甚至俄国和中国的革命也从同样的认识出发。列宁直接引用马克思的说法,力主革命前俄国的商品经济与农民正向资本主义

① 当然,斯密没有用"小农经济"这个词,但毫无疑问他认为前资本主义农业是停滞和落后的,很大程度上是因为政府强行抑制了自由贸易(斯密,1976[1775—1776],特别是Ⅰ:401—419,Ⅱ:182—209)。

② 虽然斯密曾指出小所有者是具有高度进取心的耕作者(第441页),但他的论点并不是小规模农作会比大规模农作更有效率,而是自耕农作会比佃耕农作更具刺激性(第418页)。

性质的富农和农村无产者两极分化同步发展。在列宁看来,无论在俄国,还是在英国,小农经济只能是停滞的和前商品化的经济,而商品化只能带来资本主义发展和资本主义性质的社会分化(列宁,1956[1907])。他的继任者斯大林认为“社会主义的”集体化是避免资本主义的社会弊病,同时使小农经济实现现代化的唯一办法。生产资料的集体所有制能够解决资本主义分化的问题,而集体化农业能够把农民的小生产转化为高效率的大规模农业经营。

毛泽东接受了相同的公式和选择。社会主义的集体化被视作市场导向的资本主义发展之外的唯一途径,而对于资本主义和社会主义之外的其他乡村发展途径的可能性不加认真地考虑;同时,也没有考虑糊口农业会在商品化或集体化之下持续的可能(毛泽东,1955a,b)。

中国的学术研究

毛时代中国的学术研究为上述的经典模式所支配。“封建经济”等同于前商品化的“自然经济”,资本主义经济等同于商品化的大生产。这一模式特殊的中国式结合体是“资本主义萌芽”概念。据这一分析,“资本主义萌芽”在中国的发生差不多与近代早期的英国和欧洲大陆同时,若不是西方帝国主义的入侵打断了这一进程,中国也会走向资本主义的发展道路。据此,中国历史被纳入了斯大林主义的原始社会、奴隶社会、封建社会、资本主义社会和社会主义社会交替演进的五种生产方式的公式。(另一可能的说法是西方帝国主义给中国带来了资本主义发展,但这触犯了多数人的爱国感情。)

在上述主要的理论信条下,解放后中国农村史研究的第一代学者首先关注明清的商业发展,开展了鉴定主要贸易商品及对其做量性估计的出色研究,尤其重在研究那些长途贸易和城乡贸易的商品,以此考察统一的"国内市场"的形成,把它等同于资本主义的发展。这些始于20世纪50年代的研究成果,在80年代终于开始发表。①

解放后第一代的其他学者努力寻找经典模式预言的雇佣劳动的资本主义生产关系的兴起。在20世纪五六十年代的官方政治理论中,生产关系被认为是马克思提出的人类历史上一对主要矛盾("生产关系"与"生产力")中的决定性方面。它设想,要是地主与佃农之间的"封建"关系能被证实让位于劳资间的资本主义关系,便可成为资本主义发展出现的无可辩驳的证据。出自这一分析框架,学界对明清雇佣关系的发生整理出了很多实证研究成果(中国人民大学,1967;南京大学,1980)。②

在改革的20世纪80年代,研究的重点转向"生产力"的发展,反映了新的政治理论偏重生产力,认为生产力才是历史发展的决定因素。新一代学者开始寻找伴随着商品化而来的生产率提高的证据。随着蔓延着的对集体化农业的非议,他们回到他们所能想到的唯一替代途径:市场和资本主义。如果明清时期的商品化真带来了农业发展,那么今日的农村也应采用同样的做法。这一新的学术倾向的突出代表甚至争辩说,清代长江三角洲总体上的经

① 吴承明 1985 是关于清代商品经济发展的杰出研究。

② 李文治等 1983 是关于农村雇佣关系扩展最优秀的学术成果。

济发展超过了“近代早期”的英国(李伯重,1985a,b;1984)。

关于清代中国经济发展的新的中国学术研究在美国学术界得到了呼应。美国新斯密学派日益普遍的设想之一坚持认为,伴随着清代市场扩展而来的变迁应视作“近代早期”的发展,相当于16—19世纪英国和西欧的发展阶段。这一观点把中国并入一个通用的现代化模式,而把清史作为中国的“近代早期”史。①

资本主义萌芽的研究有许多值得赞许之处。在我看来,它的成功之处在于无可怀疑地证实了1350—1850年间长江三角洲在围绕着本书所称的“棉花革命”的过程中经历了相当程度的商品化。它也考证了清代社会生产关系的相当大的变化。清代中国城市、工农业中雇佣劳动增长的事实已经没有疑问了。

然而新的研究未能证实单位劳动力的生产率和收入有所改进。尽管明清时期出现了蓬勃的商品化,但处于糊口水平的小规模家庭农业一直持续到解放前夕。如同我在别处指出的,华北平原18世纪初至20世纪30年代随着商品化而出现的经营式农场仅在使用雇佣劳动上类似于资本主义企业,它们明显地无法在生产率上有任何真正的进展,无论是通过规模经济、增加投资,还是改进技术(黄宗智,1986)。长江三角洲也是这样,仅敷糊口的农业持续着,劳动生产率没有显著的改进。到20世纪,那里的小农农业生产实际上排挤、消灭了明末以前相当流行的大规模雇佣劳动生产。

---

① 本书写作时,关于清代是中国“近代早期”的观点尚未有人系统说明,主要含蓄地反映在一些著作中,尤其是罗威廉(Rowe,1984)。这个观点和中国新学术的分歧在于两者对帝国主义的认识。“近代早期”观点很容易导致认为帝国主义刺激了进一步商品化和发展(“现代化”)(如Faure,1989;Rawski,1989)。这样为帝国主义辩护的观点当然不能为大多数爱国的中国学者所接受。

简单的事实是,斯密和马克思从英国经验中做出的预言未在中国发生,也未在第三世界的多数地方发生。糊口水平的家庭农作非但在随着帝国主义时代和形成统一的“世界经济”而来的蓬勃的商品化过程中顽强持续,而且它至今仍存在于世界的许多地方。即使在欧洲大陆,尤其在法国,小规模的小农生产也远比在英国持续得长久(Brenner,1982)。

我们需要把商品化与质变性发展区分开来。长江三角洲的历史记载表明,小农经济能在高度的商品化条件下持续。易言之,小农生产能够支撑非常高水平的市场扩张。商品化必然导致资本主义发展的经典认识明显是不对的。

两个现代派别:恰亚诺夫和舒尔茨

当代小农经济理论的两大主要学派是以 A.V.恰亚诺夫(A.V. Chayanov,1888—1939)和西奥多·舒尔茨(Theodore Schultz,1902年生)为代表的。两个学派都承认现代市场经济下小农经济可能持续的事实,从而区别于斯密和马克思。问题是,如何和为何,以及如果只是商品化不能导致质变,那么小农经济怎样才能转化呢?

与马克思、列宁以及斯密相反,恰亚诺夫认为即便是在国民经济商品化的过程中,小农的行为仍然不同于资产者。他指出,小农家庭农场在两个主要方面与资本主义企业不同:它依靠自身劳动力而不是雇佣劳动力,它的产品主要满足家庭自身的消费而不是在市场上追求最大利润。因为它不雇佣劳动力,因此难以核算其工资与收益;因为它的投入(家庭全年的劳动力和资金投入)与产出(全年总收获)都是不可分割的整体,因此无法衡量其单位生产成本与收益。它对最优化的追求采取了在满足消费需要和劳动辛苦程度之间实现平衡,而不是在利润和成本。[①] 因而,恰亚诺夫坚持说“小农经济”形成了一个独特的体系,遵循着自身的逻辑和原则(Chayanov,1986[1925]:特别是第1—28、70—89页)。

这样的经济按照一个个家庭的人口周期而分化,不按列宁想象的通往资本主义的模式分化。恰亚诺夫以俄国的小农经济为例证指出,社会的分化并非来自商品化所带来的农民分化成富农和农村无产者,而是来自家庭周期性的劳动者与消费者比例的变化。没有子女的年轻夫妇享有最有利的比例,直至他们不会工作、单纯消费的子女的出生。当孩子长大并参加生产,一个新的周期又开始了(同上书,第1章)。

恰亚诺夫认为,俄国小农经济改造应该采取的方式既不是斯大林主义的集体化,也不是资本主义的自由市场生产,而是由农民自愿地组成小型合作社。这既能克服农民小生产的弊病,又可以避免大规模集体化农业的官僚主义,以及资本主义的社会分化和垄断倾向(Shanin,1986:7—9)。

恰亚诺夫的论点在斯大林主义的统治下被压制(Shanin,1986;Solomon,1977),要不是在第三世界的许多地方小农经济至今仍持续着,他的理论也许会随着他的逝世而消失。恰亚诺夫理论传统

① 恰亚诺夫把家庭劳动力使用的终结强度称为“小农劳动力的自我剥削程度”(第72页),这一有点不幸的用词引起很多误解:“剥削”一词使马克思主义者和非马克思主义者不约而同地联想到“榨取”劳动力的“剩余价值”,这是经典马克思主义中关于“剥削”的含义。恰亚诺夫本人并无此意(第72—89页)。无论如何,一个家庭榨取自身劳动力的剩余价值是说不通的。

的继承者首先主要是研究前工业化时期偏僻地区的人类学工作者。他们在人类学领域以“实体主义者”著称(Dalton,1969),他们指出小农经济根本就不按现代市场经济规律运行。在美国,这一理论以卡尔·波兰尼(Polanyi et al.,1957)及稍近的特奥多·沙宁(Teodor Shanin,1972)和詹姆斯·斯科特(James Scott,1976)的著作为代表。他们的主题在于论证小农经济与资本主义市场经济的不同。①

尽管亚当·斯密认为小农经济是前商品化的,但他的追随者总想把世界的一切社会现象纳入他的古典经济学,不限于发达的市场经济,也包括小农经济。第三世界小农经济在20世纪的广泛商品化助长了这种意图。同时,美国在商品化和农业机械化的过程中,一直保持着家庭农场的组织形式,从而形成了英国古典经验之外的另一个农业现代化模式。人们认为第三世界小农经济也会伴随现代农业投入和市场交换扩大而出现“绿色革命”。

诺贝尔经济学奖获得者西奥多·舒尔茨为这种期望提供了系统的理论支持。他的论点相当简单:一个竞争的市场运行于小农经济中,与资本主义经济并无不同。要素市场运行得如此成功,以至“在生产要素的分配上,极少有明显的低效率”(舒尔茨,1964:37)。例如在劳动力市场,“所有想要和能够胜任工作的劳动力都得到了就业”(第40页)。进而,“作为一种规律,在传统农业使用的各种生产要素中,投资的收益率少有明显的不平衡”(第72页)。

① 中国类似恰亚诺夫概念的见之于“小农经济”理论,据徐新吾(1981,a,b),小农经济的关键是小农家庭中农业与手工业的结合,即“男耕女织”。这一结合被认为顽强地抵御了商品化和资本主义化。

简言之,这样的经济中的小农与资本主义企业主具有同样的“理性”。他们根据市场的刺激和机会来追求最大利润,积极地利用各种资源。因此,传统农业的停滞不是来自小农缺乏进取心和努力,或缺少自由的、竞争的市场经济,而是来自传统投资边际收入的递减。小农生产者只是在投资收益下降的情况下才停止投资。

改造传统经济所需的是合理成本下的现代投入。一旦能在保证利润的价格水平上得到现代技术要素,小农生产者会毫不犹豫地接受,因为他们与资本主义企业家一样,是最大利润的追求者。于是,改造传统农业的方式不是像社会主义国家那样去削弱小农家庭的生产组织形式和自由市场体系,而是在现存组织和市场中确保合理成本下现代生产要素的供应(同上书,特别是第 8 章)。这样,舒尔茨保留了亚当·斯密关于市场的质变推动力的最初设想的核心,同时又考虑到了小农农业生产的持续性。

舒尔茨学派关于小农经济的观点在中国 20 世纪 80 年代的改革中有相当的影响。领导集团中有部分人士把市场化的小农家庭农场看作经济发展的基础单位。政治理论从强调想象中的家庭农作的落后转为强调市场刺激下追求利润的小农的创造性成就。宣传机构围绕着农村改革地区的“万元户”大做文章。国务院农村发展中心的成员甚至提出恢复市场化的家庭农场所带来的农村生产率的提高,是中国改革时期国民经济发展的引爆动力(发展研究所,1985:1—22;发展研究所综合课题组,1987;中国农村发展问题研究组,1985—1986)。西奥多·舒尔茨本人也成为中国最高层领导的上宾(《人民日报》1988 年 5 月 17 日)。这一理论处方在寄希望于小农农场而非资本主义农场上不同于亚当·斯密的理论,但它与经典模式一样,把市场刺激当作乡村质变性发展的主要动力。

对舒尔茨与恰亚诺夫学说的反思

当然,舒尔茨和恰亚诺夫两人均与一般理论家一样,把部分因素孤立化和简单化,以突出其间的逻辑联系。他们的贡献在于阐明了上述的各种关系。然而无论何人,如果试图把中国的实际情况等同于其中任何一个理论模式,都会陷入严重的误识。例如1350—1950年长江三角洲的雇工市场有一定的发展,大约三分之一的农户在某种程度上外出受雇,同时三分之一的农户雇用劳动力。我们不能把恰亚诺夫的小农家庭全靠自身劳动力来生产的抽象模式等同于明清时期的真实情况。同时,即使到20世纪,长江三角洲的劳动力市场很大程度上仍然局限于短工(日工)。那儿几乎没有长工市场,也没有女工和童工市场,尽管妇女和儿童早已大量地加入乡村生产。同样,把舒尔茨包罗所有劳动力的完美的要素市场等同于长江三角洲的实际情况也是错误的。舒尔茨及恰亚诺夫的盲目追随者把实际情况等同于导师们用以阐明某些理论关系的抽象模式,造成了两个"学派"间许多不必要的争论。长江三角洲的实际情况是两者的混合体,包含着两套逻辑。

但是,只讲长江三角洲的小农经济包含着两种模式的因素也是不够的,我们需要理解商品化本身的历史过程的实况和原因。对此,舒尔茨与恰亚诺夫的理论均无济于事。舒尔茨把小农经济中有着充分竞争的要素市场作为他的前提,至于这个市场是如何形成的,他一字没提。同样,恰亚诺夫把小农经济和资本主义市场经济当作两个互不关联的实体,他没有考虑小农经济如何转化为商品经济的问题及其对小农生产所起的作用。

对此最简单的答案是设想从恰亚诺夫的模式过渡到舒尔茨的模式:满足家庭消费需要的小农农业生产随着商品化过程为追求市场利润的经营式农业生产所取代。然而,这一说法又回到了经典模式,简单地认为小农经济被引向了资本主义市场经济。事实上,这一说法在本质上与马克思的"简单商品生产"的最初构想相同。这一构想在小农商品生产及交换上做了有用的论述,但是它误认为小农商品生产随着商品化的扩展必然为资本主义的商品生产所取代(马克思,1967[1867],Ⅰ:特别是第71—83页;Mandel,1968,Ⅰ:65—68)。然而,历史记载表明,在明清时期的长江三角洲,简单商品生产持续下来并变得日益复杂,但并没有被资本主义经济取代,它甚至在经历了30年的集体化农业和对乡村商业的严格控制之后,于20世纪80年代在中国卷土重来。

本书与以往一切研究的不同之处在于,认为长江三角洲农村经济的商品化不是按照舒尔茨的逻辑,而是按照恰亚诺夫的逻辑推动的,尽管恰亚诺夫本人认为他的分析主要适用于前商品化的家庭农场。恰亚诺夫曾指出在人口压力下家庭农场会如何产生不同于资本主义企业的行为。当边际报酬低于市场工资,即意味着负收益时,一个资本主义农场会停止投入劳动力。而相反,一个小农家庭农场只要家庭消费需要尚未满足就会继续投入劳动力,尽管新投入劳动力的边际报酬已远低于通常的市场工资(Chayanov,1986[1925]:113—117)。我认为这一行为可以从不同角度来理解和描述。小农家庭在边际报酬十分低的情况下会继续投入劳动力,可能只是由于小农家庭没有与边际劳动投入相对应的边际报酬概念。因为在他们的心目之中,全年的劳动力投入和收成都是一个不可分割的整体。耕地不足带来的生存压力会导致这样的劳动投入达到非常高的水平,直至在逻辑上它的边际产品接近于零。或者,如果一个小农家庭拥有比它的农场在最适宜条件下所需要的更多的劳动力,而这些劳动力在一个已经过剩的劳动力市场上无法找到(或不想去找)其他的就业机会,这个家庭要求这一“剩余”家庭劳动力投入极低报酬的工作是完全“合理”的,因为这样的劳动力极少或几乎没有“机会成本”。最后,即使没有人口压力,仅出于为自家干活的刺激不同于为他人当雇工的缘故,小农家庭也会在报酬低于通常市场工资的情况下工作。例如当代美国有很多“夫妻老婆店”式的小生意,就靠使用低于雇工成本的家庭劳动力得以维持和兴盛。

如同我过去的著作(黄宗智,1986:特别是第6—7页)中提到的,华北的小农家庭通常比依靠雇佣劳动的经营式农场更能容忍较低的边际报酬。使用雇工的经营式农场能够把劳动力的投入调整到最佳水平,但是家庭农场无法任意雇用或解雇劳动力,必须在拥有过量劳动力的情况下运作。当这样的相对过剩劳动力①无法或不愿找到农业外就业的出路时,常常在极低边际报酬的情况下工作以满足家庭消费需要。在清代,这样的劳动力支撑了华北小农经济的商品化。本书将会说明,在长江三角洲,道理基本相似,

① 区别于价值为零的绝对过剩劳动力,后者是舒尔茨极力批评的论点(Schultz,1964:第4章)。

小农家庭在土地压力面前，为低报酬而更充分地使用家庭辅助劳动力。

我们已知人口增长与商品化是明清长江三角洲农村的两大变化，但是斯密和马克思经典模式的影响却使我们的注意力从寻求两者间的相互联系上转移开来，尽管它们是同时发生的。我们把它们视作分隔的、独立的过程，只注意寻找我们以为必然与商品化相联系的质变性转化，以及与人口增长相联系的生存压力。我们没有想到通过人口增长去理解商品化，以及通过商品化去理解人口增长。我认为这两个过程事实上是紧密联系着的。人口增长在明清长江三角洲通过小农家庭农场的独特性质推动了商品化，同时它自身也因为商品化而成为可能。

没有发展的增长

在进而考察长江三角洲商品化过程的动力之前，我们需要分辨三种农村经济变迁。首先，单纯的密集化，产出或产值以与劳动投入相同的速率扩展；其次，内卷化，总产出在以单位工作日边际报酬递减为代价的条件下扩展；最后，发展，即产出扩展快于劳动投入，带来单位工作日边际报酬的增加。换言之，劳动生产率在密集化状况下保持不变，在内卷化状况下边际递减，在发展状况下扩展。

农业密集化是由人口增长推动的（Boserup，1965），但在既有的技术水平下，人口压力迟早会导致边际报酬随着进一步劳动密集化而递减，也就是我按照克利福德·吉尔茨（Geertz，1963）的定义而称作内卷化的现象。[①] 小农经济内卷化的程度往往取决于其人口与可得资源间的平衡关系。相对于资源有限的人口密集的压力会造成过剩劳动力数量的增加以及高度的生存压力，导致极端内卷化的发生。与密集化和内卷化相比，发展通常不会仅随着人口压力而发生，而是伴随着有效的劳动分工，增加单位劳动力的资本投入或技术进展。

欧美近代早期和近代的农村变迁通常同时伴随着绝对产出和单位劳动力产出的扩展。因此似乎区分仅是扩大产出的“增长”与提高劳动生产率的“发展”并不那么重要。然而对中国来讲，这一区分是关键的，生动地表现在解放后 30 年的经历，农业总产出扩大了三倍，而劳动生产率和人均收入几乎全然无提高。

本书将表明，解放后的情况实际是解放以前 6 个世纪中同样状况的缩影，农业产出的扩展足以赶上人口的急剧增长，但这主要是通过密集化和内卷化来体现。[②] 劳动生产率和单位劳动力收入不是密集化过程中的停滞，便是内卷化过程中的萎缩。

内卷化必须区别于现代经济发展，因为它不会把农村引向结

---

① “involution”这一概念在我 1986 年的《华北的小农经济与社会变迁》中译作“内卷”和“内卷化”，但在我 1992 年的《长江三角洲小农家庭与乡村发展》中译作“过密”“过密化”“过密型”。本书决定回到原用的“内卷”一词，理由见笔者为此版写的《合序》。我使用“内卷”概念在某些方面不同于吉尔茨。吉尔茨讲了内卷带来的边际报酬递减，但没有我分析的中心概念——“内卷型增长”和“内卷型商品化”。吉尔茨仅把“农业内卷化”定义运用于水稻生产，我则不然。再者，我认为吉尔茨错误地认为水稻产量会随着进一步劳动投入而无限增长。长江三角洲的水稻产量在宋代已达顶峰，直至引进现代投入。后来的内卷化主要采取转向更为劳动密集的经济作物的形式，而不是水稻的进一步内卷化。

② 珀金斯(Perkins)1969 是关于明清农业密集化的权威性研究。

构性质变。仅敷糊口水平上的小农生产持续着,甚至随着商品化、农作密集化和家庭工业的发展更为复杂。如此变迁的前景,远不是小农生产让位于大规模生产,而是通过其承受劳动力投入报酬低于市场工资的忍耐力阻碍了雇佣劳动生产的发展。小农生产远未被节省劳动力的资本化生产取代,而实际上它是通过推动向低成本劳动密集化和内卷化的方向变化而阻碍了发展。

很明显,这里描述的内卷型变化能通过家庭劳动力更充分地利用而带来真正的、尽管是有限的家庭年收入的增长,这就是我所讲的内卷型增长的定义,是吉尔茨的"农业内卷化"原始概念中未提及的。农业劳动力通常是季节性劳动力,以 8 小时工作制的全年性城市就业标准来衡量,它往往是处于未充分就业的状态。在单位工作日边际报酬递减的情况下增加劳动力的使用,仍能提高家庭的年收入。这与集体化时期的没有发展的增长相似:尽管单位工作日的现金收入几乎无变化,但是由于妇女大量参加有报酬的农活及农业劳动者每年工作天数的增加,家庭的年收入提高了。

我认为没有发展的增长与有发展的增长之间的区别分析,对了解中国农村贫困和不发达的持续来讲是极其重要的。① 我们所知的发达国家的农业现代化主要内容是劳动生产率和单位工作日收入的提高,这使得极少的农业人口得以养活全体人口,这也使农业摆脱了仅够维持生存的生产的地位。根据本书的定义,那样的

① 这并不是说没有单位工作日报酬增长的发展例子可循,我会时而提到这样的一些例子。然而由于长江三角洲既有的长期的人口对土地的压力,有发展的增长几乎总被内卷型增长取代,劳动生产率提高的大多成果为农业劳动力的持续扩张吞没。

变化乃是“乡村发展”的核心。

内卷型商品化

明清长江三角洲的内卷型增长并未采取仅在水稻栽培中进一步劳动密集化的形式。长江三角洲的水稻产量不像吉尔茨的“农业内卷化”概念中提到的那样,可能无限制地提高。它们在南宋和明代早期已达到高产台阶。自那时至1950年以后开始引进新的投入,水稻产量极少或毫无增长。面对日益增加的(对土地的)人口压力,人们不得不寻求不同的出路。

那里所实行的是日益转向劳动更为密集的经济作物生产,尤其是棉花和蚕桑。我们过去未能很好地理解这一变化的性质。我将证明这些经济作物是通过使用更多的劳动力而得以生产的,它们带来了较高的单位土地面积的总产值,但这是以较低的单位工作日平均收入换得的。基于这些经济作物之上的商品性,家庭手工“副业”的增长也是这一过程的组成部分。副业生产通常带来比“主业”农作更低的单位工作日报酬。它们在某种程度上由成年男子在闲暇时间从事,但在更大程度上由妇女、儿童、老人承担。这些劳动力极少或根本没有市场出路。

由农村生产家庭化支撑的高水平内卷型商品化的结果之一,是家庭农作战胜了以雇佣劳动为基础的经营式农业,原因是经营式农场不得不主要依靠按照通常的市场工资付酬的成年男子。一个使用纯报酬远低于通常市场工资的家庭闲暇和辅助劳动力的家庭农场能够承受远为高的劳动密集化,以及随之而来的农场较高的毛收入和较高的土地价格(或“地租”)。这一状况恰亚诺夫在分析家庭农场与资本主义农场相互竞争中已有暗示(Chayanov,1986[1925]:115—117,235—237;亦见黄宗智,1986)。

同样的逻辑也适用于手工业。长江三角洲的手工业与近代英国和西欧那些成为后来工业化跳板的茅舍工业①的关键区别在于,它的劳动报酬令人难以置信地低,以致无法单独以此维持生存。手工业与家庭农业紧密结合,依靠家庭的闲暇的、没有市场出路的劳动力作为辅助,而不是替代农业的一柄拐杖(黄宗智,1986:202—204)。

家庭生产与市场化部门的并存,连同它们不同而又相互渗透的逻辑,产生了一个不能简单地用舒尔茨的充分竞争的要素市场模式去理解的部分市场化的经济。这种两重性从劳动力市场,一直延伸到商品市场、土地市场和信贷市场。

帝国主义与农村内卷化

长江三角洲的内卷型商品化甚至在帝国主义的影响下继续。为供应新型的中外纺织厂而增产的棉花和蚕茧生产,以及因机纱而成为可能增产的手织棉布生产,同样像明清时期那样依赖未利用和未充分利用的小农家庭劳动力。当然,农村生产的进一步家庭化为小农家庭提供了更多的就业机会,但是仍与以前一样以单

① 围绕着“原始工业化”问题有很多争论(Mendels,1972;Medick,1976;Levine,1977;Kreidte 等,1981;Ogilvie,1985)。有各种型式被论证,包括茅舍工业是内卷型而非后来工业化先驱的例子。我这里指的是那些成为工业化先驱的茅舍工业类型。

位工作日边际报酬的递减为代价。就像较早时候的商品化一样，伴随着国际资本主义而来的加速商品化没有带来质的变化，而只是小农经济的进一步内卷化。

这并不是像一些"经济二元论"(例如 Hou，1963；Murphey，1977)所坚持的那样，农村经济没有受到帝国主义和中国城市发展的影响。相反，农村棉花经济由于棉花、纱、布三位一体的旧有家庭生产单位的分解而根本地被改造了。许多农民把自己的原棉卖给城市工厂，而买回机制纱来进行织布。这样幅度的变化发生于棉花经济那样的基础性生产领域，几乎触及了每一个小农家庭。很清楚，农村经济经历了根本性的变化，但是即使是经历了结构性的改造，它仍然沿循着家庭化和内卷化生产的道路而进一步演变。

这一事实部分由于对帝国主义的研究中牵连到的感情和政治的因素而被漠视。学者们要么强调国际资本主义的刺激作用来为帝国主义辩护，要么强调它的破坏作用来指责帝国主义。然而在更大程度上，这一事实也为基于英国古典经验的共识所漠视。本书将提出，中国的工业化和城市发展并不像经典模式所预言的那样与农村的质变同步。事实上，近代城乡间不断扩大的差距成为革命的号召之一。要分析帝国主义影响下的中国经济变化的实际状况，我们应从城市发展与农村内卷化矛盾地同时进行的角度来思考。

集体制下的内卷化

内卷化甚至在集体化与农业的部分现代化之下持续。由于解放后的国家政权对商业实行严厉控制，农业密集化和内卷化不再采用商品化的形式，但变化的实质内容仍然是内卷化。集体化组织与家庭生产一样具有容纳过剩劳动力的组织特征：它不会也不能像使用雇佣劳动的资本主义企业那样“解雇”剩余劳动力。这个问题又因国家政权僵硬限制农业外就业而加剧。无论如何，国家政权是得利于内卷化的，因为内卷化使单位土地面积的产量极大化，从而使国家能征收的数量极大化。单位工作日边际报酬的严重递减并不直接影响国家利益。

现代投入的引进没有改变这一根本的状况，生产率的提高为来自劳动力极端扩张的边际劳动生产率递减所抵消，先是由于大量动员妇女参加生产，继而由于生育高峰时期出生的新一代长大成人，参加劳动。到 30 年集体化和农业现代化的后期，中国农民的大多数继续在仅敷糊口的生存线边缘生活，丝毫未接近于与现代发展相应的生活标准。

由于先验的经典模式，集体制下内卷化的事实再次被漠视。新的中国革命领导人像斯大林一样，设想大规模的“社会主义”农业会导致质变性的发展，同时避免资本主义社会的不平等。毛泽东与马克思、列宁一样，设想自由市场的资本主义发展会不可避免地带来社会分化，而小规模家庭生产只能是落后和前资本主义的，唯一的道路是农村的“社会主义改造”。这一政治理论的力量是如此之强大，而集体化重组是如此之迅猛，以至使我们的注意力从仅敷糊口的农业生产这个基本状况的延续上转移开去。

改革时期

我将指出，在中国20世纪80年代的改革中，具有长期的最大意义的农村变化是随着农村经济多样化而来的农业生产的反内卷化，而不是广泛设想的市场化农业生产。关于市场化的设想并非仅是那些认为社会主义一无是处的人所独有的。事实上，对集体化农业的失望使改革派退回到经典模式的市场道路。他们争辩说，集体化农业削弱了农民的创造性和创业心。他们认为，市场刺激下的家庭生产会通过质的变化而释放出这些创造的能量，最好的代表就是"万元户"。

这个官方论调激起了美国舆论界和学术界的回响。市场化的家庭农业立即使人回想起美国在农业现代化中的经验。对他们的想法更具不可抗拒的吸引力的东西是，经过30年"毛主义"的激进革命，中国的共产党人终于看到资本主义方式优越于计划经济下集体农业的社会主义道路。一些仍在经典模式影响之下的学者开始去寻找市场化带来的资本主义性质的富农与农村无产者之间分化的证据。许多人把这一问题简单地归于资本主义与社会主义的善恶斗争。

长江三角洲改革的实际状况展示了一幅十分不同的图景：20世纪80年代家庭联产承包责任制引进之后，农业产量并没有持续增长，只有极少数的农民像经典模式和官方宣传所预言的那样致富。直率地讲，80年代中期以后的市场化农业在作物生产上并不比在1350—1950年的600年间或集体化农业的30年间干得好。

我将指明,长江三角洲的关键性发展不是来自大肆渲染的个体农业生产和小商业,而是来自乡村社区的工业和新副业。正是新的乡村工业化和副业发展才终于减少了堆积在农业生产上的劳动力人数,并扭转了长达数百年的内卷化。长江三角洲乡村真正重要的问题过去不在于,现在也不在于市场化家庭农业或计划下的集体农业,不在于资本主义或社会主义,而在于是内卷还是发展。

纵观 1350 年以来的全部历史过程,我希望说明长江三角洲的经历与我们许多的设想相反。一些人设想商品化能够改造小农经济,但历史记载表明商品化的质变潜力会被内卷化覆没。另一些人设想小规模的小农生产会被大规模的农场取代,但是历史记载表明这一动力也会被内卷化的小家庭农场淹没。一些人认为集体化农业是改造小农经济的方式,但是历史记载表明内卷化的糊口农业会在集体制下持续。最后,一些人寄希望于随着市场扩展而来的农村资产阶级的上升,但是历史记载表明真正的质变性发展是通过大多是集体所有的乡村工业和副业的发展而实现的农业反内卷化。事实表明,无论是斯密和马克思经典观点中的资本主义或社会主义的论点,还是恰亚诺夫或舒尔茨稍后的看法,均未击中要害。长江三角洲乡村需要,并且正在形成一条不同于任何预言的发展道路。要掌握长江三角洲历史上的乡村停滞与近年来乡村发展的根源,我们应该抛弃我们以往的许多认识。

第一编

1949 年以前

第二章　长江三角洲的生态系统

我的研究主要集中于探讨长江三角洲是有利亦有弊的，集中于一个地区使我们有可能把它作为一个内部相互关联的有机整体来研究。本书重在探讨自然环境、社会经济结构和人类抉择作用之间的相互影响，其中的每一局部都是与整个系统的其他部分相互作用的。这就是我对“生态系统”这一术语的理解。当然，区域研究的缺点在于没有一个地区能够适当地代表整个中国的复杂情况。为克服这一局限性，我将时常以我过去研究过的华北平原作为参照（黄宗智，1986）。

长江三角洲地区

长江三角洲北起新通扬运河，南达杭州湾，地势以太湖为中心呈碗状分布。实际上，长江三角洲的另一称呼为太湖盆地，反映了这个地区的地形概貌。本书研究的区域主要是太湖盆地的北半部,即今苏州地区和上海市,苏州地区大体相当于清代的苏州府加上无锡县(包括清代的金匮县)、江阴县(无锡、江阴两县清代均属常州府)和太仓县(清代属太仓州)。[①] 上海市约相当于清代的松江府加上太仓州的大部分(不包括太仓县)。[②] 本书偶尔也涉及南通地区(大致相当于清代的通州,不含靖江县,但包括海门厅)以及浙江省的嘉兴地区(清代嘉兴府和湖州府)。地图 1 显示了现在的行政区划。地图 2 显示了清代的府界和本书研究的 8 个村庄的地点:头总庙、小丁巷等村,严家上、遥泾、丁家村、孙家乡、开弦弓和薛家埭等村。[③]

本区域地势由北向南、由东向西倾斜。盆地中心地带地势最低,低于海拔 3 米,尚不及涨潮时的海平面。地图 3 表明太湖的东南沿岸是全区域最低部分,吴江县平均海拔仅为 1.7 米。这些地带的农田需要筑圩防涝。离中心较远的地方,地面升高到 3—5 米,排水较易,土壤也较干燥(《江苏农业地理》,1979:166)。

---

① 苏州地区自南往北按逆时针方向计有:吴江县、昆山县(包括清代的新阳县)、太仓县、常熟县(包括清代的昭文县)、沙洲县(成立于 1961 年,在清代和民国时期分属江阴县和常熟县)、江阴县、无锡县(包括清代的金匮县)和吴县(包括清代的元和县和长洲县)。

② 上海市南起按逆时针方向计有:金山县、奉贤县、南汇县、上海县、川沙县、宝山县、嘉定县、青浦县和松江县(清代分属华亭县和娄县),加上崇明岛。

③ 薛家埭等村实际上包括 6 个自然村,薛家埭、何家埭、许步山桥和西里行浜的高家埭、陆家埭和南埭。当地人对这 6 个村庄并没有一个总称。本书将用"薛家埭等(村)"的简称。人民公社时期,这 6 个村属华阳桥公社的兴隆大队,1978 年划出为华阳桥种籽场大队。本书英文稿为方便起见,对这 6 个村用了"华阳桥(村)"的简称,而公社则称华阳公社。现全改回为当地原称。

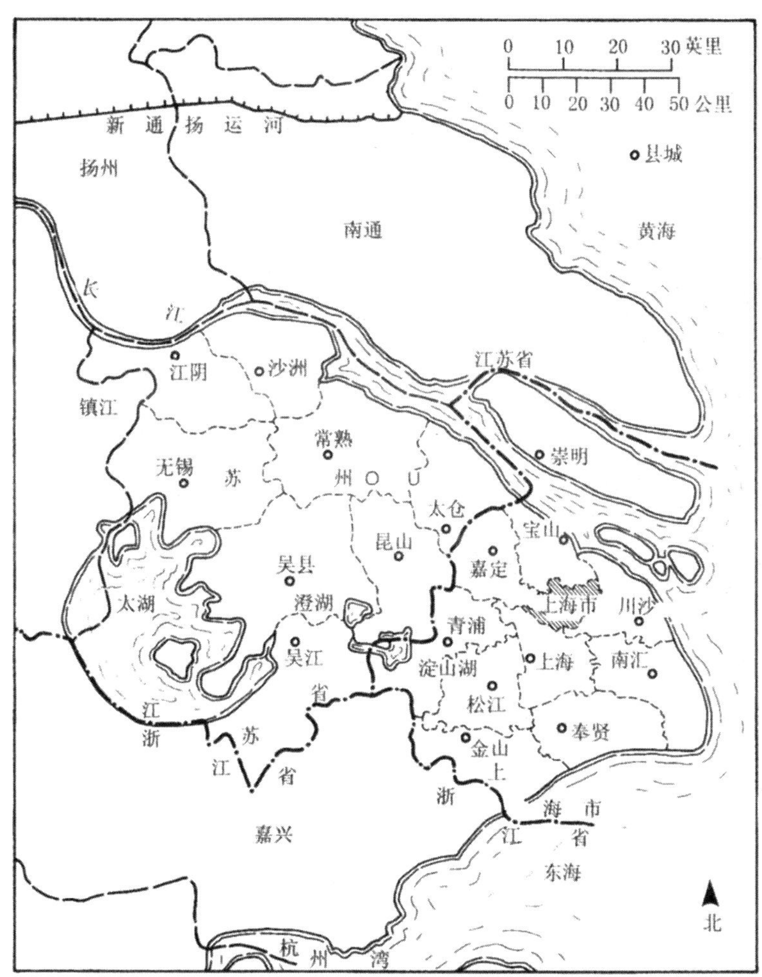

图1　1980 年的长江三角洲*

---

* 图片来源：根据中华书局 2000 年版《长江三角洲小农家庭与乡村发展》第 22 页影印。

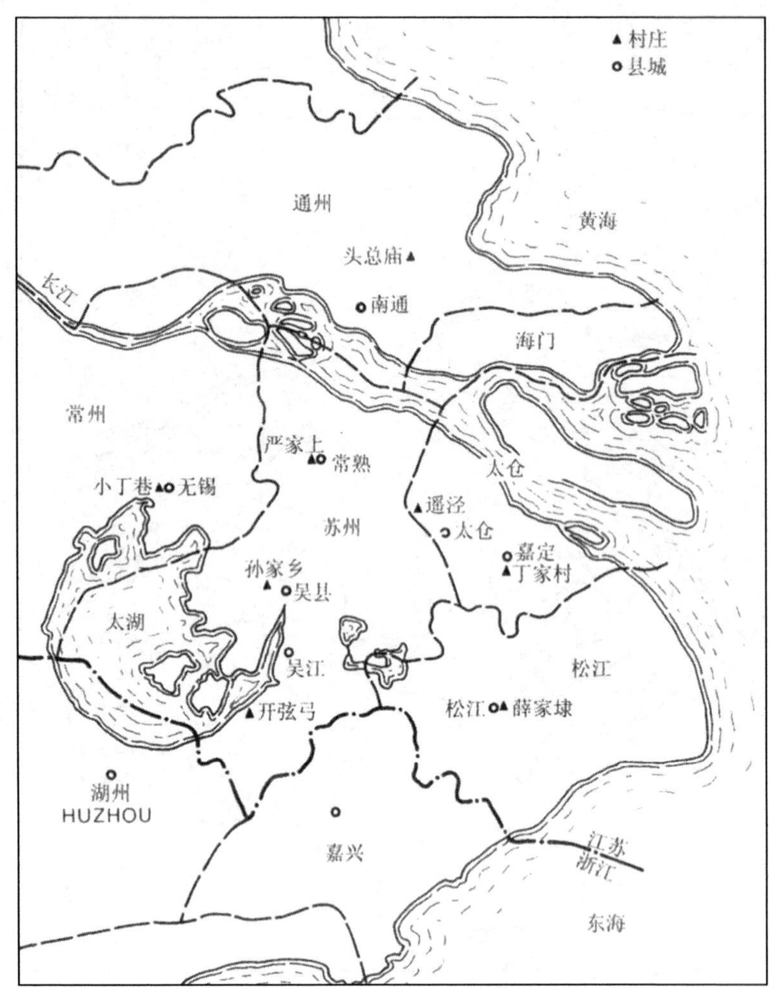

图 2　1820 年的长江三角洲及本书研究的 8 个村庄*

---

* 图片来源:根据中华书局 2000 年版《长江三角洲小农家庭与乡村发展》第 23 页影印。

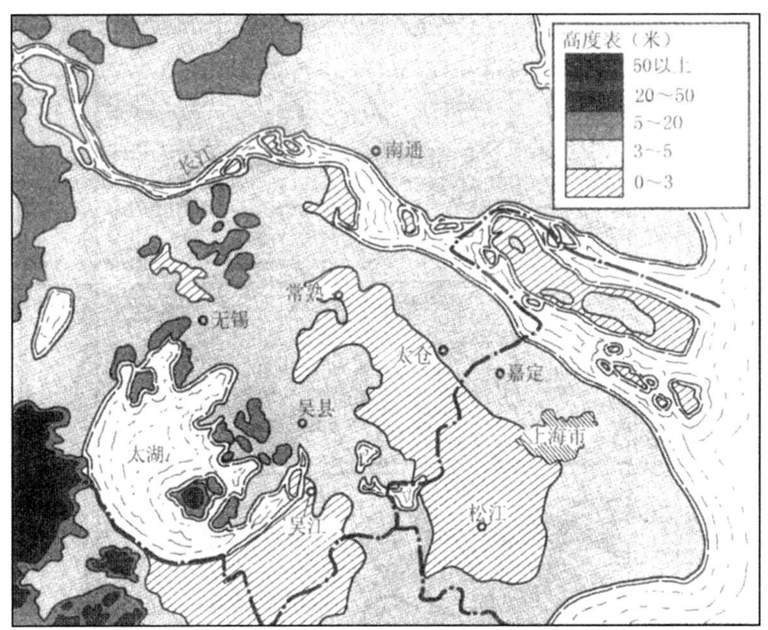

图3　长江三角洲的地形*

* 图片来源：根据中华书局2000年版《长江三角洲小农家庭与乡村发展》第24页影印。

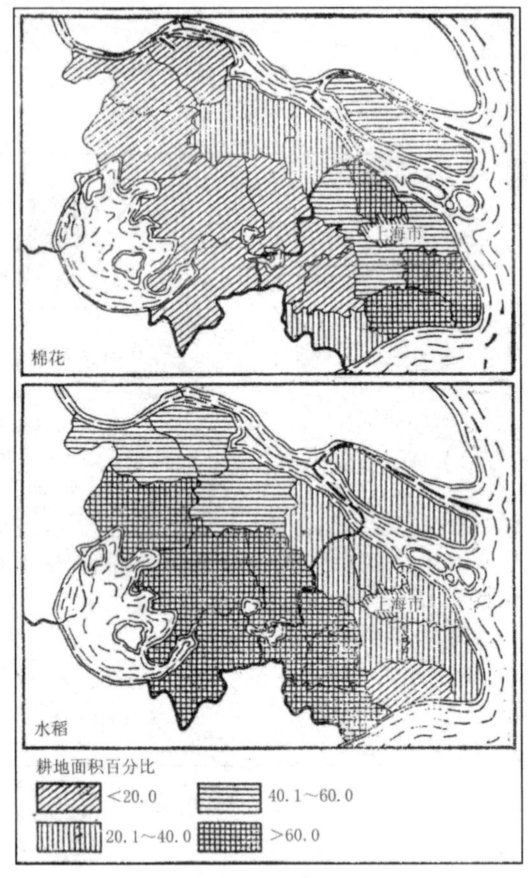

图 4　长江三角洲的稻、棉栽培(1930)*

数据出处:张心一,1930a 水稻数字包括糯米,在吴县占耕地面积比例达 50.5%,超越粳、籼米的 36.3%。

* 图片来源:根据中华书局 2000 年版《长江三角洲小农家庭与乡村发展》第 25 页影印。

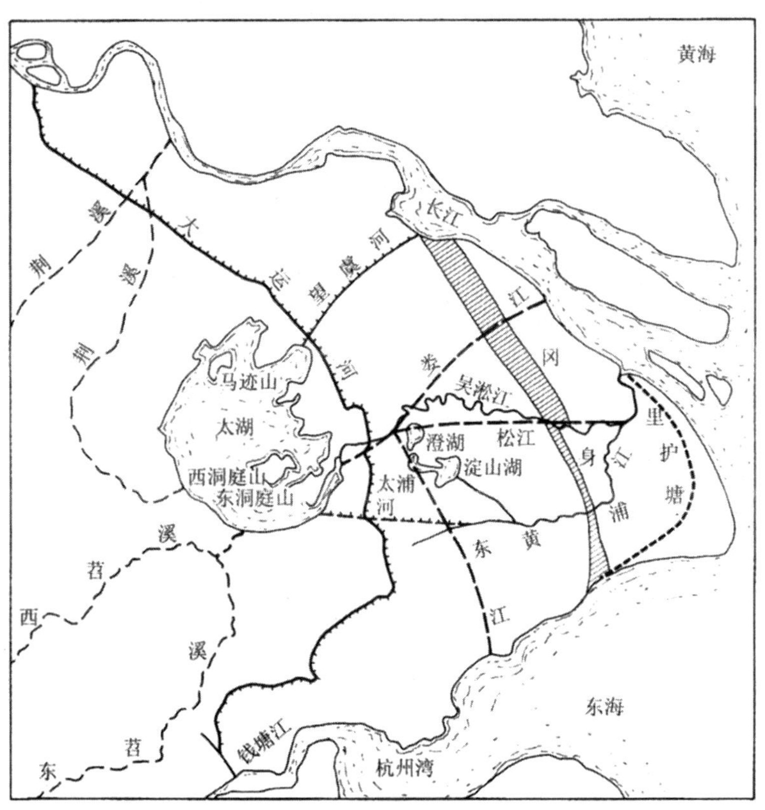

图 5　长江三角洲的历史地理[*]

---

* 图片来源：根据中华书局 2000 年版《长江三角洲小农家庭与乡村发展》第 26 页影印。

地图 4 显示了 20 世纪 30 年代这个地区的作物分布。旱地作物棉花主要种在盆地外围的高地上,面积达 60%以上,相比之下低地的种植面积则不足 20%。水稻的情况正相反,由于水稻插秧时需用水灌田,适于种植在供水便利的低地。上海市西面的冈身(见地图 5)地带(从太仓县城附近起,经嘉定、上海,延伸至奉贤)因其供水不易,水稻种植比例最低,而低洼的中心地带则高得多。① 在太湖东岸最低洼的地区,田间种植水稻,圩上植桑以防止水土流失。这一地区及南面的嘉兴地区是中国传统的桑蚕中心。离太湖稍远的昆山、松江和青浦水稻种植比例最高,一般占耕地面积的 60%。这些地方灌溉便利,且无需植桑固圩。本书涉及的 8 个村庄分属于这些不同的生态地带。

历史地理

长江三角洲的地势系由两种地理因素造成。一是长江干流和海潮的相互作用,由此形成本地区外沿的冈身地带;二是 8—12 世纪之际中心地块某些部分的淤水和地层下陷。

人们长期认为长江三角洲是由几千年来东流入海的长江挟带泥沙沉积而成。丁文江(1887—1936)首先提出长江泥沙淤积成陆的速度是每 69 年增加 1 英里(即 43 年增加 1 公里;谭其骧,1973),今一百多公里宽的上海市地面是在四千多年持续不变的速度下形

① 《中国实业志:江苏省》(1933,2:2—5)统一了各县的亩制,耕地面积的数字比张心一(1930a)准确,但没有更改张的稻田面积数字。用《中国实业志》的耕地面积数字去计算植稻面积的比例,只会引起进一步的曲解。

成的。

但是解放后中国历史地理学者已经证明沙嘴东伸的速度并非像丁氏所说的固定增长率那么简单。事实上长江泥沙的沉积取决于长江流域的水土流失率,地表的伸展亦受到潮汐的影响,波浪侵蚀部分海岸而形成水下的沙堤,在地面上则出现了脊状的高地(陈吉余,1957)。

谭其骧和中国其他的历史地理学者结合地块的现状、文献资料、气候学研究和考古发现,已经对上海地区的地貌形成做出如下分析:

1.在公元4世纪以前的四千多年中,长江流域的森林植被良好,河流的含沙量相对较低。当时气候温暖,年平均气温比现在高2—3摄氏度。温暖的气候使海平面升高,因此减缓了陆地的伸张。在这四千年期间,今上海地区的陆表每500—3000年仅延伸一公里。其间形成了一条东南走向的冈身,从太仓以北的长江延伸到奉贤(见图5)。①

2.公元4世纪以后,对森林的砍伐增加了长江的含沙量。8世纪初修筑的旧捍海塘和1172年修筑的里护塘遏制了海潮的侵蚀,加速了海塘以内的陆地扩展。此期气候较为寒冷,年平均气温比现在低2—4摄氏度,因此海平面下降,成陆速度加快。4—13世纪的900年间,陆地延伸了30公里。这些新增的陆地地势较高,形成了一些现代地理学家所称的上海地区的"碟缘高地"。

3.公元13世纪以后里护塘外的陆地仅增加几公里,最宽处也

① 冈身在吴淞江(松江故道)北面最宽处达8公里,在吴淞江南面则仅宽1.5公里。

不过十余公里。新增的也都是高地。现在尚不清楚成陆速度减缓的原因。此期气温和海平面相对均较低,长江的含沙量增多。不同之处在于没有海塘阻断海潮,且长江的主水道南折,侵蚀了入海口的沙嘴(谭其骧,1973,1982;马正林,1981:210—211;《上海农业地理》,1978:9)。

无论这最后阶段成陆减缓的原因为何,可以肯定的是,长江三角洲远非形成于简单的、一成不变的淤积,而是由自然的、人为的多种因素复杂地相互作用而成。

旧说对整个太湖盆地的形成过程也提出了相对简单的解释,认为长江南端的沙嘴最后和钱塘江的北缘会合,使今日的太湖地区成为一个潟湖。几世纪来湖底泥沙的淤积把湖体切割成今日所见的河流密布、湖泊罗列的三角洲平原(《江苏地理》,1980:28;马正林,1981:210)。

这种假说也为新近的研究所推翻。在枯水年份裸露的湖底及土地垦殖时的考古发掘表明该地区的某些地面已有一万五千年之久。例如,在马迹山和洞庭西山之间的太湖中心地带曾发现新石器时代的遗迹。1955 年干旱时,太湖东南岸的吴江县曾发现新石器时期的印纹陶。在靠近吴县湖滨的地方还发现了一条长达二十多米的石板街。在太湖以东的澄湖西北岸,土地垦殖时曾发现从新石器时期至汉宋时代的大量文化遗址(复旦大学,1981:187,191;魏嵩山,1979:59)。①

① 历史地理学者们至今仍不清楚为何这一带未出土六朝和隋唐的文物(复旦大学,1981:188)。一种说法认为当时洪水肆行,该地区的大部分地面尚在水下(魏嵩山,1979:61)。

多种考古和文献资料形成了这样的新假说。太湖初成于新生代中期,当时从东北方向流入长江的荆溪的入江口淤塞了,使其折东而与苕溪汇合。在太湖以东,吴淞江分成了所谓的“三江”:娄江(即现在流入长江的浏河)、吴淞江(流入东海)和东江(流入杭州湾),它们是太湖的出水道。在三江淤塞以前太湖盆地几乎全是陆地(《江苏地理》,1980:28—29)。东江在8世纪左右首先淤塞,排水不畅是盆地中心地区在8—12世纪地势下沉的原因。①

考古资料(如澄湖的考古发掘)确认太湖的形成是基于突发性的淹没,而非渐进的侵蚀。例如,在车坊公社新围垦区堤外约二百五十米处有一片由大石块砌成的十余亩的大面积古代建筑遗址,基本上保存完整,在干旱的年份里清晰可见。这不可能是由于波浪的长期冲刷而崩坍的。鉴于11世纪末的文献资料中未提及澄湖,而1165—1173年间的文献中出现了有关澄湖的资料,故陆地下陷成湖可能发生在这两个时期之间。澄湖这个名称本身也是一种证据,因为在当地方言中“澄”与“沉”谐音(复旦大学,1981:188)。许多湖泊均是进水淹没形成的。此后,这些新湖因淤塞和围垦而变窄,只有洪水侵蚀才周期性地拓宽湖面。太湖东部的考古资料证实了湖面的收缩经过。② 而上述的水底古迹则说明了湖面的拓展。

---

① 下沉的原因尚有争议。一说认为地面下沉主要由于地质上的原因(魏嵩山,1979:60);另一说则认为主要是洪水的作用(复旦大学,1981:188)。

② 例如吴江县的松陵镇在宋代时是一小岛,当时还有诗篇记录海岛胜景。但到了清代该地的南部已因淤积和围垦与陆地相连。同样,洞庭东山迟至19世纪才成为半岛。实际上太湖东部面临着完全淤塞的危险。这一点将在后面详述(复旦大学,1981:191—192;魏嵩山,1979:64)。

太湖这种周而复始的拓展和收缩也许可以解释历史文献中“围田”和“圩田”两词的混淆。从严格意义上说,围田是指围垦湖边或临水的浅滩,圩田则指用堤圩保护起来的低洼田。在广义上讲,圩田可指整个系统,包括耕地和配套的排灌沟渠。① 然而这两个词在历史文献中常交替使用,造成了不少混乱。我认为这种混淆可能是因为湖边的围田向湖面扩张后很容易变成圩田,同时圩田被淹没后又易于开成新的围田。不管怎样,我们在分析中必须区分这两个概念。两者可能相互冲突,过度地在湖边围田会影响太湖的容水量,从而威胁整个圩田系统。

在长江三角洲的特殊地形之上,经过长时期的演变,一个中心与边缘地带相互依赖的经济系统形成了。在清代,长江三角洲外围的高地主要种植棉花,生产出的原棉和棉布供应低洼的中心区域。中心区域则发展成一个水旱作物相辅的系统,田地中间种植水稻,堤圩上植桑以供养蚕,售丝所得用以支付输入的棉制品。在中心区域和边缘地带之间的地方,地势既未低到非筑圩不可,又没高到引起灌溉困难,所以田间几乎无一例外地种植水稻。此地区供给其他两个区域粮食,以换取棉花和棉布。

这样的生态系统与旱作的华北平原形成鲜明的对照。如同我过去(黄宗智,1986:第3章)详细分析过的那样,华北平原的河道系统不足以用于灌溉,在解放后大规模改造自然条件以前,华北平原总的单位面积的水流量仅及长江三角洲的六分之一至八分之一。经秋冬两季连续干旱后,大部分河流已浅至无法用于灌溉。

---

① 缪启愉(1982:20)对两者做了有价值的区分。

据最可靠的估计，河北省的灌溉面积仅占解放前耕地总面积的7%，山东省仅为3%。绝大部分农田靠井水浇溉，于是耐旱的作物，如高粱和谷子以及18世纪后的玉米，便成了那里的主要作物。

吴越模式

长江三角洲圩田系统的基本结构形成于10世纪的吴越国（907—982）。吴越国作为一个地区性的小国，无须像后来当地政权那样通过大运河运送漕粮，也没有各部门利害纠纷之拖累。虽然后来的文人可能把吴越国的成就理想化了，但这个小国对兴修水利异乎寻常的贡献却是无疑的。吴越国有10 000名常备的“撩浅军”负责疏浚河道和维护堤圩，并依靠娄江和吴淞江作为主要的排水干道。三江之一的东江这时已经淤塞，但吴越国以小官浦作为替代，把水从东南方向排入杭州湾（缪启愉，1982）。

以这一河道系统为主干，吴越国建立并保持了一种“五里七里为一纵浦，七里十里为一横塘”的系统。其中最大的塘浦深20—30尺，宽200—300尺。堤堰修造得既高又宽，用密封的水闸控制水流量以便灌溉和运输（缪启愉，1982）。一个世纪后的宋代水利学家郏亶（1067）尚能看到265条吴越国时期修建的塘浦仍在使用，另可数出132条塘浦的遗迹。

当时的排水系统修建得如此成功，乃至长江三角洲地区在其统治的98年间（880—978）根据文献记载仅发生过4次严重涝灾。如此卓越的成就使后世的水利学家视这个阶段为太湖盆地水利的黄金时代。

吴越国以后的衰败

类似于吴越国建立的水利系统需要强有力的人工维护:主干河道必须定期疏浚以避免其完全淤塞,支流和人工河渠也需要疏浚和维护,河堤和田圩必须定期加固。从解放后的六级行政体制可见维护水利系统的复杂性。主干河流属一级河流,由中央政府直接管理;跨县的区域性河流属二级河流,由省政府管理;与一级和二级河流相联的运河属三级河流,由中央和地方政府共同管理;同属一县但联结公社(乡)的河流属四级河流,由县政府管理;同属一公社但联结生产大队(行政村)的河流属五级河流,由公社管理;五级河流的支流为六级河流,一般由生产大队和生产小队(自然村落)管理(《江苏农业地理》:170—171)。堤圩的分类与此相似,它们的建筑和维护依不同的行政等级而定。水利系统的每一部分必须善加维护以便有效地对农田进行排灌。即使在最佳的条件下这也是一项艰巨的工作,而对吴越国的后继者来讲,条件又远非尽如人意。

吴越国灭亡后,长江三角洲人口压力的增加极大地加重了维护水利系统的困难。随着宋朝都城的南迁(从开封到杭州),大量移民南下。至明代,人均耕地面积降至 2.5 亩(附录 B)。土地人口的压力导致太湖水系河源一带森林的砍伐,从而加剧了淤塞问题。湖畔河边淤浅处的围垦又削减了容水能力。

其结果是造成长期的衰败。表 2.1 显示了 901—1900 年 1000 年间太湖盆地在文献中记录的旱涝灾害状况。旱涝两者都说明了长江三角洲的水利状况。它们不仅受气候因素影响,而且均紧密关联于水利系统。河道流速平缓,河水流量充沛的地区对旱涝的承受能力很高;反之,承受力便会下降。我们可以清楚地看到,长江三角洲的长期趋势是旱涝灾害日益频繁。10 世纪时 6 次水灾、3 次旱灾;18 世纪时则至少有 48 例水灾,39 例旱灾。易言之,在 10 世纪后的 5 个世纪内,水灾发生频率为每 3.8 年一次,旱灾为每 7.7 年一次;15 世纪后的 5 个世纪内,水旱两灾的发生频率分别增至每 1.9 年和每 2.9 年一次。

表 2.1　太湖盆地的旱涝灾(901—1900)

	涝　灾		旱　灾	
	次数	频率(年)	次数	频率(年)
901—1000	6	16.7	3	33.3
1001—1100	16	6.3	8	12.5
1101—1200	31	3.2	24	4.2
1201—1300	29	3.5	10	10.0
1301—1400	47	2.1	17	6.0
901—1400	**129**	**3.8**	**62**	**7.7**
1401—1500	48	2.1	19	5.3
1501—1600	57	1.8	38	2.6
1601—1700	56	1.8	50	2.0
1701—1800	48	2.1	39	2.5
1801—1900	48	2.1	28	3.6
1401—1900	**257**	**1.9**	**174**	**2.9**
901—1900	386	2.5	236	4.2

出处:《江苏省近两千年洪涝旱潮灾害年表》,1976 年。

备注:类似于 1931 年那样规模的重大水灾(在太湖盆地的 24 个县中对农作物造成了严重破坏)在 1401—1900 年间发生了 20 次,即 1454

年、1481 年、1509 年、1510 年、1522 年、1561 年、1587 年、1608 年、1624 年、1651 年、1670 年、1680 年、1708 年、1724 年、1732 年、1781 年、1804 年、1823 年、1833 年和 1849 年,约每二十五年一次。

干河系统

从宋代起主干河道系统便无可避免地衰败了。作为主要出水道的吴淞江在 12 世纪 40 年代后淤塞加速。政权的短视加剧了自然的淤塞状况。宋朝政府为了确保经大运河运输漕粮,在太湖东南端修建了从吴淞到平望的吴江渠。虽然差不多同时进行了清理吴淞江中段(白鹤江和盘龙汇之间)的工程,但由太湖流入吴淞江的水流被截断了,从而加剧了吴淞江下游的淤塞。越来越多的河水北折进入旧娄江(1055 年重建成至和运河)。1175 年,宋朝政府又发起一场疏浚下游的大工程,但未能善终。最后,明朝政府干脆在 1403 年把吴淞江与娄江的分水口封煞,导水北流。今日的浏河于是成了太湖盆地的主要出水道。18 世纪末,浏河也濒于淤塞,于是原来只是吴淞江南面的一条支流,在明代与淀山湖会合的黄浦江成了这里的主要出水河道(见地图 5;魏嵩山,1979:63)。

吴越国以后各朝代对太湖盆地河流淤塞整治不力是这个地区水旱灾害频仍的主要原因。政府的努力一般只是在重大灾害后做修漏补葺的权宜之计,而非寻求根本的解决办法。大约每隔二十五年便有一次特大洪水，随后做一次大的整治疏浚。①

主干河道的问题今日仍未解决。由于太湖严重淤塞，东流湖水稀少，黄浦江也不再是太湖的主要出水道（复旦大学，1981）。20世纪50年代早期曾有一项从太湖东南部开辟太（湖）（黄）浦运河穿过江浙两省直达上海市的计划，但未成功。江苏省开掘了属于它的那部分河道，但省市政府之间未能好好地合作。浙江和上海都放弃了这项工作，因为此工程对它们的效益并非像对江苏那样直接，而且会使它们辖区内水面升高。江苏省于是开掘了从太湖北端通往长江的另一条运河。望（亭）虞（山）运河便成了太湖在江苏省内的主要出水道（复旦大学，1981：193—194）。不过到70年代后期，这条运河显然已需拓宽（《江苏农业地理》1979：168）。

太湖盆地的历史地理学权威谭其骧主张将已经废弃的太浦运河重新修浚使用，以改善东向的导水（可能往南穿过金山县进入杭州湾，而不是加重黄浦江的负担）；重新开掘久已湮失的东江用以导水南向进入杭州湾；保护沿湖土地，不准围垦，以提供辅助性的排水。谭氏认为，如果要防止8—12世纪严重的水涝灾害重演，上述几项工程必须进行（复旦大学，1981：194；并参阅《江苏农业地理》，1979：168—169）。20世纪80年代中叶，地方上水利主管部门的官员有大量关于多方通力合作、寻求一项长治久安的治水方案的议论。这样的意图是否能实现还有赖于能否克服地方官僚机构

---

① 《江苏省近两千年洪涝旱潮灾害年表》（1976）。该书计450余页，编撰者搜集了93部县志的有关章节，并从大量的各类资料（包括20世纪的报纸和50年代早期各县的调查报告）中摘取内容，颇具参考价值（参见徐近之1981；滨岛敦俊1982，第98—105页罗列了1404—1644年的水利工程）。

之间的利益冲突。

地方水利

明代早期的政府是用民工进行上述大型干河整治工程的。这些民工的征集得力于里甲制度，以及当地地主对“农奴”和佃户的超经济权力。然而，随着商品化和士绅的都市化，政权只得寻求新的办法来征集劳役，新出现的不在村地主对水利事业兴趣甚微，而且缺乏动员劳役的必要资力。明代后期，政府采用三种方式来弥补这一缺陷。首先，根据土地占有面积征派劳役，即所谓的“照田派役”（滨岛敦俊，1982）。其次，由于许多不在地地主属于可以豁免劳役和田赋的士绅阶级，因而政权试图限制士绅的特权，即所谓的“优免限制”。最后，政府要求豁免劳役的地主们支付承担水利工程的佃户的伙食，即所谓的“业食佃力”。

但是，我们不能以现代的政府功能去测度这些早期的政府工程。封建时代的水利犹如封建时代的行政体系，一般到县级即止，县级以下的公社和大队是解放后的产物。我曾经用 19 世纪宝坻县政府的档案说明清代政府征税机构的局限性：最基层的征税员——乡保是一个由当地权贵提名、官府正式任命的半官方人物。平均每个乡保必得单独负责 20 个村庄的税务（黄宗智，1986：第 13 章）。何炳棣（1985，a，b）也曾指出，明清政府为征税而企图对土地实行丈量登记，但其实现的程度十分有限，事实上这样的意图已超出了当时政权组织的能力。在明清两代，一个特别干练的县政府或许可能整治它辖区内的县级河渠，但不可能直达村级的塘浦沟渠。即便在今天,公社和大队级的水利仍被视为正式的国家机构管辖之外的集体单位的事。

滨岛敦俊(1982)认为明代早期县级以下的水利实际上已由当地居乡地主掌管,而不是由政府来管理。在所谓的"田头制"下,沟渠的日常维护工作由沿边土地的所有者承担,报酬是控制水源、取用河泥肥田、捕鱼等。

我们对村庄社团在治水方面的确切作用并不清楚。森田明(1967)认为,"田头制"随着地主的都市化而瓦解,随即出现了农民的共同体来承担此项任务。森田明的说法基于费孝通 1936 年对太湖盆地中心区域的吴江县开弦弓村的实地调查。开弦弓村的土地低于涨潮时的水平面,故经常面临水淹的危险。由于同处险境,多家毗邻田圩(当地称墐,数墐为一"圩")的村民组合起来共同抗涝。有一个 336 亩的墐,遇有险情,村民击铜柱为号,该墐成员必须在 30 分钟内到达岗位,否则科以重罚。各家每耕种 6 亩田必须提供一个劳动力,3 人一小队,共 15 小队管理 15 台水车。各小队由其成员轮流值班,15 队的总负责人亦轮流担当。每年在新人接任总负责人时均设宴庆贺(费孝通,1939:172—173)。

我认为森田明对长江三角洲农民在水利上的集体行动估计过高。费孝通对开弦弓的研究清楚地表明在水灾时的集体抗灾是村社唯一的集体水利行动。灾难临头,村社所有成员都受到威胁,集体行动才有可能动员起来。沟渠堤圩的日常维修和河道平时的疏浚则困难得多,因为同一村社内各个成员的利益关系不同。圩堤塌陷了,受影响的只是塌陷处附近的几户人家,远处人家就不易动员。同样的逻辑也适用于疏浚地方上的运河和水渠。水浅流缓的细流虽然对碟状圩田内部较远的田块无济于事,却足以灌溉就近的田地了。农民治水的紧迫感因其农田在堤圩内的位置不同而各异。我们看到,在集体农业解散后的20世纪80年代中期,合作治水再度成为一个主要的问题。就像在过去的时代一样,治水的责任再度落在那些会受到直接影响的农户头上。

在自然村以上,即相当于今日的公社(乡)一级,不仅日常的维修不易组织,连应急都很困难。互不相识的异村村民很难自愿合作,而政府机构则够不到县城以下的小乡。

清政府曾试图用村以上的行政单位,诸如区或图,来解决问题,但遇到的几乎是不可逾越的管理上的困难。确实,就像巡抚周孔教早在1608年指出的那样,一个自身农田并未受到水涝威胁的小农民,为什么非得为邻圩的人操心(《松江府志》,1817,11:6)?而且,主管人一般都是不拿薪俸的半官方人员,又不能随意动用县政府的强制机器。到了明末,这些人大多只是小耕作者,并无向与他们地位相同的农民施加压力的能力(滨岛敦俊,1982:90—97)。

国民党在20世纪30年代制定的县以下的保甲制度也未能使形势好转。这种由国家强制推行的人为制度与开弦弓的集体抗涝组织毫无关联。它只是一个有名无实的空架子(费孝通,1939:8,109—111)。在民国时期,就像在清代一样,国家级大型水利工程和村庄级应急措施之间存在很大的空缺。

于是剩下的只是一种任其自然的方式。基层水利平时无人管,要到灾难临头才会有积极的措施。一个村庄遇到灾害时,村社团体或许会像开弦弓那样群起抗灾,而县级及其以上的灾情则会受到政府的救助。但是,发生在这两者之间的问题往往无人过问。

一个特别能干的地方官也许会组织多村庄的协作，像明中叶的周忱（1381—1453）那样利用公粮征募农民兴修水利（滨岛敦俊，1982：13—14）。再则，地方上的开明士绅可能会在政府的鼓励之下出面主持村庄间的合作。然而更常见的是，治水问题会被拖延至灾情扩大到地方官不得不管的地步。这样的方式是长江三角洲几世纪来水利失修的又一根本原因。

长江三角洲生态系统中的政权、士绅和农民

当这个生态系统遭受到严重的压力时，政权、士绅和农民之间利益上的矛盾便不可避免地暴露出来。例如，当太湖东岸淤积时，当地的老百姓便在湖边围起沼泽地种芦苇、设鱼塘，或者围田耕种。这就进一步削弱了太湖的容水能力，转而影响到高水位时的泄洪量。1763 年，江苏巡抚庄有恭下令禁止围垦，拆除新设的围垦点。但这些不过是政权的权宜之计，不足以抑制太湖东部干涸化的长期趋势（《吴县志》，1933，42：29；《松江府志》，1817，11：41）。

有关淀山湖的丰富史料提供了另一实例。冲突主要发生在地方权贵与当地农民之间，而政权则间或支持农民。与澄湖不同，淀山湖并非主要的出水干道，而且由于它四周趋于干涸，围垦极为容易。地方上的权势人家因为拥有资金和劳力，控制着围垦活动。两浙提督赵霖在 1200 年左右的《论水利书》中曾描述：“数十年来，湖之围为田者，大半无非豪右之家，旱则独据上流，沿湖之田，无所灌溉；水则无所通泄。”他指出，结果数千顷沿湖的农田反沦为不毛之地。淳熙（1174—1189）初，政府曾开挖占地五千余亩的山门溜

以开通淀山湖北端的"咽喉"，缓解情势(《松江府志》1817，10：76)。但不久地方豪门进入此地区，在正对山门溜"咽喉"的南端修筑了一条数里长的堤堰，以此围垦了该湖北边的大片土地，于是出水通道再度被阻。1186年，浙西提举罗点重开出水道，使水涝地区的农民稍得喘息(同上书：11)，但不久豪门又故伎重演。一个世纪以后，地方官不断地抱怨这个老大难问题(同上书：14—16)。1298年，元朝政府试图划定湖界，设立专职官员防止越界围垦，但收效甚微(《姑苏志》，1506，12：14；2：9)。一个叫曹宣慰(其父做过知县)的当地权要，竟能在1295—1307年期间围田数千亩，然后租给佃户，成为"富甲一方"的豪门(《琴川三志补记续编》，1835，8：7)。此后，政权对长年不息的水涝问题已一筹莫展。

另外，还有其他的一些问题和分歧。不在村的地主和他们在村种地的佃户对水利问题并不同样地关心。一个无法回避的问题是谁应对田地的水利负责。明末规定兴修水利时地主供膳、佃农出力即以此为出发点。18世纪的一部无锡地方志注意到了另一种分歧。该县的一些高地上，当旱灾来临时，地块靠近水源的较富的农民仍可用几十架桔槔(一头挂吊桶、另一头垂重物的杠杆)提水灌田，但没有桔槔的贫农只能坐视禾田枯焦。这部地方志还注意到该县不同区域居民间的利益冲突。洼地的农户惧雨，而高地的农民则祈盼多雨，以保水源无虞(《锡金识小录》，1752，1：4—5)。

由于种种利益矛盾，整个生态系统长期的衰败趋势是无可避免的，只有政权采取强有力措施时才能暂时减缓这一衰败过程。如同前述的例子，当国家政权尽其职责时，可能介入农民反对豪右的斗争，保护农民的利益；在灾害面前，国家政权也发挥了不可替代的作用,组织了地方社会难以胜任的大规模整治工程。但是更常见的就像淀山湖的例子那样,官僚机构作为组织者和保护者只是象征性的,缺乏实质意义。更糟糕的是,国家政权为了自身利益不惜损害地方上的治水,就像 1140 年时它为了大运河而牺牲吴淞江那样。

与华北相比,长江三角洲的水利经常涉及国家政权、地方士绅和农民之间的三角关系。华北的水利事业主要是非由政府承担不可的黄河大堤的整治,再就是仅归一家一户使用的小型水井(黄宗智,1986:第 3 章)。华北几乎没有像长江三角洲那样规模的水利工程,既不到由政府来承担的规模,又超越一家一户所能承担的范围。然而,正是像长江三角洲这样的水利工程,把地方士绅、农民和国家政权联结成一种在华北见不到的、复杂的、富于变化的三角关系。

两种生态系统的比较

我们现在考察一下长江三角洲的自然环境怎样造成了一种与华北平原不同的社会经济结构,甚至不同的政治行为类型。最根本的不同是长江三角洲的灌溉农业和华北的旱作农业之间的不同。以人均耕地面积而言,长江三角洲的人口密集程度比华北平原高得多:解放前夕长江三角洲人均耕地面积为 2.10 亩,而 20 世纪 30 年代河北省的人均耕地面积为 4.21 亩,山东为 3.70 亩(华东军政委员会,1952:5—6;土地委员会,1937:23)。[①] 不过这些数字容易引起误解,长江三角洲有较长的无霜期,因而有较高的复种指数,达159.0,而河北与山东分别为122.6和143.7。[②] 如果我们对这些数字加以调整(区分播种面积与耕地面积),比较人均播种面积,就可以发现两地的差距缩小了:长江三角洲为3.34,河北和山东分别为5.16和5.32;换言之,长江三角洲和华北平原的人均播种面积为100与157之比。然而灌溉农业的高产把这一差距抵消有余。长江三角洲平均亩产400斤稻谷,而河北、山东仅亩产175斤玉米,或160—170斤谷子或高粱,两地平均亩产为229与100之比。[③] 仅以上述这些作物做比较,长江三角洲和华北平原的人均粮食产量为146与100之比。要是我们进一步把不同的农作制度(长江三角洲某些地区实行稻麦两熟制,华北平原第一年高粱或玉米或谷子与小麦轮种,第二年春播大豆,冬天休耕)考虑在内,这一差距会更大。

---

① 据土地委员会(1937:23),江苏省的指数为3.80。但该项数字包括生态条件非常不同的淮北地区。这里引用的数字系根据对苏南25县所属的973乡的875 460户做的调查,对本书的研究来讲更为准确。

② 长江三角洲的数字系根据张心一(1930a:33—42)有关上海市和苏州地区的17个县的资料。土地委员会(1937:19)中江苏全省的数字167.1看来偏高,因为中心低洼地区和边缘高地之间的许多地方单一种植水稻,而较少种植冬小麦,因冬小麦系旱地作物,不适应这一带潮湿的稻田。

③ 产量的数字系根据珀金斯(1969:275,277,278—279)。水稻数字系指江苏全省(在珀金斯的三套数字中,我采用了刘大中和叶孔嘉的原始数据)。张心一(1930a:33)的17县资料得出每亩283斤稻谷的结果,显然太低;土地委员会(1937:20)的资料认为江苏全省亩产56斗,则又偏高。玉米产量系根据珀金斯关于河北和山东产量的平均值。谷子和高粱的产量系根据珀氏的全国平均数字。这些数字与满铁调查编集的村庄产量数据是一致的(参阅黄宗智,1986)。

较高的人均产量加上遍布的水路交通，造就了长江三角洲小农经济的高度商品化。本书研究的17个县内，20世纪30年代时有27.1%的耕地种植棉花，而当时河北和山东的棉花种植分别占耕地面积的10%和6%（张心一，1930a：34—35；黄宗智，1986：132）。在长江三角洲，现今的上海市辖区是种棉花比例最高的地区（达45.6%），与此相应的是，家庭棉纺织手工业也发展得最快。这两个因素使长江三角洲的农村人均收入比华北平原要高出不少。

较高的人均产量还有助于说明长江三角洲不同的土地占有制度。由于赢利可观，投资土地对在城镇居住的地主来说就更具吸引力，而且越是高度商品化的经济，资本积累就越切实可行。这些因素加起来促使长江三角洲出现了比华北集中的土地所有权。① 华北的土地出租占耕地面积的18%，而长江三角洲约占42%（黄宗智，1986：82；华东军政委员会，1952：6—7）。即使考虑到华北以雇佣劳动为基础的经营式农业（20世纪30年代经营式农场约占华北耕地面积的10%，而在长江三角洲几乎不存在。见黄宗智，1986：第4章；并参阅本书第4章），长江三角洲地权的集中程度仍是明显地高于华北。

土地制度的不同使这两个地区的政权、士绅和农民间的关系有极大的不同。在华北，大多数农民是国家直接征税的自耕农，而长江三角洲的大多数农民租赁田底（我们将在后面详细讨论田底、田面之别），仅通过田底地主间接纳税。因为经过18世纪20年代

① 阿里格（Arrigo，1980）雄辩地指出，对土地所有权集中程度的测度应不仅根据出租土地的情况，也需考虑雇工耕种的田地。她用卜凯（Buck，1937b）的资料证明了土地集中的程度与扣除生存必需后的剩余量大小成正比。

至50年代的"摊丁入地"的税制改革,国家政权仅向拥有田底权、明末起往往住在城里的不在村地主征税。因此,长江三角洲的小农在土地关系上,一如在水利工程中,主要通过地方士绅间接地与国家政权打交道,不像华北小农那样直接与国家政权打交道。

结果造成这两个地区的农民社团有非常不同的结构,我们将在第9章中详细讨论这个问题。华北的农民们形成了有组织的领导机构与国家政权交涉,村庄有一种由"会首"组成的非正式的议事会,负责收税并统揽村庄内的各种事务。在长江三角洲,农民并无组织村政权的需要,农村社团主要由家族关系来维系。

于是,两个地区农民集体行动的目标也各异。华北村庄的集体行动往往是针对国家政权的抗税行动,而在长江三角洲则往往是以在城镇居住的地主为目标的抗租行动。这至少是延续到太平天国时期的普遍状况。其后,国家政权已不得不发挥更为积极的作用去充当长江三角洲一带地主和佃农间的调解人。县政府年年均与当地最大的地主们商讨核定该年的地租率,而受欺压的农民们也因此把国家政权包括在他们的抗议目标之中(白凯,1986)。

然而,从总体上看长江三角洲的农村比华北平原相对稳定。部分原因是长江三角洲的农民收入较高。当然也有较少的农民会在社会经济的层次上下跌为无地的农业雇工,或者因为赤贫而被排斥在村庄的底层之外。然而就生态环境来说这里比华北稳定得多:1401—1900年的500年间,发生了20次大的洪水,而华北平原则几乎年年洪水成灾(历史上有记录的黄河决口达1593次之多。参阅黄宗智,1986:57)。在华北,低产多灾的旱作农业加上人口密集成为严重饥荒和不断动乱的基本原因(黄宗智,1986:第3章)。

大量丧失土地的雇农和游民游离了他们的乡村,在社会底层形成了一种村际的社会整合。华北平原成为义和团起义的温床和革命运动势力壮大的地区并非偶然。

与华北相比,长江三角洲不仅对太平天国起了保守的影响,也使共产党组织的运动遇到更多的困难。这里的农村革命实际上主要是军事胜利后自上而下推行的。

第三章　商品化与家庭生产

斯密和马克思的经典观点均设定小农家庭生产会随着商品化的蓬勃发展而衰落。然而,明清时期关于长江三角洲的历史记载却恰恰展示了相反的情景。商品化带来的并不是小农家庭生产单位的削弱,而是它的完备和强化。新的棉花经济和扩展了的桑蚕经济所要求的附加劳动力首先来自农户的辅助劳动力。在这个过程中,妇女和儿童越来越多地分担了农户的生产活动,从而导致了我所称的农村生产的家庭化。商品化非但没有削弱小农家庭生产存在的基础,反而刺激了这一生产,并使之成为支持商品经济的基地。

棉花与棉布

棉花是明清时期长江三角洲商品化过程的中心内容。在 1350 年前后,中国还没有人穿着棉布;可是到 1850 年,几乎每个农民都穿着棉布了。棉花的传播使大麻的位置被取代,影响到了千家万户,带来了一连串的变化。棉花在这一时期的重要性使其他一切作物和行业都相形见绌。

棉花比起大麻来有很多优点。它高产易植,制成品更富舒适感,更具保暖性。① 棉纺织技术一被引进(13 世纪后期黄道婆把这些技术介绍到乌泥泾,即今上海市南部近黄浦江一带。见《重修奉贤县志》,1878,19:3),棉花种植就迅速得到普及。而大麻就只用来制作粗糙产品,如麻袋、绳索、渔网及丧服之类。

棉花最初主要分布于松江府和太仓州的高地,尤其是沿海冈地(见图 5)。主要是由于那一带水稻灌溉比较困难,盐碱土又不适合其他作物。据地方志记载,到 17 世纪前期,嘉定县耕地面积中仅有十分之一用以种稻,其余全用来种植棉花和豆类(《嘉定县志》,1605,7:3)。后来,随着 17 世纪 60 年代都台泾和乌泥泾的淤塞,上海县的水利灌溉成了问题,几乎所有耕地都由水稻改种棉花和豆类了(《松江府续志》,1883,7:34—35)。这样,棉花种植先由冈身地带东伸到海,再西进到太湖盆地低洼的中心地区。17 世纪 20 年代徐光启估计松江府耕地“几二百万亩”,“大半植棉,当不止百万亩”。如果他的估计大致准确,那么当时的植棉比例即使不高于也至少相等于 20 世纪 30 年代的水平了(即松江为 42.4%,太仓为 50.0%。见张心一,1930a:28,35—36)。

棉花种植的扩展刺激了手工纺织业的繁荣,甚至波及邻近的

① 麻纤维较短,需要进行精加工,把纤维捻合接长(绩),再两股捻合为一股(加拈),成为较结实的纺织品(李再伦,1982)。苎麻因可制作高级纺织品(如夏布),由于特别凉快而继续受到上层阶级的青睐。

非主要产棉区常熟县(属苏州府)和无锡县(属常州府)。叶梦珠在考察长江三角洲经济时有论及(1935[1693],7:5—6);到17世纪时,上海县地区经由大运河向华北输出厚实的标布,同时溯江而上向江西和两湖输出细巧的中机布,并转运到两广各地(亦见徐光启,1906[1639]:708)。18世纪时由于直隶和山东已发展起自身的手工纺织业(黄宗智,1986:121—123),向华北的输出减少了,然而随着越来越多的移民涌入奉天,一个新的市场在东北发展起来。根据徐新吾的估计(待刊稿),到鸦片战争前夕,松江府大约每年向东北和北京输出1500万匹布,向广东输出1000万匹,向福建输出100万匹。[①] 此外,通过长江三角洲占第二、三位的棉布贸易中心常熟和无锡,每年还分别有1000万匹和300万匹棉布输出。总之,在19世纪30年代,长江三角洲每年大约输出4000万匹棉布(吴承明,1985:278—279)。[②]

据估算,生产一匹布大约需要七个工作日:2.0个工作日整棉,3.6—4.0个工作日纺纱,1.0个工作日织布(吴承明,1985:389—390)。这样,4000万匹的输出量需要28 000万个工作日来完成,或者相当于每家农户工作117天(基于1816年大约240万户的人口数字,见附录B)。

在外国资本主义侵入中国前夕的1860年,全国约有45%的农户织布,其中约80%自己植棉。全国占首位的手工棉纺织业中心

① 各地区的尺度不一。上海在19世纪后期一标准匹土布长23.3英尺(20海尺)、宽1.4英尺(1.2海尺),重约1.32市斤(1.25会馆斤)。本章中取此尺度(吴承明,1985:389)。

② 这大体需要5000万斤皮棉,相当于总耕地面积约1600万亩中170万亩的产量(平均亩产30斤;张心一,1930a:36)。

松江府，实际上家家织布，平均每户年产布 66.3 匹，其中自己消费的仅 8.4 匹（徐新吾待刊稿）。① 长江三角洲农村的高度商品化是毫无疑义的。

桑蚕与丝绸

正如棉花与棉布是松江府和太仓州经济增长的中心，桑蚕与丝绸在苏州府经济增长中占有头等重要的位置。蚕丝业主要集中于太湖的东部和南部地区，尤其是苏州府的吴县和吴江，以及浙江北部的湖州府、嘉兴府和杭州府。由于与商品化、城市化过程的相互推动，蚕丝业在明清时期得到很大扩展。由于商人阶级的扩大，其中的佼佼者与其他富裕市民（不限于官绅阶层）均开始穿着丝绸。为了适应新的消费者和新开拓的丝织品市场，蚕丝业相应生产出更多较为价廉物美的商品（吴承明，1985：95—99）。

在这一进程中，丝织业几乎完全脱离了农耕而成为专业化的生产。到晚明时期，许多丝织是靠城镇作坊中的雇工完成的。尽管这方面的资料有限，但一个关于 1601 年苏州城丝绸业工人暴动的报告中提到了数以千计的印染工和大体相当数量的织工（一旦城内的作坊倒闭，这些工人便会失去生活来源）（吴承明，1985：156）。到 18 世纪，苏州地区至少拥有 20 000 台丝织机，另加上杭州地区的 20 000 台和南京地区的 40 000 台（同上书：370）。设在

① 徐新吾及其同事为取得这些数字，在访问基础上仔细估算了每一人口的布消费量和从事织布农户的比例，再考虑人口变动、消费水平、国内生产和国外进口的因素。这 8.4 匹的数字基于 5 名家庭成员，相当于每人每年消费 1.68 匹。

苏州、杭州和南京城内的3个官办织造局仅占生产的小部分:1745年时拥有1836台织机和7055名工人(同上书:368)。一个世纪以后的1840年,只有十分之一左右的当地丝织品仍由农民家庭手工业生产(同上书:325)。①

然而,植桑、养蚕、缫丝仍然全部是小农一家一户的作业。这三项作业如同植棉、纺纱、织布一样,在小农的家庭生产单位中相联结。直至近代,随着蚕茧储藏方法的改进,缫丝才从小农一家一户生产中分离出来,在缫丝厂中进行。

粮食作物

棉桑栽培推动了粮食作物的进一步商品化。明清以前,苏州府和常州府是余粮地区。长江三角洲长期是京城漕粮的首要来源,如同明中叶还流行的民谚所言,“苏常熟,天下足”②。然而植桑的增长和植棉的大幅度扩展使这一地区变为缺粮地区,以致不得不从其他地区输入粮食。到明末叶,原先民谣中的苏常让位于“湖广熟,天下足”了。到18世纪,长江三角洲经由长江水道从四川、湖南、安徽、江西输入大部分所需的粮食。吴承明估计(1985:274—275),每年顺江下运长江三角洲和浙江省的稻米约达1500万石,足以养活四五百万人口;其他粮食供应渠道还有由东北海运而来的,到19世纪30年代,有1000万石小麦和大豆经此而达上海

① 根据20世纪的资料,城区作坊多数为雇用少许工人的小经营。1913年苏州的作坊平均只拥有1.5台织机,雇用7.7个工人。

② 流传更广的民谚讲的是苏州和湖州:“苏湖熟,天下足。”(吴承明,1985:89)

(同上书:273)。

城市化

蚕丝、棉花和商品粮推动了明清时期长江三角洲城镇的急剧增长。占全国首位的丝织和棉布加工中心苏州城成了中国最大的都市,并持续到19世纪中叶。更说明问题的还是那些与布、丝绸、粮食市场联结着的大城镇的兴起和发展。这一过程在附录C中统计制表。表C.1基于今上海直辖市范围内镇①、市、村集在地方志中初次出现的部分统计,粗略地展示了各历史时期长江三角洲的这一局部地区的城市化规模。整整362个新城镇在清代涌现,而在那些形成原因可予鉴别的城镇中,最大的一部分(69个城镇中的28个)是围绕着商品化的棉花经济而出现的(附录表C.2)。②

明清间形成的新城镇的绝对数字说明城镇人口的增长快于总体人口的增长。施坚雅估计在1843年长江下游地区约有7.4%的人口居住在2000人以上的城镇,比商品化程度较低的华北地区的4.2%高出颇多,但与英国1801年有27.5%人口居住于5000人以上的城镇相比,还是相去甚远(Skinner,1977:229;Wrigley,1985:682,表2)。

---

① 镇最早为军事单位。明清时期大的市被授以镇的行政地位,此后镇即形成它的现今含义(刘石吉,1978e)。

② 王文楚(1983:114)列举了松江府及嘉定、宝山县的38个因专业化布市而著称的镇。刘石吉(1978a:34—36)则列出松江府、常州府和太仓州的48个。至于苏州府,刘石吉列举了4个与织绸、贩绸联系的镇。他还列举了其他19个浙江省位于长江三角洲的镇:杭州府6个,湖州府5个,嘉兴府8个(第32页)。

小农家庭生产

小农家庭生产如何经历了这些变迁？要回答此问题，我们需要利用有关农作物生产的记载。这些记载反映了农民的现实状况，正如那些通常的文献资料反映了上层人士的状况一样。

华北

我首先讨论华北，因为这一地区的变化虽然也主要是由商品化棉花经济所推动，但比起农业在明代之前早已高度密集化的长江三角洲来，要鲜明得多。华北平原之所以比较迟缓，部分缘于旱作农业，也因为13世纪初蒙古伐金带来的人口锐减，到明代初期河北、山东的总人口仅700万(黄宗智，1986:117)。另外，我们有更为丰富的关于华北20世纪各种作物栽培的实地调查资料。

华北平原的主要作物有始于汉代的谷子(许倬云，1980:83—84)和14世纪以来开始种植的高粱。高粱由于特别耐涝而成了低洼地的主要作物。1596年李时珍的《本草纲目》注意到这一作物当时广泛地生长在北方(天野元之助，1962:31—32)。在20世纪，它是黄河下游流域的主要春季作物，以至于卜凯(1937a)把这一地区称作“冬小麦—高粱地区”。

高粱和谷子均不需要大量的劳动力。在20世纪30年代，每亩高粱只需要平均6.4个工作日，而谷子平均为6.9个工作日(同上书:314)，满铁实地调查报告说当时妇女儿童几乎不参加高粱和谷子的农作。就这些作物而言,耕耙、播种、管理、收获均是较重的活。偶尔有一些孩子帮助锄谷子地,捡高粱叶。除此之外,男人承担这两种作物种植的几乎全部农活(北支那开发株式会社调查局,1943:60—61;《惯调》,1:236;《惯调》,3:129—132)。

只有种植其他作物时才使妇女和儿童较多地下地作业。小麦或大麦等冬季作物在五六月间造成劳动力紧张,因为当时需要同时收割冬季作物,又要管理春季作物。于是妇女儿童通常帮助收割,尤其是收割大麦,这相对是轻活。这样的谷子—冬小麦复种方式可能在汉代已经实行了。到6世纪,据《齐民要术》记载,两年三熟的轮作制(谷子—冬小麦—高粱—休耕)已很普及。这成了华北平原占统治地位的农作制度,一直延续到12世纪(中国农业遗产研究室,1984,1:253—254;Hsu,1980:111)。

这一制度随着玉米的引进而有所变动。这一来自新大陆的作物在明代已在山东落脚,并在清代得到稳定的扩展,在较少受涝的土地上取代了高粱。(易涝地推广玉米实际上是在迟至20世纪60年代系统地解决了抗涝问题之后。在中国水利灌溉发达的南方,玉米的种植主要限于缺水的山地和丘陵地区。)解放前夕,玉米在华北平原约占耕地面积的8%—10%(珀金斯,1969:236,251;中央人民政府农业部,1950:53)。在与冬小麦轮作(间播)的地方,玉米可能增加了农业劳动强度,但总地来说,比起高粱和谷子来,玉米并不明显地要求投入更多的劳动。

当甘薯取代传统粮食作物时劳动投入确实有所增加。尽管农民不喜欢以此为主食,但是甘薯的优势在单位面积的高产,能比传统粮食作物养活更多的人。1749年甘薯被引入山东作为救荒措施，到20世纪时甘薯在河北—山东地区已占耕地面积的3.5%（黄宗智，1986：119）。20世纪30年代时一亩甘薯平均需要11个工作日，大体上多于谷子、高粱或玉米。虽然甘薯对恶劣土壤和气候的适应性是个重要因素，但它得到推广还因为它极其适合劳动力、水和肥料的大量投入。30年代晚期，在水利条件优越的河北中部的眺山营，农民在每亩甘薯上投入28.3个工作日，而每亩其他的旱地粮食作物仅5.1个工作日。当两三个男人用水车抽水时，儿童和妇女通常看管水渠。8月间甘薯必须翻藤，这相对是轻活，妇女就帮着干。有时妇女也参与收割，常常由四五个男女集成一伙干活（北支那开发株式会社调查局，1943：61）。

在城镇近郊，农民全家从事商品性的蔬菜栽培。在眺山营，一亩菜地需要93.9个工作日，相当部分由妇女和儿童来完成。例如移栽洋白菜，通常8人一伙，4人拔秧、运水、栽秧和浇灌，两人运秧，两人挖栽培坑。妇女和儿童帮着干这项工作，收获时也是这样（北支那开发株式会社调查局，1943：61，87）。

然而说到底还是商品化棉花栽培把更多的家庭辅助劳动力带入了生产。16世纪时棉花在华北平原最初栽培，到20世纪30年代已达河北和山东耕地面积的百分之八左右，主要集中于河北中部、南部及山东西北部一带（黄宗智，1986：130—132）。棉花总体上需要比旱地粮食作物更多的劳动：在这个地区每亩平均达11.6个工作日（卜凯，1937b：316）。此外，棉花与其他作物的不同点在于收获，虽工作较轻却持续较长时间，大致从9月下旬到11月中旬延续六周左右，而其他多数作物只占两周（同上书：320）。据估计，收获占棉花生产总劳动量的34%，大大高于高粱、玉米和谷子的

13%,小麦的16%,水稻的10%。棉花的收获与收割高粱、谷子、玉米及播种冬小麦这些重活同时进行,这就产生了按性别进行劳动分工:摘棉花主要成了妇女的工作。儿童也常被召来,因为他们比成人更易摘取低矮的棉花(《松江府志》,1817,6:10)。男人如果不需要收获自己的其他作物的话,通常受雇去帮人收割,以获额外的收入(《惯调》,3:129—132;黄宗智,1986:121—123》)。

随着棉花栽培而来的当然是手工纺织。在多数种植棉花的乡村,妇女和女孩自纺自织,至少满足了家庭消费需要。在交通便利的地方,如河北中部、南部的沿河道地带和山东西北部的运河沿岸,商品化手工业得到了发展。到18世纪时,一百年前依赖从长江三角洲输入棉布的华北,不但可以自足,还可输出棉布远达东北和朝鲜(黄宗智,1986:21—123)。这项工作的大部分通常是由家庭女劳动力承担的。

因此,总的趋势是向农村生产家庭化进展,这就与"自然经济"模式所描绘的正好相反:农业商品化不是减少而是增加了妇女和其他农民家庭成员进入生产领域。"男耕女织"这一表达通常作为前商品化小农经济生产单位的代名词,实际上反映了家庭生产在商品化推动下的进一步完备和加强。

长江三角洲

同样的过程也发生在长江三角洲,甚至促使家庭生产单位更充分完备。长江三角洲中部至迟在宋代以来就种植水稻了,日本人在20世纪三四十年代的实地调查报告说妇女和儿童承担的农活不多。除了插秧时节帮助拔秧，他们的作用仅限于帮助脱粒，有时帮着车水、锄草或松土。这一状况只有在缺乏男劳力时才有所变化，通常是因为贫苦农民外出当雇工而造成。在单季农作和劳动力相对富余的薛家埭等村，富裕和中等家庭的妇女几乎从不在地里干活（满铁上海事务所，1940：158）。

直至解放后，这一带几乎从不种双季稻。早熟稻种早在 11 世纪就广泛引进了。1011 年宋真宗赵恒命令从福建向长江三角洲提供大量早熟的占城稻种，不过这主要是利用它的抗旱特性以应付饥荒（《吴兴掌故集》，1560，13：4—5）。当地农民偏爱粳稻，而不喜欢籼性的占城稻，所以这一品种仅限于缺乏现成灌溉的区域（《湖州府志》，1874，32：2—3）。直到 20 世纪 60 年代在政府的强力推动下，它才被用作双季稻作的首季稻。

所以，在长江三角洲粮食作物栽培中增加劳动力投入的需求不是来自双季稻，而是来自冬小麦。冬小麦的推广是北宋末期大规模向南方移民带来的。12 世纪 30 年代（即南宋早期），小麦价格两倍于稻米，赋予小麦栽培以有力的刺激。同时，由于佃农大多只需按秋收交租，春季作物就成了自己的额外收入，这对小农家庭渡过秋收前青黄不接的时节尤为关键（樊树志，1983）。冬小麦的扩种取决于土壤条件，小麦作为一种旱地作物难以适应稻田的湿土，因此通常种在高地上（《吴江县志》1747，38：5；《吴县志》1933，52：7—8；《锡金识小录》，1752，1：5）。但是在土地奇缺的地方，如 19 世纪湖州和嘉兴的一些地方，农民只能收完水稻后壅高稻田以种冬小麦，麦收后再削平以种稻（《湖州府志》，1874，32：4；《嘉兴府志》，1878，32：14）。如果接茬的秋季作物是棉花而不是水稻，农民就种植大麦作为前季,因为大麦的生产期比小麦短(《嘉兴县志》,1930,5:15)。长江三角洲与华北类似,小麦和大麦的栽培增加了劳力需求,促进了家庭辅助劳动力更多地投入农业生产。

如前所述,明代棉花种植由沿江岗地向东、西两个方向扩展,17世纪时约达耕地面积的50%。结果,妇女和儿童极大地卷入农业生产。在棉花为主的区域,如太湖盆地的边缘高地,男女均投入棉花种植,奉贤和南汇都是这样(调查—Ⅲ—30;《南汇县志》,1879,20:3)。在水稻为主、兼种棉花的区域,如华阳桥,棉花栽培有时成为主要是妇女的工作(调查—Ⅲ—10)。水稻通常在10月中旬收割,恰与棉花收摘早期重叠。妇女和儿童就去收摘棉花以减轻这样的密集化农业所造成的压力(满铁上海事务所,1940:88,94)。

家庭棉手工业的增长是令人惊叹的。早在正德年间(1506—1521),松江府的布就号称"衣被天下"。到1860年,或许更早,几乎每个小农家庭都织布,但据徐新吾估计(待刊稿),八分之七的产品是供应市场,而非自身消费。于是,就像在华北那样,随着明清时期的农业商品化,这里的小农家庭生产单位得到了进一步的展开和加强,而不是被分化瓦解。

桑蚕业也有类似的发展。当桑蚕业与稻麦两熟制相联系时,便需要家庭劳动力的参与。仅桑树栽培一项,就把劳力需求提高到每亩32.2个工作日。此外,春蚕在28天饲育期间需要非常密集的劳动。在头三"眠"时,用桑叶喂蚕和打扫蚕箔还较轻松,一个人即可轻而易举地看管一张蚕子(农户平均喂养数)。然而在第四、五阶段,蚕箔连同茧子重达30—40斤,喂养次数也大大增加,一张蚕每天要吃掉大约200斤桑叶。[①]

在许多地方,妇女承担了这一高度紧张的劳动。1874年的《湖州府志》提及:

> 自头蚕始生至二蚕成丝,首尾六十余日,妇女劳苦特甚,其饲之也。篝灯彻曙,夜必六七起。叶带露则宜蚕,故采必凌晨,不暇栉沐;叶忌雾,遇阴云四布,则乘夜采之;叶忌黄沙,遏风霾则逐片抖刷;叶忌浇肥,必审视地土;叶忌带热,必风吹待凉。饲一周时须除沙屑,谓之替;替迟则蚕受蒸。叶必遍筐,不遍则蚕饥。叶忌太厚,太厚则蚕热。俟其眠可少省饲叶之劳,又须捉而称之以分筐。……男丁唯铺地后及缫丝可以分劳,又值田功方兴之际,不暇无力从事。故自始至终,妇功十居其九。(《湖州府志》,1874,30:2)

在引进近代缫丝机之前,几乎所有蚕茧均由各个农户缫成生丝,通常由妇女承担。就此而言,蚕丝近似于棉花。然而织绸要求较高的资本投入,较早与家庭农作分离开来。通常农民卖生丝给丝行,再转运主要城镇加工成品。但是,植桑、养蚕、缫丝三者结合的小农家庭农作,在实质上与植棉、纺纱、织布三者结合的农户是相同的。

---

① 有关养蚕的细节根据本人1985年访问开弦弓的调查(调查—Ⅲ—36,37)。

阶级与性别产生的多样化

在前几节概括的主要类型中，当然也存在多种多样的具体情况，即使在同一区或村中也是这样。我在薛家埭等村进行的口述历史调查表明在社会经济地位上大体有多种情况。例如有关水稻栽培的工作，从最轻到最重可形成一个系列。一端是诸如脱粒和碾米、拔秧、除草等轻活；另一端是插秧、耙地、运肥、挑稻等诸如此类的重活。几乎所有的妇女都帮助脱粒和碾米，这些工作不需要离开家门。例外的是薛家埭的妇女，她们属于有钱人家，不需要干任何农活。她们从未下过农田，即使是很轻的拔秧，家里也雇人帮忙。当然也有例外，比如有南埭的何会花和郭竹英，她们从妇女干较多农活的村庄嫁到了南埭。结婚后，她们继续在田里干各种农活，甚至干插秧这一被认为需要有最高技能、通常认为是男人专有特权的农活。其他贫农妇女虽然不插秧，但除了拔秧、除草等较轻的杂活，还干松土、用牛车水，甚至耙地等中等强度的活。总之，较贫穷的农妇趋于干较多的农活，因为她们的男人往往在农忙时外出佣工。中等与富裕的农民妇女几乎很少干农活，一是没有必要，二是在更大程度上效仿士绅的价值观念（调查—Ⅲ—15）。

插秧是传统习俗影响农民经济行为的最好例证。在薛家埭等村，一整套的价值观念围绕着这一活计。这是整个生产周期中报酬最高的农活：1 天能挣 1 斗米（16 斤），而除草和耙地才半斗，被称作“女人的活”的拔秧要 3 天才得 1 斗米。雇主争夺最好的插秧手，常常在过年时就与他们约好了。雇主要提供插秧手丰盛的伙食:通常包括每天 6 大块猪肉(每块一二两重),加上鱼、鸡和酒。妇女被视作没有能力干此等技术活。何会花和郭竹英是在娘家村里学会插秧的,那里没有这种妇女不能插秧的陋俗(调查—Ⅰ—16;Ⅲ—15)。

解放后这一陋俗的不合理性很快被证明了。妇女在计件基础上的工分制度下,被大量发动去插秧,常常比男人干得更多。① 在今天的这些村庄里,插秧实际上被看作“女人的活”了。一个妇女指出,插单季稻时,男人有时只管挑秧,算重活,但挑一次够插半天,其间妇女在拼命,而男人则袖手旁观(调查—Ⅲ—16)。

此类陋习能够完整地、不合理地维持着,显示了习俗与意识形态的力量。这里我认为把插秧与男人联系在一起可能与缠足的习俗有关,一双缠过的小脚下水田简直是难题。许步山桥的吴小妹说她从未干过要脱鞋的农活,不仅是插秧,也包括耨草(调查—Ⅰ—15)。

不过这些偏见即使存在,在需要妇女干农活的经济压力面前大多数农户也是能够克服的。例如在产棉区,在一些地方,棉花栽培甚至完全由妇女负责。养蚕、缫丝和棉纺织当然更是公认的妇女的活计。村庄内部各阶层之间、村庄与村庄之间、地区与地区之间的这种多样性不应当抹杀前所强调的主要的、基本的趋势:随着商品化农业的出现和手工业的发展,妇女和儿童参加生产的要求产生了,并随后带来了农业与家庭手工业相结合的家庭生产单位的充分展开。

---

① 妇女的优势见之于生产队账册的数字和记录。当地农民说妇女插秧时腰不酸,所以比男人耐久。

华北平原与长江三角洲之比较

虽然华北平原与长江三角洲有着类似的生产家庭化的趋势，但两者在程度上有着重要差别。卜凯的分地区实地调查显示了妇女参与农作程度上的鲜明对比：在“长江稻—麦”区域，妇女承担19.1%的农活（儿童承担7.6%），而北方妇女只承担8.5%（儿童4.7%），略大于二对一之比（Buck，1937b：305）。在长江三角洲，水利灌溉、较高程度的商品化及家庭手工业的更大发展，使生产的家庭化达到了更高的程度。

就像前面各节指出的那样，不能简单化地认为华北的妇女儿童不参加生产而长江三角洲的妇女儿童大量参加生产，或认为两个地区的差别仅是旱作经济与水稻经济的差别。每个地区实际上都有一个从很少参加生产到大量参加生产的系列。这两个系列有所重叠，如在棉花种植和棉纺织发展中反映的那样，但长江三角洲更趋于充分的生产家庭化，例如松江高度商品化的棉织家庭和苏州（以及嘉兴和湖州）的养蚕、缫丝家庭。

一个时期的地区差别不应掩盖两个地区共同证明的整个历史时期的基本趋势。把卜凯的资料分解到县一级，便可看出这一趋势。例如河北中部的正定县，在明代后期即是一个主要的产棉中心，妇女承担了17.3%的农活，大大高于华北的平均水平。在长江三角洲，传统桑蚕区嘉兴的妇女承担了24.1%的农活，而新桑蚕区的无锡达到了37.3%的超常水平（卜凯，1937b：305）。显然，商品化和农业密集化在两个地区同样地带来了生产家庭化的趋势。

第四章　商品化与经营式农业

马克思和斯密的经典观点认为商品化进程会带来以雇佣劳动为基础的大生产的兴起。中国持"资本主义萌芽说"的学者尤其花了极大努力去寻找有关这一发展的证据。然而明清时期长江三角洲的记载表明,商品化进程所带来的不是以雇佣劳动为基础的经营式农业的兴盛,而恰是它的衰亡。这是令人惊讶的,因为在华北,商品化进程确实在一定程度上伴随着经营式农业的扩展(黄宗智,1986)。照此推论,商品化程度远甚于华北的长江三角洲,经营式农业的扩展应当更为显著。本章从实证出发,进而探寻长江三角洲经营式农业转向不同方向的原因。

长江三角洲的经营式农业

20 世纪

长江三角洲经营式农业的实际状况由于现存统计资料的局限

而变得模糊不清。关于20世纪河北、山东两省的总体资料真切地反映了华北平原的实况。江苏省的资料却引起很大误解。它实际由两个非常不同的地区的状况拼凑而成:一是灾害频仍的淮北旱作区,即华北平原的一部分;二是相对安定的稻作区。[①] 确实,如果就全省笼统而言,人们会觉得其与华北平原的情况大体略同:江苏省拥有百亩以上耕地的农户约为1.31%,而河北为1.71%(土地委员会,1937:26);江苏12.1%的农活由雇工完成,而河北为23.4%(卜凯,1937b:305);江苏人口的8.8%为雇农,而河北则为11.6%(陈正谟,1935:58)。

然而,对单个村庄的人类学实地调查却展示了十分不同的图景。在河北和山东西北部,调查结果与全省的总体资料相吻合。满铁对该地区33个村庄的调查表明,耕地面积的9%—10%属于经营式农业,长工占农户总数的12.5%,长工完成的农活为全部雇工工作量的八分之五,其余部分系由短工来承担(黄宗智,1986:80);但是在我们涉及的长江三角洲8个村庄中无一例可定性为经营式农场,即靠雇工(通常雇用3个或更多人手)维持的农场。如表4.1所示,其中4个村庄根本就没有雇用长工的农场,其余村庄中有的富农雇用了一两个长工,但其中不存在主要依赖雇工的大型经营式农场。在这4个村庄中,长工占农户总数的2.9%,无一村庄达到5%。

① 地理学上把江苏省淮河以南地区进一步划分为:里下河流域、长江流域、太湖流域和沿海地带(《江苏地理》,1980:116—120)。对于我们的研究来说,稍粗略一点的划分已足可应用。

表 4.1　长江三角洲 8 个村庄的雇农(1939—1940)

村庄	总户数	长工户数	占总户数 %	短工(日工)户数	占总户数 %
南通头总庙	94	3	3.2	33	35.1
无锡小丁巷等 3 个村	80	0	0	20	25.0
常熟严家上	55	0	0	6	10.9
太仓遥泾	52	1	1.9	22	42.3
嘉定丁家村	53	0	0	14	26.4
吴县孙家乡	209	4	1.9	15	7.2
吴江开弦弓	360	17	4.7	—	—
松江薛家埭等	63	0	0	28	44.4

出处:头总庙:满铁上海事务所,1941b;小丁巷:同上,1941a;严家上:同上,1939b;遥泾:同上,1939c;丁家村:同上,1939a;孙家乡:林惠海,1943;开弦弓:费孝通,1939;薛家埭:满铁上海事务所,1940。

卜凯的分县资料显示了长江三角洲实况的一个侧面:常熟基本没有农场雇工,而昆山仅有 5.3%,无锡有 4.2%,均大大低于江苏省 12.1%的平均水平。最说明问题的资料是华东军政委员会 1949 年在苏南地区的调查。这个调查涉及该地区 8 个县的 22 个城镇、行政村和自然村,规模自 62 户至 1687 户不等。表 4.2 是根据这 8 个县的情况分别统计的平均百分比。其间的计算按各县分列,而不是以人数为单位。这一调整避免了过分侧重无锡县,因其占去总调查人数 65 326 人中的 42%。此县由于副业和农业外雇工分布广泛,农业雇农很少,在被调查的人中仅占 38 户 138 人。据我们统计,雇农在长江三角洲地区平均占总户数的 3.8%。我相信这一数据完全可以作为长江三角洲农业中雇佣劳动规模的估计。

这些数据连同实地调查提供的情况，表明20世纪30年代的长江三角洲实际上不存在华北平原那样的经营式农业。仅有少数相对较小的富农雇用帮工，但他们自己仍下田劳动，至多雇用等量的帮工。[①] 这就是雇农占总户数3.8%左右的主要来源。至于占有耕地面积42%的（相比之下华北仅为15%）不种田的地主（华东军政委员会，1952：6—7），几乎全采取土地出租的方式，而不是通过使用雇佣劳动来直接经营。

表4.2　长江三角洲22个乡村的雇农（1949）

乡村	人口数	户数	雇农户数	%	雇农人数	%
青浦县				**8.0**		**4.4**
城北乡	4425	991	46	4.6	106	2.4
薛间乡车路村	237	62	7	11.3	15	6.3
江阴县				**3.1**		**2.6**
长泾镇新民一村	559	130	6	4.6	20	3.6
渎南乡新民等村	2956	718	22	3.1	64	2.2
悟空乡	8210	1814	30	1.7	158	1.9
无锡县				**0.4**		**0.5**
薛典镇第三保	1090	—	0	0	0	0
堰桥乡	1889	—	0	0	0	0
北延镇第十保	1607	—	—	—	6	0.4
玉祁镇第三保	951	—	0	0	0	0
北延镇第九保	1507	—	—	—	14	0.9
坊前乡	3872	773	9	1.2	35	0.9
周新镇第八保	1052	—	0	0	0	0
新渎镇第五保	1382	—	—	—	10	0.7
云林乡	12 514	2687	15	0.6	57	0.5

① 关于划分富农、中农、贫农和经营式农场主的复杂情况，见黄宗智，1986：66—68。

续表

乡村	人口数	户数	雇农户数	%	雇农人数	%
堰桥乡村前村	1476	302	4	1.3	21	1.4
嘉定县						
塘西乡	2669	581	7	1.2	10	0.4
武进县						
梅港乡	3303	726	23	3.2	73	2.2
松江县						
新农乡	3430	808	49	6.1	138	4.0
昆山县				2.9		1.0
太平乡	2540	524	14	2.7	22	0.9
小澞乡	2375	546	17	3.1	25	1.1
吴县				5.1		3.0
保安乡	7004	1575	65	4.1	171	2.4
堰里乡鹤金村	764	168	10	6.0	27	3.5
八县平均				3.8		2.3

出处:华东军政委员会,1952:13、29、30、62—64、81、107、116、128、134、142、153、158、165、173。

明清时期

在棉花经济发轫和桑蚕经济扩展的明代,以雇佣劳动为基础的富农经济与经营式农业的规模可能大于20世纪30年代。弘治元年(1488)的《吴江志》描述了雇佣劳动在吴江稻桑混合经济中的广泛分布:“无产小民投顾富家力田者,谓之长工;先借米谷食用,至力田时撮一两月者,谓之短工。”(《吴江志》,1488,6:225)未久,正德元年(1506)的《姑苏志》提及“无产小民投顾富家力田者”的另一类型——“忙工”,即农忙季节受雇为帮工之人(《姑苏志》,

1506,13:6)。湖州府和嘉兴府在嘉靖年间(1522—1566)存在类似情况。万历年间(1573—1620)的《秀水县志》(秀水今属嘉兴)亦有近似记载:"四月至七月望日,谓之忙月,富农请佣耕,或长工或短工。"(转引自李文治,1983:56—57)同样的现象也发生于棉花经济中,正德七年(1512)的《松江府志》就提供了这样的实例(同上书:56)。与雇佣劳动者增长相对应,使用雇工的富裕农户也增加了。例如弘治年间(1488—1505)的礼部尚书吴宽指出,在长江三角洲有数以千计的勤勉的"上农"(朱宗宙,1981:575)。在吴江县,湖滩地的开垦给农户提供了致富的机会,万历年间(1573—1620)的进士朱国桢说在他附近20里内就有两户人家"起白手致万金"。常熟沿江高地的水利设施,使当地的归氏家族得利匪浅。而该县的另一鱼米之乡,则为谭氏兄弟提供了同样的机会。在长江三角洲南部湖州府的归安县(今属吴兴),一个叫茅艮的农民经营了一个获利颇丰的长有"数十万"桑树的农场(傅衣凌,1963:61—67)。

我们可以推论,雇佣劳动的扩展和富裕农户的上升,与该地区处在农业进一步商品化的早期阶段是分不开的。一方面,商品化农业意味着更多的风险,因其需要更多的投资(特别是肥料)。经济作物的歉收比粮食作物的歉收更具破坏性,不少农户因此在经济地位上沦为雇农。然而,商品化也增添了以农发家的机会,并借此产生了富裕农户。

在16世纪20—60年代的"一条鞭法"推行之前,明代赋税政策也有利于经营式农业。顾炎武相当仔细地观察到,明政权在长江三角洲对官田所征的税几乎与地租相当,大体每亩0.4—1.0石;而同时民田的征收率则远低于此,通常每亩0.05石。官田来自王朝交替战争中攫取的庄园，似乎在长江三角洲分布得特别广：根据 1502 年的官方数字，官田整整占了松江府土地面积的 85%，苏州府的 63%。耕种官田的小农承担了远高于富裕家庭的赋税。而豪绅家族即使占有的实际是官田，也能够说成是民田。另一弊端见诸按劳动力征收的丁税。缙绅家庭可以免缴丁税，而富裕的庶民地主有时亦能僭取此等特权。但该地区的许多小农则由于不堪重税负担而相继逃亡。例如宣德七年(1432)，苏州府知府况钟招抚逃民回乡，响应者竟达 36 670 户。顾炎武估计在重税地区，逃亡的农民超过半数。在此等条件下，豪绅富户既有机会，又有劳动力来源来建立经营式庄园(顾炎武，1662，4：43—44；1962［1665］，10：234—242；梁方仲，1980：351；陈恒力，1963：207—225)。

然而，与“资本主义萌芽”研究学者的见解相反，这并不表示经营式农业从此在长江三角洲得到扩展。事实上，它很快就走了下坡路。它遇到的种种困难见之于 17 世纪的《沈氏农书》及其他文献，它很快为小农家庭式耕作模式所取代。所以到 20 世纪，在长江三角洲实际上几乎已无经营式农业可言。

经营式农业衰落的原因

经营式农业的衰退可从崇祯末年的《沈氏农书》(1640)中略见其缘由。此书相当周详地叙述了湖州府归安县低地的农事活动，当地的农作制度在低洼的圩田地区是典型的圩内种水稻，圩上植桑饲蚕。很明显，那时家庭化了的生产在当地稻桑经济中已很普及。沈氏详细说明雇佣劳力来养蚕是得不偿失的。即使最理想的收成,一筐蚕的纯收入在扣除成本后(不包括劳动力)不过0.2两银子(当时一石稻谷可卖1.25两左右)。一家靠自己劳力经营饲蚕10筐的农户,尚可有所获。如果雇工,或蚕茧歉收,养蚕便会入不敷出。因此只有基于低机会成本的家庭辅助劳动力条件背景下这才是可行的。(《沈氏农书》,1936:16)

然而,正是这样的家庭化生产提高了男性雇佣劳动力的使用成本。由于低报酬的工作由妇女和儿童承担,男人才能从事较重的、报酬较优的农活。沈氏写道,使用这样的劳力,开支是相当大的:

> 今人骄惰成风,非酒食不能劝,比百年前大不同矣。……旧规夏秋一日荤,两日素,今宜间之。重难生活连日荤。……旧规不论忙闲,三人共酒一杓。今宜论生活起,重难者每人一杓,中等每人半杓。

沈氏提及的雇工开支增加是推行"一条鞭"税制改革的产物,这一改革断绝了15—16世纪前叶以来的廉价逃亡劳动力来源。但这并未说明为什么本地区的工资水准明显地高于华北。在华北,通常在雇工一年活计的开始与结束之际才供给酒肉,平时从不供应。以白面细粮作午餐,而不是玉米、高粱等粗粮,已算是厚待了(黄宗智,1986:208—209、226)。相比之下,长江三角洲的雇工每两天就能享用一次相当于华北过年的待遇了。如表4.3所示,这样的差别也见之于雇工工资,所以20世纪30年代长江三角洲日工和年工的综合工资通常比河北和山东西北部的同行高50%左右。

表 4.3　河北—山东西北部和长江三角洲的雇农工资(1929—1933)

单位:元

地区、县	日工				年工			
	现金工资	伙食	其他	合计	现金工资	伙食	其他	合计
河北—山东西北部								
昌黎	0.30	0.20	0	0.50	60.0	30.0	2.0	90.0
正定	0.32	0.30	0	0.62	33.3	40.0	0.8	74.1
交河	0.28	0.22	0	0.50	44.0	36.0	1.3	81.3
南宫	0.18	0.20	0	0.38	37.0	40.0	2.7	80.4
徐水	0.22	0.18	0	0.40	52.0	48.0	3.1	103.1
沧县	0.22	0.25	0	0.47	37.0	30.0	1.7	68.7
青县	0.43	0.24	0	0.67	41.7	45.3	3.3	90.3
通县	0.35	0.25	0	0.60	60.0	55.0	10.0	125.0
恩县	0.08	0.19	0	0.27	37.7	37.3	2.8	77.8
惠民	0.19	0.14	0	0.33	40.3	43.3	1.0	84.7
堂邑	0.21	0.16	0	0.37	23.5	30.5	2.7	56.7
平均	0.25	0.21	0	0.46	42.5	39.6	2.8	84.9
长江三角洲								
常熟	0.20	0.30	0.02	0.52	36.0	49.0	4.0	89.0
昆山	0.38	0.25	0	0.63	72.0	72.0	3.6	147.6
无锡	0.33	0.72	0.01	1.06	60.0	50.0	7.5	117.5
武进	0.35	0.35	0.02	0.72	30.0	90.0	10.0	130.0
平均	0.32	0.40	0.01	0.73	49.5	65.2	6.3	121.0

出处:卜凯,1937a:328。

备注:陈正谟(1935)的分省工资资料与其另外的雇农资料一样有问题。江苏南部与北部的工资差别很大,山东西北部与东部也是这样。卜凯的分县资料对我们的分析来讲较为精确。

当然,部分原因应归于当地较高的生活水准和由高度商品化、城市化经济所带来的充分的就业机会;然而同样重要的是当地农村经济的多层次劳动力结构,由妇女和儿童承担了低报酬的工作。

魏金玉引用的18世纪刑部档案中的命案题本中，有70例涉及多成员家庭的雇工情况。他的资料表明，那时候仍然没有女工市场。实际上，妇女的劳动甚至被认为还不抵她的伙食钱，因此夫妻所得报酬通常比单身男劳力还要低，前者年平均才2775文，后者则平均达到3564文。与妻子一起受雇的男劳力承担了他妻子的部分伙食费（李文治等，1983:407，413—417）。

到20世纪，松江华阳桥一带的农村出现了有限的女工、童工市场。当时男短工插秧一天可得斗米（约十六斤），其他农活两天1斗，而女工拔秧则3天才得1斗。对儿童长工来说，在12虚岁时1年可得米0.5石，13虚岁时1石，14—15虚岁1.5石，而成年男工每年可得4石。童工的伙食耗费也小得多。据当地老农陆龙顺回忆，他当童工时只允许在厨房内吃些剩饭剩菜，而成年男工是与东家同席的（调查—Ⅰ—1，2）。

但是女工（及童工）市场从未达到过适应需求的地步，主要是因为社会习俗鄙视妇女外出打工。一个人自己充当雇农已经够糟了，再让老婆或女儿外出打工就表示他家已沦落到农村社会的最下层。20世纪三四十年代的薛家埭等村一带，没有任何女性外出打工，只有少数来自其他地方的家境极其贫寒的妇女当短工。根据卜凯的调查，在20世纪30年代的长江稻麦作物区，妇女承担了全部农活的19.1%，但她们只占雇佣劳动总量的6.3%（卜凯，1937b:305）。一个雇主是不容易雇到女工来从事低报酬农活的。

美国加利福尼亚农业企业在其发展过程中是靠使用廉价的移民劳动力来解决这个问题的，先是华人，继而是日本人（以及来自干旱和尘暴地区的流浪者），再后来是墨西哥人。从凯里·麦克威廉(Carey McWilliams)到克莱特·丹尼尔(Cletus Daniel)的一批研究学者指出,现成的移民劳动力供应使大规模农业企业得以雇佣廉价劳动力来与使用低机会成本的家庭式农场竞争,从而解释这些企业在加州所占的压倒性优势(以及家庭式农场的薄弱)(Sucheng Chan,1986:272—301)。

在沈氏谈及的17世纪的湖州,经营式农业已经受到农业收益不抵雇工开支的挤迫。根据他提供的数字:一名男长工加上农忙时雇用的短工能种8亩稻田和4亩桑田。沈氏说,稻田的生产成本及短工工资以春熟(多为秋收后种的冬小麦)收入相抵,农场主所获的只是秋熟稻谷,约值22两银子。“长年一名,工银三两;吃米五石五斗,平价六两五钱;盘费一两;农具三钱;柴酒一两二钱;通十二两。”所以雇主从8亩稻田上所得的纯收入至多仅10两,约相当于他把土地出租出去所能得到的租额。

至于桑田的核算情况,沈氏只说:“计管地四亩,包价值四两。”(《沈氏农书》,1936:15)陈恒力(1963:79—89)把这句话理解为4亩桑田的生产成本为4两银子,他另外估计4亩桑田的桑叶总产值可达36两,9倍于成本。这样,他认为植桑收益很高,并推论这推动了当时的经营式农业和“资本主义萌芽”的发展。

我认为陈恒力的这个理解是不合理的,与书中的其他表述不符。沈氏紧接着谈到了稻作的纯收入,“种田八亩,除租额外,上好盈米八石,平价算银十两”。前面这句话亦应指纯收入。不然,《沈氏农书》就会陷入前后自相矛盾,因为他全书的主旨是认为经营农业实在不合算。他写道:“西乡地尽出租,宴然享安逸之利。……但本处地无租例,有地不得不种田,种田不得不唤长年。终岁勤动，亦万不得已而然。"（《沈氏农书》，1936：15）沈氏本人在上述两地均拥有田产，而租出的地比直接经营的多，这和他在农书中的分析是一致的（陈恒力，1963：2）。

进一步的论据可见之于张履祥的《补农书》（1658）。他在书末附文谈及他为亡友邬行素家出谋划策。邬家有 10 亩田，张履祥认为雇工来种是无法维持的，因为会抵消种田的纯收益，乃至"与石田无异"；也不能把田租出去，因为"计其租入，仅足供赋役而已"。唯一的办法是家庭自种。为此，张履祥设计了一个多种作物的方案；种桑 3 亩，豆 3 亩（豆起则种麦），竹 2 亩，果 2 亩。"不种稻者，为其力省耳。"3 亩桑叶可饲蚕 20 筐，可产丝 30 斤。夏季再养两茬蚕。此外，家中还可养一塘鱼，五六只羊，女人在家从事手工业以作贴补。这样的话，一家人尚可自给（张履祥，1983［1658］：177—178）。

张履祥为他亡友家设计的经营图式实际上与《沈氏农书》中的描述颇为接近：10 亩田中 3 亩（30%）植桑，相当于沈氏说的 12 亩田中植桑 4 亩（33.3%）。不同之处在于张履祥的计算明确地包括了桑蚕所得。从中可见植桑即使连同家庭饲蚕缫丝，也难以达到陈恒力所称的收益。陈恒力设想的那种盈利的经营式农业实际上不可能在这一地区存在。

在《沈氏农书》之后的几个世纪里，长江三角洲的经营式农业非但没有像"资本主义萌芽说"学者所说的那样开始长期地持续发展，而且实际上衰落了。事实上，李文治在广泛研究方志的基础上整理出来的资料也肯定了这个假设：已知的清代雇工经营迅速发展的地区是商品化迟于长江三角洲的地区，例如山东、河南和直隶。李文治引用的所有关于长江三角洲的实例基本是明代后期的,在关于清代的 16 例中只有 3 例来自长江三角洲地区(李文治等,1983:56—57,59—61)。李文治摘自刑部命案档案的证据也反映了类似情况。如表 4.4 所示,当整个中国涉及长期雇工的案例增加之际,在江浙地区并未像直隶、山东那样增加。

表 4.4　直隶、山东、江苏、浙江以及全中国涉及长工的命案(1721—1820)

时期	直隶	山东	江苏	浙江	中国
1721—1740	3	3	3	0	19
1741—1760	5	4	2	2	37
1761—1780	7	3	5	3	43
1781—1800	6	10	2	1	48
1801—1820	7	11	2	3	107

出处:李文治等,1983:64—85。

另一农书(姜皋,1963[1834]:11)阐明了松江地区稻作的核算及其结局:

> 旧时雇人耕种,其费尚轻。今则佣值已加,食物腾贵。如忙工之时,一工日食米几二升,肉半斤,小菜烟酒三十文,工钱五十文,日须二百文。一亩约略以十工算,已须工食二千文;再加膏壅,必得二千文。在农人自种或伴工牵算,或可少减,然亦总须三千余文。种熟一亩,上丰之岁,富农之田,近来每亩不过二石有零,则一石还租,一石去工本,所余无几,实不足

以支持一切日用。况自癸未(1823)大水以后,即两石亦稀见哉。①

在这个实例中,工钱与物价的上涨及产量的下降,给只使用短工的家庭农场都带来了危机。

陶煦(1884:17)提供了有关19世纪晚期苏州耕种10亩稻田(辅以冬小麦及间作蚕豆)的农户的更详尽的收支状况。农产毛收入(包括稻草和菜蔬副业)可达61 000文。豆饼耗费(包括农具花费800文)约5800文。人工(包括工钱和伙食)用去33 200文。雇工经营的净收入只22 000文。土地出租却可收地租22 800文,土地所有者可从出租上得到比自己雇工经营更多的收益。基于同样理由,没有人能够租地来雇工耕种。

华北的经营式农业

我的《华北》一书详细论述过华北平原经营式农业的历史(黄宗智,1986:第4—10章)。它的兴起伴随着农业商品化过程,尤其是伴随着1500年以后植棉的推广以及商品化所带来的农业收益的增长。清代刑科题本命案档案记载了清代农民的社会分化:一些小农力农致富并有能力使用长工,另一些在农业商品化过程中,由于日益增长的投资需求和风险,社会经济地位逐渐下降。到了18世纪,这一变化足以影响华北农村雇工的性质了:以往雇主多为

① 在此我感谢李伯重提醒我注意此农书。

身份地主,而雇工主要是被视作贱民的“雇工人”;到1788年,清廷通过重定雇工的法律地位而正式确认了新的社会现实,把雇佣劳动者由属于贱民的“雇工人”划为属于一般平民的雇农。1760年刑部提及“民间经营耕获,动辄需人。亲属同侪,相为雇佣”。1788年,官方确认雇农多为“农民佃户雇请耕种之人,……平日共坐共食,彼此平等相称,……素无主仆名分……”。这样,他们在法律上取得了一般“凡人”的地位(黄宗智,1986:99)。

随着近代外国经济势力渗入华北平原,农业进一步商品化,棉花种植面积在河北—山东地区几达8%,经营式农场也进一步得到发展。到20世纪30年代,雇工3人以上的农场(面积通常大于100亩)已占耕地总面积的9%—10%。

这些农场靠廉价雇用小农家庭农场经济中的大量剩余劳动力而兴起。由于男劳力过剩而加强了反对妇女参与生产的文化观念,经营式农场和家庭式农场均首先倚重男劳力。然而相对于家庭式农场而言,经营式农场更具随生产需要而调节劳动力供应的优势,而家庭式农场则必须保留过剩的家庭劳动力,因为无法“解雇”他们。使用劳力上的高效率,加以雇主直接参加生产,使经营式农场能够获得比土地出租更高的收益:前者约达地价的13%—14%(包括雇主家庭劳动力的等值),而后者仅为5%(黄宗智,1986:181)。

然而经营式农场的规模达到200亩(及雇用6—8个劳力),就会受到经济的和社会的压力。这种经营方式只有在雇主自身参加直接生产和管理被雇佣者的前提下才是可行的。鉴于地块的高度分散,雇主自身的直接管理仅适用于三四个劳力的规模。如果劳力再多的话，要么由于劳力集中干活，必须不时地转移地块而浪费时间，要么因为劳力分散作业而难以管理。要是雇用一名脱产的监工，就会抵消掉在劳动力使用上获得的优势。

经营式农业已有的利润率很难再有所增长。在既定的农业技术和生态环境下，它已是高强度运行。新的进展有赖于对排灌工程的大量投资，或生产技术的质的改变，诸如使用化肥或机械动力。多数经营式农场并不考虑改变既有规模。同时，廉价劳动力的大量存在也有力地阻碍了为节省劳力而资本化的进程，经营式农场甚至不愿投入比满足该地区自然条件最低需要更多的畜力，更不消说机械化了。因此，这些农场的利润只能维持在相当于以往的水平。

在既有的社会经济体制下，经商和高利贷比农业有更多收益，而读书做官的收益则更大。少数能经受住分家压力的经营式农场，一旦发展到一定规模(通常不小于 200 亩)，便会放弃直接经营，转向上述的追求。于是多数成功的农场主常常成为土地出租、经商、发放高利贷三位一体的地主，并教育子孙读书做官。

经营式农业与家庭式农业之间形成了停滞性的社会平衡。有些成功的小农成为经营式农场主，而数代之后又降回小农经济。或者，他们上升为地主，而他们的土地又通过出租回到家庭式的小农经济。虽然经营式农业脱颖于家庭式农业，但它又是再造租佃小农经济的摇篮。总之，它不过是小农经济的附庸。

商品化进程的矛盾作用

如果经营式农业与商品化进程果真在华北同步发展,而在长江三角洲却背道而驰,我们该如何解释这一矛盾现象?

河北省东北部丰润县的米厂村,20 世纪时经营式农业颇为繁盛,雇工的实际工资开支平均低至经营式农场毛收入的 27.4%。① 同时,此村地主势力较弱小,他们在新植棉土地上保留的地租较低,1937 年时仅占棉花毛收入的 30.9%。相比之下,河北全省的平均地租率为 53.7%,山东则为 49.8%(土地委员会,1937:43)。这个村庄的低工资与低地租结合,导致了经营式农业的发展,1937 年时占全村耕地面积的 17.7%(黄宗智,1986:181、194—195)。

然而,在华北平原的另一处——商品化程度更高的栾城县寺北柴村,自清初以来一直是主要的植棉地带,在 20 世纪时无经营式农业可言。那儿的租佃地主制远为强大,具体体现在一个叫王赞周的地主兼商人、放高利贷者,1941 年时他拥有全村 2054 亩土地中的 304.5 亩,另外还有 80 亩的典押所有权。王家父子两代确立起定额租制,从佃户那儿征收的实际租额超过了收成的一半,这样地主得到了远高于经营式农场主的收益。结果,租佃地主制自然消除了发展经营式农业的可能(黄宗智,1986:182—185)。

这两个例子从相反的方面说明了商品化对经营式农业的矛盾作用。在米厂,植棉的高收益促进了经营式农场的兴盛;而在寺北

① 土地改革时期,中国共产党估计雇工工资一般约占农场毛收入的一半,而生产性开支约占六分之一(Hinton,1966:406—407)。

柴，同样的商品化进程吸引了商人投资土地，确立了足以阻碍经营式农业的地租率。当然，华北棉作地区的多数情况介于这两个极端之间。

在高度商品化的长江三角洲，充分的就业机会使工资与地租的比率摆向有利于租佃地主制的一边。根据《沈氏农书》中 17 世纪 40 年代湖州的数字，长工开支占去 8 亩稻田总收入一半以上。这就使经营式农场主的纯收入少于地主所得的租额。《补农书》里提到农桑经济中雇工开支所占毛收入之比率也大体与此相同。19 世纪 30 年代松江使用短工的稻作和 80 年代苏州使用长工的稻作的比率也与此相似。

于是，商品化进程既可促进又可阻碍经营式农业的发展。① 它可带来扣除生产开支后较高的纯收益，从而刺激了经营式农业的发展；它又会造成高地租和高工资率，从而阻碍了经营式农业的发展。

家庭式农业与经营式农业之对照

把家庭式农业与经营式农业做一实力上的对比，可以更清楚

① 经营式农业与人口压力之间的关系也同样是矛盾的。在华北平原，过多的人口寻求过少的工作机会，从而压低了工资，有助于经营式农业的发展。然而同样的人口压力会趋于抬高地租，从而有利于租佃制而不是经营式农业。在长江三角洲的作用正相反。那里对土地相对较低的人口压力使地租率保持在较低水平，实际上常常低于 50%——根据国民党土地委员会的调查，江苏全省平均为毛产量的 34.7%，浙江省为 35.3%（土地委员会，1937：43），这应该有利于经营式农业。同样，相对的劳力缺乏会提高工资水平，从而阻碍了经营式农业。因此，高强度的人口压力或它的反面，会对经营式农业产生正反两方面的作用。

地说明经营式农业发展与不发展的原因。哪里家庭式农业能比经营式农业维持更高的农业纯收益,哪里的经营式农业就很难发展。反之,经营式农业就会蓬勃发展起来。

显然,家庭式农业与经营式农业的实力差异,不是基于农场的规模。无论华北还是长江三角洲,在农业制度上并无多少规模经济可言。重要差别是家庭生产单位特长发挥的程度。只要农村生产高度家庭化,家庭生产单位可以通过利用家庭中妇女和老幼辅助劳动力轻松地胜过雇佣劳动为基础的经营方式。理由很简单:家庭辅助劳动力比雇工便宜。

在这样的观点看来,正是华北平原非常低的农村生产家庭化程度使得经营式农业能与家庭式农业竞争。旱地粮食作物的耕作几乎全由男子承担。作为结果,华北家庭式农场与经营式农场的竞争,主要是家庭成年男劳力与雇佣成年男劳力之间的竞争。在竞争中,经营式农场能够根据农作的需要调节劳力配备,而家庭式农场没有这一优势。这一区别使经营式农场能在华北得以发展。①

农村生产家庭化对经营式农业的影响亦见诸工资。家庭化有助于维持长江三角洲成年男工较高的工资水准。如果当地有高度发展的女工、童工市场,也许会迫使成年男工市场的工资下降。但是这种发展的可能性由于反对妇女出外受雇的文化观念和家庭生产单位(尤其是家庭副业生产)的实力而消失了。

商品化进程既与家庭劳动力的密集使用趋于同步,在某种程度上可以说它是与经营式农业背道而驰的。然而,只注意商品化

① 在华北的棉作地区,生产当然也在一定程度上家庭化。但是这种家庭化程度从未接近长江三角洲的幅度。

进程而忽视两类农场中居于关键的不同劳动力的使用方式，就会找不到导致两个地区不同的农作发展途径的真正动因。

社会分化模式的对照

对照两个地区的农业史，也可见其在社会演变中的差异。在华北，如同我之前所阐述的（黄宗智，1986：85—108），三种社会演变在清代同步发展：（1）随着满洲贵族定居城市和人口压力下农奴制的瓦解，朝廷颁授的庄园（在畿辅直隶尤为突出）日见没落；（2）随着缙绅阶层定居城市，他们拥有的经营式庄园也逐渐衰微；（3）农民的社会分化导致一部分上升为经营式农场主和庶民地主，一部分下降为雇农和佃农。三种演变的综合作用使1800年华北平原的农村社会结构已非常不同于1644年：清初的贵族与缙绅在农村高踞于平民之上，而当时的平民佃户、雇农为贵族和缙绅效力，而不是为其他平民阶层；生产关系不仅基于阶级的不同，也基于法律身份地位的差异。佃户、雇农以及“雇工人”冒犯地主会被加重处罚，反过来则不加处罚或只予以很轻的处罚。例如，雇主殴打雇工，只要不致残废就没有任何法律责任，而相反的情况就要罚徒刑三年并杖一百。然而到18世纪末叶，华北农村的生产关系主要是平民之间的，即占总户数10%以下的雇农和他们的雇主（平民经营式农场主或富农）之间的关系。占总户数25%以下的佃农与他们的平民地主或不在地主之间的关系，以及占总户数35%以下的兼做短工的农户与他们的雇主之间的关系——实际上已与20世纪的社会结构一样了。

在长江三角洲,第一种演变并不重要,因为朝廷颁授的庄园主要限于畿辅直隶。第二种演变大体与华北平原平行发展,而该地区的缙绅阶层更早、更彻底地移居城镇。由于土地收益高于华北,此地区还同时发生了城镇资本转向农村购买土地。租佃制的范围因而相当大,如前所述,20 世纪占耕地面积的 42%。至于第三种演变,由于几乎不存在经营式农业,农民的社会分化与华北平原不同。清代耕作的充分家庭化逐渐窒息了经营式农业。因此,村庄内部的主要演变不在分化,而在农民的家庭生产单位的进一步完备。

发生在长江三角洲的社会分化,主要采取我在关于华北的书中所称的"不完全的两极分化""农民的半无产阶级化"或"贫农社会及经济的形成"的形式,即分化为相对富裕的小农和相对贫穷的出卖部分劳动力者。经过此地区的人类学实地调查的检验,20 世纪这儿农民总数的 30.7%左右受雇为短工(见附录 A。而华北为 36.2%;黄宗智,1986:80)。此外,长江三角洲农村的社会分化主要不是发生于村庄内部,而是在农村佃户与城镇地主之间。

我们现在回到本章的主题——阐述和解释在较高商品化程度的长江三角洲,经营式农业反趋瓦解的现象。理解这一悖论现象的关键在于小农家庭生产单位。小农家庭生产最后干脆在长江三角洲清除了经营式农业。这就是经历了几个世纪蓬勃的商品化过程,小农家庭生产仍能在中国农村占据压倒性优势,而与斯密和马克思的经典预言相左的原因。

第五章 商品化与内卷型增长

斯密和马克思关于小农经济的经典观点的第三部分是商品化将带来小农劳动生产率的增长。本章中我将论证,就总产出和总产值的绝对量而言,明清时期长江三角洲的农村经济确实出现了相当幅度的增长;以整个家庭的年收入来分析,农村经济也显示了一定程度的增长。但是仔细考察一下就会发现,这种增长乃是以单位工作日的报酬递减为代价而实现的。家庭年收入的增长不是来自单位工作日报酬的增加,而是来自家庭劳动力更充分的利用,诸如妇女、儿童、老人的劳动力,以及成年男子闲暇时间的劳动力。这就是“无发展的增长”,或者说“内卷型增长”。解放后,这种类型的增长,以更大的规模在更集中的时期内重现。

我并不认为前工业化时期的农业劳动生产率不可能提高。正相反,经济发展并不像有的人所认为的那样,仅是近代社会才有的事。纵观中国历史的长河,一些农业发展的主要例证立即会浮现:战国时期和汉代铁器农具的发明和传播(这或许可称为“古代农业革命”,主要发生于华北的渭河和黄河流域);唐宋时代长江三角洲水稻技术的完善和传播(这或许可称为“中世纪农业革命”)①。以及若干重大的农业基础设施的突破性进展,例如本书第2章讨论的10世纪吴越国时期长江三角洲水利排灌网的创建和系统化。虽然无法见证于史料,但可以推测,这些技术进步带来了农业劳动生产率的提高和单位工作日收入的增加。

然而,明清时期的长江三角洲已达到了很高的发展水平。早在明初,那儿已出现了人力非常密集的经济。水稻和桑蚕生产已很先进。在自然条件适宜的区域,冬小麦已作为水稻收获后的第二茬作物种植。人口增长到470万,而人均耕地面积下降到3—5亩(参阅附录B)。提高作物复种程度已几无余地,因此进一步的农业密集化一般就意味着转向劳动更为密集的经济作物的生产。在这样的起点上追求新的进展,要比战国和汉初时代的渭河流域和唐、吴越、宋代的长江三角洲困难得多。

断言明清时期长江三角洲农村经济发展的学者主要列举桑蚕业的发展、植棉和棉手工业的出现,以及使用豆饼作肥料的增加。我们不妨考察一下这些进展对农民劳动报酬的作用。

---

① 有的学者误把这次农业“革命”与占城稻联系在一起(Elvin,1973:121—124)。事实上占城稻主要用于救荒,因为它具有抗旱的特性。它用作双季稻中的早稻,只是在20世纪60年代政府的积极推行下才实行的。

蚕丝

桑蚕业

只要桑树的种植范围不再局限于稻田田圩和房前屋后，就总会与水稻直接较量。就单位耕地面积的总收入而言，养蚕显然比种水稻高得多。据张履祥的《补农书》(1983[1658]:101)，一亩桑园可饲育二至十余筐蚕，平均七八筐。当丝价高而谷价低时，一筐蚕的毛收入可相当于一亩稻。因此，我们可推论，在正常年份，一亩桑园的毛收入可相当于一亩稻田的数倍。

根据这些例证，樊树志(1983)和李伯重(1985a)(以及台湾学者刘石吉，1978a，b，c)认为，放弃水稻而推广养蚕即意味着农业的发展。但是，上述的例证实际上只涉及单位土地的毛收入，并没有反映单位劳动报酬。在考察劳动报酬时，我们有必要把劳动力投入和生产成本考虑在内；而且有必要区分单位工作日报酬与单位工作年份报酬的不同，区分每个劳动者收入与每个家庭收入的不同。

李伯重自己的数字(1985a)表明种桑和养蚕的劳动力投入，每亩为 93 个工作日，相比之下水稻每亩仅 11.5 个工作日。虽然养蚕的毛收入“数倍于”种稻，但 8.1 : 1 的劳动力投入比率至少是毛收入比率的两倍。① 所以，如果根据单位工作日的毛收入而不是每亩

① 当然这些数字包含许多推测，然而我们应看到，20 世纪的调查资料也表明这一比率是可信的。

的毛收入来分析,养蚕收入实际上远低于种稻,除非对养蚕有利的相对价格达到异乎寻常的地步(这种情况19世纪下半叶曾发生过。当时在国外市场刺激下,价格变动绝对地有利于丝生产,以至在以无锡县为中心的新产丝区,种稻大量地为养蚕所取代)。

我们再考察一下扣除生产费用后的单位工作日净收入,两者间的差距要缩小一点,但还不足以改变种稻的优势。根据李伯重估算的数字,养蚕的资本投入每亩相当于种稻的5.5倍(所需肥料要多两倍,蚕房加温需用的开支也大体同样,加上蚕种要比稻种贵得多)。然而比起工作日投入的差距来,资本投入的差距要小得多。于是,养蚕单位工作日的资本投入要低于种稻,两者的比率约为8∶5(李伯重,1985a:9—10)。不过,这还不足以抵消单位工作日毛收入的差距。养蚕单位工作日的净收入总的来说还是低于种稻。即使在丝价已上涨的20世纪,情况仍然如此。

然而,桑蚕业单位工作日的相对低报酬,并不排除劳动力年收入(而不是日收入)增加的可能,也不排除家庭收入(而不是人均收入)增加的可能性。一个农民在单位工作日报酬降低的情况下,可以通过更充分地使用劳动力达到更高的年收入。于是,从单一种稻的方式改变为兼营稻作和桑蚕,可能意味着一年工作150天与300天之别,这足以抵消桑蚕业单位工作日收入的递减。这还可能意味着家庭成员的未经利用的劳动力也投入了生产。而这些原来未经利用的劳动力可能占了李伯重估算的养蚕所需的93个工作日的一半甚至更多。于是,总计起来,每个家庭每年的净收入会增加,即使单位工作日的平均净收入在下降。

在这种情况下,在耕地严重不足的地区,桑蚕业的发展是势在必行的。只有在那些劳动力包括家庭辅助劳动力严重不足,乃至于不得不按工作小时来计算价值的地区,桑蚕业才是人们不乐于采纳的。这种在现代都市中常见的现象,在小农社会中却是很少看到。在这样的小农社会中,劳动力市场,尤其是妇女、儿童、老人以及成年男子的闲暇劳动力市场,远未发展到如此地步。这些劳动力几乎没有机会成本,从而成为桑蚕业所需要的劳动密集化和内卷化的主要劳动力来源。

丝手工业

植桑和养蚕通常与非资本密集的手工业——家庭缫丝——相联系。小农家庭有能力置办缫丝所需的简单设备,而且,在 19 世纪末新的烘茧技术出现以前,缫丝几乎只能由养蚕人来完成,因为蚕茧必须在 7 天内缫丝,否则便会有蚕蛾钻出。

相比之下,丝织却相对资本密集,需要相当复杂的织机,至少要两三名熟练工人来操纵。况且,丝绸是上层阶级消费的奢侈品,可获较高的报酬。这些特点使丝织脱离了小农家庭,作为一种几乎是城镇专有的行业而发展。

这一行业引起了明清时期城镇中以雇佣劳动为基础的手工作坊的扩增(吴承明[1985:157—158,382]归纳了现存的明清时期的资料;又见徐新吾[1981a:89])。但是,我们不能夸大这一手工业兴起过程中的“资本主义萌芽”的发展程度。历史记载很清楚地表明,大部分丝织者只是小经营者,往往是手工匠人家庭加上学徒。迟至 1913 年,苏州城内平均每个作坊仅有 1.5 架织机和 7.7 名工人。在蒸汽煮茧和机器纺织出现之前,丝织业几乎无规模经济可言。明初曾使用数千名织工的官营织造局,到 16 世纪中叶也开始向分散的小生产者(机户)采买产品。清代伊始,织造局完全依赖于小机户的生产。

协调丝织生产各环节的责任落到了包买商身上。包买商出现于 18 世纪,到 19 世纪末已控制了整个丝织业。被称作"账房"的包买商,从丝行购得原料,安排纺、染,然后"外发"给小机户去织。1913 年时,苏州城内有 57 家账房,控制了 1000 家小机户,计 1524 架织机和 7681 个工人(吴承明,1985:143—159,376—382)。这些包买商通常被当作"资本主义萌芽"的实例,但是在我看来即便是这个明清时期资本化程度最高的手工业行业,其生产程度仍是分散的和劳动密集的。

就小农的生产而言,重要的作业是缫丝,而非丝织。与丝织不同,缫丝仍然由小农家庭进行,与家庭农业紧密地联系在一起。关于家庭农业与缫丝相结合的原因,在下文讨论棉手工业时会说得更清楚。

棉花

植棉

在灌溉困难的地区以及在沿海不适于其他作物的盐碱地带,转向植棉显然带来了相当发展。14 世纪中叶寓居松江的陶宗仪说:"松江府东去五十里许,曰乌泥泾。其地硗瘠,民食不给,谋树艺,觅种(棉花)于彼。"13世纪末,棉纺技术传入,当地农民掌握后,"生计遂裕"。(《琴川三志补记续编》,1835,7:8)由此看来,植棉和棉手工业把不足以糊口的生活水平提高到相对"富裕"的程度。对乌泥泾这样的地区来说,棉花的出现反映了农业的进步。如以图表显示,这种生产效率的突破不是一条渐进的倾斜曲线,而是呈阶梯式上升。

不过,在长江三角洲其他生态条件严峻的地区,植棉仅为小农提供了一线生计,谈不上带来兴旺。《嘉定县志》描述了当地1583年时的情景:

> 嘉定一县,三面濒海,高阜亢瘠,下注流沙,贮水既难,车戽尤梗。版籍虽存田额,其实专种木棉。涝则尽淹,旱则全槁。加以飓灾时作,十岁九荒。小人之依,全倚花市。其织作之苦,无间于昼夜暑祁。(《嘉定县志》,1605,7:1)

在便于灌溉的生态相对稳定的区域,棉花必然与产量高的水稻争夺土地。于是,与植桑一样,植棉的相对报酬就成了一个复杂的问题。过去的研究常常断言作为经济作物的棉花,收益一定会高于水稻等粮食作物(刘石吉,1978a;樊树志,1983)。但是,这一推断忽视了稻米也是高度商品化的作物。表5.1和表5.2显示了17世纪时上海县米、棉的价格。可以料想,米价呈季节性的大幅度波动。在秋收后的几个月里,米价处于谷底;在青黄不接的季节,米价达到巅峰。但是,米价的趋势大体年年类同,变动并不很大。棉花的情况正相反,它并无清晰可辨的季节性变动,年度性变动却十分剧烈。两种价格的趋势看来基本上是无关的,因为气候对两种作物的影响颇不一样。例如1650年的棉价在17世纪各年度中高居第二,而米价并无异常;1670年则是棉价骤升、米价下跌。

在这样的形势下,农民选择植棉还是种稻,很大程度上取决于两者的相对价格。据太仓州志记载,1628年至1644年间,“州地宜稻者亦十之六七,皆弃稻袭花”(转引自刘石吉 1978a:31)。这一时期植棉的收益显然高于种稻。然而仅仅过了20年,即17世纪60年代,上海县种稻的净收入超过了植棉。放弃种稻仅仅是因为灌溉的河渠淤塞了:“曩者,上海之田,本多杭稻。自都台、乌泥泾渐浅,不足溉田,于是上海之田,皆种木棉、绿豆。”结果,上海县不得不靠附近的华亭县(松江)输入粮食。地方志记载,华亭的东南各乡也出现了同样的情况。金山县东部几十年中遭遇了与上海县同样的命运。由是导致“一郡膏腴,减其什三”(《松江府续志》,1883,7:34—35)。

要是两种作物收益的差别仅取决于此一时彼一时的相对价格变动,植棉的单位工作日报酬很可能赶不上种稻。根据卜凯的不完全统计(1937b:314—317),“长江稻麦区”20世纪30年代每亩棉花的劳动力投入需21.0日,而水稻仅为10.5日。假如卜凯的平均数确实接近于正常情况,那么植棉的单位工作日报酬显然低于种稻。

表5.1 上海县的粮价(1632—1682)

年份	季节或月份	每石银两	年份	季节或月份	每石银两
1632	夏	1.0	1659	3	2.0

续表

年份	季节或月份	每石银两	年份	季节或月份	每石银两
1642	春	5.0	1661	10	1.5
				11	2.0
1647		4.0	1662	1	2.1
1650	2	1.0			
	9	2.5	1669		0.7
1651	2	3.0	1670	6	1.3
	3	3.5		10	0.9
	4	4.0			
	6	4.9			
1652	夏	4.0	1680	夏	2.0
1657	11	0.8	1682	5	0.85
				冬	0.9

出处:叶梦珠,1935(约1693),7:1—3。

备注:所有的价格均系白米价。

表5.2　上海县的棉价(1621—1684)

年份	季节或月份	每担银两	年份	季节或月份	每担银两
1621—1627		1.6—1.7	1670	秋	1.7—2.5
				10	3.0+
1628—1635		4.0—5.0		10(月底)	4.0
1644—1645		0.5—0.6	1671	11	3.0
1649		3.4—3.5	1674		1.9①
1650	9	5.0	1677	夏	2.6—3.0①
1651	3	9.0	1679	秋	1.5—1.6
1657	3	2.5	1680	夏	3.0
1659	3	4.5	1681	夏	3.5—3.6
1661	冬	2.0	1682	5	4.1①

续表

年份	季节或月份	每担银两	年份	季节或月份	每担银两
1662	1	3.0	1684	秋	1.3—1.4[①]
	7	2.0			

出处:同表5.1:5。
①系上等棉。

棉手工业

考察两种作物的相对收益,当然不能不考虑到棉花为家庭副业的就业和生产提供了机会。每亩棉花平均可产30斤皮棉,足以纺织22.7匹布,[①]这需要159个工作日。水稻绝不可能提供那么多的就业机会。以20世纪40年代的薛家埭等村为例,水稻亩产800斤稻草,将这些稻草搓成560斤草绳只需8个工作日(调查—Ⅲ—16)。当长江三角洲的人均耕地面积由1393年的3—5亩减少到1816年的1—2亩(附录表B.2)时,植棉可提供更多的就业机会,这不能不成为小农抉择时考虑的主要因素之一,从而有助于加速植棉的推广。

但是,这并不意味着家庭棉手工业的单位工作日报酬超过了种稻。可以肯定,到18世纪初,棉手工业的报酬已经跌到极低的水平。一个纺纱者平均每天可纺纱5两,耗用皮棉5两,或籽棉15两。在18世纪及19世纪初,纺纱的报酬一般相当于原棉价值的

① 每匹布重1.32市斤(1.25会馆斤)。梳棉时会损耗约4%的皮棉,织布时会增重约5%(徐新吾,待刊稿)。此处我未将1%的差额计算进去。

30%—50%(方行,1987:88;又见吴承明,1985:389—390)。换言之,一个纺纱者一天收入相当于5.0—7.5两籽棉的价值。在1690—1740年的几十年间,米、棉的价格相当稳定,一斤籽棉约与两斤大米等值(方行,1987:91—92)。一个纺纱者的日收入为10—15两大米。按现在的口粮标准(在松江县华阳桥,成年女劳力每月口粮为44斤大米,折合63斤稻谷;成年男劳力为47斤,折合67斤稻谷),这点大米仅敷供养一个不到10岁的儿童。所以毫不奇怪,纺纱几乎全是儿童和老人在干,甚至成年女子也很少干。一个成年男劳力不可能也不会为这点报酬工作。

农户利用辅助和闲暇劳动力来从事家庭手工业,与劳动力市场上的工资率几乎毫无关联;那些工资主要适用于成年男子,而且是季节性的。农户不会以粮食消费来计算劳动力成本,因为不管怎样,这些家庭成员都是必须供养的。小农考虑的只是扣除原料、工具的生产成本后的毛收入。只要毛收入超过生产成本,即使附加的活十分艰辛、收益又低,迫于生存压力的小农也会将其成员的劳动力投进去。

雇用成年男子劳动力的企业绝不可能与这样的家庭生产单位竞争。即使一个企业克服了意识形态上和管理上的障碍而雇用女工和童工,它仍必须向这些脱离了家庭农场的工人提供伙食,要面对这个不利因素。伙食的耗费一般与工资开支差不多,有时甚至更高。在这样的条件下,只有那些资本化程度高、单个小农家庭力不能及的农村工业,才能发展成以雇佣劳动为基础的大规模生产。至于非资本密集的、使用小农家庭置办得起工具的农村工业中,总是小规模的家庭生产占据统治地位。

手工棉纺是这类农村工业中最能说明问题的例子。简陋的单锭纺车随处可得,甚至最贫困的家庭也能置办。通过使用成本极微甚至不花成本的家庭劳动力,在棉业经济发展的几百年中,手工棉纺一直以极大的韧性延续下去。18 世纪时,松江府虽然使用过三锭的脚踏纺车,但从未有多大发展,亦未见其他地方用过。这种复杂的费力的纺车主要靠使用成年劳动力,但产量仅比单锭纺车高半倍至一倍(徐新吾,1981a:90—91)。劳动生产率上的差异显然没有大到足以使小农家庭放弃低成本的家庭辅助劳动力生产。结果,迟至 19 世纪末到 20 世纪初,手摇的单锭纺车在松江仍然占压倒优势,并在机器纺纱引进之前有效地扼杀了一切技术创新。

至于织布,迄今最系统可靠的是徐新吾和他研究团队的数据。他们根据数十年的调查研究估计,从事纺纱和织布的小农户用 7 天的劳动力来生产一匹布,其所得相当于 0.1 两。也就是说,70 天如此的劳动可以获得 1 两(徐新吾,1992:第 88 页及其后)。其中,如上所述,4 个工作日纺纱所得最低,只约相当于粮食生产一天的三分之一到一半,而一天的织布所得最高,约相当于一个男子从事粮食生产一天所得。①

城镇织工在与自种棉花、使用自家辅助劳动力纺纱、自供口粮

---

① 本书原作在此段使用的数据没有徐新吾《江南土布史》(上海:上海社会科学出版社,1992,第 88 页及其后)的精确可靠,因此这里改用了他的数据。至于有关原作此段的讨论,可以参考彭慕兰(Kenneth Pomeranz,"Beyond the East-West Binary: Resituating Development in the Eighteenth Century World",*Journal of Asian Studies*,61,2[May,2002]:539—590)的文章,以及我对他那篇反驳论文所作的回应(中文版见《再论十八世纪的英国与中国——答彭慕兰之反驳》,载《中国经济史研究》2004 年第 2 期:第 13—21 页)。

的小农家庭的竞争中,处于不利地位。徐新吾(1981a:特别是88—89)证明,没有一份资料足以证明某人以织布致富,无论是由织布发展到创办大型作坊,还是经商,还是购置大田场。这就是直到近代大部分棉织系由小农家庭完成的原因。在明清两代,没有出现过一家大型的、以雇佣劳动为基础的织布工场。人们常常引用广东佛山的例子(其根据是19世纪初一个外国人访华的记述)。据说那里有2500家作坊,平均每家雇20个工人。结果发现这是一个关于丝织而非棉织的夸大其词的报告。除此之外,没有一份资料可证明鸦片战争前有这种大规模的棉织作坊存在。

城镇手工棉织也仅限于较穷的手工艺者的小作坊,有时会雇一些徒工,但从未达到实行专业化和劳动分工(徐新吾,1981a:62—64)。

内卷型的乡村工业化

明清时期手工业增长的显著特点是它继续与小农农作紧密地联结在一起。几个世纪来,棉纺织和缫丝几乎完全是由小农家庭承担的。由于小农农场土地的减少,收入不断下降,所以这些手工业从一开始就成为农户补充收入的手段。当不断增长的人口压力迫使农业和手工业的收入下降时,两者的结合只能是越来越强。两者只有相互依靠才能使小农家庭维持生计。这就形成了小农家庭赖以支撑生活的双拐。

无论农作还是家庭手工业都没有什么剩余,通常只能勉强满足糊口和缴纳租税。两者均不可能提供积累和投资,它们主要是维持小农家庭基本生活的手段。这样的例证举不胜举,学者们引用甚广。这里仅举数例以描述几种主要的方式。

像嘉定县这样生态上不稳定的地区,17 世纪时农业收益已如此之低,以至棉手工业成为家庭糊口的主要经济来源:“家之租庸、服食、器用、交际、养生送死之费,胥从此(手工织布)出。”(《嘉定县志》,1605,6:36)在邻近的宝山县,18 世纪时因盐渍之地不宜于其他作物,故“海滨之民,独宝木棉,借以资衣食,完赋税”(引自刘石吉,1978a:31)。

在肥沃的、生态相对稳定的中心地区,问题是土地不足,农场太小不足以养家终年。“田所获,输赋偿租外,未卒岁,室已罄,其衣食全赖此(棉纺织)。”(引自方行,1987:80)即使以鱼米之乡著称的无锡县,地方志提及 18 世纪的情形时,也是这样描述的:

> 乡民食于田者,惟冬三月。及还租已毕,则以所余米舂白而置于囷。归典库,以易质衣。春月则阖户纺织,以布易米而食,家无余粒也。及五月,田事迫,则又取冬衣易所质米归……及秋稍有雨泽,则机杼声又遍村落,抱布贸米以食矣。故吾邑虽遇凶年,苟他处棉花成熟,则乡民不致大困。(《锡金识小录》,1752,1:6—7)

缫丝情况同样如此。顾炎武说得最好:①

① 顾炎武指的是长江三角洲南部的嘉兴府崇德县(浙江省)。但他的评论也十分适合于苏州的丝产区,那里的圩田区域与嘉兴的情况相似。

> 崇邑(嘉兴府崇德县)田地相埒,故田收仅足民间八个月之食。其余月类易米以供。公私仰洽,惟蚕是赖……凡借贷契券,必期蚕毕相偿。即冬间官赋起征,类多不敢卖米以输,恐日后米价腾踊耳。大约以米从当铺中质银,候蚕毕加息取赎。(顾炎武,1662:84)

在18世纪的吴江县,“儿女自十岁以外,皆早暮拮据以糊其口”(《吴江县志》1747,38:7)。在吴县,“凡女未及笄,即习育蚕”(《光福志》,1900,“风俗”:18)。但是蚕农自己无钱穿丝织品,故称“湖丝虽遍天下,而湖民身无一缕”(《吴兴备志》,1621—1627:26)。

与前述的农业增长一样,农村手工业的增长无论从社会意义上说,还是从经济意义上说,都是内卷型的。社会意义上的内卷型是指这种增长并未形成新的社会生产组织,而仅是既有生产组织的延伸。经济意义上的内卷型是因为它通常不带来单位工作日收入的增加。

豆饼肥料

最后,我们还要考察被视作明清时期劳动生产率提高的第三个要素:肥料施用的增加,尤其是水稻种植中豆饼肥料的增加。

首先要说明,有关水稻产量的资料有限而含混不清。吴承明收集了宋、明、清松江府和苏州府所有的统计数字。如表5.3所示,同一地区的长期系列资料很难得到。吴承明试图根据这些资料来论证清代水稻的单位面积产量高于明代,吴慧也这样尝试过。这个论点虽然合理,但无法为这些零碎和含糊的资料所证实。这些数字所显示的可能情况实际上是水稻单产在宋代差不多已达顶峰,其后不过是在亩产1—3石之间徘徊。

表5.3 苏州府和松江府的稻米产量(1023—1850)

时期	地点	每亩产量(石)(大米)
1023—1063	苏州	2—3
1425	昆山县(苏州府)	2
1506—1521	上海县(松江府)	1.5—3+
明后期	苏州和松江	1+—3-
1662—1722	苏州和松江	1.5—3-
	上海县	1.5—2
	吴江县(苏州府)	2
1796—1820	苏州	2—3
1821—1850	苏州①	3

出处:吴承明,1985:40—41,190—191。珀金斯(1969)对大米产量的资料是以整个江苏省为单位划分的。由于苏北和长江三角洲地区有很大的不同,珀金斯按省划分的资料不合于本书所用。

①系"上等地"产量。

李伯重承认明清时期长江三角洲水稻单产并无显著增长,而每亩劳动力投入基本上保持在唐中期的水平。但他也认为明清时期肥料的使用颇有增加(1984:25—28)。虽然他过高估计了明代的情况,但我很同意他对清代的估计。① 所有的资料都表明,18世

① 李伯重认为豆饼肥料的施用可追溯到明末,但他所引用的史料实际指的是各种麻饼或麻豆饼、棉饼、菜饼和一种梅豆饼(今已无存)。其中最后一种,参阅陈恒力、王达,1983:110。

纪以后，长江三角洲的农民已广泛地使用豆饼肥料，其发展很可能与1685年开海禁后东北大豆大量输入上海有关。到包世臣的时代(1775—1855)，据称每年有1000万石“麦豆”从奉天输往长江三角洲。①

清代水稻单产在这种情况下到底是否增加，仍不清楚。现有的资料表明，水稻单产至少没有大幅度的增加。李伯重(1984:34—36)将问题归为肥料投入的边际报酬递减。这样，为了达到相同的产量，需要投入的肥料数量不断增大。另一种解释是，由于复种率提高，所以需要更多的肥料以维持同等的单产。

商品经济的结构

明清时期商品经济的发展直接反映了上述各种变化的内卷型性质。买卖的商品大都由小农生产，这正符合经典马克思主义提出的“小商品生产”的概念。交易的大部分是农民、小贩和商人间的小宗买卖。

由于吴承明及其同事的研究，我们现在比较清楚地知道明清时期各类商品贸易的数量和种类。鸦片战争前夕，在全国性的商品贸易总量中，棉布与粮食的交换占了三分之二强(66.9%)(参阅表5.4)。织布的农民家庭出售余布以补其粮食的不足；种粮为主的农民出售余粮，换取棉布以蔽体。

吴承明把地方贸易的物品排除在“商品”定义之外，如农民们

① 根据足立启二(1978)的研究，航行于东北和上海间的沙船约有三千五百艘，每艘载重1500—3000石。沙船每年往返约三次至四次。

在地方市场上卖出,由附近农民购去消费的粮食(不同于城市消费者购买的或长途贩运的粮食)。他还排除了为支付捐税而出售的那部分粮食、棉布、生丝、茶叶和盐。在本书第六章中,我们还要讨论。

表 5.4　中国的商品贸易量(约 1840)
(百万银两)

商品	价值	百分比	净输入额(+)或净输出额(-)
粮食	138.833	39.71	—
棉花	10.859	3.11	+3.025
棉布	94.553	27.04	+0.802
生丝	10.220	2.92	-2.252
丝绸	14.550	4.16	—
茶叶	27.082	7.75	-11.261
盐	53.529	15.31	—
合计	349.626	100.00	—

出处:吴承明,1985:284(其估算程序,319—329)。

备注:这些数字不包括在地方市场上交换的货物,也不包括小农为支付捐税而出售的那部分粮食、棉花。

关于这一问题,要把吴承明的模式与20世纪农民实际买卖活动的实地调查做一比较。但就本章的意图而言,他的模式是很适用的。如果把他排除的那部分粮食交易也计算进去,只会使"商品"贸易总量中粮食的比重更大。我们提出的商业结构的基本要点仍适用,即长江三角洲的贸易主要由有余粮的农民与有余布的农民相交换。

亚当·斯密以近代早期英国的经验为基础描绘的那种城乡间

的双向贸易,这儿却极少存在。生丝和丝织品(据吴承明的估算,占全国性商品贸易总量的7.1%),是由小农生产的(虽然丝织是在市镇中进行的),消费者却几乎全是城市居民。

这种商品经济是以小农家庭越来越多地采用机会成本极低的家庭辅助劳动力,边际报酬不断递减的生产系统为基础的。极少有人因为市场生产而致富,生产的资本化极少发生,小农家庭收入依然很低,非维持生计必需的产品在农村也少有市场。这是小农生产和生存的商品化,而不是萌芽中的资本主义企业。

在这样的贸易中,商人的职责只是帮助货物流通。他们的利润来自将余粮地区的稻米贩到缺粮地区,将纺织地区的棉制品贩到非纺织地区。不存在促使他们投入生产领域的刺激因素,因为在既定的技术条件下,与不计成本的小农家庭竞争是没有出路的。因此,城镇的生产主要限于那些超过单个小农家庭能力的行业。棉纺、缫丝以及很大程度上的棉织(即当时手工业中的三大行业),均被排除在外。

马克斯·韦伯曾把行政城市与传统中国的城市等同起来(Rowe,1984:1—14)。其实,主要由于上述的商业的作用,中国的城市化早已超越了仅是行政城市的含义。但明清城镇的兴起与生产的关系十分有限:它们从未成为面向小农消费者的生产中心。它们仅有的一点生产,诸如丝织、高级棉布加工,都是为了城镇居民的消费。城乡间的商品流通几乎完全是单向的,小农向城市的上层社会提供丝和布、地租和税粮,但几乎没有回流。

第六章 农民与市场

从上述的研究来看,新古典经济学派的市场经济模式显然与长江三角洲的历史真实相去甚远。本章中,我将以 20 世纪人类学家对长江三角洲商品和要素市场实地调查的资料为依据,对那里的农村市场的结构和运行提出初步的看法。以经典马克思主义的“小商品生产”的范畴作为描述是有用的,但分析这个商品经济的运行逻辑则有赖于恰亚诺夫的实体主义传统。这一传统提醒我们去注意小农为谋求糊口而不是为追求利润所做的抉择。属于这一学派的卡尔·波兰尼和詹姆斯·斯科特强调社会因素对前资本主义贸易的影响。与资本主义的“价格导向的市场”上供求关系的单一运行不同,家族关系、互惠原则、礼品、道德以及诸如此类的因素无不起着重要的作用(Polanyi 等,1957:特别是第 13 章;Scott,1976)。

20 世纪小农的市场行为

表 6.1 显示了 20 世纪 30 年代末长江三角洲和华北 6 个村庄的小农家庭所出售的商品的主要种类。显而易见，以粮食和棉花为主的农产品占其间的大部分：从资料完整的 4 个村庄来看，平均为 65.6%。这些农产品加上副业产品（在棉产区主要是棉纱和棉布，在产稻的薛家埭等村主要是稻草制品）要占到出售商品的 82.1%。

这在总体上与吴承明在他的开拓性研究中描述的商品经济的结构是一致的。如表 5.4 所示，吴承明提出粮食与棉花、棉布的交换占鸦片战争前夕全国“商品”市场的 69.9%。

表 6.1　华北和长江三角洲 6 个村庄农民出售的主要商品（1936、1939）（按户平均）

村庄	作物		牲畜		副业		总计
	元	%	元	%	元	%	元
Ⅰ.华北，1936 年[①]							
米厂（丰润）	139.9	74.8	9.9	5.3	37.2	19.9	187.0
大北关（平谷）	23.8	51.9	18.5	40.3	3.6	7.8	45.9
前梁各庄（昌黎）	22.4	60.5	4.9	13.2	9.7	26.2	37.0
Ⅱ.长江三角洲，1939 年[②]							
头总庙（南通）	28.0	?	?	?	60.1	?	—
小丁巷等（无锡）[③]	45.74	?	?	?	12.7	?	—
薛家埭等（松江）	287.0	74.7	50.8	13.2	46.3	12.1	384.1
平均		65.5		18.0		16.5	

出处：米厂：满铁，冀东 1937b；大北关：满铁，冀东 1937a；前梁各庄：

满铁,冀东 1937c;头总庙:满铁,上海 1941b;小丁巷等:满铁,上海 1941a;薛家埭等:满铁,上海 1940。

①为该村所有农户的平均数。

②为该村 12—20 家抽样农户的平均数。

③小丁巷、郑巷、杨木桥 3 个村。

当然,这些调查资料与吴承明研究的不同之处在于,前者专注小农的买卖,并包括了地方贸易,而在后者的商品定义中是不包括地方贸易的。根据吴承明使用的概念,只有属于统一的国民市场的货物才能作为"资本主义萌芽"发生的迹象,才能被冠以"商品"一词。如果不考虑吴承明赋予"商品"的特别含义(参阅下文),在更一般的意义上把商品理解为供买卖的货物,就可清楚地看到仅在地方市场上流通的货物在小农的市场行为中极其重要。尤其是牲畜构成了农户市场交易的重要部分,占 6 个村庄小农出售商品总值的 18.0%。这对像大北关这样的村庄尤为重要。这些村庄主要种谷子、玉米,有丰富的饲料(谷糠、麸子等)喂养牲畜。

有关这些村庄的小农购入商品的资料同样证明了这一点。如表 6.2—6.4 所示,小农的市场交易中粮食和棉制品显然是主要的,在长江三角洲的 6 个村庄中分别占小农购入商品的 31.0% 和 6.8%,在华北的 3 个村庄分别占 48.8%和 6.2%。[①] 肉类(主要是猪肉)也颇为重要,尽管长江三角洲和华北村庄的生活水平不同,肉类购买也有很大差别。在长江三角洲,肉类(包括鱼鲜和家禽)占全部购买量的 11.7%,而在华北仅为 4.7%。

① 棉制品数字是棉花、棉纱、棉布和服装合计的平均数。

表 6.2　华北 3 个村庄农民购买的商品(1936)

(所有农户的平均数)

商品	米　厂		大北关		前梁各庄		平均
	元	%	元	%	元	%	%
农产品							
食粮	28.47	39.9	9.11	41.5	59.10	65.0	48.8
肉类	3.75	5.3	1.28	5.8	2.63	2.9	4.7
蔬菜	?		?		?		
水果	?		?		?		
小计	32.22	45.2	10.39	47.3	61.73	67.9	53.5
棉花	0.26	0.4	0.06	0.3	0.23	0.3	0.3
茶	?		?		?		
糖	0.24	0.3	0.07	0.3	0.20	0.2	0.3
烟草	?		?		?		
小计	0.50	0.7	0.13	0.6	0.43	0.5	0.6
传统加工产品							
盐	3.89	5.4	3.87	[17.6]①	4.94	5.4	[9.5]①
酒	1.90	2.7	0.43	2.0	0.58	0.6	1.8
酱油	?		?		?		
食油	2.80	3.9	0.05	0.2	1.25	1.4	1.8
草帽	?		?		?		
小计	8.59	12.0	4.35	19.8	6.77	7.4	13.1
工业品							
面粉②	4.05	5.7	1.45	6.6	0.73	0.8	4.4
棉纱	?		?		?		
棉布	7.20	10.1	1.09	5.0	2.27	2.5	5.8
服装	0.26	0.4	?		?		0.1
火油	2.68	3.7	1.48	6.8	2.44	2.7	4.4
火柴③	2.97	4.2	0.84	3.8	2.60	2.9	3.6
小计	17.16	24.1	4.86	22.2	8.04	8.9	18.3

续表

商品	米　厂		大北关		前梁各庄		平均
	元	%	元	%	元	%	%
其他	12.79	18.0	2.22	10.1	13.90	15.3	14.5
总计	71.26	100.0	21.95	100.0	90.87	100.0	100.0

出处:参阅表6.1。

①系有疑问的数字。

②系美国面粉。

③系包括其他的照明和燃料开支。

表6.3　长江三角洲3个村庄农民购买的商品(1938)

(抽样家庭的平均数)

商品	严家上(常熟)		遥泾(太仓)		丁家村(嘉定)		平均
	元	%	元	%	元	%	%
农产品							
食粮	11.33	19.9	25.92	28.2	32.92	30.7	26.3
肉、鱼、禽	2.88	5.1	11.42	12.4	20.50	19.2	12.2
蔬菜	4.89	8.6	4.08	4.4	6.35	5.9	6.3
小计	19.10	33.6	41.42	45.0	59.77	55.8	44.8
棉花	2.15	3.8	0.38	0.4	?		1.4
茶	4.65	8.2	1.53	1.7	?		3.3
糖	1.62	2.9	3.43	3.7	4.00	3.7	3.4
烟草	1.42	2.5	4.91	5.3	7.52	7.0	4.9
小计	9.84	17.4	10.25	11.1	11.52	10.7	13.0
传统加工产品							
盐	2.92	5.1	9.17	10.0	5.39	5.0	6.7
酒	6.92	12.2	0.24	0.3	1.92	1.8	4.8
酱油及食油	4.19	7.4	9.83	10.7	4.87	4.6	7.6
草帽	0.89	1.6	0.62	0.7	?		0.8
小计	14.92	26.3	19.86	21.7	12.18	11.4	19.9

续表

商品	严家上(常熟)		遥泾(太仓)		丁家村(嘉定)		平均
	元	%	元	%	元	%	%
工业品							
棉纱	?		?		?		
棉布及服装	4.85	8.5	2.28	2.5	7.78	7.3	6.1
火油	2.06	3.6	3.50	3.8	4.61	4.3	3.9
火柴	1.15	2.0	3.44	3.8	?		1.9
小计	8.06	14.1	9.22	10.1	12.39	11.6	11.9
其他	4.86	8.6	11.15	12.1	11.27	10.5	10.4
总计	56.78	100.0	91.90	100.0	107.13	100.0	100.0

出处:严家上:满铁,上海 1939b;遥泾:满铁,上海 1939c;丁家村:满铁,上海 1939a。

表 6.4　长江三角洲 3 个村庄农民购买的商品(1939)
(抽样家庭的平均数)

商品	头总庙		小丁巷等		薛家埭等		平均
	元	%	元	%	元	%	%
农产品							
食粮	61.09	48.7	43.24	41.1	24.83	17.0	35.6
肉、鱼、禽	6.44	5.1	8.14	7.7	29.87	20.4	11.1
蔬菜	8.89	7.1	3.55	3.4	6.04	4.1	4.9
小计	76.42	60.9	54.93	52.2	60.74	41.5	51.6
棉花	?		0.45	0.4	1.25	0.9	0.4
茶	2.16	1.7	0.21	0.2	1.65	1.1	1.0
糖	2.63	2.1	2.95	2.8	5.23	3.6	2.8
烟草	5.61	4.5	2.75	2.6	6.67	4.5	3.9
小计	10.40	8.3	6.36	6.0	14.80	10.1	8.1
传统加工产品							
盐	6.19	4.9	6.55	6.2	7.42	5.1	5.4

续表

商品	头总庙		小丁巷等		薛家埭等		平均
	元	%	元	%	元	%	%
酒	3.42	2.7	3.95	3.8	11.03	7.5	4.7
酱油	0.36	0.3	3.18	3.0	11.83	8.1	3.8
食油	6.42	5.1	11.35	10.8	16.28	11.1	9.0
草帽	?		0.47	0.5	0.43	0.3	0.3
小计	16.39	13.0	25.50	24.3	46.99	32.1	23.2
工业品							
棉纱	?		?		1.58	1.1	0.4
棉布	5.63	4.5	3.61	3.4	4.18	2.8	3.6
服装	2.62	2.1	3.01	2.9	1.42	1.0	2.0
火油	4.72	3.8	5.00	4.8	8.30	5.7	4.7
火柴	1.81	1.4	1.27	1.2	1.72	1.2	1.2
小计	14.78	11.8	12.89	12.3	17.20	11.8	11.9
其他	7.50	6.0	5.49	5.2	6.61	4.5	5.2
总计	125.49	100.0	105.17	100.0	146.34	100.0	100.0

出处:参阅表 6.1。

盐是另一项重要商品,在长江三角洲占小农购买量的 6.1%,在华北占 5.4%。在长江三角洲,茶也是重要的,占购买量的 2.2%,在华北却不重要,以至调查者未将其列入(这也反映了生活水平的差异)。这些调查进一步证实了吴承明对 19 世纪 40 年代中国商品贸易主要内容的判断。

吴承明未列入的其他重要商品在长江三角洲的有糖、烟草、酒、酱油和食用油,这几项合计占全部购买量的 22.5%;相形之下,较贫困的华北仅占 3.9%。假定小农家庭的消费水平并未因时间的推移而发生太大变化,以上农产品和传统的加工产品(多已流行数百年）反映了这两个地区小农市场行为的长期形式。

20世纪的调查资料表明，小农的市场交易中出现了新的商品种类，即“工业产品”，这是明显不同于旧型式的。到20世纪30年代，中国农民显然已广泛使用机制棉纱、火柴和火油，甚至机织布也已扩大到相当大的范围（详见下文）。这四种新产品一起，平均占长江三角洲小农购买量的11.9%，占华北的13.8%。

在这些新的工业品中，棉制品的变化尤为深刻。徐新吾（待刊稿）提供了有关1860年与1936年比较的数字。他和他的同事估计，1860年时，全部农户的45%自己织布，织布农户中的80%使用自己生产的棉花和棉纱。当时中国消费的几乎所有的（96.8%）棉布是手织布，其中近一半（46.1%）属于织布农户自给自足。到1936年，织布农户在全部农户中的比例下降到30%，小农的手织布在棉布消费总量中下降到38.8%，小农的棉布自给率也降至28.7%。其时，即使织布农户也在很大程度上依赖于机制纱，占乡村手织布用纱的75.9%，而1860年仅为0.6%。由于这些变化，棉花经济更彻底地商品化了：家庭自给的棉花从1860年的占棉花消费总量的69.4%下降到1936年的10.9%；同时，中国生产的棉花的87.1%是供应市场的。于是，小农家庭旧有的植棉、纺纱、织布三位一体瓦解了。

20世纪30年代的人类学调查资料进一步证实了徐新吾的宏观估计。如表6.5所示，调查的植棉村庄平均出售其棉花收成的85.4%。在不种棉或几乎不种棉的村庄，如长江三角洲的小丁巷和薛家埭，以及华北的前梁各庄，农户多半依赖购买棉制品以满足家庭的消费需求（表6.6）。

棉花经济的高度商品化不可能不影响到其他作物。华北的米厂,长江三角洲的遥泾、丁家村和头总庙都有30%的耕地面积植棉(见表6.5)。

表6.5 华北和长江三角洲9个村庄的主要作物(1936—1939)

村庄	粮食作物			经济作物		
	作物	播种面积%	出售%	作物	播种面积%	出售%
华北,1936年						
米厂	高粱	44	8.4	棉花	31	93.4
	玉米	15	2.3			
大北关	谷子	36	11.6	棉花	11	69.5
	高粱	20	3.0			
	玉米	10	2.3			
前梁各庄	高粱	38	2.7	水果	28	81.6
				花生	7	84.4
长江三角洲,1938—1939年						
严家上①	(1)水稻	100	18.6			
	(2)小麦	83	5.3			
遥泾①	(1)水稻	60	?	棉花	34	?
	(2)小麦	82	?			
丁家村①	(1)水稻	33	(8.8)	棉花	50	92.2
	(2)小麦	22	(69.3)	蚕豆	42	78.6
头总庙②	(1)			棉花	39	86.4
	(2)大麦	73	?	大豆	49	94.1
	小麦	12	?			
小丁巷等②	(1)水稻	76	0	桑树	23	6.6③
	(2)小麦	58	?	蚕豆	11	?
薛家埭等②	(1)水稻	95	43.1			
	(2)			苜蓿	92	0

出处:参阅表6.1,6.3。

备注:(1)指春播作物;(2)指秋播作物;百分比系相对于每一季作物而言。处于冀东的3个华北村庄均只种单季。括弧内数字系根据不完全资料。

①系1938年。

②系1939年。

③系春秋两季的收获总数。春季收获的19 260斤桑叶,除242斤外,均留作家庭养蚕用;秋季收获的桑叶17.8%是出售的。

表6.6　华北和长江三角洲6个村庄的棉布消费(1936)

华北,1936年	米厂		大北关		前梁各庄	
	平方码	%	平方码	%	平方码	%
购买						
现成棉布	2.13	27.6	0.33	9.5	0.70	35.2
原棉	0.22	2.8	0.05	1.5	0.22	11.0
棉纱	?		?		?	
自给						
棉花	5.37	69.6	3.08	89.0	1.07	53.8
总计	7.72	100.0	3.46	100.0	1.99	100.0

长江三角洲	头总庙		小丁巷①		薛家埭等	
	平方码	%	平方码	%	平方码	%
购买						
现成棉布	1.71	32.9	0.34	22.1	0.55	10.1
原棉	?		0.36	23.4	2.07	38.1
棉纱	?		0.84	54.5	0.81	14.9
自给						
棉花	3.41	65.6	0		2.00	36.9
棉布	0.08	1.5	0		0	
总计	5.20	100.0	1.54	100.0	5.43	100.0

出处:参阅表6.1。

备注:所有数字均为人均数。购买与自给的棉花折算成平方码的比率为 1 斤皮棉等于 2.7 平方码土布。此比率系根据徐新吾(待刊稿)所用的公式:

皮棉-4%=絮/纱

纱+5%=布的重量

1.25 会馆斤布=1.32 市斤布=1.0 标准土布匹=3.6337 平方码布

关于自给棉,因为要估算絮的使用,我已从总数中扣去了 25%。购买棉花、棉布的数量是根据现金支出总数,按当年地方价格来折算。

①小丁巷等村的调查没有 1939 年的物价资料,只有“战争前”和“目前”(1940)两栏数字。这些数字根据的是头总庙的价格资料。低得异常的人均数,或许可以由头总庙资料的不相宜来解释,也可能是布价上涨时减少消费所致。

经济作物的集中种植,迫使小农高度依赖于购买粮食以满足家庭消费。这 4 个村庄平均以现金消费总额的 36.9%购买粮食(见表 6.2—6.4)。细粮(如稻、麦,以区别于高粱、玉米等较便宜的粗粮)的商品化程度尤高。单一种植水稻的薛家埭等村出售的稻谷高达收成的 43.1%(见表 6.5)。

虽然这些调查资料在若干重要方面不同于吴承明的分析,但是很明显即使迟至 20 世纪 30 年代,粮食和棉制品依然是小农买卖的主要商品。这一事实符合我们估计的糊口至上的生产目的在这一经济中所起的作用。

地方市场、国内市场和国际市场

按照市场的空间范围来区分小农买卖的商品种类也是有意义

的。在中国农村无冷藏的传统运输经济中,肉类、蔬菜、水果等易腐产品显然被局限于离原产地不超过数天路程的市场范围内。粮食、棉花等更耐腐的货物,则可以运到更远的地方,并不局限于地方市场。在清代,长江三角洲的粮食运到华北,华北的棉花运到长江三角洲,东北的小麦和大豆也运到长江三角洲。这些商品属于全国性的市场范围。国际资本主义强迫中国"开放"之后,几乎所有这些商品(除盐以外)都与国际市场发生了联系。中国的棉花出口到日本,茶叶出口到英国、北美和俄国,生丝出口到法国和美国,大豆出口到美国和澳大利亚;同时英国和日本的棉纱,爪哇、菲律宾和欧洲的糖等也逐步进入中国乡村市场。

珀金斯(1969:136—137)区分长短途贸易是有意义的。他指出运输成本只允许几种价格相对昂贵的商品,尤其如茶叶、丝绸之类的奢侈品,进入长途流通。他估计农业总产量的30%—40%进入市场,7%—8%进入长途贸易;到20世纪,长途贸易才增长一倍余。

尽管珀金斯数次提到棉制品在长途贸易中的作用,但是我们得到的印象是,他认为长途贸易主要是由乡村向城市单向流动的奢侈品组成(珀金斯,1969:第6章)。正如本书第5章已提到的,吴承明对珀金斯的研究做出了极其重要的纠正:小农以粮食换棉制品或以棉制品换粮食,实际上在清代中国的商业经济中发挥了关键作用,它约占"商品"市场总额的三分之二以上,这正是珀金斯所忽视的(见表5.4)。

充分领会吴承明的研究成果的重要性,便会彻底排除具有相当影响的"经济二元论"的陈旧概念。根据这一观点,近代世界经济对中国的冲击主要限于通商口岸,而对农村经济影响极微(Hou,

1963;Murphey,1977)。吴承明的研究成果提醒我们,20 世纪中国棉花经济的结构性演变对农民的生活造成很大影响。每家小农要么是棉制品的生产者—销售者—消费者,要么是作为购买者—消费者,都直接与这些变化发生关系。中国的棉花经济的国际化,意味着每家小农都要与世界市场相联系。我们将在本书的下一章讨论这一主题,届时我们将考察帝国主义对中国农民经济的影响,这样的分析必须对商品流通空间范围的等级体系和演变有一个清晰的概念。

农民市场行为的社会内容

为了完整地阐明农民的市场行为,我们有必要沿着实体主义要求的思路考察一下这种市场行为得以展开的社会环境。如果我们集中考察长江三角洲,农民显然主要以三种方式并出于三种目的来买卖粮食和棉花。

1.为了以现金或实物向通常不在村庄的地主缴租。如果地主要的是现金,佃户就出售粮食和棉花以纳租。要是交租的形式是实物,其中大部分以后将由地主出售。无论哪一种,供纳租的农产品总是要进入市场的。或许可称这种形式的市场行为为"剥削推动的商品化"。

2.为了支付生产和维持生活的直接开支(不包括地租,但包括税捐)。农民常常在收获后立即出售粮食,以偿付未了的债务,日后再以高价买进粮食以糊口。吴承明将这种重复的交易称作返销粮。这种形式的市场行为或许可称作"生存推动的商品化"。

3.为牟利而出售满足租税、生产费用和消费需求之后的剩余农产品。有的农民甚至将剩余产品储藏起来以待价格的季节性上涨,以谋求尽可能多的利润。这种形式的市场行为或许可称作“谋利推动的商品化”。

在华北平原,由于租佃比例低(约为耕地面积的18%),农业商品化主要是由生存和谋利推动的,涉及的商品主要是小麦和棉花。在社会经济最底层的贫农农场,因土地太小,所产粮食不够家庭糊口,除了植棉以求更大报酬别无选择,尽管植棉风险更大,有时报酬也更低。这是因为植棉需要更多的肥料和劳动力投入,故自然灾害及不利的价格波动带来的风险也相应地增大。他们大部分还出售收获的冬小麦,换取现金以购入廉价的粗粮糊口。在社会经济上层的是雇工的大经营式农场,通常将植棉作为多种作物组合的一部分以谋取最大利润。在这两类农场之间的是一系列其他农场,有的主要为生存而挣扎,也有的有相当多的剩余产品供出售以求获利(黄宗智,1985:第4—11章)。

然而在长江三角洲,“剥削推动的商品化”——地主、商人出售其收租所得的粮食——则是农业商品化的主要形式。在这一地区,大约45%的耕地是出租的,在商品化程度高的地区甚至上升到近100%。在我们抽样的8个村庄里,平均租佃比例为65%。

且看薛家埭等村的例子。1939年该村的总耕地面积中,88%的田底(详见下文)是租来的,其中除了4亩,均系向不在地主租的(满铁上海事务所,1940:表6);而且,几乎所有这些耕地(95%)均用以种稻。稻田的年租额有两套算法,一为虚租,一为实租。据农民说,一亩上等地虚租通常为白米1.2旧石(200斤一旧石),一亩中等地为1.0石，即分别为240斤和200斤。实租一般为虚租的70%（有时也会高达80%），即上等地168斤，中等地140斤。亩产一般为白米320斤（2市石）；年成最好时可达480斤（调查—I—1，Ⅲ—2）。所以租额一般占收成的43.8%。1939年薛家埭等村农民出售了1061.9石稻谷总收成中的458.0石（占43.1%），大部分粮食的出卖是为了偿租（满铁上海事务所，1940：表1，11）。

薛家埭等村的小农多把稻谷卖给华阳桥镇上的7家米行，然后以现金缴租。1939年时只有3户佃农以实物缴租（满铁上海事务所，1940：表6）。（在抗日战争的后几年，因物价飞涨，这些村庄便与不稳定的货币经济脱钩，以白米作为计值的标准单位。）无论是实物租还是货币租，租米均经米行进入流通，成为这一地区市场经济的支柱。7家米行是镇上最大的商人。在日军占领前他们年销售量估计为7万石，其中20%供本地消费，其余的运往上海（同上书：182）。全镇的经济均围绕着这一贸易。

除了缴租，薛家埭等村农民买卖粮食主要是为了满足生存需要。有几家富裕的也会出卖余粮以牟利。在日本的调查人员来到此地时，战争已造成粮价大涨。1939—1940年之际，一市石平均售价为22元，秋后低至17元，翌年春季高达36元。凡有余粮的农民均尽可能地把粮食储藏到春季高价时脱手。陆关通是个富裕的农民，出租4亩地，并雇12个工人帮助他家自种3块田（共8亩）。他的行为恰似一个追求最大利润的企业家：秋后11—12月间他收获12石，卖出其中4石以纳租和作新年开支，留4石自用，其余4石在开春后4个月内卖出，每次1石。1月份他1石米卖得28元，2月份、3月份为33.6元，4月份达36元。以1939年的年成来看，这是薛家埭等村农民卖粮所得的最高价。另一例是薛金发。2 月间他卖掉家中 2 石余粮,每石 31 元。这些有 63 家农户的村庄,有 6 户新年后仍有余米,总计 73 石。这是谋利性的市场活动。

其他小农也都卖米,以应付家中开支和还债。有 39 户在新年前米就卖完了,其中 26 户被迫在以后米价高时再买进。例如杨计的 3 口之家,只种 3 亩地,为增加收入而外出佣工 40 天。秋收 4.9 石,即以平均 22 元的价格卖出 4 石。开春后米价节节上涨,杨计又要一点一点地买进,最后不仅卖出的数量又重新买进,还多出 0.6 石。杨计以及处境相似的其他 25 户,每家卖出 2 石至 12 石不等,其中大部分人在冬季和开春后又以高价买进 0.5 石至 2 石(满铁上海事务所,1940:表 1,9,11)。

这样卖粮的小农与市场的关系,截然不同于为谋利而涉足市场的小农。在华阳桥日渐发展的市场上,两者的含义是不同的:谋利的小农在满足家庭消费后出售余粮,因粮价上涨而获利,现金收入更多。为谋生的小农卖粮是为了在新年前能满足生存最低需求,并无能力牟利。在粮价上涨后不得不买回的小农,等于是以自己消费必需的粮食为质,支付利息来借钱。这样的介入市场,不应误认为谋利性的市场行为,也不应把农民的这些活动误认为是追求最大利润的理性行为。这是谋求活命的理性行为,而非追求最大利润的理性行为。

小贸易市场

商品贸易的结构和小农市场行为的社会背景表明,马克思主义的“小商品生产”概念对描述长江三角洲农村是颇为适用的:占农村贸易大部分的粮食和棉布是由小农农场和家庭手工业小规模地生产出来的。这种贸易体系与经典马克思主义模式的歧异之处在于,它并不是像马克思设想的那样向资本主义的商品交换转化。我们在前一章中已讲到,明清时期的商品化是内卷型的,而不是质的变化。小商品贸易不一定发展成资本主义贸易;农民的小规模商品生产不一定会让位于资本主义的大规模生产。20 世纪的实地调查资料表明,小商品贸易实际上是多么顽强(下文将提到,80 年代的中国改革中,农村小贸易市场又卷土重来)。机制纱确实打破了植棉、纺纱、织布旧的三位一体,但它并未改变这一基本事实:粮食和棉花、棉纱、棉布之类的生活必需品依然是小农贸易的主体;而且,除了棉纱,这些产品仍主要由小农生产。

当然,这种贸易也不同于亚当·斯密特别强调的城乡之间的双向贸易。在斯密看来,城市的工业品与农村的“原始”产品之间的交换,在促进经济的质变性发展中起了关键性作用。然而,城乡间的交换显然只构成清代长江三角洲贸易的极小部分。小农购买的主要生活必需品是由其他小农生产的;除了少量次要的必需品,他们极少购买城市产品。即使到 20 世纪,城市产品的渗入仍然很有限,只是棉纱或棉布,以及火柴和火油。

小农涉足的这种小商品贸易市场的社会内容,并不是斯密提到的那种城乡交换的互利关系,而是受剥削和为活命的艰难挣扎。部分贸易是由农村剩余向城镇的单向流动构成的,其主要形式是纳租而非交换。另一部分是小农为谋生而进行的交换。只有小部分贸易属于斯密提到的那种谋利性贸易。

土地市场

长江三角洲的土地市场也与亚当·斯密和新古典经济学家假设的那种完全竞争的要素市场大相径庭。直到解放前夕,土地买卖仍受到种种复杂、严厉的制约。我们不应把抽象的、只受供求规律制约的、完全竞争的市场等同于历史真实。

清代的土地转移确实在日渐增加,但实际上通常有几个复杂的让渡阶段,很少是单一的、绝对的出售。农户一般都不愿出卖土地,而是在遇到生老病死、红白喜事或因坏年成而缺钱时,将土地典出或活卖,资以借得部分地价的货币。但是处于困境的小农往往在契约到期时无力赎回土地。根据通常的契约,租种自己典出土地的小农,纳租后只能获得原来一半的收入。这样一个在生存线上挣扎的小农常会迫不得已把土地绝卖。在这种情况下,典主可以付出原典价与土地实际价值的差额而获得全部产权,这叫"找贴"。

清政府一方面对这种交易征税,从而意味着承认其合法性;但另一方面它依然坚持旧的道德观念,在理论上认为土地所有权是不可转让的。所以只要土地交易注明是活卖,在法律上出典者即可以永远享有赎回的权利。即使契约未注明是活卖,典卖者在30年内仍可赎回土地。只有当原订契约上特意注明交易是绝卖时,才无赎回的权利(《大清律例会通新纂》:987—988)。即使是吸收了西方思想的民国法,仍规定活卖可保留赎回权30年。在15年以下,禁止把活卖改为绝卖,亦即禁止典主从无力赎回土地的出典者手中用“找贴”的方式买下全部地权(《民国民法典》,1930:233)。

土地买卖的法律规定和农村实际惯例间的不一致常导致诉讼。失去土地的原主,往往会在事后设法争取赎回土地。[①] 为防止此类争讼,《民国民法典》规定,典卖者必须在原订契约到期后的两年之内赎回土地,过后不可再为此争讼(《民国民法典》,1930:235)。

在长江三角洲,土地所有权演变成两层地权,同时适应了旧的原则和新的惯例。为满足城市富人投资土地的愿望和贫困农民卖出土地的需要,田底权的买卖变得越来越自由。[②] 20 世纪的华阳桥已形成了一个几乎是自由竞争的田底权市场。田底权几乎可以像股票和债券一样买卖,这与谁拥有田面权和谁实际使用土地完全无关。大多数村民对田底的转手一无所知。至于对土地的实际使用起作用的田面权(虽然法律不承认此层地权),其仍受旧的典赎、转让习惯以及同族、邻居购买优先的制约。

薛家埭等村的田底权和田面权的分离以及转让形式,可以具体地说明两者的差异。田底权的买卖非常频繁。1940 年薛家埭等村 549 亩土地中有 479 亩的田底权为村外的 80 人拥有,其中多数人拥有的只是小地块的田底权。田面权长期以来则显得异常稳定,以至村民们能回忆起的只有两件田面权的买卖(满铁上海事务所,1940;表 5、6)。田面权按传统习惯进行交易,凡属活卖均有赎回的权利,以及绝卖时同族和邻居习惯上有优先权。这些惯例部

① 费纳曼(Feinerman,1989)讨论了这一现象。我通过对清代和民国时期法庭案卷的初步查阅,了解到此类案件为数众多。

② 比阿蒂(Beattie,1979)对清代士绅购买土地的动机做了很好的分析。

分源自传统，即家庭（而非个人）是财产拥有单位；部分基于实际考虑，因为农家常有必要通过相邻土地进出自己的地块。

上述情况的两个方面说明：其一，土地买卖增加了，它构成了本书考察的商品化大趋势中的一部分；其二，长期存在的观念和社会的制约因素与现代市场的逻辑有抵触，这提醒我们不要用资本主义的市场体系来说明这种经济。

信贷市场

清代长江三角洲虽已经历了6个世纪的蓬勃的商品化，但它的农村信贷市场仍然远不是完全竞争的货币市场。显然，当地小农参与的是多重不同的信贷“市场”。直到20世纪，他们最直接、最常用的信贷资金，仍是来自本村的同族、邻居和朋友，或者姻亲的借款。这些“非正式”的实物和现金借贷常无利息，或者只有低于市场利率的利息，这是以“感情”“关系”和互惠为基础的。① 再大一些的信贷来源是同族朋友、邻居组成的“合会”，某个村民缺钱时可招拢一批人，要求帮助。以一顿宴席（如30年代的寺北柴村；《惯行调查》，2：356）或很低的利息（如开弦弓村的利率为4.3%；费孝通，1939：272）为酬，即得以使用大家的集资，并允许他在若干年内分期偿还。农村社会借款所依据的原则，远不同于我们眼中的当代资本和货币市场，其要旨是互利互惠，而不是成本与收益的投资逻辑（费孝通，1939：264—272；调查—Ⅰ—14）。

① 清代刑部档案三十多万件命案案卷中，许多属债务纠纷类。这说明现实去“道义经济”的理想模式甚远。

在这种村内信贷习惯之上的是我们通常所称的“高利贷”的信贷市场。城镇的富商、地主和高利贷者让小农赊购必需商品(参阅《惯行调查》,2:194),或将小额的现金和实物贷放给他们。较大数额的信贷,一般都要以土地为抵。这些贷款的利率很少按供求规律运行。小农借高利贷总是为应付急需或活命,顾不上考虑成本与报酬的逻辑。此外,习惯和法律对农村高利贷市场的利率规定也产生了有力的影响:月息通常在2%—3%之间,明清时期法定的最高利率为3%(戴炎辉,1966:334)。

离村民更远的是当铺,一般设在较大的市镇和县城。典当一般要付高于通常的高利贷利率,月息一般为2%—4%不等(潘敏德,1985:第5章)。最后一种信贷是土地的典卖,这可视为小农借钱最极端的形式。它不仅以土地作抵,而且迫使小农放弃产权。虽然表面上只是在有限的时期内放弃,有赎回的权利,但如前所述这些典卖契约往往是绝卖的先声。

小农借款,无论借自亲戚、邻居,还是高利贷者、当铺或典买土地者,几乎都是为了应付急需和活命,与生产投资无关。资本主义的借款是由信贷市场的供求和按成本计算的获利预期来决定的,这并不适用于中国农村。小农(以及具有相同意图的任何人)为活命而借钱,可以忍受资本主义绝不可能也绝不愿意承担的利率。

小农为投资生产而借钱是比较鲜见的,在以上各种形式的借款中只占一小部分,大多与商人提供的肥料有关。而到了20世纪,常与供出口的作物有关,如无锡的桑蚕养殖,又如某些高度商品化的粮食作物种植。以华阳桥为例,商人提供豆饼肥料,以小农的稻谷收成为抵。不过,即使开始时是为投资生产而萌生的信贷,也会很快为长江三角洲的人口与资源的压力所吞噬。在 20 世纪，被迫借钱买豆饼的小农每月所付的实际利率高达 20%。至此，为投资生产的借贷逻辑被为生存而借钱的高利贷逻辑取代，商人贷款与放高利贷已混为一体。

信贷市场最上层的是钱庄，20 世纪时还出现了近代银行，此二者一般在大都市。这些金融机构的运行接近近代市场的规律。但是，钱庄至少仍要受到下层信贷市场的影响。多数钱庄仍同贷款给穷人糊口的高利贷市场而不是营利性投资相联结，以期获得比城市和国际信贷市场控制下的近代银行更高的利率。无论如何，钱庄和银行都远离小农的生活天地，对小农生活只有间接的影响。

劳动力市场

如李荣昌(1989)所指出的，农村最近似自由竞争的市场是劳动力短工市场。这里的现实接近了理论模型：几乎所有寻找工作的人都有可能受雇，几乎任何出得起工钱的雇主都可雇到人。通常的情况是，农忙季节时觅工的人日出前聚在人所共知的某一地点，如一棵大树下或一座庙前。招雇一般在破晓前完成。精明的雇主们一般会争雇干活最好的人。雇佣一般谈定为当天，从无在几天以上的(黄宗智，1986：206—207)。在华北平原，大约 36%的农户至少有一名劳动力当短工，每年平均受雇 40—50 天(同上书：80)。在长江三角洲，比例稍低一些，大约为 31%(参阅第 4 章)。但这一市场仍远不合新古典经济学的理想。首先，这是季节性市场，只是在播种和收获的农忙季节才充分运行。而且，这只是一种很小的地方市场,大多数短工是同时耕种自家田地的小农,不可能离家很远去找工作。换言之,市场的时间和空间范围都是大受约束的。

在短工市场之外,社会关系就显得愈益重要。没有中间人的介绍与牵线,长工不可能找到工作。在华北平原,10%的农户有一人外出当长工(黄宗智,1986:80)。长江三角洲则低得多,仅为8%(参阅第4章)。除了务农的雇佣劳动,有的小农还去镇上(如华阳桥镇)和城里(如沙井村的农民去北京城里),或者东北(如侯家营的农民;黄宗智,1986:226)找工作。找这些工作一般也要有门路,这就是城里或东北做工的人一般都按家乡或家族结帮的原因。这并不是对每个找工作的人都开放的自由竞争的就业机会。①

就长江三角洲的情况而言,最重要的一点是上一章中已强调过的,即相当多的生产劳动力,尤其是妇女,尚未进入劳动力市场。意识形态的束缚妨碍了妇女离家外出就业,加上与此类束缚相联系的妇女劳动力在组织管理上的困难,限制了妇女劳动力市场的发展。结果造成成年男子雇佣劳动力的相对稀少,因而维持了较高的工资,同时又加强了小农经济延续的能力。于是,长江三角洲的经营式农场被完全排除了。这一现象直接反驳了舒尔茨新古典模式的基本前提,即所有雇工都卷入一个完全竞争的市场。

---

① 参阅李荣昌(1989)对短工和长工劳动力市场、本地和"外地"劳动力市场的差异所做的充分论证和详细引证。满铁调查的6个村庄的资料相当详细地提供了有关华北平原的情况。

市场与发展

简言之,新古典模式在提请我们注意明清时期长江三角洲商品和要素市场的形成方面是有用的。但这一模式假设完全竞争的市场,是脱离实际的。小农买卖的大部分产品是马克思主义所谓的"小商品"一类的生活必需品。土地市场很大程度上仍为不可转让的原则所支配。信贷市场为互惠原则和维持生计所支配,而长工劳动力市场则为社会关系所支配。女工、童工的生产劳动力供给与市场机会之间的差距,说明并证实了农村存在就业不足和剩余劳动力的事实。

与马克思和斯密的经典观点不同,我们需要把商品化与经济发展区别开来。清末和民国时期长江三角洲的商品和要素市场表明,其经济不是质变性的发展,而是趋于内卷化。小农的市场行为主要由生活必需品的交换组成,很少有城乡间的双向贸易。农户涉足市场主要是为了缴租和糊口,而不是牟利;小农借钱主要是应急和活命,而不是投资生产。如上所述,这种生存边缘的经济仍可能支持高度的商品化,但这样的商品化只带来极其有限的积累和生产性投资。它主要出于剥削和谋生,而非经济发展和"资本主义萌芽"。这样的经济中的市场,不应混同于与资本主义生产俱来的那种商品化。后者伴随着创造剩余并为投资生产而积累的资本主义生产者(无论是家庭农场主还是企业)的兴起。在西方近代早期以及近代,市场发展和资本主义化的关联实际上是偶然的,甚至是例外的。我们不能以这种模式去了解世界各地各个时代的所有商品化过程。

在我看来,吴承明的"商品"概念正失误于假定市场成长和经济发展的必然联系这一点上。资本主义萌芽学派关注的是证明中国封建社会是在向资本主义发展,把中国纳入斯大林主义的五种生产方式的公式。有的学者着眼于证明"生产关系"中的"资本主义萌芽"(如雇佣劳动),而吴承明注意的是证明市场发展过程中的资本主义萌芽,认为统一的国内市场的形成足以证明中国资本主义之萌芽。

然而,实际上从属于统一的国内市场的商品生产可能会闭锁在一个非资本化的方式中,而为地方市场的生产却可能引起资本化。清代的棉制品生产仍与小农简陋的纺车和织机相连,并几乎完全依赖于廉价的家庭劳动力。即使属于统一的国内市场的商品,其生产也很少导致资本积累。相反,限于地方市场的畜牧业(处于吴承明的"商品"概念之外)却可能提供资本积累的机会。以大北关 3 个经营农场主(雇工耕种 100 亩地以上)之一的张彩楼为例,他采用了一种非常成功的种植与养猪搭配的办法。1936 年他养猪 22 头,收入占全年现金收入 535 元中的 141 元。他以此扩大了农场经营,在 1913—1936 年的 23 年间,新增土地 65 亩。他凭着这些土地和雇佣劳动,把农场经营成一个酷似资本主义企业的生产组织(黄宗智,1986:73—74)。

张彩楼的例子突出了吴承明"商品"概念中的问题。猪的交易确实限于本地市场;然而要是养猪能促进资本积累,从"资本主义萌芽"的立场来看,无疑比非资本化的棉手工生产重要。我倾向于从社会内容和资本积累、经济发展的潜力的角度来考察贸易,而不是简单地从是否从属于统一的国内市场的立场来考察。吴承明将统一的国内市场上为“交换价值”而交易的“商品”等同于资本主义萌芽,而将地方市场上为“使用价值”而交易的产品等同于前资本主义。我认为这似乎只强调了资本主义发展的次要条件,而忽略了主要条件。无论是为地方市场、国内市场还是国际市场生产,关键在于生产单位是否符合马克思原来的资本主义概念中的基本标准:一个为积累资本而积累资本的企业单位。

各类商品化对推动经济发展具有不同的潜力,我们可按其等级系列来考虑。牟利推动的商品化模式下的小农生产,在合理化、资本化和劳动生产率的提高方面显然最具潜力。同样,小农或农场主为扩大再生产而购买土地(区别于商人或地主为长期的财产安全而投资土地),以及小农为生产而投资(区别于家庭急需而借款),也类似于资本主义的积累典型。这些行为接近于通常与资本主义或近代早期的经济发展相关联的商品化。我们应该从那些类型的市场行为中寻找资本主义萌芽的踪迹。农民为糊口而进行的为市场生产以及为家庭急需而借款,对资本积累和经济发展并不起什么作用。通过劳动密集化提高总产量,一般依赖于动员未充分利用的或未经利用的劳动力来实现,是以单位工作日收益递减,而不是通过生产的资本化来实现的。假定所有形式的商品化和所有类型的市场都必然与资本主义或经济发展相联系是说不通的。明清和民国时期长江三角洲农村的商品化与其说是质变性的,不如说是内卷型的。

第七章　帝国主义、城市发展与农村内卷化

帝国主义在中国是起积极还是消极作用？至少在太平洋的这一边，这是一个经常引起激烈争论的问题。一种意见认为帝国主义是传播现代文明的使者。马克·艾尔温(Elvin，1973:315)直截了当地断言："削弱并最终打破中国的高水平均衡陷阱是近代西方国家的历史使命。"这种观点认为，帝国主义给中国长期停滞的经济带来了国际市场、现代技术和资本主义发展的机会。如果说中国的农民没有达到现代化，那不是帝国主义造成的后果，而是虽有帝国主义，但其仍未发挥足够影响的问题。相对立的意见持"半殖民地化"和"附属国"的论点。帝国主义绝不是带来经济发展，而恰是经济不发展的根源。帝国主义打破了农业和家庭手工业相结合的、传统的"自然经济"，造成了大规模的农村贫困化。当然，帝国主义刺激了中国资本主义的发展，但它也迫使中国的资产阶级处于依附的地位，并扼杀了在帝国主义到来之前已开始生长的"资本主义萌芽"(毛泽东，1972[1939])。帝国主义把资本主义的市场体

系强加于中国农村,使农村在城乡贸易中遭受不断扩大的剪刀差,并受到资本主义周期性的经济危机的打击(章有义编,1957:第3辑)。帝国主义说到底是剥削者,它掠取中国农村的廉价劳动力和原料,榨取中国农村的剩余。因此,帝国主义罪恶地造成了农村经济的落后(Frank,1967;1978)。

"经济二元论"一度给这场争论提供了新花样:由于帝国主义在中国的势力很有限,它的作用既不那么积极又不那么消极,而很大程度上局限于通商口岸。随着西方势力的到来,在中国出现的是一个包含两个不同体系的经济结构,而这两个体系各自沿循着分隔的、独立的道路演进。低成本的传统产品继续满足农村和农村市场,高成本的机器制成品主要局限于城市。帝国主义既未带来发展也未带来落后,它的现代化作用从未真正深入农村(Hou,1963;Murphey,1977)。

经济二元论受到日益增多的关于农村商品化的证据的严重质疑,这些证据不仅来自20世纪,也来自远在帝国主义入侵前的明清时期(吴承明,1985;黄宗智,1986)。仅据我们迄今所知的清代棉花经济的结构及其在20世纪的变迁,我们就无法认可农村经济与城市经济分隔的论点。如同下面还要提到的,经济二元论的可取之处不在于它的分析,而在于它描述了城市的变化可能不同于农村的变化,提出城市发展与农村落后同时发生的可能性。

在经济二元论之后出现了伊曼纽尔·沃勒斯坦(Immanuel Wallerstein)的"世界资本主义体系"理论。这一理论的长处是摆脱了关于对某些邪恶的个人或国家政府的指控和反指控,把帝国主义作为一个客观存在的系统来研究。根据这一理论,资本主义来到中国是一个世界性经济系统形成的一个部分,始于近代早期的欧洲,继而扩展到囊括整个世界(Wallerstein,1974;1979)。

为了准确地把握帝国主义在中国的影响,我认为我们首先需要摆脱任何基于感情或政治需要的争论。一些学者肯定要继续为强调某种作用而争辩,以排斥对方。然而我在本章中所要讲的是双方都有许多值得肯定之处。我们应该承认帝国主义既带来了发展,又带来了落后这一事实。国际帝国主义和世界市场促进了中国经济的一些重要部门的发展是没有疑义的,但同样确信无疑的是它们也制造了相当大的混乱和不景气。

当然,仅仅说帝国主义既带来发展,又带来落后是不够的。我们需要一种能够解释这些矛盾现象的系统分析。我们尤其需要解答三个问题:哪些是确切的发展的部门及落后的部门?帝国主义影响下中国出现的新经济体系是个什么样的结构?这一结构怎样解释发展与落后的同时发生?

为了解答这些问题,我们必须区分城市变化和农村变化。过去的困难在于我们直觉地把发展看作同等推动城市与农村变化的单一现象,这是斯密和马克思经典模式的共识。然而在近代大城市兴起的同时农民继续贫困的事实告诉我们,应当考虑城市发展与农村落后相结合的可能性。

本章将表明帝国主义在城市的作用总的来说是促进性的。当然,帝国主义在城市经济的某些领域造成混乱。它对民族资本主义竞争上的优势也阻碍了一些中国企业的发展。然而,国际资本主义促进了长江三角洲新工业及大大小小的近代城市兴起的发展事实是无可否认的。但是在农村,尽管在经济和商业结构上有变化，帝国主义最终并没有引起质变性的转化，而只是导致了小农生产的进一步内卷化。

这一关于城乡间基本区别的评估绝不能认为是赞同经济二元论的模式。它不像经济二元论那样认为帝国主义并未影响农村。本章将阐明帝国主义深刻地改变了农村经济和市场体系。我也断然否定经济二元论所暗示的观点：不管何时何地只要有帝国主义进入，就会导致发展。在长江三角洲事实上发生的是，帝国主义引起了一个新的经济体系的出现，通过商人的中介把城市工业的发展与农村的内卷化联结到一起。

要准确地把握长江三角洲农村变化的实质，我们需要认定前面章节的一些论点：区分商品化与发展，区分农业密集化、内卷化与发展。商品化与发展、城市发展与农村发展并非像斯密和马克思所认为的那样是等同的。

长江三角洲城镇的兴衰

长江三角洲城市发展的标志之一是新城镇的涌现。表 C.3 集中了所能得到的方志资料中有关 1862—1911 年间小城镇形成与变化的情况。到 1911 年为止的上海地区方志中记载的 457 个市镇中，我们总共得到了其中 107 个市镇的资料：其中 40 个建立于 1861 年以后，其余 67 个经历了引起方志编纂者注意的变化。

工业化有了相当速度的进展，并毫无疑问地成了变化的一个主要动力。[①] 40 个新市镇中有 8 个因新建工厂而兴起,包括棉纺织厂、毛巾厂及江南制造局。而 28 个老市镇中,有 3 个也因同样的原因而复兴。上海中心城市的兴起是又一动力。6 个新兴市镇位于它的近郊,而老市镇中也有一个因它的影响而复兴。

很少有人会否认工业化是上海等中心城市形成或发展的因素。也不会有人否认其他的明显因素,如铁路建设(引起两个新市镇的兴起和一个老市镇的复兴)和汽船通航(引起 3 个交通枢纽的兴起,其中两个是新兴的)。然而有些因素却不那么明显。举例来说,机纱的推广使织布渗入了新的地区,由此促使 8 个新市镇和 3 个老市镇的兴起。原棉的进一步商品化也产生了影响:3 个新市镇因棉花交易的扩展而出现,5 个老市镇因此而繁荣。

另一个不那么显著的因素是上海地区转向桑蚕业。19 世纪中期以前,植桑和养蚕很大程度上局限于盆地中部低洼的圩田部分;19 世纪中期国际需求抬高了桑丝经营的利润,促使一个全新的桑蚕区域扩展到带状高地,从无锡、太仓延伸到南汇。这一扩展使 1 个新市镇和 6 个老市镇得益。

最后,一些地区通过发展新的手工业来适应新的环境。川沙县成为手工仿制穿网花边的中心;5 个既有的市镇因为这项新工艺的引进而繁荣,3 个新市镇也因此而兴起(手工织毛巾也是一种新手工业,导致了另一个新市镇八团的兴起)。

---

① 关于 19 世纪和 20 世纪中国的工业增长率目前尚无可信的估算。樊百川(1983:20)估计 1900—1911 年间中国资本主义企业的总资本年增长率为 14%—15%。王玉茹(1987)估计 1920—1936 年间工业产值年增长率为 4%,也就是说此期间的产值几乎翻了一番。

位于整个城市化发展过程顶峰的是3个主要城市：上海、无锡和南通。显然，上海成了中国占主导地位的工商城市，而无锡与之相差并不很远。到1933年，无锡在工业生产上居上海和广州之后，名列第三，甚至超过了天津。它拥有的62 760名产业工人的规模仅次于上海，它的工业产值亦已三倍于农业（满铁上海事务所，1941a：9—10）。在1913年，长江三角洲的第三大工业中心南通在纱锭拥有量上位居全国第三，远高于当时的天津和青岛（严中平等，1955：107—108）。事实上我们已经看到早在20世纪初期，长江三角洲的3个经济区域开始形成，每个区域各以上述的一个城市为中心。

然而，这样的变化并不能掩盖国际资本主义带来的冲击。由于手工织布受到机器工业的排挤，67个老市镇中有14个衰败了，大家都熟悉当代论著中（如章有义编，1957，3：482—522）对这一现象提供的散佚证据。附录C提供了关于这现象的大致规模的资料。到1911年，22个市镇实际上已衰亡无存，方志编纂者提及要么那里已不再有市集交易，要么干脆已不复存在。遗憾的是方志并没有具体讲原因，我们只好留待将来去探求这些市镇为何和如何衰亡。但是，有一点是明确的，如果既有的市镇中有一半以上在国际资本主义侵入后迅速衰亡，就说明其压抑作用是不可忽视的，尽管大体来说城镇的总体情况无疑是发展和现代化。

棉花种植和棉纺织业

帝国主义对长江三角洲的棉花经济有巨大的影响。当然，棉花种植扩展并未达到华北的规模（后者在 20 世纪时增长了 3 倍；黄宗智，1986：129—132），因为棉花是与高产的水稻而不是与低产的旱作谷物竞争。棉花取代水稻往往基于特殊的环境条件。在华亭县，19 世纪 70 年代时棉花开始取代水稻并非由于棉花有更高的收益，而是因为太平天国战争使许多农民濒于破产，从而无力购买水稻种植必需的耕牛和农具（《重修华亭县志》，1878，23：4—5）。

在某些区域，由于生丝的出口需求，棉花让位于桑蚕，就像太平天国以后在南汇县某些地区发生的那样（《南汇县志》，1879，22：35）。在 19 世纪 70 年代的华亭，植桑和养蚕明显地带来两倍于植棉和棉纺织的收益（《重修华亭县志》，1878，23：4—5）。可是即使在出口的刺激下，桑蚕业也绝不可能达到种植棉花和生产棉布的每个农民都穿用的规模，只是非常有限地进占棉花的地盘。

事实上，长江三角洲棉花种植面积在 19 世纪后期和 20 世纪可能完全没有增长。珀金斯（1969：201）估算江苏省 1914—1918 年间约有 1180 万亩棉田，到 1931—1937 年也只不过 1260 万亩。可是，植棉、棉纺、棉织三位一体的被打破却深刻地改变了长江三角洲农民的命运。地方志中保存了丰富的有关资料。例如 1929 年的《南汇县续志》提到：

> 纱布之利，肇自元代，贫家妇女赖以生活。近三十年沪上纱厂林立，所出之纱洁白纤匀，远胜车纺之纱，于是纺纱之利完全失败。洋布盛行，幅阔价廉，亦胜土布，于是土布之利，亦渐失败。且邑境所产之布，仅销关外奉天等处；而该处利权尽在日俄掌握之中，主权不能收回，即土布不能畅销。（《南汇县

续志》,1929,18:3)

当然,近代纺织品并没有全盘排挤旧有的手工业。传统的手工业继续在一些地方开展,尤其在上海和奉贤(夏林根,1984)。如上面所述,一些地区的手工织布甚至还由于棉纱供应的扩大而兴盛起来。另外,如在江阴县,通过采纳新的铁轮机而发展了“改良土布”(《江阴县续志》,1921,11:14—15)。进入20世纪后,在嘉定和川沙县兴起的织毛巾业部分依靠了低成本的小农家庭的妇女劳动力(《嘉定县续志》,1930,5:49)。50%—60%的南汇织袜业集中在农户中。这三个县同时还发展了活跃的家织花边业(夏林根,1984)。

但是,上海行政市范围内39个市镇中有14个显然由于土布的衰亡而在1862年后相继消亡。甚至苏州(土布加工的传统中心)的衰落和上海(近代机器棉纺织中心)的崛起在重要程度上也与此过程相联系。

固然,苏州的衰落与上海的崛起也涉及了长江三角洲商业结构的更大的重组。由于黄河改道和大运河临清以北河段的淤塞,以大运河为中心的旧商业网在19世纪50年代之后日益丧失其重要性(黄宗智,1985:53)。上海在1842年被辟为通商口岸后沿海航运业随之兴起,而汽船之应用又使重载货船得以从上海溯江而上。在接踵而来的冲击下,苏州全国头号工商城市的地位被上海取代了。

随着一体化的小农家庭生产的分解,不断增长的棉花、棉纱和棉布交易构成了长江三角洲新商业结构的基干。中国的原棉商品率从1860年的30%跃增到1936年的87%(徐新吾待刊稿)。附录表C.3中的3个新市镇因棉花交易而形成,5个老市镇也由此繁盛。机纱和机织布取代了谷物和土布,成为占中国经济首位的商品。吴承明(1984)估计鸦片战争后"商品贸易"增长了40倍。棉花经济商品化的增进显然是其间的主导力量。

桑蚕业

长江三角洲农村的另一个巨大变迁是,随着世界性生丝需求的增长,桑蚕业扩展到沿着从江阴到奉贤带状高地的新区域。法国的丝绸工业由于1854年严重的蚕瘟,转向中国寻求生丝供给,并很快发现由于中国劳动力便宜,从中国进口的成本低于本国产品。于是形成了某种程度的国际性劳动分工,中国承担相对劳动密集的生产过程,法国承担资本密集的生产过程。到20世纪,美国继法国之后也成为中国生丝的主顾,在1910年代晚期到1920年代占中国经由上海出口量的30%—40%。① 中国的生丝出口从19世纪30年代的9000关担左右(一关担合120.96市斤)跃增到20世纪20年代后期的14万关担以上。(参阅Li,1981:74—76,82—85有关生丝出口的资料;19世纪早期的丝织品对照资料未发现。)

以出口为基础的桑蚕业的扩展得助于太平天国战争时期的混乱。战争在某些地区把既有的农业一扫而光,使其易于转向新的作物。在另一些地区,来自传统桑蚕地区的移民带来了必要的技

① 然而,中国丝未能占据美国机缫生丝市场的主要部分。美国使用电力织机,因而偏爱更加标准化的日本生丝。最后美国工业所用的90%的生丝依赖于日本。

能。地方政府也积极劝桑，以此作为他们战后致力经济恢复的一个部分。在江阴，同治年间（1862—1874）起开始在官方督促下植桑，1921年时达到了10万亩（《江阴县续志》，1921，11:8）。在无锡，高收益的前景刺激了新定居地的植桑（《无锡金匮县志》，1881，31:1），种植面积在1927年时达到创纪录的36万亩以上，约占全县耕地面积的30%（章有义编，1957，3:626；亦见满铁上海事务所，1941a:9—10）。19世纪70年代早期的太仓县地方官建立了种桑局，购买种苗，并命令老百姓植桑。在10年间，种植了数以十万计的桑苗（《太仓州志》，1919，3:22）。在南汇，官方同样劝桑，而从浙西（湖州）和江宁（南京）来的移民带来了必要的技术（《南汇县续志》，1929，20:9）。同样的情况也发生在上海地区的南部边沿地带——奉贤（《重修奉贤县志》，1878，1912）。《松江府续志》归纳了整个过程：

> 郡境向不事蚕桑。自道光季年，浦南乡人始有树桑饲蚕者。华亭诸生顾华琳、庄镜新自植数千株于家园，于是相继兴起。及咸丰兵燹，浙西及江宁人避难之浦东，益相讲习，官吏复鼓舞尊之。（《松江府续志》，1883，5:5）

稻米

19世纪后期和20世纪，长江三角洲的稻米经济也经历了根本的改组。当然，稻米在清代已经高度商品化了。沿大运河北运的大量稻米中多数是漕粮，但也准许运粮官员附带私人的份额。吴承明(1985:272)估计1840年前后经大运河运输的约有500万石漕粮和100万石私人的商品米。此外还有数量不详的长江三角洲稻米海运到福建(275—276)。长江三角洲本身并非余粮区,依靠从其他地区进口粮食,尤其是湖南和四川,其次是安徽和江西,总数达1500万石左右。长江三角洲也从东北经海路进口大豆和小麦到上海,约1000万石。为支付这些进口货物,它出口约4000万匹布到华北、东北、广东(转往东南亚)和福建(277—279)。这样形成了清代长途贸易的基本结构:主要以长江三角洲为中心的棉布与谷物的交换。①

经济作物的扩展和城市化导致这个结构的根本变化。吴承明(1984)估计,进入商品市场的谷物比例从1840年的10%左右增加到1936年的不到30%。长江三角洲形成了高度统一的以上海市为中心的稻米市场,并紧紧地联结着世界商品市场。

内卷型增长

实际上长江三角洲的村庄没有一个不受到帝国主义到来的影响。我们论及的这一地区的8个村庄也大体经历了前述的基本变化过程。早在明代以前就开始从事传统桑蚕业的吴江县的开弦弓和太平天国战争后才开始植桑和养蚕的无锡县的小丁巷,现在同样受到国际丝贸易市场周期的摆布。太仓的遥泾和嘉定的丁家村作为太湖盆地边缘高地的传统棉区,和南通的头总庙作为随着机

① 根据吴承明估计,3000万石长途贩运的谷物中2500万石以上是运往长江三角洲的(吴承明,1985:272—277)。

纱流行而出现的新乡村棉织业的代表，受到了纺纱与植棉、织布相分离的深刻影响。常熟的严家上、吴县的孙家乡和松江的薛家埭仍是稻作区域，但商品化程度已远高于以往。

作物栽培

如前所述，商品化的加速并不必然伴随着乡村发展，即单位工作日的收益和劳动生产率的提高。首先考察棉花。由于世界商品市场的刺激和当地纺织业的迅速增长，20 世纪华北平原的棉花种植面积增长了 3 倍。棉花带来高于谷物的毛收入。这易于使人联想到该地区一定经历了真正的乡村发展。然而以单位面积收入来衡量发展全然歪曲了真实状况。

表 7.1　米厂村棉花、高粱、玉米、小麦和大麦生产的单位面积及单位劳动力收入（1937）

作物	毛收入（元/亩）	肥料成本[①]（元/亩）	工作日（天/亩）	纯收入（元）每亩[②]	纯收入（元）每工作日
棉花	18.34	4.60	13.20	13.74	1.04
高粱	7.32	0.54	7.20	6.78	0.94
玉米	13.12	2.41	9.10	10.71	1.18
小麦/大麦[③]	5.37	?	7.80	?	0.69

出处：满铁北支事务局调查部，1938—1941，1：表 3、33、34、37、42、46。

备注：除小麦外的收入数字均包括草秸等副产品的折算价值。

①包括自家肥料的投入价值。

②未包括其他花费（如种子、农具），因其相对不重要。肥料成本是这些作物的主要差别。

③资料取自 1936 年(满铁冀东,1937a),根据 1937 年上升后的价格折算,再按照 1936 年两种作物的相对比例计算。

如表 7.1 所示,植棉无可争辩地增加了单位面积的收入。在米厂村,1937 年一亩棉花的毛收入相当于高粱的 251%,玉米的 140%。即使计入较高的肥料耗费,棉花的纯收益仍远高于其他作物(不包括劳动力成本),相当于高粱的 203%,玉米的 128%。土地的贫缺使植棉成为必然趋势。①

然而当我们考察单位工作日的收益,很明显棉花并不优于玉米。在米厂,1937 年每棉田工作日的纯收入在扣除生产成本后为 1.04 元,而玉米是 1.18 元。因此从玉米转向棉花增加了单位面积的劳动力使用,并未增加单位工作日的收入。如果地广人稀,植棉并无刺激作用。推动植棉扩展的正是土地资源的缺乏和劳动力的富余。这两者迫使华北平原的小农不顾单位工作日边际报酬的递减而把生产进一步密集化。在明清时期,这一过程是商品化伴随着内卷化,而非真正的发展。

要是农业经营规模保持不变,即使劳动力的边际报酬减少了,农民的家庭收入仍会有相当于多投入劳动力所得报酬的增长。但在日益增长的人口压力下,从长期来看农业经营的规模在总体上

① 在华北,虽然棉花生长期较长,实际妨碍了在同一块地上种植小麦等冬季作物,但是棉花种植并未使冬小麦缩小以往的种植规模。这是因为秋忙时间太紧(必须在 6 周内完成春播作物的收获和冬小麦的播种)限制了两熟制的规模。在 20 世纪 50 年代的合作化和 60 年代机械的采用以前,华北平原耕地面积中只有相对较小的比例种植冬小麦:1949 年时河北东北部为 7.7%,河北中部为 21.5%,河北南部为 36.1%(中央人民政府,1950:53)。

是日益缩小的。在冀—鲁西北平原,从明初的人均 15 亩以上减少到 20 世纪的人均 3 亩(黄宗智,1986:119)。因此实际上农民家庭收入并不只决定于这一种或那一种的变化,而决定于两种趋势的综合作用。总之,正是单位面积收入的增长(作为商品化的结果)和农业经营规模的缩小(作为人口压力的结果)之间的相对平衡决定了对农民家庭收入影响的程度。那里前者的作用力超过了后者,农民收入的绝对水平就上升;反之,即使在商品化情况下,也意味着收入下降。在更多的情况下,这两种倾向在复杂的关系中发挥作用,取决于一家农户的经济条件和价格的相对运动。

内卷型增长亦可在 20 世纪山东烟草种植的急剧扩展中找到例证。在山东潍县,一亩“美国种烟草”带来 2.7 倍于高粱或 3.1 倍于小麦的毛收入(根据 1934 年的价格)。但是烟草的生产成本(未计入劳动力)相当高:5.1 倍于高粱、2.6 倍于小麦。劳动力投入也高得多:每亩烟草 70 个工作日,而高粱为 14 个工作日、小麦 6 个工作日。于是我们再次发现烟草带来了比谷物高的单位土地面积的纯收入(不包括劳动力成本)以及较低的单位工作日收益:烟草为每工作日 0.44 元(根据 1934 年的价格),高粱 0.95 元、小麦 1.40 元。同样的情形见于其他的主要烟草产区,安徽的凤阳和河南的项城(陈翰笙,1939:9,56,62,73)。

叶汉明(1988)根据两个日本人在 4 个产烟村庄的调查和一个基督教会农业部(在卜凯的指导下)对 24 个产烟农户的调查,对此做了更为周密的考察。教会调查记下了烟草栽培各个阶段的劳动力耗费。资料表明烟草生产中的收获与分拣、捆扎和烤烟(此项需要 5 天 4 夜)大量利用家庭辅助劳动力。两个日本的调查同样详尽地提供了烟草生产的收支状况。叶汉明的研究毫无疑问地证明,尽管烟草种植增加了单位土地面积的总收入,但在单位工作日收益上远少于农业雇工通常的工资。

即使在长江三角洲农村的最发达地区,内卷型增长的相同状况也给桑蚕业打上了烙印。作为新桑蚕区的无锡郊外的小丁巷等村,桑蚕生产带来了单位工作日边际报酬的急剧减少。稻麦两作需要每亩 34 个工作日,而植桑及喂养两次蚕则需 80 个工作日。当然,售茧的毛收入高于稻麦两作,像夏明德(1985:122—124)指出的那样:1939 年时为每亩 15.96 元,相应的稻麦两作为 12.75 元。扣除生产成本后的纯收入(未扣除劳动力成本)也稍高:每亩 11.96 元比每亩 9.25 元。然而涉及单位工作日纯收入,蚕茧就少于稻麦了:0.15 元比 0.27 元。[①] 这一情况部分反映了农户的低机会成本的辅助劳动力的充分利用,对此我称为小农生产的家庭化。如果经营规模不变,我们可以看到农户收入总体上的增长,而同时单位工作日的收益则在缩减。妇女和儿童成为承担低报酬工作的人。

---

① 夏明德计算桑蚕业每工作日纯收入为 0.23 元,稻麦两熟制为 0.27 元。我认为她估计的桑蚕业数字太高,因为低估了必要的工作:总共才 62 天,其中 13 天桑树管理,22 天养春蚕,17 天养秋蚕(1988:122—124)。关于桑树管理的数字来自满铁调查,其中只计入了除草、施肥的时间,而未算进修枝、剪叶等工作(满铁上海事务所,1941a:42—43)。根据开弦弓村民的估计(调查—Ⅲ—36),春秋两季各要花 10 个工干这些事。我在夏明德关于桑树管理耗时 13 天上加了 17 天,但仍低于卜凯的 32.7 个工作日。至于养蚕,夏明德只算了喂食的时间,而整个生长周期所要求的劳动力,春蚕需 29 天,秋蚕需 21 天(满铁上海事务所,1941a:5,61)。因此桑树管理和养两季蚕的劳动力需求总共为 80 个工作日。当然,夏明德的结论在实质上是与我一致的。

农村工业

同样的内卷化状况也在新的小农家庭手工业中广泛存在。桑蚕业的扩展没有真正带来一条新的农村工业的道路。事实上小农家庭在总体上只是承担了生产的养蚕阶段，由于出口市场要求统一的标准丝而放弃了手工缫丝。商人们收来鲜茧，加以烘干，然后卖给城市中的新型缫丝厂（夏明德，1985）。如前所示，作为资本密集型的机器织绸仍然主要是美国工厂的领地。新兴的农村工业主要出自棉业。

武凯芝（1986）指出，南通县是个最好的例证。地方工业发展的核心始于1899年，即当地官绅张謇创办了第一大生纱厂。他的经营建立于小农廉价劳动力生产棉花、新型工厂纺纱再由小农廉价劳动力手工织布这三者紧密结合的基础上。

这种新型的手工业对农户来讲意味着什么，可以通过县城附近头总庙的例子来说明。大部工作完成于11月至4月的农闲季节，男女老幼均参加生产。毫无疑问织布带来了家庭劳动力的充分利用。不过它主要利用农闲时节和机会成本很低的家庭辅助劳动力，仍是一种低报酬工作。在头总庙，织工的收入少于农业劳动。村民们说，一个男人能在一个8小时的工作日中织成一“反”布。[①] 在1939年，农户为此需花费1.71元购买棉纱，织成后能卖2.13元；因此劳动力的纯报酬（未扣除伙食）是0.42元（满铁上海事

① “反”是当地计量单位，相当于0.8旧尺×24旧尺（一旧尺合1.06市尺），重约1.18市斤。

务所，1941b：表Ⅱ；亦见第35、121—123页）。然而那年农业短工的工资为重活每日0.38元，轻活0.26元（同上书：表9），同时还包伙食，大体相当或超过现金工资。这一差距部分反映了强壮男劳力与妇女劳力不同的挣钱能力。

由于农村存在大量的低机会成本的劳动力，农村的变化趋向于增加劳动力投入而不是通过生产资本化以改进劳动生产率。日本人的实地调查表明，头总庙的织工仍使用老式的木制脚踏机，这种织机仅花7元到20元就可买到。全村没有一台铁轮机，尽管早在20年代就可买到了。据徐新吾（待刊稿）估计，1936年全国铁轮机生产的布仅占所有土布的10%。[①] 尽管铁轮机能够把劳动生产率提高到400%，它仍难以打破由大量廉价劳动力存在而造成的对生产资本化的抵制。

在这样的形势下，长江三角洲的农村工业化基本沿循着没有发展的增长的进程。当然，农户的总产值增加了，甚至由于充分就业，每个劳动力每年的生产量也增加了，然而不能误解为这些变化增加了单位工作日的收入。正相反，活跃的手工织布业只是在降

① 这些产品多数出自山东的潍县、河北的高阳县、保定县和江苏的江阴县。例如潍县的农民用这些织机生产所谓的“改良土布”。与南通土布不同，这些较宽的改良土布主要是为城镇市场生产的。20世纪20年代，这个县购置了约7万台铁轮机，多数为相对富裕的农民所购，约9万农民积极投入了这项生产。这儿农村工业的资本化和现代化确实发生了。但这样的发展还是以使用低机会成本的兼职农民为基础的。叶汉明（1988）指出，铁轮机与农民家庭劳动力相结合是如此之成功，以至有效地扼杀了来自大规模作坊的任何竞争。虽然在作坊中的劳动生产率实际上更高——两个工人的生产量相当于3个农民织工，但工人的伙食开支和工作场所的花费就使得它不经济了。在整个潍县，30年代时仅出现了3个小手工织布作坊，其布产量还不到全县的1%。

低单位工作日收入的情况下提供了额外的就业机会。这类似于几世纪前发生的家庭化和内卷化，尤其是家庭辅助劳动力（特别是妇女）承担了低报酬工作的桑蚕业。经济内卷化又成为对节省劳动力的生产资本化过程的反刺激。

内卷化与农业现代化

这里并不意味着长江三角洲的种植业和农村工业中根本不存在现代化。在解放后30年的中国农村，在农村人均收入停滞不前的同时，我们看到了农业现代化（机耕、电灌、化肥、科学选种等）和城镇发展，这个例证提醒我们农业内卷化并不排除同时现代化以及城市发展的可能。

无锡提供了很好的实例。工业发展与农业商品化的结合使这个县的农业比中国任何其他地方都更为现代化。机灌船活跃在天然和人工的河网，灌溉着田地。到1949年，960艘这样的机灌船灌溉着大约全县面积的50%（江苏省中国现代史学会，1983：10）。这一技术一旦出现，马上为农村所接受。因为一个人操纵20匹马力的马达一天能灌溉整整50亩稻田，而两个男人用桶挑一天才1.0—1.5亩，两个男人用传统的脚踏水车一天也不过2—3亩。劳动生产率上的差距甚至大于棉纺，达到50∶1—100∶1（满铁上海事务所，1941a：78）。另一技术进步是20世纪20年代以后的采用改良蚕种。这些由日本迅速上升的农业科学培育的新改良种保证了蚕茧生产中较高的产量和较低的风险（同上书：48）。这两项发展带来了最高程度的商品化：由于市场扩大和产量增加而来的桑蚕业进一步商品化和由于植桑扩大而促成的水稻经济进一步商品化(无锡县 1927 年桑蚕业顶峰时期,有 30%的耕地用于植桑;章有义编,1957,3:626)。这两者均促进了农业的进一步现代化。

然而,即使是处在蓬勃的现代化进程中的无锡,谷物生产和手工业也继续趋于内卷化。大量富余的妇女和儿童劳动力强有力地影响了农村变化的性质。新的桑蚕业仍比水稻种植带来较小的单位工作日边际报酬。无锡小农承受这种低报酬工作的能力使前面提到的国际劳动分工成为可能。因此即使对无锡而言,也没有在农村呈现出经典模式的预言:随着商品化,城市和农村的发展都得到螺旋式的上升。

我不想断言真正的发展不会在适当的过程中出现。要是无锡的农业外就业继续扩展下去,达到甚至连家庭辅助劳动力都变为稀少可贵的资源的地步,使小农的农业、手工业收入增长,并随之产生的剩余能够转化为资本投入农业生产,小农生活的质的变化也许会在无锡农村发生,如同在 20 世纪 80 年代发生的那样。然而在 30 年代时,尽管农业有了长足的现代化,但仍远未达到这样的程度。

新的剥削形式

新的投入,如肥料、改良种或机灌,总体上通过商人高利赊销的中介进入长江三角洲农村。这个过程可用各种例子来说明。

在松江,18 世纪时豆饼如此广泛地施用于稻田,以及如此高度商品化,以至价格发生剧烈的变动。例如 1747 年的《吴江县志》提到，豆饼曾经像稻草那样便宜，近来价格却涨到使穷人陷于困境（《吴江县志》，1747，38：4）。在咸丰年间（1851—1861），《南浔镇志》提及富人有能力主要施用豆饼，而穷人则全靠猪羊粪了（《南浔镇志》卷21，转引自朱宗宙，1981：576）。最后，《松江府续志》提到贫农无力用现金购买豆饼，不得不赊购（《松江府续志》，1883，5；转引自足立启二，1978：362）。

汽船的使用导致价格上升得如此之高，以至豆饼在长江三角洲的使用在一段时期内减少了。来自东北的豆饼以前只能运到上海，但用汽船可以运到厦门和汕头，用于这些地方的高利润的甘蔗种植。同时，厘金的实行抑制了陆路的运输。于是，上海成了豆饼由东北运往福建和广东的中转站（足立启二，1978）。直到20世纪的头10年，随着东北的加速开发、机器榨油的应用和沿海海运的增长，豆饼才重新在长江三角洲推广。1931年以后东三省从中国本土分隔出去使豆饼价格再次上涨（《吴县志》，1933，52：7）。即使如此，直到1937年抗日战争爆发，豆饼仍继续被广泛地使用着。①

豆饼在20世纪的应用大体与清代相同：在绿肥（通常为苜蓿）和猪粪尿（通常混和着草木灰）之后，作为第三次水稻施肥（《松江

① 虽然化肥在20世纪20年代起在长江三角洲出现，但只得到有限的应用。由于它相对速效以及不很适应水稻，通常只用作追肥，而且必须施两次（满铁上海事务所，1940：106—107）。同时，农民至今仍认为化肥"伤"地（调查—Ⅰ—1，3），因此买得起的人仍继续使用有机肥料。抗战爆发前夕，华阳桥镇才销售700包（14万斤）化肥，而豆饼销售量则达35 000张（每张重45—50斤）（满铁上海事务所，1940：106—107）。战时由于豆饼来源枯竭，化肥的应用才加倍增长（大约每年1500包）（满铁上海事务所，1940：106）。不过这是因为没有办法，并非期望"现代化"。即使今天，政府推行使用化肥，老农仍保持对豆饼的偏爱，坚称豆饼肥效高，长期使用对土壤较好（调查—1—1，3）。

府续志》,1883,5:2—3,亦见闵宗殿,1984:48)。30 年代时的薛家埭等村继续采用这种方式(满铁上海事务所,1940:102—108;调查—Ⅰ—1,3)。20 世纪的变化不在于使用豆饼的事实或方式,而在于使用的广度。

豆饼对小农生活的影响必须连同随之而来的新的剥削方式一起考察。在华阳桥,华阳桥镇的 7 家米商垄断了豆饼贸易。他们通常采用两种方式出售豆饼(大部分来自东北):现金销售或赊销。赊销通常以稻谷抵偿,届时米商以市面价格收购,扣去豆饼价钱和 20%的月息(从使用豆饼的 6 月、7 月算到稻谷上市的 11 月、12 月)。因此农民实际上为这 5 个月的赊购付了 100%的利息。1983 年访问的老农们说,如果用现金买豆饼,1 石米可买 4 张豆饼;如果赊购,就只值两张了(调查—Ⅰ—1,3)。薛家埭等村赊购豆饼的农民占总数的 70%,而镇上的商人们占去了因施用豆饼而增加的产量的大部分(满铁上海事务所,1940:106—107)。

类似的情况也在华北烟草生产中流行。随着美国种烟草的推广,对豆饼肥料和烤烟用煤的需求出现了。在陈翰笙(1939)调查的一些乡村里,购买豆饼的方式与华阳桥镇相似,仅利息稍低一点:农民在 7 月赊得肥料,11 月收获后偿还,商人以市面价格购入,扣去豆饼价钱和 4%的月息。煤也采取了同样的方式:9 月间赊购,用烤过的烟叶抵付,1 月份还清,月息 6%—8%。烟草种植会给山东的农民带来较高的毛收入,但因为商人新的剥削形式而抵消甚多。叶汉明(1988)证实了英美烟草公司在山东的华人助理田俊川就因向农民发放豆饼和煤的贷款而发迹。

20 世纪 20 年代以后长江三角洲的桑蚕业中改良蚕种的推行

显示了同样的现象。当然,改良蚕种的品种较好,然而同时也更为商品化。在20年代后期到30年代前期的无锡农村,农民通过几种途径向中介商人购买蚕种:付款(或押款)预定,口头预定或现购。每种付款方式意味着不同的价格。多数农户(58户中的45户)为每张蚕种付出1.81元至2.60元,一户只付1.01至1.20元,而6户不得不付极高的2.81元至3.00元。只是在1934年以后,随着政府管理蚕种的形成(在蚕业改进委员会委托下),中间商的弊病才得以制止。但是日本人的调查指出,抗战爆发后他们又重新出现了(满铁上海事务所,1941a:50—51)。

同样的情况亦见于无锡的新机灌系统,当地的机灌船并非农民自有,而属于外来的商人。1937年前农民为此每亩约付1.50元。在杨木桥,外来资本与农民贫困之间的对比分外鲜明。当地没有一户拥有任何水泵,甚至没有畜力或脚踏的水车。结果那些田地不靠渠道的人家不仅要付钱给机灌船,还要花钱(一天一夜为2.00元)从邻村租脚踏水车来灌溉自己的田地(两个男人一天一夜可灌溉2—3亩;满铁上海事务所,1941a:78—80)。

这样的农业现代化不应混同于新古典经济学家的农业企业家的图式,根据这种图式农业企业家不断积累资本和做出理性的投资决策以追求最大利润和促使农业现代化。事实上20世纪长江三角洲农业的技术变化很少源于生产者和为他们所拥有。在这个过程中富裕农民投资改进生产只占极小部分。就主流而言,新的技术是以商人对农民新的剥削形式(常常是高利贷)为代价的。贫苦农民接受这样的利率,因为在生存压力之下他们被迫借款,其代价是任何以营利为目的的企业所不会付出的。就像之前的农业商品化一样，农村中的现代化不是基于农民的经营，而是基于他们的生存需要。

商人的作用

商人在内卷化的小农经济与发展中的城市资本主义之间起着关键性的联系作用。他们扮演着各种角色，诸如替资本主义工业购买农业原料和廉价劳动力的代理人，或资本主义工业产品的推销人，或引进资本主义工业新投入、新技术的中介人，他们有时也是资本主义工业的投资人。

对第一种作用最简单的例证是山东的棉花商。日本在青岛的纺织厂（占当地10家纺织厂中的9家）全面控制着这个省的棉纺织业。他们在交通要道的大城镇中开设了自己的收购行，但是在其他地方，直至村庄中的集市，他们依靠中国商人收购原料。在日本纺织厂看来，山东的吸引力在两方面：棉花比本国产品便宜；劳动力也同样，工资水平只及本国的三分之一。这是两种经济间最简单的联系：商人只充当供应日本资本主义工业的收购商（叶汉明，1986）。

无锡桑蚕业的情况稍为复杂，那里的商人介入了生产过程——烘茧杀蛹，以利于储运和保证原料的数量和质量。1933年时，无锡拥有373家茧行，成为全国最大的蚕茧收购中心。原料由此输往新型的中国缫丝厂，起先是上海，后来也包括无锡本身（夏明德，1985）。中国资本在生产过程中承担了相对劳动密集的、要求有廉价劳动力来源的缫丝部分，而生产的资本最密集的部分仍旧在国外,尤其是美国的织绸厂。

在作为资本主义工业的收购代理人时,商人成为中介人,从收购和销售的差价中获取利润。以此看来,他们是“剥削者”,而内卷化的小农经济则容忍了相当于高利贷的剥削。就商人为外国资本获取原料而言,他们是“买办”。然而并不能否定他们在商品化和现代化中的重要性,他们促进了棉花和桑蚕的推广,并通过他们的投资使轧棉和烘干蚕茧的加工程序现代化。

在商人的第二种主要联系功能——资本主义工业产品的推销者——方面,涉及的产品首先是棉纱。这是 20 世纪新的大宗买卖。在山东潍县,24 家大商行统治了当地经济。这项买卖如此之有利可图,以至这些商行超过了当地钱庄和银行,成了本县 257 家零售布店和 25 家染坊的信贷机构。由于这些商人几乎专营日本产棉纱,他们在功能上无疑是“买办”(叶汉明,1988)。

但是他们也以新的方式进入了生产过程。潍县的棉纱商首创包买制度,农民承包一定数量的棉纱并保证交纳预定数量的棉布。这一制度利用低机会成本的农民家庭剩余劳动力,因此比雇用织工更有利可图(叶汉明,1988)。

在南通,商人起了更大的、对地方发展甚为重要的作用。他们购入和分销大生纱厂的棉纱,再买进农民织的布,运到东北去销售。他们也为大生纱厂提供了一部分资本。这样,他们为成功地与日本纺织工业在本地和东北市场进行竞争的生产体系提供了关键性的联结。

不过就像武凯芝(1986)指出的那样,这些商行的资本不可避免地被打上了商业资本的烙印,商人主要在商品交换的资本流通中获利，而不是从对商品生产的投资中获利。当地商人对大生纱厂的投资出于流通和高利贷资本的关系和考虑，纱厂利润再低，也必须支出8%的官利给他们。利润高时，如20世纪的最初20年，他们始终要求马上分发红利，不顾为扩大再生产的投资。只要大生纱厂能够获取足以满足这些要求的利润，公司就能繁盛。

然而，20世纪20年代时大生纱厂开始面临困难，最终暴露了它的弱点。由于第一次世界大战后国际纺织工业的复苏，棉价因需求增加而上升，同时，纱价则由于剧烈的竞争而下跌。于是，大生纱厂受到下跌的利润率的钳制。它无法解决原料供应问题。之前公司从直接收购制度得益甚多，这一制度自然地产生于公司对通过大规模开垦而来的土地的直接控制权。但是商人股东们迫使大生把开垦出来的土地立即卖掉，由此破坏了其直接收购制度。最后，公司只保留了它开垦土地的7%。到1910年代，公司无法自身供给原料，只好从商行购进棉花。1920年至1921年，一场强烈的台风严重破坏了棉田，给了处于困境中的公司最后一击。1925年，贷款给公司的钱庄决定抽出在公司的资金。后来，公司被上海的一个现代银行财团接手，指派了新型企业家李升伯来重组和合并联合企业。至此结束了绅士企业家张謇（死于不久以后的1927年）和南通商人资本的利益结合（调—Ⅲ—73，45）。

商人和商人资本在南通所起的促进现代化的作用是不可否认的。但张謇的大生企业的成功是基于内卷化的、低成本的小农棉花和土布生产。因此，其不足为奇的结果是植棉和织布都继续沿着传统的道路成长。大生联合企业短暂地试图经营大规模的资本主义农场，但由于敌不过更为经济的小农家庭农场而很快被放弃。

同时，由于旧式织布机足以与外国企业抗衡，当地也没有采用 20 年代时已被相当广泛提供的铁轮机的动机。

在所有这些小农经济与资本主义工业挂钩的方式中，商人们饰演了双重的角色。他们帮助了市场发展和商品流通，有时也成为新技术甚至工业资本的提供者。不过我们也需要看到他们作为商品以及资本和技术中介人的剥削作用。

要是商人像斯密和马克思的经典模式设想的那样（以及像在南通某种程度上发生的那样），由商品流通者的角色演变成为工业家，历史会毫无疑问地强调他们促进经济发展的方面，而不是剥削和内卷化的方面。由于他们并不如此，由于他们的作用在很大程度上继续局限于中介人，导致他们受到也许不该受到的严厉评价。从使小农经济内卷化的角度来看，商人更多地表现为剥削者而非促进发展者。这种观点形成了革命对商业的敌意，在这样的敌意中，儒家和马克思主义反对商人的成见更掺上了反帝的情绪。

农村生活水平

面对蒸蒸日上的城市发展和商品化，农民的生活水平发生了何种变化？根据对 20 世纪最初几十年农村收入水平的一般估计，农民收入只勉强跟上了人口增长。珀金斯（1969）认为 1916—1933 年间农业生产年增长率为 1.0%，而叶孔嘉和刘大中（1965）的估计为稍低的 0.8%，相对于人口增长率的 0.9%。但是最近罗斯基（Rawski，1989）不同意这些旧的估计。他认为在这些年代中农村生产年增长更为可信的数字为 1.5%，因此人均收入的纯增长为每年 0.5%（280—285）。在他看来，这 0.5%的增长足以证明市场经济和帝国主义带来的发展。

罗斯基承认没有直接证据来支持他的论点。他转而求助于一系列间接的资料，其中最富争议性的是认为这些年间人均布消费量提高了约 50%（91，289—291）。他争辩说，如果确实如此，那么农民的生活水平一定改善了。

我相信罗斯基正确地指出了以往学者认为人均布消费量保持不变的错误意见。如果我们转而把棉花和棉纺织品的产量资料与进出口一并考虑，很明显国内消费有显著扩大。徐新吾领导的研究精确地考察了这一过程，据他们基于几十年研究和广泛的实地调查的判断，1840—1936 年间人均布消费量上升了大约三分之一（表 7.2）。

表 7.2　中国人均布消费（1840—1936）

类别	1840	1860	1894	1913	1920	1936
人口（百万）	400	405	415	430	440	450
人均年消费（匹）	1.50	1.53	1.65	1.80	1.90	2.00
城市与非农业	1.80	1.84	1.98	2.16	2.28	2.40
农村织布户	1.65	1.68	1.82	1.98	2.09	2.20
农村非织布户	1.35	1.37	1.47	1.62	1.70	1.84

出处：徐新吾待刊稿。备注：1 匹 = 3.6337 平方码。

这一增长其实主要是由于机织布不如土布耐穿这一事实。徐新吾指出，两套土布通常能供一个农民穿三年，而两套机织粗布只能穿两年。再说，土布能补丁加补丁（它的零头还可纳鞋底），而机织布很快就用烂了。[①] 仅仅在耐穿性的 2 与 3 之比的差距上，就造成了总消费量表面上上升 28.4%（占徐新吾估计的 1936 年机织布所占比重 56.84%的一半）。

由于城镇居民总体上比农民消费更多的布（据徐新吾计算大约 123 与 100 之比），所以城市化成为消费增长的另一原因。新涌现的棉农也成为消费增长的又一原因，根据我们的实地调查资料，棉区人口比非棉区人口多消费布。如表 6.6 所示，华北植棉和织布的米厂比非植棉和织布的前梁各庄多消费几乎 3 倍棉布（人均 7.72 平方码比 1.99 平方码）。第三个华北村庄大北关部分种植棉花（占耕地面积的 11%）和从事一些织布，它的人均消费约为米厂的一半。在长江三角洲，植棉和织布的头总店和薛家埭等村的棉布消费（人均消费分别为 5.20 和 5.43 平方码）为小丁巷等村的 3.5 倍左右。这些村一级的资料也使人怀疑罗斯基估计的 9.0 平方码的偏高的人均消费数字。我倾向于徐新吾的较低的估计，1840 年为 5.45 平方码，而 1936 年为 7.27 平方码。

此外，我认为罗斯基的论证完全不可信，他引用卜凯关于回想中的生活水平变化的调查来支持自己关于生活得到改善的论断。然而，如同罗斯基本人承认的（第 288 页），例子中的 442 个农场为富农农场，平均耕地面积为 45 亩，因此调查强烈地偏向于农村的富裕阶层。接着，罗斯基引用卜凯关于农业雇工工资的调查。那个调查全凭雇主的回忆去追溯过去 30 年的雇工工资，又没有考虑到价格的变迁。罗斯基用武进一县的价格指数把所有 100 县的数

---

① 这些情况在徐新吾的力作《江南土布史》中有详细论证。我感谢徐新吾教授允许我拜读待刊稿的这一部分。

字折算成"实际工资"——这是一个十分可疑的方法。尽管如此，他得出的结果仍然模棱两可：100 个县之中，足足有 40 个县的"实际工资"下降或没有变动（第 296—297 页）。但罗斯基取其平均数，仍旧得出了全国性的改善的结论。我们需要的是比这种数字可靠的数据，以及区别不同变化趋势的质性分析。最后，罗斯基从上海申新纺织厂、河北开滦煤矿和山东中兴煤矿的工资资料中寻求有利于自己假设的论据（同上书：表 6.6，6.8）。读者如花点时间细看这些资料，便会发现它们是残缺的（根本没有 20 年代关于上海纺织厂每日工资的资料，关于煤矿的 50 年间只有 10 年被列入）、难以说明问题的（实际工资的上上下下更多地反映了粮价波动而非长期的工资上升）。要接受罗斯基的论点，我们不仅必须无视资料的粗糙和模棱两可，还必须接受一整套推论：这 3 个工业企业付给工人较高的工资，只是由于农村生活水平的提高才迫使他们这样做。这里的逻辑是，假设一个完美竞争的劳动要素市场，从而极少几个企业的工资资料足以证明农村生活水平改善的全国性趋势。然而我们知道事实上在特定工厂和企业中的工人往往来自同一地区，通常从同一亲属关系、邻里关系或介绍人关系中招募。工资的上下运动因此反映了当地的供求关系，而非全国性的市场。当然，这些也可能反映了变化中的劳动力经营管理关系，或其他许多偶然的因素。基于这些证据就做出事关全国性趋势的论断，我认为实在是难以置信的做法。

我认为较有说服力的是科大卫（1989、1985）的论点。他认为长江三角洲生产出口商品农民的生活水平，随着这些商品在 20 世纪 20 年代的价格上涨而提高。事实上，直至 30 年代的价格的急转直下,这些农民的人均收入确有相当增长。即使如此,我们仍应考虑到商品化的不同的社会作用:一些农民得益,同时另一些却苦于经济作物带来的风险。对薛家埭等村 30%的有能力以现金买豆饼的农户来讲,稻米的进一步商品化无疑提供了致富的新机遇;对其余 70%农户来讲,盈利的可能性甚小,至少因为高利贷赊购提高了他们的生产成本。对所有这两部分农户来讲,使用豆饼在相当程度上是下赌注——一个投资于肥料的农民在歉收时遭受的损失会比以往大得多(满铁上海事务所,1940:107)。

我们也需要考虑季节差价的不同的社会作用,因为只有有余粮的农民才真正会从中得利,薛家埭等村的 63 户中只有 6 户处于这样幸运的地位。我们更要考虑 20 世纪 30 年代世界性的经济危机对农民的破坏性影响。

让我们简要地从农民的立场来看这个问题,即使没有世界市场的动荡,蚕农的生活也是十分不安定的。一个蚕农从来就不能担保何时会发生蚕瘟而给他留下一大堆僵蚕。他不得不经常仔细地权衡成本与收益。在 4—5 月份的喂养季节,蚕需要越来越多的桑叶时,叶价往往急剧上升。例如 1939 年的无锡,5 月下旬的叶价比 4 月上旬高出 275%(满铁上海事务所,1941a:57—58),于是强烈刺激着蚕农尽早购买。在另一方面,早买招致很大风险:蚕农很可能会困守于一大堆高价桑叶而无蚕可喂。因此大多数农民试图协调养蚕和植桑,只购买自有桑园能够喂养的蚕。小丁巷 58 户蚕农中有 34 户这样做,其余 24 户依赖于多变的叶市,尽最大力量去平衡成本与风险(同上书)。

随着中国丝的国际化,这些不安定因素严重地恶化了。在旧有的地方性乃至全国性市场,某种机制通常会起作用以减缓市场的动荡。例如蚕茧丰收会导致茧价和丝价下跌和叶价上升,反之亦然。蚕农的命运不会因此而被过分摆布。但是当丝价随着国际需求波动时,全然摆脱了地方的供应状况,歉收可因低价而更为恶化,成倍加剧了对蚕农的摧残。或者相反,丰收加上有利的价格会导致繁荣。

依附于市场的消极影响在茅盾的短篇小说《春蚕》(1934[1933])中得到了充分的描述。小说的主角是老通宝家的4个成员,他们以养蚕为生。茅盾详尽地描述了养蚕的过程:儿媳妇如何用胸口去暖蚕种以孵化它们,如何没日没夜地干活并交织着巨大痛苦和害怕蚕瘟的迷信活动,以及直至最后这家人获得蚕茧大丰收时如何发现由于未知的和难以理解的原因当地的茧行不收茧。在养蚕的最后关头,这家人曾不得不借债买叶养蚕。由于市场萧条,他们无力还债,更不消说为自己付出的劳动赢利了。

确实,在危机以前由国际蚕丝需求带来的高价曾给蚕农带来繁盛,但这些改善必须与后来的破产连起来看。1931年至1932年间茧价下跌50%—70%(严中平等,1955:338;章有义编,1957,3:623)。结果造成桑园面积急剧减少(无锡县从1930年的251 000亩跌到1932年的84 000亩,江阴县从124 000亩跌到54 000亩),给靠桑蚕为生的农户带来了破坏性后果(章有义编1957,3:626;黄宗智,1986:126)。这是世界市场对中国小农经济的有害方面。

既有的价格资料表明棉花没有遭受像丝价急剧下跌那样的命运(严中平等,1955:337;上海社会科学院经济研究所,1958:229;许道夫,1983:203—210)。由于价格低落而造成20世纪30年代初期棉农困境的传闻(章有义编,1957,3:631—634)可能更多地反映了报道人的想象而非实际情形。关于中国棉农如何受到世界性经济萧条影响的清楚表述还有待于进一步研究和资料发掘。这里也许我们可以推测,一个较大较稳定的国内市场可能减缓了像摧残蚕桑业那样的冲击——棉布到底是每个中国农民的必需品。

世界商品市场的价格动荡所影响的不仅是出口农业。让我们看一下长江三角洲稻米市场发生的情况。程洪(1988)指出,在 20 世纪 20 年代上海市的米价相当平稳地上升(除了 1927—1928 年间的跌落,因为当时国民党政府进占了长江三角洲,并打通了通往江西、湖南的稻米供给线)。米价在 1930 年 6 月达到每石 20 元的顶峰,然后突然下跌,于 1933 年跌到每石 8 元的底线。

对 1930—1933 年间米价急剧下跌的最简单的说明是,英美商人从西贡和仰光运入大量廉价大米,在进口高潮的 1930 年,550 万石大米进口到上海,约占全市总消费量的 86%。廉价外国大米的涌入一直持续到 1934 年,但国内丰收把进口大米的比例限制住了。1931 年进口比例下降到 12%左右,虽然 1932 年回升到 40%以上,但 1933 年再次下降到 12%,廉价的进口大米和充分的国内供给共同使米价在 1933 年降到了最低点。

这些影响绝不限于上海市区。产地和边远市场的价格明显地随着上海米市同步波动,稻米产地的朱家角镇米价最低,而松江县城的中级市场略高一点,而上海终点市场米价最高。

尽管有个好收成,但价格下跌 50%不可能不给上海地区的稻农带来严重困难。参照农民购买的商品(按满铁在松江华阳桥的实地调查的比例折合),在 1926—1933 年间丧失了 51%的大米购买力(按米价最高的1930年6月算损失更大,因那时的购买力比1926年高8%),当时的调查表明在这些危机年头,实际上生产成本已超过了出售大米的收益。

经济萧条的影响暂且不谈,罗斯基来势汹汹的对以往研究的抨击,在我看来实在没有什么意义。即使我们承认自1910年代后期至危机爆发,某些地区农民的收入每年增长0.5%,这样规模的增长也只是强调了我前面所提出的论点。在那些年中,中国农村的变化极少属发展一类,即以劳动生产率或单位工作日收入的改进为标志的类型(例如在西欧和美国,长期保持了3%—4%的增长率)。它多属于内卷化一类,其产值上的增长是以单位工作日更低的边际报酬为代价的。

农村内卷化和城市发展

帝国主义在中国带来了发展还是落后的问题,可见不是一个非此即彼的问题。事实上,帝国主义制造出一个把城市发展和农村内卷化联锁在一起的新型经济体系,两者是同一现象的两个相互依存的侧面。资本相对密集的城市工业依靠劳动力密集的农户以得到廉价生产的原料(如棉花和蚕茧)和廉价加工的产品(如棉纱)。在这个过程中,在城市工业的发展和城乡贸易结构改造的同时,小农生产发生内卷化,它的廉价劳动力形成城市发展的部分基础。

正是这个体系使城市发展和农村贫困化的同时发生成为可能。发展无可争辩地发生在无锡市和南通等地,更不消说上海了。

然而,与斯密和马克思的经典预见相比,这一城市发展并不是自下而上的,农业革命、农村工业化与城市工厂兴起并进的类型。这个过程不是一种城乡相互加强的发展。

其结果之一是扩大了长期存在的城乡间的鸿沟。当上海,甚至无锡和南通的部分市区以发达的现代化城市的面目出现时,它们周围的农村仍停留于勉强糊口的耕作方式。1949 年后分隔城乡的鸿沟进一步扩大。当计划推动的工业化加速了中国城市的发展时,内卷化增长和政权的征收使中国农村仍停留于贫困状态。

由于我们常常直觉地将商品化和资本化及城市发展和乡村发展混同,城市发展和农村内卷化的同时发生和相互联结易被忽视。在分析 20 世纪帝国主义影响下的中国时,就如分析明清时期一样,我们需要区别商品化和资本化,城市发展和乡村发展,不要像过去那样假定两种过程的不可分割。

第八章　两种类型的村社

灌溉农业、租佃关系和商品化的高度发达，使长江三角洲的农村社团十分不同于华北。本章将对两个有丰富资料的例子——薛家埭等村和沙井村——做深入的考察，以研究那些因素如何影响村社的结构、政治组织及其变迁。

史学工作者对中国乡村社会的基本结构的描述各有千秋。中国的史学工作者通常强调家族的作用，实际上把“自然村”等同于“同族群体”①；而我（黄宗智，1986：243—200）则强调超家族的地缘联系。本章将阐明这些差异主要源自不同地区的不同生态环境。中国的史学工作者常以长江三角洲为根据，而我过去的研究则基于华北平原。

学者们对国家政权在村社形成中的作用也各执一词。一种观

① 根据弗里德曼（Freedman，1966）和埃伯利与沃森（Ebrey and Watson，1985）的做法，我将“宗族集团”（lineage）一词留着专指那些拥有共同财产的同族集团，其余则称作“同族群体”（common descent group）。

点认为村社完全在国家政权和士绅阶级的摆布之下（Wittfogel，1957；Hsiao，1960）；另一说认为近代以前的村社基本处于国家政权所及范围之外，是由"互惠"关系促成的"道德社团"（Scott，1976）。本章将指出村社在极大程度上受它与国家政权间相互关系的影响；长江三角洲和华北不同的土地所有形式使两地与国家权力的关系十分不同，因而两地村社应付国家权力的组织也非常不同。

村社还受到市场关系的影响。根据亚当·斯密和马克思的经典学说，商品化应会导致农村社团的瓦解；农民们会分化为资产者与无产者；商品化之前对外隔绝、内部紧密的村社会演变为商品化了的松散邻里关系。根据这一经典逻辑，商品化程度较高的长江三角洲农村应比华北平原有更大的流动性。然而，事实却是长江三角洲比华北更具稳定性和持续性。本章旨在研究这一反直觉事实的发生过程及其成因。

居住形态

河北省顺义县沙井村和上海市松江县薛家埭等村是剖析华北和长江三角洲不同区域特点的良好例证。[①] 两地均有详尽的资料可供研究，包括抗战时期日本人的实地调查和我本人进行的口述历史研究。虽然薛家埭等村和沙井村住户的数量相仿（薛家埭等

---

① 此处当然并非意味着长江三角洲和华北平原的所有村庄都与这两个村庄类似。在本书所限定的长江三角洲的范围内，有许多旱作农业区，尤其是在边缘地带的高地。事实上长江三角洲种植棉花的村庄与北方的村庄很相似。虽然如此，下面讲到的生态、商品化和土地占有制的类型是这两个地区的主要类型。我的研究重点在这些不同类型与村社结构形式之间的逻辑联系。

村63户,沙井村69户),但是这两个村的居住形态相去甚远。沙井村是集中居住型,所有住户都集聚在村庄的中心(《惯调》,1:附图)。相形之下,薛家埭等村的住户分为薛家埭、何家埭、许步山桥和西里行浜,而西里行浜又分为高家埭、陆家埭、南埭(见地图6)。

造成差别的原因之一是显而易见的。与长江三角洲其他产稻和产稻、丝地区的村庄一样,薛家埭等村为水道所环绕,而村居为了取水方便大抵沿河而筑。仅此一点已足以限制长江三角洲村社的规模。华北农村不受这种特殊的生态条件的制约,那里很少灌溉,家庭日常用水取于水井。沙井村和其他地方一样,水井分布在村民居住区的一些适当的地点。

同族群体和村庄的大小当然因村社的年代而异。薛家埭等的村民仅能把起源追溯到太平天国之后。这里只有四代祖坟,没有一个家庭能重建四代以上的家系(调查—Ⅰ—10至16)。[①] 而沙井村的张姓居民则能为满铁的调查者们数出六七十座祖坟,孙姓则有四五十座。此村始建于明初,由山西洪洞县移民所建。历经明末清初战乱后重建,易名郝家村。20世纪30年代的调查把各家族的历史追溯到清初(《惯调》,1:67,73;2:59,514)。

两类村社居住形态的第二个差别是家族关系所起的作用不同。薛家埭等的村社基本以同族关系为纽带。何家埭全部由何氏同族组成,1940年时有何姓7户。薛家埭原来单纯由薛姓组成,1940年时有薛姓5户。在满铁做调查时的两代以前,有一张姓乞丐到薛家埭定居,于是1940年有张姓4户。尽管有这个后来的小

① 本书研究的长江三角洲8个村庄中有3个老村未受太平天国战乱的影响,规模比薛家埭等村大不少。

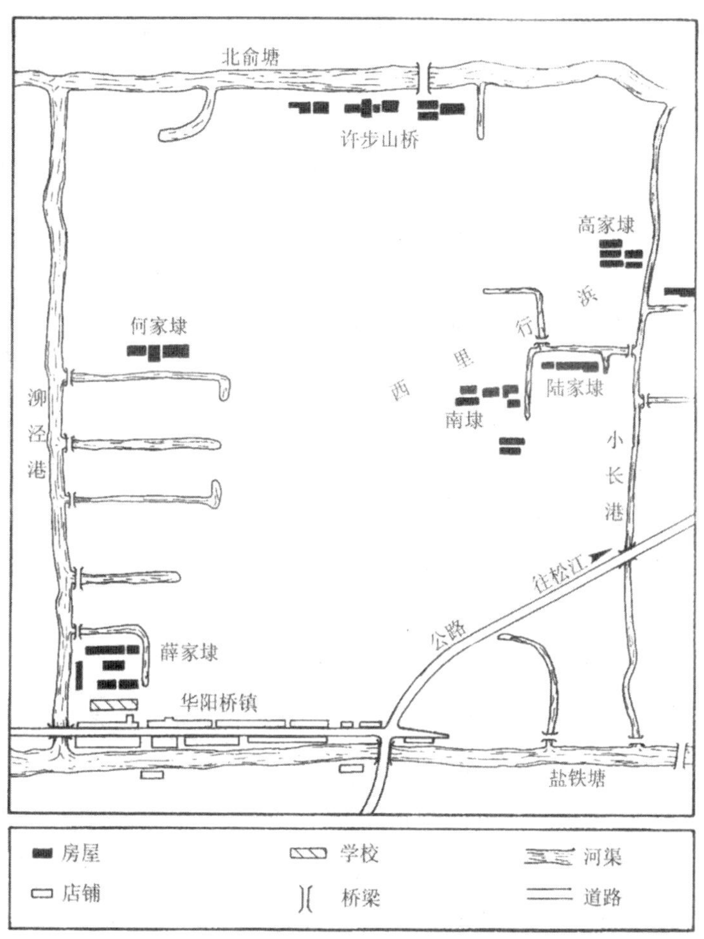

图 6　华阳桥薛家埭等 6 个自然村(松江县,1940 年)*

出处:满铁上海事务所,1940 年。

* 图片来源:根据中华书局 2000 年版《长江三角洲小农家庭与乡村发展》第 150 页影印。

同族群体，该村仍被称为薛家埭，而张姓通过虚族关系并入薛家埭（调查—Ⅰ—14）。

同族血缘关系对村社形式的决定性影响亦可见于薛家埭等多族村社趋于分化为单族小村落的事实。于是，西里行浜分化为北面的高家埭、中间的陆家埭和南面的南埭（也由陆氏组成）3 个小村落。这些小村落的村民们有一种多层次的村社认同：对村外的人，他们以大村社西里行浜相辨认；对西里行浜村社内的人，他们则以小村落相辨认。

至于由薛家埭等 6 个村所组成的这个超族单位，它的居民确实在某种程度上有共同感，可见于各村居民用虚设的家族形式来相互称谓阿叔、阿姐、阿哥等（调查—Ⅰ—20；Ⅱ—26）。但是这个单位没有一个统称的村名，到了三四十年代又失去了过去所有由宗教信仰组织而形成的集体感。① 所以我只能用有点累赘的“薛家埭等（村）”来称呼它。

所有这些均与沙井村截然不同。沙井村的亲族也无疑倾向于聚居，农民一般都希望他们的孩子与自己比邻而居，通常是在旧居边延伸盖房。杨姓、杜姓和张姓都是这样聚族而居的。但是这些按父系的聚居并不意味着它们是分开的小村落。村民们明确地自认为沙井村人，绝不像薛家埭等的村民那样可再分成李家埭人、杨家埭人等。

---

① 费孝通（1939：99—106）详细描述了 20 世纪 30 年代经济大萧条前长江三角洲开弦弓村的宗教组织的结构和作用。杜赞奇（Duara，1988）对沙井和其他华北平原村社宗教组织在 20 世纪的衰落做了研究。

社会活动圈

多族的超族村社和单族村社之间的区别在社会活动领域内特别明显。在沙井村，一旦有婚丧礼仪，习惯上全村都要参加。婚俗上有所谓的“大办”“小办”和“不办”之分。“大办”代表大家公认应有的标准，指邀请全村各户入席，吃的是“二八”，即八荤八素。经济条件差的家庭不得已才降低标准来一个“小办”，只邀请亲属赴宴，并仅以四荤待客。最穷的家庭则只好“不办”，即只邀请直系亲属聚会，桌上无荤，吃的是面条和八碟素菜（黄宗智，1986：267—268）。

超族的村社共同体亦可见于其他的习俗。例如，沙井村的习惯是一家盖新房，全村来帮忙。第一天房屋奠基，有 30 个男人出力；次日则有七八十人合力帮助砌墙和上顶。房主则须以伙食招待这些帮助者，其标准是“两头粗，中间细”，即早晚吃粗粮，中午吃细粮（黄宗智，1986：230）。

在薛家埭等村，居民的社交活动主要限于同族。为男性户主办丧事或为男性子弟办婚事时，社交的圈子有时会扩大到整个村社，但从不包括村落群中的其他村社，虽然 6 个村落加在一起也不过 63 户，比沙井村少。许步山桥的杨土生 1932 年的丧事没有邀请何家埭、薛家埭和西里行浜的任何一人。同样，薛保仁 1931 年的婚事邀请了薛家埭的所有居民，但是没有邀请姻亲之外的任何外村人。西里行浜的两个同族群体一般分别进行社交活动，高姓习惯上只邀请高家埭的同族参加他们的婚丧喜庆，陆氏则仅邀请陆家埭人(调查—Ⅰ—17)。在陆姓同族群体中甚至还进一步分化出了南埭陆姓。到20世纪30年代时,陆姓一般已不再邀请邻村同族(调查—Ⅱ—11,25)。

在同族群体内部当然也有亲疏程度的不同。儿子(或招婿入门的女儿)们在3年期间一起到父亲坟地祭供聚餐。这是最亲近的亲属关系,祭奠的要求也最严格。3年之后不再聚餐,每年祭拜主要是烧锡箔。祭奠的祖先包括父系四代,即上溯到曾曾祖父。这是第二层次的亲属关系。习惯上对叔伯父也须祭奠,但不在坟地而在堂兄弟们的家中,而且通常不用锡箔,代之以价格较廉的纸钱。这是清明节祭奠的最低层次的亲属关系。同组群体中的这三层亲属关系形成了华阳桥村民们的基本的社会活动圈(调查—Ⅰ—10,19,13)。

村庄的政治组织

沙井村有一个由9位村内头面人物(称"会首")组成的权力集团,这是一个相当明了的村庄内部的政治组织。与华北其他村庄的领导人(也称作"首事"或"董事")一样,沙井村的会首都是村内最体面的人物,所有9位成员都出自中农以上、有田的殷实人家(黄宗智,1986:249)。这样的领导职位一般是长期性的,并可世袭。西德尼·甘布尔发现在华北村庄的48名会首中有37名已是第二代出任,33名是第三代。在另一项调查中,12个村庄的141名会首中,大部分任职已10年以上(Gamble,1963:323;参见黄宗智,1986:247—250)。沙井村与华北的其他地方一样,会首形成了一种非正式的村政府，他们的权限可从督管村内事务（诸如领导庙会、清明会，调解纠纷）到处理村庄的涉外事务（诸如组织看青、与政府官员交往；见黄宗智，1986：247—248）。

薛家埭等的领导人却完全是因事设人和非正式的，基本出于自然的族团。遇有需要时，大家会找亲属中最受尊敬的成员出面排解纠纷或提供帮助，但这样的权威不具有正式的头衔或职位。例如在薛家埭，薛炳荣享有最高的威望，常被邀去仲裁亲属间的纠纷。他的权威主要来自他的人品和能力，不是出自他的辈分高。薛炳荣的威信还延至村内的张姓族团。张火生和张寿生弟兄经常争吵不已，张母劝说无效，张家又无男性长辈可做仲裁，薛炳荣便被邀去调停张氏弟兄的纠纷。炳荣死后，他的儿子咸生亦被同村人视作公正负责之人，而成为村内的非正式领导人。此外，咸生会记账也是他受人尊敬的因素之一（调查—Ⅰ—13）。

在西里行浜的陆家埭，20 世纪三四十年代时村里公认的领导人是一位妇女。陆大囡（生于 1893 年）是陆姓同辈中最年长的，比兄弟关通（生于 1919 年）长 26 岁，比堂兄弟根生（生于 1912 年）长 19 岁。（大囡没有外嫁，陆家替她招婿进门，这在薛家埭等是常见的。大囡的丈夫在 1929 年就去世了。）然而，大囡取得这样的地位并非因其年长，而是由于她的人品。甚至在她的父亲和婶母（根生之母）于 1939 年和 1945 年先后辞世之前，大囡已是年轻的陆家子弟众望所归的人。陆龙顺的父亲在 1938 年去世时，龙顺立即去找堂姐大囡帮忙。当问及为何不去找他叔父永舟或堂兄根生时，龙顺回答说永舟不是会帮助别人的人，而根生才二十多岁，又太年轻。大囡受托到镇上去赊买棺材和寿衣。龙顺本人没有这样的信用,而大囡在镇上已是知名和受尊敬的人物。后来,大囡还帮助龙顺找到一份“小长年”的工作(调查—Ⅰ—10)。

村民们说,大囡是个爽直、能干、慷慨和守信用的女子,不逊于男子汉。她兄弟关通——一个精打细算的人,对她十分敬重。当他们在1939年划分父亲的田地时,关通得到所有10亩地的田底权和其中6亩地的田面权。大囡的两个儿子海来和海堂对此甚为不悦,但这是他们母亲的意愿。大囡此举使关通对家姐感情殊深,称其“不是一个斤斤计较的人”(调查—Ⅰ—10)。此埭的陆姓村民均很有感情地称大囡为大阿姐,敬她为一位助人于患难中的人。同村非陆姓的高永林也对大囡敬重有加。大囡的故事证明了长江三角洲的村庄没有正式的权力结构,其领导由个人品格和才能而定。

虽然本书所研究的其他长江三角洲的村社并无口述历史资料,但显然其中不少与华阳桥类同。例如,吴县的孙家乡,乍看像一个单一的村庄,四周绿水环绕。但就近观察,就可看到这个乡事实上包括29个不同的小村庄。家族关系在这些村落中所起的作用可从村名中反映出来,如吴家港、周巷上、高家坞、孟家上和孙家桥等。

这个乡在太平天国战争中几近毁灭。林惠海20世纪30年代在当地调查的一些村落系由乱后重返家园者(例如高姓)组成,但多数系由新来落户者组成,其中许多并未繁衍成多户的族团。30年代时,这个乡的154户农家中,有77户是本姓的单一户,但同族聚居而形成村社的倾向仍是清晰无误的,29个2户至7户的族团都聚居于同一村落里(林惠海,1943:34,68—71)。

那些有幸躲过太平天国战争的村庄(本书研究的8个村庄中

有 3 个属此类)一般都有较大的同族群体,可多追溯几代祖先。严家上在调查时名副其实地有 29 家严姓户在村东比邻而居。头总庙和丁家村也有较大的、年代久远的同族群体:头总庙有张姓 43 户,许姓 17 户;丁家村有丁姓 18 户。

强有力的同族群体与薄弱的村社组织在长江三角洲的矛盾结合,过去未被准确理解,部分原因是费孝通对开弦弓集体排涝的生动描述引起了我们的错觉,以为长江三角洲的超族村社组织十分强大(1939;参阅本书第 2 章)。事实上,除了随着 20 世纪村庄生活世俗化和 30 年代经济萧条而处于衰亡之中的宗教集团,开弦弓的村社组织仅限于集体的排涝行动。灌溉工作一直是由独家独户承担的(费孝通,1939:160—162)。而开弦弓的自然村落就像薛家埭等一样,一直没有在同族群体以上产生政治组织和领导人(同上书:8,109—116)。

土地占有形态与国家政权的关系

至此我们已经看到了一种矛盾的现象:薛家埭等村的同族集团强有力而超族村社组织薄弱,沙井村则超族村社强有力但同族集团比较薄弱。为什么?答案在很大程度上与华北平原和长江三角洲的土地占有形态相关。

自耕农直接向国家政权缴税,因此华北平原的农民有必要组织起来与政府打交道。在 20 世纪以前,国家政权确实很少向村社各家各户加派田赋附加以外的特征。但是 19 世纪宝坻县的档案显示,清政权由于缺乏现代国家政权所具有的强制性机器,往往依赖同族群体和村社领袖来征收税款。宝坻县税收制度的中心是叫作乡保的半公职性征税员。每个乡保平均要负责大约20个自然村。他们由村社和地方显要推荐,但由县政府正式任命。他们一般都是些小人物——诚实可靠的中农,被地方和村里的头面人物推举去充当与国家政权打交道的缓冲器,以免被迫对国家政权负催征欠纳钱粮的直接责任。在这些半公职人员身上体现了国家官僚机器与村社内部权力结构之间的微妙关系(黄宗智,1986:234—241)。在乡保背后的是村社的非正式权力机构,由村庄会首组成,通常每族至少有一名代表。催征税款的实际责任可由这些村社内部的实权分子来承担。他们的职权还延伸到村庄的一般事务,诸如仲裁纠纷、筑路修庙和看青。

村社的这种权力机构在20世纪通过正规化而进一步充实、扩大、改组。最初始于清末的新政改革。袁世凯领导下的河北(直隶)用新征收的学款和警款建立新式学校和警察。在河北以及后来华北的其他各省,这些新的征派是以一个个村庄而不是以一家一户为缴纳单位的。为征收这些新税的需要,政权设立了县以下的新行政单位——区,用以督管推选和任命新的村正(村长)和村佐,由他们征收新税(黄宗智,1986:297—298;MacKinnon,1980:139—145)。

在华北农村中,通常的做法是旧的领导人从自身的阶层中遴选新的村庄领导。他们一般来自富裕家庭,既有余暇任职,又在必要时可垫付税款。沙井村的杨源有田40亩,从1927年到1936年一直充任村长,他的后任张瑞拥有110亩田地(《惯调》,1:99—100,146)。在满铁调查者曾做过详细访问的华北6个村庄中的两个村庄,即河北省昌黎县侯家营和良乡县吴店村,新任的村长倚仗国家政权而独揽村政和滥用权力。但在大多数村庄中,政权仍由旧的“委员会”共同掌握,就像在沙井村那样,村长不过负责执行首事们的共同决策(黄宗智,1986:279—283)。在国家政权的号召之下,有些地方甚至试图建立叫作“监察委员会”的立法团体对村长们进行督察(顺义县档案,2:374,1926 年 7 月至 11 月;2:507,1927 年 3 月至 8 月)。[①]

由于这些改革,村庄不仅发展了明确的村长和村副制度,而且产生了一种半制度化的财务监督。习惯上村长(或者有时是一些非正式的会首们)会先垫付特别摊派的税额,待秋收后再按户摊派。缴税数额一般按田地拥有数而定。账目清单会在公众可见的地方张贴,以让全村居民明了(同上;并参见 3:42,1929 年 1 月至 12 月;3:170,1930 年 1 月至 9 月)。

在有些地方,国家政权的苛敛和村庄内部的分裂使原先村领的地位无法维持,旧有的村庄政权结构由此瓦解。至 1928 年时,在许多地方特征的摊款额已超过原先的田赋附加正税本身(黄宗智,1986:289—298)。在增加税款的同时,由于县政府往往被地方军阀甚或是盗匪把持,在农民们眼中有的已是非法政权。此外,摊款在村内的分派到底按田亩还是按人头计算,系由村庄会首们决定,由此引起村庄内部有地与无地村民之间的利益冲突。村长从来就不是一个有利可图的位置,现在更变成吃力不讨好的差事了。在吴店村和侯家营,老村长们决定不干了,于是造成权力真空,给当

① 此系河北省顺义县档案馆所藏档案。第一个号码系档案全宗号,第二个号码系档案卷号。下引顺义县档案均照此格式。

地无赖和恶霸分子掌权创造了机会。在那些村庄里，村庄社会关系纽带也趋松散，变成一盘散沙似的社群。但更常见的是后夏寨、冷水沟、寺北柴和沙井这样的例子，面临日益增加的外来威胁，村社组织变得更加牢固（黄宗智，1986：第14章、第15章）。

在长江三角洲，国家政权促成的村级政治组织远没有华北这样发达。清政权通常满足于仅通过城居的地主与长江三角洲的农民打交道，所以像薛家埭等那样的村庄从来没有形成像华北那样的政权组织。不管是清政府的新政改革还是南京政府重组县政府的努力，都没有实质性地改变这个状态。新摊派的税额主要仍旧加于居城的、拥有田底权的不在地主，而非村庄的佃户。薛家埭等村的村民甚至不知道有所谓的新政下的学款和警款。

各村必有一位村长与政府联络的新要求也未能在薛家埭等村实现。这6个村庄仍继续依赖旧有的清朝的保正制度。根据该制度，县被划分成若干图，每图由一名保正负责。薛家埭等与邻近的沈家埭同属于第十图。在1937年日本人占领以前，这里的保正叫吴云刚。像所有的保正一样，吴的责任是收租，所以他更多地代表地主而非国家。保正也帮助起草田底权和房屋的买卖文件，并从中收取费用，这是他们收入的主要来源。因为几乎所有的转手买卖均事关城内的地主而非乡下的农民，保正与村民们的接触甚少。此外，保正也出面调解一些不大不小的纠纷，诸如那些对同族群体来说太大而对县政府来说又太小的纷争。当图内需要合作兴办水利时，保正有时也出面联络；但薛家埭等村并未发生过这样的事（调查—Ⅰ—5）。

毫不奇怪，在村民的记忆中，保正是个无关紧要的人物。薛家埭等没有像沙井那样的村政府，小村落和村庄的领导完全以家族为基础。对他们来讲，保正是个遥远的、近乎抽象的人物，他与自然的村社无关。保正纯粹是个政权的代理人，受上司委托督管一个人为的行政单位，与小村落和村庄相去甚远，对农民的日常生活几乎没有影响。

这种情况只有在日本占领时期才有所变化。当时强征户口捐和军用米，还有各种杂役杂捐。日伪政府因而需要加强对村庄的控制。它采用的是中国本身的保甲制度，人为地编10户为甲，以甲长为首；10甲为保，以保长为首。虽然保长的头衔与清代及民国时的保正类似，但日伪时期的保长是与前大不相同的正式国家机器的代理人。在薛家埭等村，被选任为保长的是年方25岁的薛保义（后以汉奸罪名被判20年徒刑，关押至1979年）。

在长江三角洲的高地旱作区，村庄的土地所有形态以及社会结构类似于华北平原。国家政权因此有必要加强它的税收机构，村政府从而比较官僚化。同时，国民党政府发动的清共在部分地区强化了村庄的政治和军事组织，尤其在与共产党的江西苏维埃根据地邻近的地区（Huang, Bell and Walker, 1978）。甚至在开弦弓村，地方性的丝织工业加上国家政权强加的行政组织，给了当地乡政府以实质性的内容（费孝通，1939：106—109）。但长江三角洲更普遍的现象是薛家埭等的例子。在那种类型的村庄中，佃农占绝大比例，国家政权没有必要为征税而强化村庄政权组织，因此乡村基层中存在近乎“自然”的村落，主要由同族群体联络，几乎没有超族的政权组织。

土地所有的稳定性

商品化如何影响到这些不同的村社类型及其进程？针对这个问题，笔者发现的历史事实竟是最令人惊讶的。薛家埭等土地的使用情况出人意料地并没有比商品化程度较低的沙井村变动得更快，而是显示出十分突出的持续性。

田底权的变换确实非常快，买卖田底权犹如买卖股票、债券那样频繁。1940 年至少有 80 名不在地主拥有村里的田底权，最大的是镇上的许公记米行，拥有 26 亩田底权，以及松江的顾家，拥有 34 亩田底权（满铁上海事务所，1940：表 6）。但是田底权的变换对村庄的生活几乎没有影响。买卖田底权差不多总是在两个不在地主之间进行。有时，田底权的变换意味着农民要换一个地方去交租；但在许多情况下，甚至连这样的变动都没有，因为经办收租的仍是原来的米商。而且，农民们对田底权的转手毫不在意，以至很难记得这些事情。薛家埭等村民们能在满铁调查者面前回忆起的仅有一起田底权的变换，之所以能回忆起是因为那次买下田底权的是同村的农民。顾铭芝是松江县富户顾家的一员，本人是县里首屈一指的不在地主，拥有 300 亩田底权（其中 73 亩在华阳桥）。20 世纪 30 年代初，顾氏为了去美国留学而卖掉他的田底权。或许因为当时经济不景气，顾氏颇不寻常地把大部分田底权卖给了农民。薛家埭等村村民中那些仅有的田底权拥有者（占耕地面积的 13%）就是从那次交易中产生的，他们是西里行浜的陆寿堂（20 亩）、陆金堂（12 亩）、高长生（8 亩）和高良生（5 亩），薛家埭的薛炳荣（14

亩)和薛培根(14 亩)。其余村民们仅占有一些不足一亩的零碎土地,通常就是自己的宅基地。

在农民们看来,田面权才是真正重要的,因为这决定谁耕种哪块地。田面权的买卖受到各种习俗的约束,极少绝卖。在日本人做调查时,薛家埭等村农民只能回忆起两例出卖田面权的事。1932 年,何家埭的何有根穷困得走投无路,把家里四代耕种的 12 亩地的田面权卖给了高家埭的高金唐和高长生,用所得支付了他母亲的丧葬费。1939 年,高家埭的高伯唐因连续 3 年交不起租,把 8 亩田面权卖给了同村的高全生(满铁上海事务所,1940:58—59,195,表 6)。

即使那种附有条件、在若干年后可以赎回的田面权买卖也很少见,村民们也只能回忆起两例。1935 年,西里行浜南埭的陆寿堂以每亩 26 元的价格(绝卖价为每亩 33 元左右)将 4 亩田面权典卖给高家埭的高阿根。同年,许步山桥的杨土生以同样的价格把 6 亩田面权典卖给同村的杨味生(同上)。显然,这里的村民们耕种土地有极大的稳定性,大部分村民一代接一代地耕种同一块家庭田地。

由于不了解这种双层的土地占有制度,许多有关像薛家埭等这样的村庄的资料都不准确。土地关系被等同于田底权关系,而田面权的拥有者因为租种田底权而仅被视为佃户。尽管出卖田面权是社会上流行的实际做法,但清代和民国的法律对此均不予承认。天野元之助和他的调查组在几乎所有的方面都做了细致而内行的调查,但甚至连他们也未能完全把握田面权的性质,从而忽视了一种出租田面权的叫作“混种”的制度。“混种”并不常见,但这种做法证实了双层的土地占有制的存在。高世根向他的叔父良生租了 5 亩地的田面权,除了向拥有田底权的地主顾铭芝交纳每亩 8.2 斗的地租,还因租了田面权而向良生交每亩 3 斗的租。陆海来的情况与此类同,他以每亩 3.5 斗的租额向屠品山租了 3 亩地的田面权(调查—Ⅰ—5)。

华北没有类似长江三角洲的双层土地所有制。土地转手和租佃关系仅涉及单层的土地所有者。一个出卖田地的人可能作为买主的佃户继续在原来的地块耕作,但是在河北东北部这种租约每年须更新一次,在山东西北部的两年三熟制地区则每两年确认一次(黄宗智,1986:221)。更常见的是土地买卖后耕作者也随之变换;所以土地的频繁买卖也意味着土地耕作者的频繁更换。下述事例正与薛家埭等村形成对照。米厂村的农民在 1937 年时回忆起自 19 世纪 90 年代到 1936 年间,村民们买进土地共 73 例,计 538.4 亩(全村耕地面积为 2237 亩);其中 424 亩系后 20 年间米厂村开始植棉后进行的交易(黄宗智,1986:111—112)。在种果树的前梁各庄,农民们能回忆起 74 例,共达 1292.2 亩(耕地面积为 1564 亩)的土地转手交易(满铁,冀东 1937c:6—10)。甚至在商品化程度很低的大北关村,农民们也能回想起 76 例买进土地的交易,在全村 2438 亩耕地中占 402.2 亩(满铁,冀东 1937a:6—9)。在前梁各庄,满铁的调查者们还能够了解到相当详细的出卖土地情况,达 44 例,涉及 691 亩耕地。

我们没有可资对照的有关沙井村的资料,但以满铁调查者绘制的 1940 年的该村的土地分布地图看,田地被分割得非常零碎,土地占有呈流动状态几乎无可置疑。即使是同族群体的成员,田地也极少相互毗连。全村1182亩耕地中有426亩(即36%)为外村人占有,大多系附近的小农,其中邻近的望泉和石门两村的居民即占了307.4亩(《惯调》,1:附图;2:464—472;参阅黄宗智,1986:82)。

这些由村民回忆而汇总的资料是不完全的,但显然已足够证实华北农村土地占有和使用的高度流动性。商品化程度低的大北关和沙井两村与高度商品化的米厂和前梁各庄同样地显示出土地占有权的流动性,这提醒我们不能将流动性简单地等同于商品化。长江三角洲的薛家埭等商品化的程度更高,但土地关系极其稳定,也更证明了这一点。

生态系统,多种经营和稳定性

我曾经指出,华北土地占有权的频繁变换可归因于这个地区结构性的贫困和生态上的不稳定。艰难的旱作农业区与密集的人口造成了结构性的贫困;这种结构性的贫困继而又削弱了该地区对天灾人祸的承受力。华北的小农犹如处于水淹及颈的境地,哪怕最微小的波浪也足以使其遭受灭顶之灾。正如华北的一个村民所说的,一年灾害,三年负债;(连续)二年灾害,终生穷苦(黄宗智,1986:307)。自然灾害是迫使农民出卖土地的最主要原因。从1917年到1940年的23年间,沙井村遭受了4次水灾、1次旱灾,其中3次水灾大到足以毁灭该村一半到四分之三的年收成(同上书:223)。在最坏的情况下,农民们被剥夺了所有的生计,被迫离开村庄流浪。在这样的农村里,土地买卖频繁,村民流入和流出的比率也高。

满铁调查者绘制的沙井村地图所显示的该村社会结构和居住形态也证实了以上所述的情况。沙井村共有 18 个族团。1940 年时该村 7 个原有族团只剩下了一户,而另有 5 户是新近两代才因各种原因而从不同地方移居沙井的:赵绍廷原系顺义县城的居民,因在沙井村有田,于 1910 年左右移居沙井;小贩傅菊是 1910 年代落户的;山东来的铁匠白成志因有姻亲在沙井,于 1929 年移居该村;任振纲系从邻近的石门村来的,他在原村无处栖身而在沙井有亲戚,于 1930 年左右移居;最后是景德福,也从石门村来,因为在沙井村买了田而于 1939 年移居(《惯调》,1:附录)。

薛家埭等村的农民却只能回忆起 1939 年曾有 20%的庄稼毁于虫害,这是本世纪以来该村仅有的一次大的自然灾害。村民中无人能记得这里有过大的水、旱灾。就像本书第二章所陈述的那样,尽管长江三角洲并非没有生态问题,但它的自然条件远较华北稳定。从 1401 年至 1900 年 500 年间,此地仅发生过 20 次较大的水灾,而华北的黄河却几乎年年决口。

长江三角洲还得益于远较华北平原肥沃的土壤。确实,这也是使双层的土地租佃制度可行的条件,因为土地之高产使农民交了双层地租后尚可有所收益。而这样的制度在华北却绝无可能存在,一个佃农交付一半收成给地主后已难糊口,没有余力去支付另一层地租。

而且,由于较高的生活水平,长江三角洲家庭农场的活力较强。例如,西里行浜南埭的陆龙顺(生于 1926 年)丧父后不久因无力支付租种的 4 亩地的田租,只得将田面权交还地主,成为一个

“小长年”。如果陆氏生活在华北,几乎没有可能从收入中节俭出足够的剩余来恢复原有的社会经济地位(黄宗智,1986:210—211)。但陆龙顺有幸在当了3年长工后,偿还欠租,赎回4亩田面权(调查—Ⅰ—2)。生于1930年的吴余才的故事与此略同:父亲去世后,他去邻村当“小长年”,而他已婚的哥哥则仍耕种家里的田地。余才学会了养鸭,16岁时已精于此道,因此有一雇主以每年多出240斤米外加两个月假期的待遇诱其离开原来的雇主。余才的养鸭技术使他成为较理想的招婿对象,20岁时便入赘于许步山桥某户(调查—Ⅰ—4)。

长江三角洲经济的商品化和多种经营还提供了其他的就业和上升途径。许步山桥的杨味生(生于1906年)曾经非常落魄,仅租有两亩田面权。但他靠农闲时在低洼的水稻田里挖泥鳅(这在江南一带被视为美味)攒了相当可观的一笔钱。杨和他的4个十几岁的孩子天未明即起床,步行3小时到约18公里外的地方,从水底铲挖泥鳅,每人每天约可得十余斤。然后他们到华阳桥镇设摊,以每斤泥鳅换2.5—4斤米的价格出售。杨借此收入买下了6亩地(调查—Ⅰ—8)。

另一例是何家埭的何书堂(生于1917年)。何仅种6亩地,每年3月后便青黄不接,他的补充收入是冬天去镇上的餐馆打工,一月所得相当于80斤米。何还以一元钱100斤的价格买下荸荠,然后挑到松江县城设摊叫卖,赚20%左右的利润来贴补家用(调查—Ⅰ—4)。

诸如此类的辅助性收入并没有取代家庭农业,而是弥补了农业收入的不足,帮助小农维持了家庭农场。这类收入强化了而非削弱了长江三角洲农村的稳定。

变化对内卷化

历史事实与亚当·斯密和马克思的模式相悖。长江三角洲的高度商品化带来的不是村庄内部资本主义农场主和无产者的两极分化，而是相反；不是农民的背井离乡，而是相反。商品化和家庭化使长江三角洲的农场增强了应变的弹性。华北则没有同样的条件来减轻生态环境的打击和缺田少地带来的影响。

在这样的环境下，共产党组织之所以没有能够在长江三角洲动员大量的农村人民参加革命是不足为奇的。尽管这里的租佃率很高，共产党号召进行一场反"封建地主阶级"的农村革命时却应者寥寥。相反，华北平原的租佃率尽管很低，但农村生活的不安定却使农民较易响应革命的号召。华北农民对共产党的拥护在国共内战中起过决定性的作用。但是，共产党如果没有根据社会现实修改了它原先的纲领，革命运动不一定会取得农民的拥护。华北出租的田地不到耕地面积的20%，革命如仅强调佃户反对"封建"地租，不会得到农村广大人民的拥护。共产党组织能够因地制宜，把抗税和保卫家园的号召加进他们的纲领之中，这是华北农村革命运动成功的重要因素（裴宜理，1980；黄宗智，1986）。

第二编

1949 年以后

第九章 旧政治经济体制的改造

对明清和民国时期的国家政权来说，农村经济主要是征税的对象，而农民则主要是一种税源。除了征税，国家政权对农业和农民生活干预得不多。然而，新的革命政权则不仅是希望从农村取得剩余；根据它的“社会主义改造”的计划，新政权决心重组农村经济，并促进农村经济的发展。这个政权远不只是个征税者；它意在控制农村的商业，并掌握每家每户的经济抉择权。为了达到这些目标，新政权不仅把触角纵向地伸入农村，而且横向地扩展权力，尤其围绕着农村经济。这一革命规划的三个关键步骤是土地改革、粮食三定（国家对粮食实行定产、定购、定销）以及生产集体化。经过这些运动，旧的以分散、自立的小农农场经济为基础的政治经济体制被巨大的、以集体化和计划经济为基础的党政国家体制取代。

土地改革

薛家埭等村在1950年秋天开始土地改革。与内战时期国共两党相互争夺的地区不同,薛家埭等村根据1950年6月公布的《土地改革法》进行和平土改。据当时的沈家村(包括薛家埭等6个村庄及附近的沈家埭)村长沈宝顺说,1950年6月他被召到县里去学习半个月的土地改革政策,详细学习了土改的原则和政策。回村后的第一件事就是把全村所有的土地进行登记,算出全村的人均田地面积为2.5—3.0亩。拥有高于此数田地的农民只允许保留3亩,叫作"大平均";拥有低于此数田地的农民可补足到2.5亩,叫作"小平均"。土地之外,耕畜、农具、房屋和家具也在重新分配之列,称作"五大财产"(调查—Ⅱ—13)。

实行土地改革的组织单位为行政村,以沈村长、一位副村长和民兵队长为首。在他们下面是自然村,每村有一名组长。沈村长、副村长和民兵队长组成一个"行政组",首先负责根据《土地改革法》分配土地。理论上每户农民可自报土地,然后经领导查核决定,称作"自报公评"。实际上因为"贫农"渴望分得田地,故人人都希望被评为"贫农"。行政组就必须召集各村的组长商议给各户公平合理地分档。

对农民阶级成分的大体划分方法如下:"中农"拥有的田地一般接近较高的平均数,并有耕畜和农具;"上中农"的田地高于平均数,并雇用一些劳力;"富农"的田地大大高于平均数,并雇有更多的劳力;而"贫农"的田地则低于平均数,为谋生必须受雇于人。这种划分并非完全依据规章,甚至未必是马克思主义的。它并没有试图严格地按法令条文行事,也没有像山西张村那样通过地租和工资来计算“剩余剥削”率(韩丁,1966)。实际情况是薛家埭等村内的阶级分化程度较低;几乎所有的村民都向城里的地主租入田底,而自己则拥有田面。村内没有人雇长工。如果根据租佃和雇佣关系去划分村民,则几乎每个人都可归入同一阶级。此地实际运用的划分方式,无论多么含糊和不符合马克思主义,却反映了当地的现实(调查—Ⅲ—4)。

阶级成分的划分进行了大约一个月,划分的结果在每个自然村张贴(表9.1)。分到田地的贫农(共41户)各领到一块竹牌,插在田头以资证明。此外,他们还得到一些没收充公的财物。中农(共16户)基本上未被触动。薛家埭等村没有地主和富农。[①] 也许因为土地改革措施的有效期短,远不如后来的合作化,对现在的干部和农民来说,土地改革时的这些划分和重新分配土地的过程已模糊不清。但是当时所有的数字都有详细记载,包括土改前各户占有田地的数字和土改后获得或交出田地的数字。这些土地证仍保存在县档案馆里(调查—Ⅰ—13,18;Ⅲ—3)。

表9.1　土地改革时薛家埭等6个村的中农和贫农户数(1950年6月)

村名	中农	贫农	合计
薛家埭	7	5	12
何家埭	0	9	9

① 1955年一个叫陆关通的村民被重定为富农,当时说他在土改时隐瞒了出租的土地。1979年陆得到了平反(调查—Ⅰ—3)。

续表

村名	中农	贫农	合计
许步山桥			
东埭	2	12	14
西埭	0	4	4
西里行浜			
高家埭	3	4	7
陆家埭	2	2	4
南埭	2	5	7
总计	16	41	57

备注:成分根据人均 2.5—3.0 亩耕地划分。薛家埭等村无人符合《土地改革法》规定的富农标准,即雇用一个或一个以上长工。

这些村庄的阶级分化程度既然低,贫农分得的土地必然来自其他有地主、富农的村庄。以较穷的许步山桥的吴仁余为例,他的五口之家只有 10 亩田面,土改时可另增 3 亩;但因本村无田可分,他分到的是外村的 3 亩地。据他本人说,这 3 亩地离村太远,他无法去耕种。其他一些农民分到了零星的稻田,但因远离水道,只得改种棉花。此类问题成为后来合作化运动的部分动机。在条件较好的薛家埭,因为没收的田地足以分配,薛根涛的八口之家分到他租种的 8 亩田面,恰与他拥有的 13 亩田面相连,从此大受其益(调查—Ⅲ—3)。

薛家埭等村和沈家埭都没有人被划为"地主",因此村民们只参加过一次全兴隆乡(包括沈家村和其他一些行政村)的斗争大会。对他们来说,这是仅有的一次直接参加反地主阶级的运动了。这次大会在洋泾镇附近的天主教堂举行,被斗的地主有 3 个:分别拥有500亩田的陆迪荣和陆子才,以及只有30亩田的吴顺余。这3个地主都是天主教徒,组织这次斗争大会意在把阶级斗争与反帝斗争联系起来。薛家埭等村16岁以上的村民,无论男女,都被号召去参加,但仍有许多村民推托有别的事情而没去。整个兴隆乡有一千来人参加了这次大会。会上领导宣布了地主的罪状,佃户们上台"诉苦","群众"可以殴打这3个地主。对薛家埭等村的村民来说,这次斗争大会留下的印象甚浅,因为他们并不认识这些地主(调查—Ⅲ—3)。

这次大会后在各行政村还举行了分配没收地主财物的群众大会。村民们记得,在沈家村召开的一次这样的大会上,贫农们分得一些东西:椅子、长凳、被褥、枕头或马桶等。但一般村民对这次大会记忆不清,只有少数几个人费一番工夫后才能回想起这件事。这次大会和在洋泾的天主教堂举行的大会,是他们在土地改革时期参加的仅有的两次群众大会。

事后有关各村内部阶级斗争的革命宣传颇多,但实际上很少有这样的斗争。对薛家埭等村的村民来说,阶级斗争绝不像有些地方那样是一场血腥的反对大家认识的本村地主的群众运动,而是一种离日常生活较远的几乎未被察觉的过程。这种革命主要由行政命令推动,挥笔之间便取消了城居田底地主收租的权力。

与此相比,华北的沙井村尽管租佃关系不如此地普遍,村庄内部的阶级分化程度却高得多。长工村内即有,沙井村的71户人家中有3户是雇用长工的富农(任振纲、杨源、张瑞),另有1户是靠收租吃饭的地主(赵立民)。全村1182亩田地中共有179.9亩被重新分配。

沙井村的土地改革始于1949年底建立有三十多户参加的贫农协会。上级派了两名"知识分子"组成工作组。他们在村里蹲点足足半年,与当时的村长李祥林一起划分村民成分,重新分配土地,其结果在群众大会上宣布并张榜公布。虽然沙井村地处新解放区,但这个过程却并未导致像内战时期国共军队拉锯战中的张村那样的血淋淋的斗争过程(Hinton,1966;沙井村访问,1980年4月)。

土地改革的作用

"和平"的土地改革虽然比较平静地进行,带来的变化却颇为重大。在沙井村,土改取消了地租,平均了财产,打掉了雇用长工的基础,并为国家提高税额创造了条件。薛家埭等村内的阶级分化远没有沙井明显,所以平均地权所起的作用也相对微小,但土改引起的变化同样意义深远。土地改革完全改变了村庄与外界的关系。居城的不在地主的田底权被取消,村民们像华北的农民一样成为纯粹的自耕农。他们现在不向地主交租而是向国家上税了。对薛家埭等村的农民来说,多少世纪以来国家的征集以及国家权力,第一次直接伸入了自然村。

在华北,明清时期的税率大略与全国平均数相同,占耕地产量的2%—4%(王业键,1933)。即使民国时期地方政府加征学款和警款,后来又为区级保安团征税,从现有的3个华北村庄的收税单来看,1937年的税率仍只占农民收入的3%—5%。战争时期食物价格的上涨超过了税率的增长,所以1939年的税率甚至短暂地降至2%—3%(黄宗智,1986:290—292)。但地方政府很快将税率与通货膨胀率拉平,税率再度上升。在日本占领的华北村庄里,1941年税率增至农民收入的6%—8%。其后日伪当局强制增税,税率直线上升。

明清时期长江三角洲的纳税负担超过全国的其他地区,但纳税由拥有田底权的地主承担,而非租地的农民。20世纪后的附加税同样落在不在地主身上,对佃农没有什么影响。在华阳桥,直到日伪时期的1943年和1944年征收军米,税率才有了明显的提高。1944年,每亩地须征一石米,占产量的50%。日本人任命的保长薛保义回忆说,他和另外3个保长在征集军米时曾遇到极大的困难。当他们向负责此事的日本军官川田报告此情况时,川田大发雷霆,抽出军刀,对着4人凌空猛砍一刀。他把薛保义投入监牢,直到他答应全力以赴才放了他。但薛保义并未能完成任务,川田就把薛母抓了起来。薛保义后来在华阳桥镇汉奸政府头目徐良的担保下,方才获释(调查—Ⅰ—13)。

抗战后期,国共控制地区的税率也上升了。1941年国民党统治地区的实际税率约占产量的20%(黄宗智,1986:291)。在陕甘宁边区,1941年的平均税率高达总产量的13%以上,其中较穷的农民约纳税10%,而富者则须交高达30%的税(Selden,1971:181—183)。

新的革命政府初期的征税远远高于明清时期和抗战前的国民党政府。广州的南景村在地方干部的逼迫下,税率从土改前的占产量的13%猛增到土改后的30%(Yang[杨庆堃],1969:56—57,155—156)。即使在农业经济完全恢复后的1953—1957年,全国的税率仍占粮食产量的10.5%(Walker,1984:182)。此后,农业税基本被冻结在解放初期的绝对数字上;随着农业产量的提高,农业税率相对递减。我们所能得到的薛家埭等村最早的数据是1966年的税率,税额占农业收入(不包括副业和畜牧业)的5.9%。到1983年,这个数字下降至4.7%。

解放初期的税率确实很高,但在估量这些新的税率对农民生活影响的同时,我们也需要考虑税与租之间的替换。对华阳桥的农民来说,新政府解除了向城里地主交租的负担——相当于粮食总产量的43.8%。因此新的土地税可能并不显得很重。华北的佃农比例虽然远低于长江三角洲,总的来看新政府的税收也并不高于以前租税的总额。

就政权与村庄的关系而言,土地改革和税率提高使国家政权空前地深入自然村。旧日的国家政权、士绅或地主、农民的三角关系被新的国家政权与农民的双边关系取代了。薛家埭等村的农民不再有城里的地主士绅介于他们和国家政权之间,沙井村的农民则要付出比以前重的税。土地改革和新税对两者同样代表着国家权力大规模地伸入他们生活的开始。

三定政策

土地改革后的下一步骤是国家权力扩大到对农村商业的控制。1953年10月16日,中共中央公布了《关于实行粮食计划收购和计划供应的决议》,开始了控制农村商业的一系列措施。该决议指出,尽管粮食生产有了长足的进展,但粮食供应仍严重短缺。这一方面是由于城市和工业人口的增长，对粮食的需求增加了；另一方面是因为商人和农民囤积粮食以图在缺粮时高价出售。党的领导人决定粮食必须统购统销。1953 年 11 月 23 日，政务院公布《关于实行粮食计划收购和计划供应的命令》。上述决议于是成了正式的政策措施（北京农业大学，1981，1：129—130，139—142）。

这项改策的第一个实际做法是用政权规定的价格强制性地收购农民家庭的余粮（后来被委婉地称作“商品粮”，以区别于“农业税”或“公粮”）。肯尼思·沃克（Walker，1984：182）指出，在这项政策下，1953—1957 年间国家收购了全国粮食总产的 17.1%，加上 10.5%的农业税，国家共收取了粮食总产的 27.6%。

收购的粮食通过国营渠道供应或以官价转卖给两亿消费者，其中一亿在城市，另一亿在城镇和农村，包括农村中 10%左右的缺粮户。私营粮店不得自行买卖粮食，只可为国家代营。农民不得将余粮卖给私商，只可卖给国营机构或合作社，或在国家设立的粮食市场上出售（北京农业大学，1981，1：134—135）。

统购的指标根据需要和收成情况制定，然后自上而下地下达。国家计划委员会首先决定全国粮食的总需求量，然后通过各级行政机构逐级下达；每级行政机构为下属单位规定指标，直至行政村。[①] 由于这项政策出自粮食供应的短缺，各层干部倾向于尽可能地提高指标。只是在后来粮食增产了，农民的负担才得以减轻。

维维尼·舒（Shue，1976：111—116）指出这项政策极为成功。1952—1953 年到 1953—1954 年之间，国家收购的粮食猛增了 80%

① 吉恩·欧伊（Oi）即将出版的著作《当代中国的政权与农民》是迄今为止对征购公粮的过程和权力关系所做的最详细的研究。

左右。这一方面是因为国家控制机构的效率,另一方面也因为国家为安抚农民而提供了强有力的物质刺激。官价是参照市价而设定的,卖粮给国家不至于吃亏。1953 年 11 月以前已经收有商人预买定款的农户,只要他们愿意把粮食改售给国营商店,就不必退款给粮商。这项政策强烈地刺激农民使其切断与商人的关系。国家又规定,卖粮收入存入人民银行可得月息 1.5%—2.0%,为期 6 个月。这样,有余粮的富裕农民不必靠囤积居奇来生财。最后,与国家签订下一年粮食销售合同的农民,可获得无息贷款。

1955 年 8 月 25 日,政务院颁发了《关于农村粮食统购统销的暂行规定》,正式制定了每家每户的粮食生产指标。至此,粮食贸易已完全在国家政权控制之下(北京农业大学,1981,1:142—151)。定购、定销和定产,同被称为“粮食三定”。这些政策一经贯彻,小生产者已几无自由抉择的余地了。每家农户首先得满足国家收购粮食的需要,然后是自己的消费、饲料和种子留粮(称作“三留”)。原则上国家制定统购配额时首先应在产量中扣除家庭的三留需要,统购应不超过余粮的 80%—90%。实际上,地方干部往往把征购指标定得很高,农民根本没有可供自行支配的余额。这项政策实际上把农民的手脚紧紧地“绑”住了。20 世纪 80 年代取消定购时,国家政权自己就称之为为农民“松绑”。

在薛家埭等村,三定政策不仅把整个小农家庭农场经济纳入国家计划,实际上还强有力地把农民推向集体化的道路。1953—1956 年间松江县粮食平均亩产 552 斤,但产量指标定为上等田每亩 800 斤,中等田 700 斤,下等田 600 斤。征购额依产量指标而定,与实际产量无关。这样,农民即使自己不够消费也必须交售固定数量的粮食给国家。因此他们说,当时的政策是“国家第一”。结果给农民家庭带来巨大的压力,有些真的是不够吃。他们的出路之一是参加合作社,这样可以将征购的负担转嫁给集体,而更重要的是国家对合作社采取减免定额的优惠政策。1955 年西里行浜有 18 户农民就是为了这个原因而加入了联星合作社(调查—Ⅲ—3,20)。

1954 年 9 月 14 日,政务院公布了《关于实行棉花计划收购的命令》,控制了该县的另一主要农产品。除了家庭消费和纳税所用,棉农必须把所有的余棉出售给国家,由国营中国花纱布公司统一经管。除了絮棉零售商贩,私营棉花商不得经营收购和贩运籽棉、皮棉。而且即使是絮棉商贩,也由国家供应货源。这样,国家政权在集体化之前已把农村经济的支柱完全纳入控制之中(北京农业大学,1981,1:168—189)。

集体化

华阳桥的集体化发轫于 1952 年开始组织的互助组。许步山桥年轻的贫农杨小发领导组织了当地第一个互助组,其主要目的只是把某些资财合在一起。但杨并未被吸收入党,他作为互助组领导的地位是非正式的,他主要是作为一位村社领导,而非党政代表。事实上,合作化的最初发起与其前后的其他事件相比显得相对次要,因此在农民的记忆中已经淡漠了,他们回想不起互助组的具体细节,而后来的集体化则不然。在沈家村中沈家埭是合作化的第一个“试点”,此村相对贫困,又是当时行政村内唯一的共产党员沈宝顺的家所在的村子。沈氏回忆说，当时许步山桥没有合适的领导，而相对富裕的薛家埭和西里行浜的陆家埭对合作化的兴趣比较淡薄。

在农村社会主义改造初期的试验中，“星”这个词颇为流行。沈家村的群星社组织于 1954 年，是所谓的初级社。入社者共同耕作，但分配则按各家的田地和劳力多少而定。第二年，薛家埭、何家埭和许步山桥组织起三星社，由前贫农杨小发、何火生和张伯仁领导。同年，西里行浜的 3 个村落组成联星社，由贫农陆龙顺领导（调查—Ⅱ—13，18）。

1956 年开始了高级合作社，沈家埭和薛家埭等 6 个村庄合并成兴隆乡第二合作社，分配仅以劳力为依据。

1958 年“大跃进”时，兴隆第二合作社与另一合作社（现在的新余大队）合并成巨型的城东人民公社的“第九营”。1959 年，重组尘埃落定，薛家埭等 6 个村与其他 10 个村合并成兴隆大队。薛家埭和何家埭组成一生产队，许步山桥和西里行浜各成一生产队。这一行政布局一直维持到 1978 年，之后薛家埭等 6 个村庄被划出组成一个专门的种籽场大队，任务是为整个大队培育种子——这个任务占去全队耕地面积的 4%左右。

党政权力机构

清代最低级的薪俸官员属于县衙门。在这之下，政府依靠无薪的半官职人员如乡保（华北）或保正（长江三角洲）征税。19 世纪保定县的乡保平均负责 20 个自然村的收税工作。国家权力与地方社会的自发利益集团在这个层次上相会,表现在征税和指定乡保的事务上。在民国时期,随着地方政府的改革,正式的政权机构从县政府下伸一个层次。例如,顺义县在1928年曾分为8个区,每区设一名领薪俸的区长,平均辖有13名警察和15名半军职的警卫。国家权力由此伸向行政村(有时等于一个大的自然村,但更多的是包括数个小的自然村);至少在华北,最低级的国家征税员成了直接向区负责的行政村村长(黄宗智,1986:286—287)。

解放后20世纪50年代初期的乡政府是民国时代区政府的后继。与区政府一样,乡政府对行政村行使国家权力。直到集体化开始,乡是征税和土地改革的基本单位。集体化时期,乡起初成为高级合作社,1958年又成了人民公社(行政村则成了大队)。其后,乡或公社的行政机关规模超越了民国时代的区政府,甚至明清时期的县衙门。

向政府领取工资的官员,亦即解放后所称的“国家干部”,没有低于这个层次的。新的政府并未期望,也未必有能力把正式的国家机关伸到村庄一级。事实上仅仅是新增的乡(公社)政府官员即已使领薪官员人数呈几何级数上升。1982年全中国有54 352个公社,每个公社10名干部即意味着全中国在这一层次就有55万名国家干部,是19世纪上半期朝廷任命官员人数的16倍以上(Chang[张仲礼],1955)。当时每个公社平均辖有13.2个大队,国家机器如下伸到这个层次,即使每个大队只有一名官员,其总数也将超过百万(《中国统计年鉴》,1983:147)。1984年,随着农业的非集体化,公社被取消,乡再度成为国家最低级的行政机构。(鉴于集体化时期的政权结构是在公社制下形成的,我在下面将用“公社”一词而不用拗口的“乡/公社”的提法。但读者应记得除了1956—1957年度至1983年这一时期,“乡”是适当的用词。)

革命的国家政权与以前的国家政权的区别,主要在于解放后的国家机器借助于中国共产党。党组织与正式的国家机构在每一层次上平行,直到公社级,再往下,在生产大队里,党支部代替了国家政权机构。党支部书记,简称“支书”,成了解放后的村长。过去对村长尊称某村长(例如李村长),现在则变成了某支书(例如李支书)。

表9.2 明清和20世纪的地方行政单位

明清	民国	解放—1955年	1956—1957年	1958—1983年
县	县	县	县	县
里/保	区	乡	高级合作社	公社
	行政村	行政村	初级合作社	生产大队
				生产小队

共产党在农村建立党组织当然在与国民党斗争时期已经开始。双方的斗争促使各自向社会的基层纵深发展。但是只有1949年共产党获得最终胜利后,它才能在新的解放区充分建立党的机构。土地改革迅速遍及每一个行政村。在薛家埭等村,负责土改的是行政村村长沈宝顺。他是一名党员,但不是领薪的政府雇员,他通过党组织而非通过正式的国家机构为新政权服务。

合作化最终把党组织带向华阳桥的每一个自然村落。许步山桥的杨小发、何家埭的何火生和西里行浜的陆龙顺是村民中第一批被吸收入党的。3 人都在 1956 年加入共产党。至 1985 年,这些村子里的共产党员增至 13 名(调查—Ⅲ—28)。

依靠党组织对地方实行控制的有利之处是可以避免官僚机构的膨胀,并可把行政费用的负担转嫁给当地社会。在公社和大队里,人们常常清楚地区分“吃国家饭”和“吃集体饭”的干部。

薛家埭等村的例子揭示了国家政权与村庄关系的一种形式。华阳桥种籽场大队由 6 个自然村组成,基本上没有自然的合组基础,而主要是人为的行政单位。因此国家权力与村庄自然社会的关键连接点不是大队而是生产小队。在另外一些地区,大队可能就是自然村(例如华北的沙井),国家政权与村庄就在这个高一级的层次会合。还有一些地区,一些小的自然村落被一个大的家族联结在一起(例如广东的陈村,见 Chan, Madsen and Unger, 1984),国家权力与村庄利益就在两个层次都接触了。

在薛家埭等村,党政权力机构与生产大队之间的权力拉锯很大程度上偏向前者。一个原因是除大队党支部书记以外的两位大队主要领导人——大队长和大队会计一般都是共产党员,就像表 9.3 显示的那样,他们都受“组织”的管辖。另外,大队的行政事务大多是文书工作,大队领导可免去 80%的生产劳动,他们一般每年只从事 100 个工的生产劳动(平均一年为 500 工),故大队干部不像生产小队干部那样接近群众。生产小队干部的工作安排正与生产大队干部相反,他们一般不会有 20%以上的时间脱离生产劳动。而且,大队干部须有相当的文化水平,一般都比较年轻,也比那些通常没有文化、年龄又较大的生产队长有更多的晋升机会。表 9.3 表明薛家埭等村的大队干部多是党员,并在 30 年中有较高的更换率。他们受自然村社纽带关系的影响相对较轻,而更多地认同于党政权力机构。

表 9.4 告诉我们薛家埭等村的生产小队队长通常不是共产党员,而且与大队干部不同,他们一般都当了很多年的生产队长。生产队长的任命偶尔也会与入党巧合,像西里行浜的李佩华那样。如果某位生产队长十分称职,能力显著,也可能被吸收入党,如何德余。这种重合是共产党有意将生产小队领导吸收进组织。同时,大部分生产队长不是共产党员这一事实说明了党组织与村社在这个连接点上的微妙关系。下面将会详细说明,这些生产队长几乎都从村庄内部产生,因其在生产上的知识而受到尊敬和信任。薛家埭等村的生产队长们都具两面性,一方面代表上级的意图,另一方面代表村庄本身的利益。

表 9.3　华阳桥种籽场大队的党政领导(1956—1985)

任期始于	党支部书记	大队长	会计
1956	沈宝顺 (1949 年前入党)	沈宝顺(党员)	
1960	陆德发(外来者)	何火生(1949 年前入党)	徐木金(党员,外来者)
1964			黄锡余(党员,外来者)
1967	童家洪(外来者)	徐木金(党员,外来者)	
1968		黄锡余(党员,外来者)	张丙余(1975 年入党)
1971		叶士林(党员,外来者)	
1972	徐木金(外来者)		
1975	黄锡余(外来者)		
1977	叶士林(外来者)		
1978	王顺中(外来者)	陈冬林(党员,外来者)	何勇龙(1971 年入党)
1981		何勇龙(1971 年入党)	
1982			张丙余(1975 年入党)

续表

任期始于	党支部书记	大队长	会计
1983	何勇龙（1971 年入党）	薛德龙（1984 年入党）	
1984	陈冬林（外来者）		
1985	薛德龙（1984 年入党）	何德余（1984 年入党）	

出处：调查—Ⅲ—28。

表 9.4　华阳桥种籽场大队各生产队队长及其入党情况（1956—1985）

任期始于	薛家埭（第一生产队）	许步山桥（第二生产队）	西里行浜（第三生产队）
1956			陆海堂（1974 年入党）
1957	张伯仁		
1958	薛培根	杨小发（1956 年入党）	
1959	何火生（1956 年入党）		
1961	薛顺泉		
1968	何德兴		
1969			高永林
1972	薛顺泉		
1973			陆龙顺（1956 年入党）
1974			陆金权
1975			李佩华（1975 年入党）
1977			魏国签（可能党员，外来者）
1978	何德余（1984 年入党）	吴明昌	
1979	张顺勇		陆金权
1980		杨银龙	
1981			高金云
1982	薛仁兴	吴明昌	
1983		何国华	高火金
1984	何德余（1984 年入党）	吴仁余	
1985	何秀弟		

出处:调查—Ⅲ—28。

在那些大队就是自然村的地方,大队领导则成为处于国家政权与村社交会点的关键人物。沙井村的情况就是如此。这一级上的交会当然会缓冲下一级生产小队和党政国家权力的接触,结果小队领导往往比薛家埭等村更偏向于自然村社,广东的陈村就是如此(Chan,Madsen and Unger,1984)。

无论党政国家权力和村社的关键交会点是在大队层次还是在生产队层次,或者两者兼有,解放后的政治权力都远较明清时期的国家权力更垂直地深入社会基层。不管是通过党支部书记还是生产队长,每个农民都直接地感受到了国家的权力。这种形势与明清时期极不相同,那时的皇帝和官员对农村的日常生活来说距离是非常遥远的。

管理权与分配权

党政机构不仅将权力垂直地伸入生产队,更同时横向地扩张到单纯的征税范围之外。大队领导的主要责任在于管理生产。对于上级的定额、指标和发展计划,他们负主要的传达和执行责任。据华阳桥种籽场的大队干部说,每年七八月早稻收获、晚稻插秧之后,他们即需安排下一年的生产计划。他们先计算口粮、种籽、饲料的“三留”,加上农业税,然后是按国家征购计划所必须出售的粮食。根据这些算出粮食生产指标,以此决定种粮面积和亩产指标。亩产指标不仅决定作物的抉择,而且很大程度上决定了种植方式:

是单季稻与小麦轮种,还是双季稻与大麦轮种,用什么种籽,怎样犁田和播种,施多少肥,诸如此类。这些抉择都是自上而下地决定的,体现了党政权力机构深入生产领域的结果。最成功的样板在试点之后便会被全面推广,这也由上面决定。然后大队领导要“计划”其他作物的种植,根据同样的顺序,由上级选定样板。例如在松江,1965—1976 年间在“消灭单季稻”的口号下,全县推广双季稻与大麦轮作制。这一制度在 1976—1977 年有所修正,当时的领导采用了“三三制”(即单季稻、双季稻、棉花各占三分之一)。在这样的管理体制下,村庄和农民个人对种植的作物是没有选择余地的(调查—Ⅱ—1,7,20)。

大队里的权力集中于党支委,一般由支部书记、大队长、大队会计和有时只是摆摆样子的妇女主任组成。大队干部称党支委为“总领导”,以区别于“条线工作”的领导。党支委通常每月开两次会,决定包括选任生产队长在内的大队里的所有重要事务,日常事务则由党支部书记和大队长做决定(调查—Ⅱ—21)。

据干部们说,大队主要有三种条线工作和领导。农业生产是“第一线”,由大队党支部书记和大队长领导。队办工业和副业是“第二线”。“第三线”工作由团支部书记、妇女主任(除其他事务外,主管计划生育)和民兵连长领导。这三线领导共同组成“大队管理委员会”。

这个规模较大的委员会不像党支委那样经常碰头,作用主要限于执行由较小的“总领导”决定的事务。这个委员会习惯上在 3 个生产大忙时期聚会,召集各小队队长、会计和妇女队长布置工作。3 个大忙季节为每年 7 月 25 日到 8 月 10 日的“双抢”——抢收早稻、抢插晚稻,11 月初至 12 月中的“三秋”——收棉花和晚稻(秋收)、种油菜和小麦(秋种)和交税(秋征),和从 5 月 15 日到 6 月底的“三夏”——收割小麦和油菜(夏收)、种植棉花和早稻(夏种)和交税(夏征)。每逢这样的大忙季节,大队管理委员会一般召集 3 次会议,主要为了宣布生产目标与计划,动员大队的二线领导和小队领导一起工作(调查—Ⅱ—21;Ⅲ—2)。

大队的组织原则是民主集中制,即在做出决定以前允许充分的“民主”讨论,但上级一旦做出决定便必须统一执行,这是共产党处理一切事务的原则。于是每一级的作用主要是执行逐级下达的指示,并加以细化。

党政机构还控制了产品的分配。在集体制度下,生产队代替家庭成了占有和分配的基本单位。过去一家耕作,全年收成即归自己;现在收成先归生产队,然后按工分分配。

如表 9.5 所示,华阳桥种籽场实行五级工分制,一般根据劳动者的年龄和性别而定。但这只是大致如此,体力虚弱的人可能只得较低的工分。尤其是上了年纪的人,体力差异很大,以至被访的农民开始时否认年龄与工分之间有任何联系。他们举了 75 岁的杨寿根(1910 年生)为例。杨仍能像年轻人一样挑 150 斤的重担,所以每工仍可拿 10 分。我在表里所列的年龄与工分的数字只是在我一再请求下,他们提供的一个大致的对应关系。

表 9.5　华阳桥种籽场大队记工标准(以年龄和性别为依据,1983 年)

年龄及性别		劳动力等级	工分	
			男	女
16		5	6.0	6.0
17		4	7.0	7.0
18		3	8.5	8.5
19		2	9.5	8.5
20		1	10.0	8.5
男	女			
61—62	57	2	9.5	8.5
63—64	58	3	8.5	8.5
65	59	4	7.0	7.0
66	60	5	6.0	6.0

出处:调查—Ⅲ—2。

备注:年龄均按虚岁计。体力特别弱者可定较低级别,特别强者可定较高级别。

工分制并不应用于所有的农活。在农忙时节,华阳桥对长时间的紧张农活采用一种较有刺激性的计件制。例如,插秧每亩可得 3.01(按插秧者原有的工分率折算),收割单季稻每亩 2.5 工,早稻或晚稻每亩 2.0 工(因其比收单季稻轻),小麦每亩也是 2.5 工。其他计件的农活还有挑秧、挑稻和挑塝。一个普通工作日为 6 小时,但农忙时人们一般工作 12—18 小时,因而也比平时多得两三倍的工分。在农忙时节,记工员到地里,手持笔记本和图表给每个人记工(调查—Ⅲ—2)。

年终时,生产队首先在总产中扣除农业税和“三留”,然后再分配。留种相当简单,按生产计划每亩单季稻留种 30 斤,早稻、小麦和大麦各留种 40 斤(调查—Ⅲ—20)。饲料则根据每亩粮田的养猪指标估算。集体化初期,指标曾定为每亩粮田 0.32 头猪,1975—1980 年间松江县已提高到 1.57 头,1981 年又降低到 1.31 头。在华阳桥,这些国家计划体现为每亩粮田留 250 斤左右的饲料;若以人口计,则大约折合每人一头以上,但 1983 年调整为每人一头。饲料主要用冬大麦(调查—Ⅱ—21;Ⅲ—1,8,9)。

口粮有两种算法。一是根据人均计算每亩粮田应留的口粮,数量因地因时而异。

表 9.6 华阳桥公社农民口粮月定额(1985)

年龄	口粮(斤)	年龄	口粮(斤)
1	8	11	28
2	10	12	30
3	12	13	32
4	14	14	34
5	16	15	36
6	18	16	38①
7	20	17	48
8	22	18	52②
9	24	19	63②
10	26	20	67②

出处:调查—Ⅲ—2。

备注:参阅表 9.4。

①此处指仍在上学;参加劳动后得 44 斤。

②从 18 岁起,定额根据劳动力等级而定。18 岁为 3 级,19 岁为 2 级,20 岁为 1 级。

华阳桥20世纪50年代时人均留480—520斤，80年代初期增至520—586斤，反映了当时国家粮食供应情况的改善（调查—Ⅲ—20）。

二是根据不同年龄而定（如表9.6所示），从1岁婴儿每月8斤到成年男劳力（20岁以上）每月67斤。

现金根据生产队的“余粮”分配。一般来说所有余粮按国家规定价格作为征购粮卖给国家。每家以所得工分总数为依据分得现金，并扣去分得口粮的现金值。

在管理与分配的作用之间，国家几乎没有留给农民自由抉择的余地。征购粮的定额一直很高。直至1984年，华阳桥种籽场每亩地口粮定额为500斤，饲料250斤，征购粮560斤。据此，粮食亩产（不包括种籽）指标是1310斤（调查—Ⅲ—21；Ⅲ—20）；而1983年3个生产队的实际亩产仅1314斤。制订计划者显然是锱铢必较。

党政国家权力的局限性

当然，党政机构对村庄的权力从来不是绝对的。不少著作已对村社的抵制行为做了论述（Oi，待刊稿；Shue，1988）。但是对生产大队和生产小队在一般情况下对经济活动享有的自主权不应估计过高。作物的选择是由上级决定的。即使有时上级的决定与村庄的实际情况不符，生产大队和小队的领导通常仍需执行这些决定。华北的沙井村就有这么一个相当突出的例子。沙井大队实行小麦和玉米套种已有数十年，但省里领导认为玉米如在小麦收割后下种产量会更高，因此下令在河北省内推广晚玉米。问题是如果玉米在6月的麦收后下种,因其稚嫩就无法承受华北七八月间的暴雨。1976年夏这项指令第一年执行时效果尚好,因为这一年暴雨较少,收成还不错。但是次年雨量又回复到往年的规模,刚出土的玉米苗严重受损。尽管如此,这项政策仍继续实行了两年。沙井村的农民被要求举一个"官僚主义"的例子时,马上举出了上述事件,称之为,"瞎指挥"。对他们来说,这是官僚主义一词的中心含义(沙井村访问,1980年11月)。

在华阳桥,1969年推广双季稻(继之以冬大麦)的决定也同样不符合实际。做规划者简单地认为土地使用密集化程度越高越好。对他们来讲,产量越高,国家的征购量就越大,生产成本和收益不在他们考虑之列。但过度密集化是以投入,尤其是劳动力投入的边际收益严重递减为代价的。在1977—1978年的改革中,农村劳动力一旦有了其他的就业选择,三熟制就显得不合理。该地首先采用了密集化程度较低的一半双季稻、一半单季稻的办法,到1985年完全放弃了双季稻。在改革的政治气候中,一个生产队长说,"过分密集化的政策只对国家有利,不顾农民"。

制订计划者是根据选定的作物做出产量指标的。例如,决定推广双季稻意味着亩产指标的提高,高到单季稻不可能达到的地步。而作物的选择和产量的指标又进而决定了选种、密植程度和肥料的使用等。生产队长的主要作用是执行上级做出的决定,本人没有决定权。

然而,这并不意味着"极权主义"模式推想的那种全能控制——把农民想象成机械般动作的人。那样,等于毫无怀疑地接受了宣传中所用的"大队""小队"之类的军事性词汇。一个生产队对作物选择或许没有多少自由，但怎样完成上级计划在很大程度上仍取决于他们自己。怠工或执行不力是抵制这些计划的一种办法。①

从国家的观点来看，计划的成功与否主要靠农民的自觉服从，而服从的关键是生产队领导。像华阳桥的生产队长所说的那样，队长的主要责任是分配社员每天的农活。平时，生产队长在每天早上六七时分配工作。农忙季节必须提前分配工作，一般是早上4时，而且因为农活很多，往往要花上两个小时来分配各人的工作。农忙时还需要在中午时分配午后的工作。如果队长在村里的威信不高，便会在分配和推动社员工作时遇到困难，所以党政领导在选择生产队长时必须慎重考虑到社员的意愿（调查—Ⅲ—4）。

于是，在选任生产队长时，大队干部一般都会征求队员们的意见。据何勇龙（1978年起就是华阳桥种籽场大队的主要领导干部）说，生产队长职位产生空缺时，大队党支部书记通常会“到下面去”一两天，和队里有影响的社员（一般是男社员，但总也包括一两名女社员）洽谈，然后由大队党支委做出决定，在生产队社员会议上宣布（调查—Ⅲ—4）。②

在农民看来，生产队长是与他们的利益最直接有关的人，比大队干部的影响直接得多。在这个层次上，不称职或懒惰的干部影响每一个人的收入。农民们因而相当严肃认真地选举队长。薛家埭等村的农民说，选举生产队长第一考虑生产技能和是否愿意带

① 维维尼·舒（Shue，1988）清楚地说明了旧极权主义模式的不足，提倡采用国家政权与社会双向相互作用的分析。

② 当然，总是存在一个专制的支部书记操纵支部委员会和只提拔唯唯诺诺的人的可能性。但是我们不要低估结构性的制约因素，因为生产队长如领导不力，提拔他的大队干部自身的工作亦会受到影响。

头干活，可以不考虑他（或是她，但非常偶然）的政治品质（调查—Ⅲ—13；Ⅲ—4）。

薛家埭的薛顺泉虽然不是党员，但从1961年起至1977年（除了1968—1971年去北方传授水稻种植技术）一直当第一生产队的队长。许步山桥的杨小发从1958—1977年当了20年的生产队长，并非因为他是共产党员，而是因为他精于农事，在队里受到敬重。从1956年到1968年，陆海堂领导西里行浜14年，而他到1974年才成为共产党员。他在农活上的知识和技术特别突出，以至在1979年被请到市办农业学校任教（表9.3，调查—Ⅲ—13；Ⅲ—4）。

通常每两三年对生产队长进行一次评议。由于村社内部比较团结，加上当选的队长都是大家同意的，薛家埭生产队（即第一生产队，由薛家埭和何家埭组成）和许步山桥生产队（第二生产队）的领导都十分稳定。薛顺泉和杨小发两人的长期任职说明了这个体制运行得尚称顺当。西里行浜（第三生产队）的队长一直到1969年，与上述两队一样稳定；但陆海堂离开后，无人能像他一样受到大家器重，所以此队的队长两三年即更换一次。

西里行浜的例子可以说明一些问题。陆海堂以后队长的频繁更换不是由上级任意决定的，而是由村社内部的不团结造成的。我们已经知道，西里行浜实际上是3个村庄。20世纪以来，高家埭和陆家埭在婚丧礼节上不相往来，而陆家埭和南埭彼此又颇有敌意。因此选择生产队长是一个相当复杂的过程。表9.7所示的3个主要生产队领导的名单告诉我们每次选择都要在陆姓与高姓社员之间取得一定的权力平衡。如果队长是陆姓，则副队长或会计必是高姓，反之亦然。

表 9.7 西里行浜生产队的主要领导(1956—1984)

任期始于	队长	会计	副队长
1956	陆海堂(党员[①],陆家埭)	陆海来(陆家埭)	高来根(高家埭)
1965		张厚昕(高家埭)	高永林(陆家埭)
1969	高永林(陆家埭)	陆茂元(南埭)	
1970			魏国签(可能党员,外来者)
1973	陆龙顺(党员,南埭)		
1974	陆金权(南埭)		
1975	李佩华(党员,南埭)		
1977	魏国签(可能党员,外来者)		高金云(高家埭)
1979	陆金权(南埭)		
1981	高金云(高家埭)	陆金权(南埭)	高火金(高家埭)
1982			高金弟(陆家埭)
1983	高火金(高家埭)		

出处:调查—Ⅱ—19。

①1974 年入党。

西里行浜内部的分歧是如此深刻,以至 1975 年该队为了调和各方矛盾,选了一位妇女当生产队长,这在华阳桥种籽场大队的历史上是绝无仅有的。李佩华是这些村庄中最受尊敬和有权势的人物之一。她在 1975 年入党,1978 年成为“妇女主任”,从而进入由 4 人组成的最有权力的大队党支部委员会。但是即使这样,她当生产队长时仍是困难重重。妇女们说,队里的一些男人有意不与她合作,李只好支配妇女去劳动,而她自己不得不干许多别人分内的活。两年生产队长当下来,她大为消瘦。接任她当队长的是一位在村里插队落户的“下放知识青年”魏国签。魏也同样遇到许多困难。他与住处的高家埭关系较好,但无法指挥陆家埭和南埭的陆姓社员。他也仅当了两年队长(1977—1978)。这些队长遇到的挫折,说明了国家政权在试图把一些不同的村社并入一个集体化单元时所遇到的困难(调查—Ⅲ—4,33)。

像薛顺泉、杨小发和陆海堂这类由村社的非正式领导而成为队长的农民往往是最成功的队长。也正因如此,他们对自家村社的认同至少不亚于对国家政权的忠诚。他们是家族和村社的一员,无法轻易地只充当党政权力机构的代理人。这一阶层的领导比任何较高层的领导都更具两面性,要同时对外部政权和内部村社都有所交代。

从薛家埭等村的经验来看,在生产队充当主要领导确实是一个吃力不讨好的差使。在国家政权与村社内部利益一致的情况下,工作较易做;但当两者发生摩擦时,第一个感到压力的是生产队长。杨小发和何金林(1962—1977 年间的许步山桥生产队会计)的经历说明了生产队领导的处境之难。据他们说,他们当干部最苦的日子是 1964 年华阳桥开展“小四清”时。县里领导决定派工作组发掘每个生产队干部的“贪污”,指标是“三个一千”:私留一千斤粮食、贪污一千元现款和谎报一千个工分。有一个从上海师范学院来的穆姓女干部负责薛家埭等村。穆先从生产队社员那里搜集材料,然后对杨和何进行质询。她“发掘”出一系列的“贪污”行为:这些干部在工作时间理发,应从他们的工分中扣除;他们开会时间也算工分,应只算一半,因为开会比干农活轻松;晚上的会议应完全不记工分。穆从杨和何的工分中分别扣除了三四十个工分(调查—Ⅱ—18)。

自那次经历以后,杨、何两人都不愿再当领导了。何作为一名会计,年终时应去大队办公室为来年的工作领取一本新的会计册,现在他拒绝去领那本册子。但是大队领导亲自把会计册送来,说服他继续工作。如此年复一年,每年都说请他再干一年。同时,杨也试图找别人代替他的位置,但是那人(杨秀堂)未能称职,大队干部又找上门来,用他的话来说,是"上面下来做工作"。他们用党员有为人民服务的义务之类的话来开导他,这样杨又当了许多年的队长(调查—Ⅱ—18)。

这里我们可以清楚地看到生产队领导与在他们之上、由国家派任的干部之间的根本区别。杨和何是因他们自身的技能和在自己村社内的影响而被选任的。作为生产队领导,他们大部分时间与同队的社员们一起劳动。他们仍是所属村社名副其实的成员。而且,像杨小发这样文化水平较低的农民绝少有晋升的机会——他当了整整20年的生产队长。

生产队长与生产队的关系因村而异。无疑有的队长在队里称王称霸,尽管薛家埭等村并无这样的事例。干部们指出,生产队在组织上是行政单位而非党的单位,所以生产队长不必像在党组织内那样通过委员会(即"集体地")去办事。在他的权力范围内,生产队长尽可自行其是,而不必与他的同事商量。

像杨小发这样的生产队长兼管许多生产以外的事情,因而也有滥用权力的机会。他要调解同族之内不能解决的(诸如较严重的婆媳吵架)而对上级来说又太琐碎的纠纷(有造成人身受伤和财产损坏的争吵按照规定必得由上级解决)。他可指定生产队副队长和会计,虽然在形式上要征得大队党支部的批准。他有全权选拔他的“工作班子”:妇女队长、记工员、经济保管员、粮食保管员和民兵排长。作为联系本村和上级的要员,上面分配下来的招工、升学等机会,由他推荐队里的社员去充任(调查—Ⅱ—18;Ⅲ—4)。

但是,就像党支书何勇龙指出的那样,即使享有这样那样的权力,生产队长仍是一个事多烦多的职务。当一个大队那样行政单位的干部和当一个生产队那样自然村落的领导,其间有极大的差别:前者是众人企望,后者是少有问津。也许正因为如此,薛家埭等村的社员对生产队长很少有怨言,批判主要来自上面,就像在“小四清”运动中那样。然而即使在那时,党政权力机构也不能为所欲为,因为生产队长是如此难找。最后,党支部不得不说服杨小发继续当队长(调查—Ⅲ—4)。

新的政治经济体制

明清时期和解放后的政治经济体制无疑有明显的连续性。中央集权的皇权国家机器从一开始就是以高密度的小农经济为基础的,这既是它税收的财政来源,又是它军队的人力来源。成熟的国家官僚机构转而建立为选拔官员的科举制度,从而造就了特点鲜明的中国士绅阶层。尽管不时地出现政治权力由国家政权向士绅阶层的转移,但在新王朝建立初期,中央集权的国家政权总会以扶持小农经济来打压士绅的经济势力。从这样的观点来看,解放后的国家机构或可看作经历一个世纪权力分化之后的中央集权国家政权的重建,而土地改革则是打压大地主经济势力并扶持小农经济的重大措施。此外,解放后党政权力机构总揽绝对的政治权力也与皇权时代的政权机构相似。以此类推,新政权有时也会显示出中央政权与地方官僚分权的趋向。①

但是,更明显的是两者的不同。皇权时代的国家政权虽曾企图,但从未成为像党政机构那样直接伸入自然村和每家每户的政权。我们不应把解放后的党政机构与皇权时代的国家机构混为一谈,前者的干部深入公社(乡)的层次,而后者的官僚只到县城为止。更重要的是,我们不要将1961年即有1700万党员并在每个行政村建立了支部的共产党组织与19世纪中期的110万士绅相提并论(Schurmann,1968:129; Chang[张仲礼],1955)。

也许最重要的是新的党政机构横向权力范围,在理论上和实践上均与皇权时代的国家权力有本质上的不同。皇权时代的国家政权主要关心税务和保安,先后表现为里甲制和保甲制。无疑,国家政权对经济的干预达到了近代以前国家很少达到的程度。皇帝亲行务耕仪式,间或下达劝农的诏旨,以示关心农村经济。国家还实行盐铁专营,并试图控制粮价。但专制皇权即使在理论上也从未企图直接控制农民的棉布和粮食买卖,计划和直接管理经济的各个部门,并为每家农民决定种什么和怎样种等。当然,党政机构必须考虑到农村社会的实际情况,不可能为所欲为。但是从历史的长远观点来看,突出的特点是计划经济代替了任其自然的小农

① 维维尼·舒(Shue)1988年著作的第三章剖析了历代王朝的士绅与今日干部的类同点。

经济,以及伴随着这个变化而来的政权结构上的转化——由皇权国家机构转为控制着每家每户经济抉择的党政机构。

正统马克思主义对国家政权的解释主要立足于生产关系。因此,中国官方观点认为中国历代王朝的国家机构是“地主统治阶级”的代理人。土地改革消除了地主阶级和专制皇权赖以生存的“封建”生产关系,而集体化则消除了“小资产阶级”的私有财产和阶级剥削关系,从而开创了“社会主义”和代表劳动阶级利益的国家政权。

我们事后回顾,社会和财产关系上的这些变化虽然极其重要,却并没有完全显示国家与社会权力关系中发生的关键性变化。土地改革本身并不一定意味着国家权力延伸到行政村的层次,就像集体化也不一定意味着它更进一步延伸到自然村内的每家每户。国家政权的垂直延伸只有通过党政权力机构的特点才能充分理解。①

更重要的是,国家政权对生产关系的干涉并不一定意味着国家权力惊人的横向扩展。不管是自耕农还是集体化农民,都有可能具有经济的自主权。关键不是国家政权介入社会关系,而在于其积极介入经济领域,先是控制商业,然后夺取农民家庭的经济抉择权。“社会主义”一词不能恰当地表达这样的干预,只有通过指令性的计划经济的事实才能理解。

国家政权如此干预经济当然有其历史根源。解放后的国家政

① 此处我同意安德鲁·沃尔德(魏昂德)(Walder,1986)关于列宁主义式国家政权机构与工厂工人间关系的分析。但是车间与村庄有巨大的不同。沃尔德分析党和分散的工厂工人的关系所用的“主人顾客”模式不可机械地套用于分析自然村,因为生产队长往往是同队社员的叔伯、堂兄弟或侄甥。西里行浜生产队长的诸多变迁显示了同族关系在华阳桥的国家政权与农民关系中的作用。

权在一定程度上仍将农民和农业经济视为主要的财政税收和军队士兵的来源,这方面它与旧的农业国相似。农村的剩余仍是农业外人口与粮食的来源。然而新的国家政权对农村的提取率却高于过去的政权。从农业产出中直接提取的农业税税率差距不大,但征购的粮额远高于过去。1953—1957 年间国家提取的粮食(农业税加征购)足足占粮食总产的 27.6%。更重要的是,党政权力机构对农业经济的干预远远超过单纯地提取剩余,而是进而囊括了经济管理权和分配权。

在历代王朝由国家政权、地主士绅和农民三角结构所形成的多元关系中,最重要的是地主和农民的关系。与地主无处不在的影响力相比,国家政权在广大社会中的作用相形失色。然而,随着解放后国家权力的扩展,最重要的关系已改换成国家政权与农民的关系。今天社会领导阶层对党政机构的依赖远远超过了往昔的地主士绅。在分析解放后的中国时,我们必须比分析中国历代王朝更多地集中考虑国家政权所起的作用。

1978 年后的变化

1978 年以来的改革使薛家埭等村的生产队长的作用大减,因此党政权力机构对村庄的纵向和横向的控制也相应减退。这一过程开始于 1978 年 12 月的十一届三中全会以后生产队干部的年轻化和知识化。在华阳桥,老的队长们都被更换了。许步山桥的杨小发(1931 年生)让位给了年轻一代。1978 年吴明昌(1950 年生)接替他当了队长,1980 年又由杨的儿子杨银龙(1960 年生)接替,然后吴明昌在1982年重当队长,1983年又由何国华(1960年生)接替。薛家埭生产队的情况与此相同,薛顺泉在当了17年队长后离职。在西里行浜,年轻人也出来接替老队长,尽管该队因村落分歧问题,队长早由年轻妇女和下放知青充任,故变化不那么突出。

薛家埭和许步山桥在1978—1985年的6年间队长更换了4次(表9.4)。这种频繁的更替与以前的稳定形成了鲜明的对照。事实上,出任队长的年轻人很少称职。据杨小发本人说,他选吴明昌当队长是因为明昌懂行,而且看来还认真负责。杨早在1974年就选了吴当副队长。但是,杨说吴明昌当了队长以后却显得自私,无法取得大家的信任,所以1980年由杨银龙接替了吴的位置。但是一个年仅20岁的青年怎能充当此任?对此,负责这项任命的大队党支部书记何勇龙说:“银龙工作积极,而且他父亲可以帮他一把。”杨桂明被选为会计也是出于同样的逻辑。桂明的父亲杏才是村里除了何金林外唯一受过相当教育又会记账的人,所以何支书选桂明当会计一方面考虑到遵循上级指示,另一方面也是考虑到他父亲会帮他完成任务。

这些老队长的后任显然不甚称职。杨银龙和杨桂明两人在1982年都下任了。吴明昌在承认错误后重新当了队长;而此时已22岁的杨银龙虽对农事不甚内行,但他受过相当教育,能够记账,因此被选为会计。但是这些安排又未能持久。吴明昌因养兔有术,而当时养兔正成为长江三角洲热门的家庭副业,因而被召到大队里去负责养兔。

整个集体制农业当时正经历着根本的变化。1982年秋天开始了“联产到户”(也称“联产承包”),首先把旱地作物的农田管理责任分到各户农田,次年水稻田也照此办理。[①] 田地的分配由抽签决定,每块田有预定的产量指标和工分值,依作物种类而定:早稻、小麦和大麦每亩 30 工,晚稻 35 工,棉花 80 工,诸如此类。年终时各承包户按工分领现金,产量超过指标的可得超产的 50%奖金,产量低于指标则赔偿不足之数的 50%(调查—Ⅲ—20)。

1985 年实行了“包干到户”或称“大包干”的新制度。产量指标和奖罚都被取消了,每家以人口和劳动力为基础承包田地。理论上每家可自己决定责任田上种些什么,但实际上仍有许多义务。农业税当然仍须上缴。1985 年和 1986 年间免去公粮,但这主要不是为了扩大农民家庭的经济权,而是因为连续数年的大丰收造成大量粮棉积存的局面。好景不长,1987—1988 年度因粮棉短缺,国家征购制度重又恢复,这种制度现在婉称“合同”。华阳桥种籽场卖给国家的粮食定额在 1985—1987 年间由每亩 500 斤降至 100 斤,现又上升至 300 斤(调查—Ⅲ—20;Ⅳ—4)。

上述两种制度显然都不能视作自由市场家庭农业。华阳桥的作物抉择号称由农户自行决定,事实上仍在很大程度上由上级指定。拖拉机犁田、电力灌溉和喷洒农药都得多块农田同时操作,因此仍由大队组织的集体服务队负责。此外,华阳桥的水稻种植的反内卷化早在集体制下的 1977—1978 年间开始,由双季稻改为单季稻,后来也是在集体计划下又进行了一些调整,费劳力而效益低

① 水稻种植转向个体农户生产至为困难,因为 7 月底 8 月初必须抢收早稻和抢插晚稻,时间压力极大。稻子还必须抓紧脱粒,否则未脱粒的稻子遇到淫雨很快就会霉烂。过去脱粒由集体合作,昼夜兼进。在家庭责任制下,很难组织及时收割、脱粒和插秧。

的双季稻和棉花在1987年已几乎完全不种了。但是1988年因国家短缺粮棉,政府又重令农民种棉花(调查—IV—1)。

沙井村农民家庭更少有自由抉择的余地。家庭联产承包责任制直到1985年才开始实行,而且只实行了两年。1987—1988年间,顺义县实行试点将家庭承包地重新并入较大规模的农场。沙井组成了一个有400亩田的集体农场,由场长直接管理,在乡里指令下计划生产。场长管理下的18个劳动力若超指标场长得赏,反之受罚。这个制度使人联想到旧日的生产队组织。实际上,连对男女农工10∶8的报酬比率也一如从前,只是更改了名称而已(沙井村访问,1988年6月28日)。

薛家埭等村和沙井村那种"半集体化"的模式显然并非仅仅发生在大都市附近的乡村中。普特曼(Putterman,1989:23)就曾报道过,在较为偏远的河北省获鹿县调查某公社,耕作仍由服务队进行(领取固定的报酬),干部们仍继续指挥农户的生产细节。

当然,在某些地区改革赋予农民家庭相当的抉择自由,肯定多于沙井村。美国学者在广东调查的一个大队1985年实行承包土地15年制,不像薛家埭等村那样每年轮换。政府还允许农民以现金或到市场购买粮食交付征购粮,集体的拖拉机和脱粒机亦拍卖给社员了(Potter and Potter,待刊稿)。

在本书写作时,从中国官方的信息中尚无法清晰地分辨实行家庭责任制的不同形式和程度。1984年的《统计年鉴》(第131页)只简单显示,到1983年年底已有94.2%的农户纳入了"大包干"生产制度。我们必须等待更多的实地调查研究来推测中国各地执行新制度的情况。根据现有资料,我们只能指出农家在改革下实际拥有的自主权在各地不一,而不可简单地把家庭联产承包责任制等同于自由市场的家庭耕作制。

然而以国家政权与农民的关系论,改革显然减弱了生产队长的责任和权力,即使在薛家埭等村也是如此。与他们的前辈不同,新的生产队长们并不需要安排每个社员的工作,因为现在每家每户自行管理责任田,而机耕、灌溉和喷洒农药则由大队服务队负责。改革的后果之一是生产队长不必谙于农活。例如,代替吴明昌当队长的何国华之所以被选中,是因为他是大队党组织的"培养对象",在当大队团支书时显露了领导才干而被组织视为将来可以提拔的人才。正像何支书解释的那样,在改革中生产队长只需传达上级指示,而不必直接领导农业生产。

年轻的领导与自家村社及与党政权力机构的关系也不同于过去。这些年轻的队长与他们的父辈不同,都受过相当的教育并有可能升任较高的职位。70 年代末期以来农村居民中的"最优秀者"获得大量的农业外就业的机会,使村庄中的年轻人都企望摆脱艰苦单调的种地生涯。结果生产队队长的职位被视作晋升和脱离农村的机会,而不是过去那样无人问津的服务差事。杨小发是在旧制度中长大的,通过革命动员而当上队长。他作为一名过去的贫农是深信共产党的;但作为一名没有文化的干部,他并无可能在党政国家机构的阶梯上晋升。20 世纪 80 年代的青年人则完全是另一种人。他们并没有他们长辈的那种对革命和对党的忠诚。他们所受的教育又使他们企望比当农民要好的生活。何国华仅当了一年党的"培养对象",而杨桂明只想钻出农村。既然没有能力通过考试途径脱离农村,就希望通过干部途径找出路(调查—Ⅱ—4)。

对薛家埭等村的一般村民来说,党政权力机构在村内的代理人从中年的长期领导杨小发换成青年的短期领导吴明昌和杨银龙,正意味着国家政权的收缩。生产队长的权力从安排每人的日常工作变为仅仅记工和传达上级指示,显然意味着组织权威的削减。然而,在华阳桥,计划的和集体的经济体系仍在相当程度上继续着。

第十章　集体、家庭与副业生产

在集体化时期，家庭生产单位的重要性虽然明显减弱，但在各种副业生产中仍得到维持。比较并存的家庭和集体劳动组织形式，我们可以看到两者共同的以及不同的特征，并可以进一步理解家庭生产单位为何在农业中戏剧性地重现。

内卷化的倾向

在某些方面，集体农场不过是旧有家庭农场的扩大。若干家庭(1982 年时平均为 30 户;《中国统计年鉴》,1983:147)组成一个生产队，成为一个单一的所有权单位。① 与家庭农场一样，它既是

① 在这方面，集体生产队相当明显地不同于国营农场和国营工业企业。在理论上，后二者属于“全民所有”，其职工得到的是全国统一的标准工资。集体生产队则是一个独立核算单位，不管其他的集体和国营单位情况怎样，它根据自己的纯收入向成员分配。

一个消费单位,又是一个生产单位。其生产粮食的大部分用于满足本队社员的消费。因此,集体单位的经济决策,同样是同时根据消费和生产决定的。

集体生产队与家庭农场一样可容忍比资本主义企业低得多的劳动边际报酬。确实,在生存压力和劳动力多余的情况下,集体农场在逻辑上会不断地投入劳动力,直到其边际产品趋于零。劳动力边际成本并不构成一个考虑因素,因为集体生产队和家庭农场一样,劳动力的数量是既定的。不同于在自由市场上因利润极大化要求而雇用的劳动力,集体单位犹如大家庭,不能解雇其过剩劳动力。

我曾在《华北的小农经济和社会变迁》中指出,在解放前的河北及山东西北部平原,与占耕地面积10%、劳动力近乎资本主义式组织的、适度规模的经营式农场相比,家庭农场中约有三分之一的劳动力是过剩的。这意味着要是按资本主义方式改组家庭农场,在相同的条件下会立即导致三分之一的劳动力失业。由此来看,集体制的劳动力组织与确保人人有饭吃的革命纲领是一致的;它为每个人提供就业机会,即使以相对的低效率和就业不足为代价。集体组织形式不容忍部分人失业,哪怕这意味着其他劳动力更有效的使用。在这样的劳动力组织形式下,一个集体单位的剩余劳动力其实只有近乎零的机会成本。于是,只要边际产品大于零,劳动力的继续投入是合乎经济逻辑的。

这种内卷化倾向又因集体生产单位的另一特点而增强。在制订计划的人看来,重要的是总产量,国家的税收和征购额是与此挂钩的。产量越高,国家征收得越多。因此,过分积极的计划干部总是督促集体单位尽可能地增加产量,不顾社员的利益。在下一章,我们将考察国家政权驱使生产内卷化的一些具体例子。

另外,集体单位个别的成员本身也不会反对国家政权推动的生产内卷化。他们的报酬是按累计工分的现金值计算的。生产队净产值总额除以所有队员的工分总额即得出工分值,因此他们的收入与劳动力投入的平均产值相联系,与边际生产率无关。

劳动力核算

家庭农场的劳动力不容易细分为若干单位。男劳动力的活随季节而变动,妇女和儿童在需要时帮忙。全家整年的劳动形成一个有机的整体,其报酬则是全年的总收成。计算单位劳动成本和报酬的资本主义式会计不适用于这样的生产组织。在这一意义上,生产队类似于家庭农场:全体成员的劳动报酬是总收成扣去税金和开支,但是两者的相似点仅此而已。集体制下劳动力是以工分计酬的,每户按全家出工总数从集体分得一部分产值为酬,而不是像家庭农场一样,直接以收获为酬。

这一制度大大改变了农村妇女的生活。在华北和长江三角洲,妇女过去主要根据需要干一些辅助性农活。即使在农业生产家庭化程度相对高的长江三角洲,妇女也远不是每个月全天下地干活的。集体工分制的出现把妇女完全带入农业生产,按她们的出工情况计酬(虽然其报酬实际上是付给户主的)。薛家埭等村的老年妇女说,这一变化始于 20 世纪 50 年代初、中期的互助组和初级合作社。自那时起,“不干活,就没有工分”(调查—Ⅲ—10)。[①]在华北,妇女过去几乎不下地,这一变化意味着农业劳动力成倍增长。即使在长江三角洲,农业劳动力也因此显著增加。下一章将谈到,50年代末和60年代这一变化强烈地刺激了农业生产的高度密集化。

诚然,妇女与男子并不同工同酬。在华阳桥种籽场大队,妇女每天至多8.5分,男子则10分。性别差异还影响工作安排:在华阳桥,棉花种植成了妇女专门的活;只有最重的部分——犁地——才由男子干,用的是大队的拖拉机。妇女队长的主要职责就是棉花的管理和收获。因为棉花种植是妇女的活,所得工分要低于种植粮食作物。

女权主义者曾指出集体制度下男女待遇的不平等。农村妇女说,插秧时节男子干完挑一担秧的“重活”后就在一旁坐视,妇女则花半天时间插这担秧。脱粒和碾谷时,男子拉来机器,余下就由妇女干。在原则上这种分工是基于体力的不同,但实际上电泵站操作员只需开闭电门,其余时间可以坐在一边抽烟,而妇女们却趟着泥水,掘烂泥引水(参阅Wolf,1985:第4章)。再则是喷洒农药时,一个男社员坐在马达旁休息,十几个妇女却拖着沉重的橡皮管,冒着毒雾喷洒农药。对于这种情况,在体力区别的说法之外,又加上了更不合理的技术不同的“原则”。

然而,从历史角度来看,我们要注意到两个事实。集体制下妇女干农活比家庭农场制时多得多,而且她们得到了报酬。诚然,性

---

① 但是许步山桥的妇女回忆说,在此之前她们已开始干较多的农活,因为土地改革给村里多数家庭加分了土地(调查—Ⅲ—14)。

别的等级区分仍然存在，现实仍离男女完全平等的革命理想很远，但是我们同时要考察到妇女参加生产的社会效果。

报酬虽仍付给男户主，但每个家庭都明确知道一个新参加生产的16岁女儿对全家工分收入的贡献。我们不应低估男女分别独立计酬制度的作用。1985年时在乡镇企业工作的华阳桥年轻妇女开始直接从工作单位领取工资。与过去从分给全家的工分收入中间接得到报酬大不一样，现在她们有了可与城市姐妹相比的经济自立。但是这一变化很少有人注意到，因为男女分别计酬的惯例早已确立。

集体制下妇女劳动力的价值也要比家庭农场时高。旧时薛家埭等村的妇女帮助干农活，从事家庭手工业，而人们几乎觉察不到她们工作的价值，因为一个农家一般并不意识到她们劳动力的成本。但一个生产队则必须对这种劳动按规定付工分，这就是集体化时代一些低收入、业余、辅助性的工作仍由个体家庭而不是由生产队干的原因。从集体单位的观点来看，家庭劳动力更便宜。

集体制下的副业

家庭生产主要以所谓的"家庭副业"的形式维持下来。[①] 这是一个很贴切的词，因为它表达了这种生产的逻辑要义：是主业农业

① "副业"一词有两种不同的含义。在县、公社、大队各级地方统计中，副业指种植业（即狭义的农业）和工业以外的所有生产。除了家庭手工业，还包括种自留地和养猪，也包括集体副业，诸如奶牛、造林、鱼塘。我在这里用的是这一含义。另一方面，国家统计局对副业所下的定义较狭窄，不包括畜牧、林业和渔业。

的补充,利用的是空余时间的劳动力和农业副产品。

自留地

自留地是副业生产重要的和显而易见的形式。农户主要用来为自己种蔬菜,有时也会将蔬菜拿到自由市场上做小买卖。劳动相对密集的蔬菜种植很像园艺,需要无数细小的活计和不断的照应。在宅旁的小块菜地上,人们可以连续种几茬不同的蔬菜,宜于利用闲暇时间种植。人们可以在白天参加集体生产前在自留地上施点肥,在午休和黄昏收工后妻子做饭时去浇水和锄草。有时孩子和不下地的老人也可被叫去锄草割菜。唯一需劳动力较多的是下种,但可以集合一家老小一起动手。工作的动力是对收获的期待,就像解放前的家庭农场。

在整个集体化时代,唯有在"大跃进"时华阳桥一度废除过自留地。那时想把乡村变成工厂一样的生产单位,所有的自留地都划归公社,组织了一个种蔬菜的专业大队。但是这个新单位很快在劳动力、蔬菜贮藏、运输和供应方面遇到困难。不过 3 年,到 1962 年这个大队便被解散,恢复了自留地。此后农村消费的蔬菜多半是家庭自种的。薛家埭等村的一个例外是,1966 年许步山桥的生产队长把 6 个特别有经验的老农组成一个专业队种蔬菜卖给国家,这成为一个利用老年劳动力的可行方法。这个蔬菜专业队维持了将近二十年,1984 年这个队的社员们决定解散,因为国家收购价和自由市场价格之间差距拉大了,各自分种后到自由市场上卖出获利更多。薛家埭等村的家庭自留地在 1962 年调整后平均面积为0.15亩（“大跃进”前为0.05—0.08亩），1979年以后又调整为0.12亩。即使在“文化大革命”期间，这些地块也未再遭冲击（调查—Ⅲ—23，26）。

自留地上的剩余产品在“自由”的集市上出售。在华阳桥镇的自由市场上，蔬菜是最主要的商品，1982—1984年间占交易总额的20%（其他主要商品是鱼约占17%，禽蛋占10%）。私人在集市设摊每次的毛收入平均约十元，通常清晨四时半开市，至七八时收摊。这类自由市场合计约占零售商品销售总额的5%，[①]作为国营商业的补充。20世纪80年代中期，自由市场蔬菜价格上升，卖菜变得越来越赚钱。华阳桥种籽场农民在1985年和1988年的两次调查访问中说，利用闲暇时间种菜卖出，一年可净得200元。与此相比，截至1934年，许步山桥蔬菜队的社员，花去全部的工作时间，一年才赚得400元（调查—Ⅲ—26，Ⅳ—1）。

唯有在专业化和资本化程度较高的生产中集体副业才胜过家庭生产。在20世纪80年代改革下的长江三角洲的大部分地区，集体的积累仍比“专业户”的资本积累得到当权者的偏爱，原因是社会主义理想中的平等观念：“苏南模式”代表了“共同致富”的道路（陶友之，1988）。

社办梨园是集体副业的一个样板。社办梨园创办于1958年，经受了1962年严重水灾后幸存下来，从1964年开始获利。到20世纪80年代，这个集体副业拥有70亩土地，18名职工，一年毛收入八九万元，净盈利3000—6000元，在解散集体单位的高潮中仍然

① 这一数字引自张雨林和沈关宝1984年的文章，所指的是吴江县附近的震泽地区。

维持了下来(调查—Ⅲ—23)。

华阳桥公社另一集体副业是种蘑菇,特别是出口需求较大的草菇。总面积约两千平方英尺的3间温室是个适度规模。在劳动最密集的阶段每天必须耗用3万斤堆肥和1万斤麦草,使用12名职工,单个家庭是办不成的。当地1971年起种蘑菇,几经波折:1973年用于蘑菇房的总面积达16万平方英尺,到1978年逐步缩减到2万英尺,在其后的几年中又大幅度上升,1983年达到23万平方英尺(调查—Ⅲ—23)。

集体副业企业的其他样板有创办于1980年的西里行浜生产队的15亩花木苗圃。后来(1984年)大队又建了12亩花圃和50亩鱼塘。这些企业创办于农业中实行“分田包干”之际。这表明在长江三角洲,规模较大、资本较密集的副业生产中,集体组织是顽强和有效率的。但是,同样明白的是,如果种蔬菜供家庭消费和自由市场出售,家庭生产比集体生产经济。

养猪

同样的逻辑也适用于养猪。薛家埭等村农户养家畜,部分用经供销社加工过的本大队产的大麦,部分用自己的副产品,尤其是碾米的副产品谷糠(分来的口粮都是未碾的稻谷),加上铡碎的稻草、青草等“粗饲料”。大部分活是饭前饭后抽空干的。

“大跃进”时期,全公社所有的猪都集中到一个社办饲养场。饲养场盖了三百余间临时猪圈,每间养七八头猪。但是问题立刻产生了——公社没有各家碾下的谷糠作饲料。想烧牛粪作饲料,可是行不通。同样，公社不能再利用农户闲暇劳动力做厩肥，这需要在猪圈中多次垫草而成。养猪场本身只能产出少量的肥料，而这样的肥料正是当地农作中的关键要素。最后临时猪圈因雨倒塌（有的猪逃出了猪圈）。这一不合理的尝试不到两年便收场了（调查—Ⅲ—23）。

此后，集体只经营特殊性的养猪：公社养种猪，大队养母猪。公社的种猪场在1985年时有90余头种猪。每头种猪一年可产20头左右公猪，其中约40%质量好的可作种猪出售或留养，其余的阉作肉猪。华阳桥种籽场大队的母猪场成绩也不错，1985年养了40头母猪，一年至少产仔600只，足以完成一人一猪的下达指标。作为中国肉食以及农业有机肥料主要来源的普通肉猪，一俟“大跃进”结束，便全归农民家庭分散饲养（调查—Ⅲ—23；Ⅱ）。

农民们指出，国家在整个集体化时期将猪肉价格定得很低，即使利用空余时间、用家里残渣剩饭作饲料，养猪仍无利可图。1984年时，一只仔猪30元。四五个月内每天要喂3斤买来的加工饲料，共360—450斤，每斤0.14元，共需50—63元。此外，小猪耗用200—300斤糠，值16—20元，200—300斤粗饲料，需加工费7—9元。小猪养大如需4个月，成本为103元；如养足5个月，则达122元。4个月的肉猪平均重150斤，国家收购价每百斤68元，故一头猪平均卖102元。于是多数农民甚至做不到收支相抵，更不用说盈余了。在他们看来，养猪主要是为了肥料。但是在集体化时期，这种刺激是间接的，因为肥料供应和使用的责任是集体承担的。因此我访问的农民中，除了一人，都说这是他们不愿承担而国家硬加的负担(调查—Ⅱ—6)。[①]

然而,在 1949 年以后的 35 年中,国家政权仍能将华阳桥的生猪头数从平均每户一头增加到每人一头(满铁上海事务所,1940:表 8;调查—Ⅲ—1)。全国的生猪头数在大体相同的时期内从 5800 万头增加到 30 100 万头,增长了五倍多(刘敦愿和张仲葛,1981:105)。国家取得这一成绩靠的是行政指令,和它看来最廉价的办法——利用家庭的剩余食物和闲暇劳动力,而非商品饲料和拿全酬的正式职工。

集体生产胜过家庭生产之处是在奶牛业。对中国的小农来说,养奶牛需要较多的投资和较特殊的技术。华阳桥公社曾经多次试养奶牛,用过集体方式,也用过个体方式。"大跃进"时期,公社投资买来 24 头奶牛,甚至花了 3000 元买了一头特种荷兰种牛,但是进展一直不顺利。1963 年年末,牛群因食用变质土豆中毒,几乎全部死光,11 头幸存的小牛后来都卖给奶牛场职工了。直到 1976 年,公社领导重用对养牛特别在行的社员沈雪堂,方始成功。靠沈雪堂的技术,公社奶牛场到 1985 年时扩大到二百余头奶牛,每头日产奶 50 斤以上,供应附近的松江县城。奶牛场使用 40 名职工,年总收入 100 万元,纯利润 12 万元。这个成功的高报酬集体副业与低报酬的私人养猪形成对照(调查—Ⅲ—23)。

---

① 讨论这个问题的 9 个农民中,唯一持不同看法的是吴仁余。他对养猪显然有专长。他称能在 4 个月内把猪养到 200 斤。他自豪又有点神秘地说,养猪赚钱的诀窍在于精粗饲料的恰当搭配,以及准确地把握母猪交配的时机。不过,这显然是一种专门知识,其他农民很少拥有。

家庭手工业

有些家庭手工业在集体制下维持了下来。由于国家对棉花实行强制性的征购,国营现代棉纺织厂又迅速发展,传统的家庭棉纺织副业在20世纪50年代基本上已消失。在薛家埭等村,取而代之的是制草绳和编草包。

解放前当地只有很有限的草制品手工业。在日本人调查时还很常见的草鞋,到1949年已因农民逐渐多穿胶鞋而衰落。只有少量制草绳的手工业还保留下来。一户人家干一整天,可手搓草绳十斤左右,仅值0.75元。

集体化意外地在这一家庭手工业中注入了新的生命。集体可以购买单个农民买不起的机器。有了手动的摇绳机和脚踏的织包机,一个男子和一个妇女搭档使用机器,儿童在草包上装带扣,一个家庭干上两整天可用100斤稻草生产出70斤草绳和30只草包。草绳每斤0.08元,草包(质量一般的)每只0.35元,全部产值约16元。如果不计机器的费用,这一产值几乎等于净收入,因为稻草作为水稻的副产品,每百斤仅1.20元(调查—Ⅱ—16)。

许步山桥生产队在集体化初期购入了5套机器,本来可以设立一个工厂式的生产单位,将所有的机器和职工集中在一个地方,但队里最后决定采用计件家庭生产的办法,因为对它来讲这样做劳动力成本比较低。队里把国家下达的每户300只草包的生产指标与稻草一起分配到各户,按每30只包6个工计算报酬。诚如妇女们所说,踏30只包需要的劳动实际上超过6工。按下地的标准,每工是6小时,集体的工分制也按此计算。但踏包一般一天干12小时,与插秧和收割的农忙季节相仿(而农忙时社员干一天一般至少算2工)。因此,单是夫妇俩两整天的劳动就至少值7工,儿童帮助干的零星轻活还不计在内。因此,用计件制国家和集体都节省了不少劳动成本。

但国家对草制品的定价还算相对地慷慨。在集体化的大部分时期,许步山桥一工的现金值平均一元左右(参阅表11.4);草编手工业每天带来约一工半的收入。此外,由于国家下达的指标远低于该村的生产能力,而国营商店的需求量则实际高于下达指标,故农民可再以个体手工生产增加收入。据村民说,每家由此一年可净得约200元,是个把月高强度劳动的报酬。

20世纪60年代中期的两个变化导致草编手工业的衰落。一是由于国民经济的不断发展,出现用其他材料制的绳索和织包,草制品的销路相应减少,国营商店因此减少了订购。二是由于国家锐意推行双季稻,单季稻基本不种,因此稻草供应也发生了问题。据农民说,双季稻稻草质地和用途不如单季稻。结果松江县的草包生产从1957年的1200万只和1964年的1700万只减少到1971年的100万只(这一生产后来虽稍有恢复,但从未接近于五六十年代的水平,1979年的产量仍只有500万只左右)(调查—Ⅲ—16,23)。

表10.1　华阳桥公社和种籽场大队的结花(1968—1985)

年份	华阳桥公社		种籽场大队	
	结花人数	产值(元)	结花人数	产值(元)
1968	1000	53 900		

续表

年份	华阳桥公社		种籽场大队	
	结花人数	产值(元)	结花人数	产值(元)
1969	1300	85 773		
1970	1450	72 834		
1971	1030	49 587		
1972	1200	73 316		
1973	1400	87 789		
1974	2300	108 231		
1975	2000	81 328		
1976	2700	213 124		
1977	2900	257 175		
1978	2100	92 606	80	5500
1979	3000	215 495	90	7100
1980	3400	321 923	90	7600
1981	4600	693 229	93	9300
1982	6100	811 722	93	11 200
1983	6000	339 418	60	5100
1984	2900	164 000	20	1050
1985	1260	17 700	2	250

出处:数字由公社和大队会计提供。

此后,旧有的传统家庭手工业留下的只有妇女空闲时间的结花和针织。这是通过与寻求廉价劳动力的国营和集体企业订合同生产的。这种工艺20世纪60年代末出现在华阳桥,起初主要限于镇上的妇女,主要是为上海工艺品进出口公司钩花边。一个妇女若把所有的空闲时间都用于此,一天平均可收入1元,当时这足以刺激公社内两千名妇女投身于此(表10.1)。但是70年代末新的小工业出现于镇上,增加了社员的就业机会,镇上的妇女遂不再愿意干这个活,此后大部分由村里的妇女接替(一度还编草帽和垫子)。据农村妇女说,一个好手一年可挣 100 元左右,增加了家庭农业外的收入。这是薛家埭等村家庭副业中的第三个大项。

农业劳动力的紧缩

家庭副业一直与集体农业并存,直到农村工业化出现和家庭辅助与闲暇劳动力的机会成本上升,才受到挑战。20 世纪 50 年代妇女被充分地动员到生产中去,农村劳动力供应爆炸性地扩展,其后稳定下来,直至 60 年代后期因解放后生育高峰时出生的孩子达到就业年龄而再度激增。如表 10.2 所示,华阳桥种籽场大队各村劳动力占人口的比例不断上升,从 60 年代中期的 40%左右增加到 70 年代末的 60%以上,对面积固定的耕地形成了巨大的压力。唯有劳动力从农业向工业转移才能减轻此压力。在五六十年代,只有屈指可数的村民得到农业外的就业机会,其作用微不足道。70 年代情况略有改善,但即使是门路最多的薛家埭也远不足以解决就业不充分的长期趋势。

只是到了 20 世纪 80 年代,华阳桥乡村工业充分发展,才有明显的改善:到 1985 年,3 个生产队的 308 个劳动力一半以上在农业外就业,社办企业和大队办工厂各占其半。在公社一级,新兴的住宅建筑工业影响最大,使用了 23 人。在大队一级,锁厂的兴建为薛家埭等村各村村民提供了 58 个工作职位(见表 10.3 和附录表 D.4)。

表 10.2　华阳桥种籽场大队人口中务农劳动力的比例(1965—1984)

年份	薛家埭生产队	许步山桥生产队	西里行浜生产队	三队合计
1965		0.43		
1966		0.41		
1967		0.42		
1968		—		
1969		0.44		
1970		—		
1971		0.59		
1972		—		
1973		—		
1974		0.52		
1975		0.52		
1976		0.54		
1977	0.54	0.66	0.55	0.58
1978	0.53	0.66	0.60	0.59
1979	0.63	0.57	0.60	0.61
1980	—	0.61	0.68	—
1981	0.49	0.58	0.61	0.56
1982	0.47	0.59	0.62	0.56
1983	0.57	0.38	—	—
1984	0.39	0.33	0.38	0.37

出处:务农劳动力和人口数由大队会计提供。

这样的农业外就业比例终于减轻了土地上的压力,使其在 20 世纪 70 年代大力推行的计划生育充分发挥作用以前赢得了喘息之机。

表 10.3　华阳桥种籽场大队的人口和全劳动力(1965—1987)

年份	薛家埭		许步山桥		西里行浜		总计	
	人口	劳动力	人口	劳动力	人口	劳动力	人口	劳动力
1965	144		120	[51]	137		401	
1966	145		120	[49]	139		404	
1967	153		118	[50]	141		412	
1968	160		122	—	149		431	
1969	160		124	[54]	159		443	
1970	167		128	—	158		453	
1971	167		127	75	158		452	
1972	166		134	—	156		456	
1973	176		134	—	159		469	
1974	175		135	70	164		474	
1975	185		141	73	164		490	
1976	189		141	76	169		499	
1977	197		143	—	171		511	
1978	202	122	145	80	171	100	518	302
1979	199	126	148	100	177	115	524	341
1980	196	122	143	101	184	116	523	339
1981	190	120	144	99	184	120	518	339
1982	196	120	150	84	186	117	532	321
1983	191	106	154	97	184	120	529	323
1984	[179]	98	[155]	90	[186]	122	[520]	310
1985	—	105	—	96	—	107	—	308
1986	—	108	—	91	—	111	—	310
1987	—	103	—	89	—	106	—	298

出处:数字由大队会计提供。

备注:方括弧内数字据大队会计提供的家庭收入资料估算。

半工半农家庭

在集体工业企业中就业,一般并不意味着其人完全脱离农业。多数情况是,一个家庭的某些成员在农业外就业,其他家庭成员依旧务农。而且即使务工的成员,在农忙季节仍下地帮忙。这些半工半农的家庭仍住在户籍所在的村里,不同程度上仍以农为生。从国家和集体的角度来看,这种安排的好处是农村家庭所需费用低于完全脱离农业的家庭。

在许多村庄,农业外就业吸收了大半闲暇和剩余劳动力,引起这些劳动力成本的上升。工业化更充分的地方的半工半农家庭,则只有辅助劳动力继续务农;在最发达的地方,农业本身变成一种副业,几乎完全依赖于空闲时间的劳动力。所有适龄的成员都在工业中就业。家庭承包的只是一小块它还有能力耕种的土地,只用于种植自己消费的粮食。

华阳桥种籽场各村可恰当地说明第一种类型,即长江三角洲最常见的类型。到 1985 年,这些村里全劳动力的半数以上(308 人中的 172 人)在农业外就业,其中大多数为男子:在最令人羡慕的国营企业中就业的,男子占 82%,社办企业中则占 64%,大队办企业中占 58%。总之,在农业外的就业中,男子人数比妇女要多一倍。

到了 20 世纪 80 年代中期,农村干部甚至开玩笑说,务农的主力军是“三八队伍”——“三八”意指 3 月 8 日妇女节。但是,这一说法夸大了变化的程度,也忽视了领导上为使男女之间达到某种形式上的平等而做的切实努力。例如,大队锁厂是种籽场各村农业外劳动力人数最多的单位,就真心设法给妇女以平等的机会。她们甚至在某种程度上得到优待:1985 年在那儿就业的 58 个村民中,妇女占 52%。即便如此,男女不平等在这些村庄的生活中仍是一个明摆着的事实,可见于男子占农业外就业总数的比例。

然而,从苏州城郊枫桥公社的例子中可看到,变革的方向并不完全是"农业妇女化"。该公社的经济结构在这几十年中完全倒了过来:1958 年当地农业和手工副业占总产出的 83.1%,1984 年仅占 16.9%,工业已占足足 83%。对官方统计人员来说,沈巷郎的村民属于"只种口粮地的务工人口"。当地每人有 0.5 亩地以供口粮之用,另加 0.2 亩以应交税之需,因此很恰当地被称为"口粮地"。据村民们说,他们一年中只是在农忙季节有 6 个全天离开工厂下地,其余的农活都可在上班前、下班后干。

在 20 世纪 80 年代后期,仍有相当经济因素刺激农民自种口粮。农贸市场的大米供应是有限的,0.25 元一斤的价格也高得令人却步。按此价格,一个成年男子要维持日常消费,一年必须花 150 元。因此,业余时间种口粮,收益是相当高的。村民一般无可能找到另一个有如此收益而只需干 6 整天活加上业余时间的工作。

沈巷郎模式是农业变副业的典型。当我 1985 年访问那里时,村里的男男女女都在农业外就业。下地并未变成妇女的活,而成了空闲时间的活。据农民说,实际上男子下地一般多于妇女,因为家务仍主要由后者承担(调查—Ⅲ—38,39)。

费孝通领导下的在吴江县调查的研究人员指出了一种基本型

式：从队办、公社办到国营企业的等级系列中，越往上，就业人员与农业就越分离。大队办企业靠近家门，职工一般每天上班5—7小时，在农忙时期每天干农活4小时。社办企业远一些，职工一般每天上班8小时，农忙时只干两三小时农活。国营企业离家更远，职工一般与农业完全脱离（张雨林，1984：284）。

新副业

当农业本身越来越副业化时，旧的家庭副业消失了，无力与农业争夺劳动力。譬如养猪，国家曾硬派指标，人为地维持高数量。然而，1985年国家决定试行免下指标。一旦给予选择权，农民立即放弃此项无利可图的活。在许步山桥，猪的存栏数从1984年的150头跌到1985年的70头（1985年夏天我与该公社干部约谈时，他们对此十分担心）。①

劳动力成本上升的压力甚至使低报酬的集体副业也为人们所放弃。华阳桥公社的种蘑菇业从1983年的23万平方英尺减至1985年的一万平方英尺左右。蘑菇供应的增加使价格下跌，要求的规格也更严了。同时又出现了其他的就业机会，一个职工一年五六百元的收入已不吸引人了。

诚然，如女权主义者指出的那样，尽管旧的家庭副业衰落，生产活动中的男女差别仍继续存在。然而，从以农为主、以家庭手工

① 1983年实行的家庭联产承包责任制也是一个原因。由于土地每年重新分配，农民不再关心保护一块田的地力，遂更多地依赖化肥，因为其施用比厩肥简便。据农民说，化肥对土壤的损害要在数年后才会显现。

业为副的旧结合体向以工为主、以农为副的新结合体转化,毕竟是向前跨了一步。而且,如我们从枫桥的例子中看到的,农业变成副业并未带来男子务工、女子务农的分化,而是把农业变成男女都干的业余时间的工作。

面对乡村工业化,家庭菜园是旧副业中为数很少的幸存者之一。20 世纪 80 年代后期自由市场上蔬菜价格的上涨实际上促使家庭蔬菜种植比以前更兴旺。而国营与自由市场价格差距的扩大几乎完全毁掉了集体的蔬菜种植。如上文提及,许步山桥旧的蔬菜队于 1986 年解散,因为为自由市场生产可获更高的收入(调查—Ⅳ—1,5)。

与此相关,小买卖活动也兴旺起来。有的人贩卖蔬菜(或鱼、家禽,因经济繁荣和需求增加,价格上涨也很快),亦获利颇丰:在村内廉价买进,送到市镇上出售。许步山桥有一农民(杨洪强)甚至放弃了大队锁厂的工作,当菜贩挣钱。1988 年,他每天可净收入 10 元钱(调查—Ⅳ—5)。

然而,更普遍的情况是家庭副业向高报酬的、通常供应都市和出口市场的特种商品生产转移。结花即属此类。这一副业的巅峰是在 1982 年,薛家埭等村妇女足足有 93 人从事这一副业,此后它迅速下降(原因在下文讨论),到 1985 年只有两个妇女仍在结花。同时,整个华阳桥公社的结花人数从最多时的 6100 人减少到 1260 人(表 10.1)。但是,稍后结花复兴,1988 年时薛家埭等村大约三分之一的家庭重操此业(调查—Ⅲ—16,24;Ⅳ—5)。

表 10.4 松江县国营商店收购的兔毛(1966—1984)

年份	斤数	年份	斤数	年份	斤数
1966	361	1973	1151	1979	4654
1967	494	1974	1575	1980	16 778
1968	396	1975	1753	1981	39 357
1969	296	1976	2127	1982	124 303
1970	224	1977	2610	1983	70 246
1971	251	1978	2958	1984	36 777
1972	415				

出处:数字由松江县统计局提供。

这类商品的另一项是兔毛,海外对兔毛有很大需求。表 10.4 显示了 1966—1984 年间松江县国营商店收购兔毛的数量。1982 年以后的数量下降并不意味着该产品生产和销售总量的下降,而只是由于国家放松控制后私人商贩参与的增加。实际上直到 1985 年,养兔业一直在显著地发展。

这种鼻子粉红、毛色洁白的可爱动物的皮毛值钱,但非常娇嫩,必须笼养,喂食和保持清洁需要相当多的照应,尿水必须每天清扫。据农民说,如果任其在自己尿水中浸泡,就很容易得病。但是,所有这些都是较轻和零碎的活,特别适于家庭辅助和闲暇劳动力。每只兔子一年可剪 4 次毛,每次约产毛三两。

在华阳桥,养兔始于 1978 年,最初受国家控制颇严。最优质的兔毛,国营收购站定价 27 元一斤。1984 年时控制放松,允许私人商贩经营。据农民说,浙江的商贩(他们将兔毛出口到台湾)每三四天就来华阳桥一次,一个家庭一天内就会有多达五六批人来访,需求超过供给,以致价格猛升。1985 年二三月间达到顶点,一斤优质兔毛卖到110元。

以100元一斤计,村民养一只兔子可净收120元。西里行浜两个老太太高英娣和高妹英,1984年各挣得净收入2000元。此后,西里行浜家家都养兔,少则四五只,多至60只。附近的许步山桥仿效西里行浜稍慢一步,1985年只有五六家养兔,最多是吴明昌,养25只。薛家埭生产队的队员因在镇上就业的门路较多,收入也高,很少干这行。不幸的是,供应很快赶上了需求,价格严重下跌:1985年8月每斤72元,1988年每斤只40元。到1988年夏季,薛家埭等村已几乎无人养兔了。

一度很吸引人的另一特殊商品是蚯蚓干(治中风用的药材)。1984年蚯蚓干的需求量很大,一斤可卖到1.75元,而且收购的商贩对质量要求不高。但是供给又一次很快赶上了需求。1985年价格跌至1.60元,商贩要求标准提高,蚯蚓干只可以一定方式割切,拒收断的和脏的。那年夏天,薛家埭等村几乎没有人再去挖蚯蚓。但到1988年夏市场情况又发生转变,挖蚯蚓又一次热门起来。该年许步山桥31户中有21户从事此业(调查—Ⅲ—1,6;Ⅳ—5)。

这里我们不妨考虑一下这些热门副业的逻辑,它们似乎都沿循了同一公式。当对某些陌生产品的需求产生时,只有少数几个尝试者先去生产。需求超过供给,于是价格高,足以使这一生产比农业更值得花力气。然而相对高的报酬很快吸引了较多的生产者,价格迟早被压下来。当价格跌至农民闲暇劳动力都不愿接受时,他们就停止生产这一产品,直到市场恢复。从结花、养兔、挖蚯蚓的例子来看,尽管特种产品的市场具有波动相当剧烈的特征,以农民家庭为单位的生产仍能及时适应变化。因为只是副业,变化带来的冲击就比较缓和，家庭可以放弃某种副业，其基本生活不致受到严重威胁。同时，因其成本较低而且是业余性的，市场一旦转佳，农民家庭可以迅速地恢复生产。

"副业"一词的新含义值得我们注意。今天的农村干部以工副业在农村的总产出所占比例的上升而自豪。对他们来讲，"副业"已不再是次于农业的低报酬的行业，而是和工业相等的行业，地位在种植业之上。他们所指的副业，当然是资本化程度较高的集体副业和新的热门个体副业，而不是指养猪和制绳。

由于统计方式循旧，副业的实质变化很容易为人所忽略。统计年鉴中的"副业"一栏将旧的家庭副业与新的热门副业，以及高度资本化的副业包罗在一起。我们虽知道副业生产在 20 世纪 70 年代和 80 年代初期一直平均占华阳桥公社生产总值的 17%，以及全国农村总产值的 20%左右，但我们无法知道旧的低成本的家庭副业被取代的确切程度。

新经济结构中的家庭生产

如上所说，家庭生产单位与集体生产单位相比，有两个组织上的长处，一是特别适宜于以性别区分的双层报酬结构，二是特别适宜于无报酬的空闲时间劳动力的利用。因此，对小规模的副业生产来讲，它是成本低于集体的劳动力组织形式；就利用空余时间农作而言，同样比集体组织经济。在满足自己消费的激励下，家庭利用空余时间种口粮地是最便宜的，这一逻辑与种自留菜地一样。

因此，家庭生产单位的重现与农村劳动力机会成本的上升是表面上矛盾而实际上很合理的汇合。后者产生于乡村工业以及较小程度上高收入新副业的发展,前者出自收入高低不同的两种生产在同一农民家庭中的结合。

一旦稳定下来,家庭形式的劳动力组织赋予自身的规律就会来左右农作劳动力的使用。即使没有其他就业机会的刺激,它也会持有与集体单位不同的效率观念。在集体制下,不出勤是一种消极的刺激。对生产队和大队干部而言,社员留家不下地在上级面前不好看;对社员来讲,不下地没有工分。但是若没有其他利用劳动力的机会,在地里没有促使尽快干活的刺激,只有出勤,把活干完,无论快慢都算是好的了。在劳动力多余的情况下,集体制度造成薛家埭等村农民称为“浪荡工”的现象。出勤而慢慢干活,四处站站,走走看看,总比不出勤好。结果只能是低效率劳动伴随着土地压力的日益严重。

但对家庭农场来讲,闲暇则是一种积极的刺激。报酬是实际收成而不是工分,家里的人手没有理由在无活时出勤或干活时浪荡。地里活早干完,就可以干其他活,或者就在家中或树荫下休息、逛街、上茶馆。在田头浪荡不如休息更有吸引力。因此即便没有其他就业的可能,闲暇也会激励人在家庭农场上尽快把活干完。

家庭和集体农场之间的效率差异不容易做定量分析。一个农民若在家庭农场上一个上午干完一整天的活,或用 2 小时干完 3 小时的活,不会报告也不会记录这个事实。这没有必要,因为干活的酬劳是产品而不是工分。至于集体化的生产队,记工员几乎无法区别高效率劳动和浪荡工,尤其在几乎人人都浪荡的情况下。(当然,农忙时计件的办法能分辨出工作效率。)我曾试图请生产队会计帮助记录每家、每人、每天下地干活多少时间,但结果得到的只是以全天、半天计的粗略记录,无法证明这里的论点。

我最好的证据只能是定性的,而非定量的:我访问的所有农民都说集体生产中有很多浪荡工,而在家庭联产承包责任制下,人们干活要快得多。一旦干完,就去干其他事,包括休息和"玩"。追问两种劳动组织干活效率的大致定量区别,他们多说:就农忙季节以外的一般农活而言,现在所花时间大约是过去的三分之二。

家庭生产对集体生产

美国的一般新闻报道要人们相信,解放后的中国完全放弃了家庭生产,但在 20 世纪 80 年代又一变而走回头路,放弃了集体农场和社会主义,代之以家庭农场和资本主义。但是历史资料表明,解放后的变化并不像我们想象的那样,突如其来地全盘改变。即使在合作化高潮时,家庭生产仍持续在自留地、猪禽饲养和手工业中。

1978 年后的"分田包干"同样如此,即使大队的名称改为行政村,公社改为乡,但实际上在新副业和工业中,集体组织空前地繁荣。在华阳桥,甚至整个长江三角洲,到 20 世纪 80 年代末几乎所有的工业企业和高度资本化的新副业都是集体举办的。个体企业在福建、广东以及浙江的温州等地发挥了较大作用。在 1986 年,集体企业仍占中国农村企业总收入的三分之二(见附录表 F.1)。即使在种植业方面,长江三角洲的集体组织仍担负着耕地、灌溉和喷洒农药等工作。家庭联产承包责任制仍限于日常的农田管理(如除草、施肥和收割)，且无权选择作物。

20 世纪 80 年代在长江三角洲出现的事实上是集体和家庭混合的体制。在工业方面，集体组织仍占主导地位；在副业方面，资本化程度高的生产，集体组织占支配地位，家庭则从事低收入的劳动较密集的副业生产。在种植业中，资本化程度较高的农活仍以集体为主，家庭则承担日常的以及收割等劳动较密集的活。集体和家庭生产是一种复杂的结合，并不能简单地把两者对立。

一般新闻报道还要人们相信，中国的集体和家庭农场的主要区别在于家庭制从事商品化的、为追求利润的作物生产。但是长江三角洲的实际告诉我们，最重要的区别乃是家庭作为生产单位，具有更大的能力动员家中辅助性和业余性的劳动力从事低收入或高风险的副业生产，促进农家经营的多样化。这就是它之所以能在副业生产以及农业集体化和包产到户的种种变化中始终存在的关键。

第十一章　农业的增长与发展

如同关于明清时期农业变化的各章中指出的那样,“增长”指生产总量在任何一种情况下的扩展;“发展”则是基于单位劳动生产率提高的增长;而“内卷”则是伴随着单位劳动生产率降低的生产增长。本章首先考察松江农业(即种植业)变化的记载,[①]然后分析这些变化的动力,最后从松江看全国的趋势。

集体化时期

松江县有关农业变化的记载基本上是四种作物的历史。两种主要粮食作物——水稻和麦类(小麦、大麦),两种主要经济作物——棉花和油菜。追溯每一作物的历史过程使我们得以摆脱围

① 中国国家统计局的“农业”项下不仅是种植业,还包括林、牧、副、渔业和队办工业。这一用法引起国外研究者的很多误解。我这儿使用的“农业”仅限于种植业。

绕政策争论的意识形态包袱，而直接触及实际变化的记载。

水稻

根据老农和生产队干部的回忆，解放后水稻生产前进的第一步是随着贫农生产改进而来的低度增长。解放前夕，贫农的农业产量低于平均水平，部分的原因是施肥不足。在薛家埭等村，贫农常常每亩田只施一张豆饼（重 50 斤），赊购价相当于每石米换两张豆饼，而相对富裕者则每亩施一张半至两张豆饼，购价只相当于赊购的一半，即每石米值 4 张豆饼。最穷的农民通常根本无力施肥。此外，大多贫农农忙时外出打工，每年约 50—100 天，许步山桥 18 户中有 8 户，何家埭 9 户中有 5 户属于这种情况。即使在较富裕的西里行浜和薛家埭，19 户和 13 户中各有 3 户受雇外出。这些短工只好靠家庭辅助劳动力，或等他们自己完成合同后才干自己地块的活。他们中的一些人迟至 5 月中旬才插秧，迟于这些村庄其他农民约两三个星期，这样的迟插秧也影响产量。多用肥料的较富裕的农民每亩可产 3 石米，而贫农往往低于 2 石的平均产量（调查—Ⅰ—1 至 4；Ⅱ—6）。

土地改革平均了地权，并几乎消除了雇佣劳动。然后在合作化早期，政府贷款给合作社中的贫穷农户购买肥料。结果是平均产量的低度增长，20 世纪 50 年代中期达到了每亩 550 斤稻谷左右。①

---

① 稻谷与成品米的比例一般约 10 ∶ 7。以下水稻产量数字均指稻谷。

由于一些技术性的改进,此后 20 年中产量不断上升。1959 年“大跃进”时期大兴水利,使薛家埭等村开凿了水利干渠。电灌也始于此时。化肥、农药、种植技术改良和科学选种接踵而来,大明沟和两条东西向的排水干渠均有利于虽然低度然而持续的产量增长。1963 年时,每季稻的产量超过了 650 斤(调查—Ⅱ—7)。

1969 年以后的“格子化”使水利进一步得到改善:每隔 60—70 米开渠以形成约 4000 平方米(相当于 1 英亩)一块的田地,然后再分为 20 米宽的矩形地块(每块约 2 亩)。20 米×70 米的大小取决于技术性考虑:当灌水插秧时,这样的大小有助于进水迅速和保持水平;太宽不易灌水,太长不易保持水平。而且,插秧时首先要从田埂把秧抛到大体位置,20 米宽度适于抛秧。这也同样适合于从田埂喷洒农药和化肥。这些精细的措施使水稻产量提高到 1979 年的亩产近 800 斤(调查—Ⅱ—7)。从 1952—1955 年间到 1976—1979 年间,单位播种面积的产量提高约三分之一(由平均每亩 532 斤提高到 716 斤)。于是,耕作技术改进成了水稻单位耕地面积总产量提高的一个重要因素。

另一重要因素是改种双季稻。1955 年以前,在松江无双季稻可言。全县 80%以上的耕地种水稻,但几乎都是单季稻。(在薛家埭等村,1940 年时 94.8%的耕地种植单季稻)。1975 年至 1977 年间,全县单季稻面积降到耕地面积的 3.9%,而早稻占 57.1%,晚稻占 72.8%。

双季稻首次于 1956 年在松江 15%的耕地面积上大规模试验。然而这一密集化生产带来了“双抢”(早稻抢收、晚稻抢插)和“三秋”(秋收、秋耕、秋播)的巨大压力。在 5 月 25 日前必须完成上年冬小麦、大麦收割和早稻插秧，在8月10日前必须完成早稻收割和晚稻插秧，在11月10日前必须完成晚稻收割和小麦、大麦播种。一步脱节就会影响到所有其他步骤。1956年的试点之后紧接而来的是打退堂鼓：下一年度的双季稻面积骤降一半以上。直至20世纪60年代中期引进机耕，双季稻才再度大规模试验（调查—Ⅱ—7）。正如在华北那样，节省劳动力的机器反而进一步推动了复种密度提高的劳动密集化（黄宗智，1986：147，189—191）。

大型拖拉机早在"大跃进"时期的1958年就在松江县使用，但只是在1965年至1966年间小型的手扶式拖拉机大量涌现后机耕才发挥出充分的作用。1969年以来，双季稻在全县土地上推行，形象地反映在这样的口号——"消灭单季稻！"上（调查—Ⅱ—7）。单季稻面积急剧减少，1963年时为513 989亩，到1977年时仅为19 146亩。

表11.1和表11.2提供了有关亩产量提高和复种面积增加在水稻产量增长中的相对作用的大致情况。1976—1979年间水稻平均耕地亩产达到1222斤，比1952—1955年间的532斤提高了130%。每播种亩产量的提高在这一增长中起了四分之一的作用（690斤中的184斤），而提高复种则是其余部分增长的原因。

小麦和大麦

水稻之后的冬小麦、大麦种植使粮食耕地亩产更为提高，1976—1979年间达到1477斤，比1952—1955年间的541斤提高了173%（表11.1—11.3）。由于这些旱地作物不适宜于稻田的湿土上种植，其在解放前的松江种植很少。水稻田地下水位通常达20厘米，而小麦长达一米以上的根系无法适应那样的高湿度（调查—Ⅱ—7），因此解放前小麦主要种在较高的旱地。在薛家埭等村，单季稻之后往往种绿肥（苜蓿），而不是小麦。1952—1955 年间的松江，只有平均 6.5%的耕地用以种植小麦和大麦（同时有 9.3%用以种植油菜；表 11.3）。

表 11.1　松江县及中国主要农作物单位面积产量（1952—1987）

单位：斤/播种亩

年份	水稻[1]		小麦		棉花		油菜籽	
	松江	中国	松江[2]	中国	松江	中国	松江	中国
1952	504	321	98	98	23	31	67	67
1953	551	336	128	95	26	30	75	70
1954	525	337	117	115	21	26	70	69
1955	548	357	112	115	47	35	80	55
1956	[526][3]	330	181	121	26	31	43	57
1957	[450][3]	359	112	114	39	38	85	51
1958	[555]	338	126	117	50	47	75	58
1959	[591]	319	214	125	62	41	113	62
1960	[598]	269	209	108	—	27	—	41
1961	[543]	272	129	74	—	28	—	35
1962	[548]	312	161	92	—	29	—	48
1963	[656]	355	164	104	—	36	—	48
1964	[679]	374	207	109	—	45	—	70
1965	[614]	392	253	136	—	56	—	80
1966	660	417	157	141	96	63	195	69
1967	699	410	201	150	112	62	167	81
1968	642	422	262	149	161	63	218	86
1969	722	417	221	145	143	57	217	82

续表

年份	水稻[1]		小麦		棉花		油菜籽	
	松江	中国	松江[2]	中国	松江	中国	松江	中国
1970	616	453	269	153	112	61	212	89
1971	551	440	348	169	85	57	245	102
1972	613	430	366	182	130	53	251	95
1973	723	463	181	178	136	69	146	86
1974	651	465	472	201	139	66	237	89
1975	622	469	233	218	136	64	162	89
1976	700	463	429	236	128	56	169	77
1977	614	483	228	195	114	56	128	70
1978	752	530	511	246	190	59	279	96
1979	797	566	638	285	142	65	289	116
1980	576	551	587	252	116	73	204	112
1981	659	576	575	281	100	76	268	143
1982	811	652	591	327	136	82	312	183
1983	696	679	544	374	141	102	236	156
1984	818	716	582	396	197	122	289	164
1985	876	700	574	392	110	108	306	166
1986	778	712	594	406	140	110	232	160
1987	730	722	546	406	132	116	280	168

出处:有关中国的数据,来源于《中国统计年鉴》,1983:155—156,158—159;1984:153;1987:175;1988:253。有关松江的数据(包括后面各表),均由松江县有关部门提供。

①表中缺少松江1956至1965年间晚稻产量资料,括号内系估计数字,假定晚稻与早稻为相同的播种面积和产量。

②松江的数字系小麦与大麦。

③产量下降是由于大力推行种植双季稻来提高复种指数。

表 11.2 松江县单季稻、早稻、晚稻播种面积(1949—1984)

单位:亩

年份	总耕地面积	单季稻	百分比	早稻	百分比	晚稻	百分比
1949	872 658	702 826	80.5	30 078	3.4	—	—
1950	872 041	709 408	81.4	31 496	3.6	—	—
1951	871 349	704 554	80.9	27 798	3.2	—	—
1952	870 560	703 219	80.8	26 870	3.1	—	—
1953	867 559	713 122	82.2	26 790	3.1	—	—
1954	878 461	739 189	84.1	24 100	2.7	—	—
1955	866 392	646 605	74.6	10 274	1.2	—	—
1956	863 459	527 241	61.6	123 560	14.3	131 839	15.3
1957	860 641	617 093	71.7	45 243	5.3	54 299	6.3
1958	848 533	492 596	58.1	60 239	7.1	50 291	5.9
1959	848 533	473 993	55.9	54 905	6.5	52 057	6.1
1960	861 103	457 687	53.2	60 878	7.1	76 729	8.9
1961	850 636	460 528	54.1	48 310	5.7	52 973	6.2
1962	850 814	476 392	56.0	32 009	3.8	23 830	2.8
1963	832 711	513 989	61.7	18 082	2.2	19 561	2.3
1964	832 652	469 904	56.4	62 730	7.5	72 624	8.7
1965	830 393	392 364	47.3	108 175	13.0	140 445	16.9
1966①	585 285	384 611	65.7	114 632	19.6	152 184	26.0
1967	583 813	438 191	75.1	79 045	13.5	104 027	17.8
1968	584 395	385 074	65.9	116 845	20.0	152 893	26.2
1969	581 497	270 128	46.5	174 026	29.9	246 543	42.4
1970	583 827	131 053	22.4	274 009	46.9	377 913	64.7
1971	599 652	108 040	18.0	299 621	50.0	381 126	63.6
1972	598 955	97 786	16.3	303 964	50.7	388 960	64.9
1973	597 889	58 809	9.8	323 493	54.1	427 041	71.4
1974	—	41 861	—	330 236	—	439 885	—
1975	592 944	28 255	4.8	331 662	55.9	442 753	74.7

续表

年份	总耕地面积	单季稻	百分比	早稻	百分比	晚稻	百分比
1976	591 416	21 286	3.6	332 977	56.3	434 913	73.5
1977	589 738	19 146	3.2	349 062	59.2	414 425	70.3
1978	587 305	42 813	7.3	299 646	51.0	373 947	63.7
1979	584 171	83 568	14.3	244 656	41.9	322 211	55.2
1980	582 680	112 540	19.3	187 399	32.2	245 638	42.2
1981	581 360	129 569	22.3	154 641	26.6	202 198	34.8
1982	580 143	102 186	17.6	174 757	30.1	230 051	39.7
1983	578 790	94 058	16.3	193 325	33.4	260 215	45.0
1984	576 933	97 385	16.9	191 903	33.3	254 622	44.1

备注：百分比为播种面积与总耕地面积之比；总播种面积的资料暂缺。

①1966 年总耕地面积的减少反映了行政区域的重新划分：松江县划了 5 个公社（山阴、漕泾、朱行、枫围和亭新）及两个镇（枫泾和亭林）给金山县，而金山县的溯港公社划归松江（调查—Ⅱ—24）。

表 11.3　松江县小麦和大麦、棉花、油菜播种面积（1949—1984）

单位：亩

年份	小麦和大麦	百分比	棉花	百分比	油菜	百分比
1949	31 809	3.7	77 205	8.8	56 755	6.5
1950	36 566	4.2	67 689	7.8	65 933	7.6
1951	34 479	4.0	77 577	8.9	75 978	8.7
1952	54 811	6.3	80 791	9.3	100 348	11.5
1953	53 703	6.2	46 064	5.3	75 374	8.7
1954	59 574	6.8	44 228	5.0	55 913	6.4
1955	56 904	6.6	17 732	2.0	92 237	10.6
1956	77 264	8.9	19 319	2.2	96 976	11.2
1957	19 3921	22.5	14 843	1.7	59 553	6.9

续表

年份	小麦和大麦	百分比	棉花	百分比	油菜	百分比
1958	14 6285	17.2	13 857	1.6	53 536	6.3
1959	81 170	9.6	11 297	1.3	47 983	5.7
1960	84 388	9.8	9709	1.1	75 563	8.8
1961	142 473	16.7	15 385	1.8	95 465	11.2
1962	125 771	14.8	14 842	1.7	73 757	8.7
1963	109 240	13.1	15 064	1.8	77 964	9.4
1964	154 890	18.6	20 000	2.4	79 296	9.5
1965	263 925	31.8	58 253	7.0	65 561	7.9
1966	284 820	48.7	27 486	4.7	70 014	12.0
1967	216 044	37.0	21 804	3.7	69 444	11.9
1968	243 331	41.6	23 904	4.1	70 986	12.1
1969	296 942	51.1	42 183	7.3	77 001	13.2
1970	280 241	48.0	46 723	8.0	84 735	14.5
1971	267 386	44.6	59 729	10.0	83 772	14.0
1972	277 913	46.4	58 200	9.7	91 357	15.3
1973	292 887	49.0	58 200	9.7	91 235	15.3
1974	274 532	—	58 200	—	90 874	—
1975	266 784	45.0	58 200	9.8	89 257	15.1
1976	253 579	42.9	68 086	11.5	84 129	14.2
1977	224 943	38.1	86 300	14.6	78 072	13.2
1978	228 520	38.9	86 366	14.7	82 809	14.1
1979	242 882	41.6	86 300	14.8	84 790	14.5
1980	260 203	44.7	124 300	21.3	75 119	12.9
1981	230 802	39.7	149 300	25.7	107 503	18.5
1982	231 678	39.9	145 303	25.0	106 234	18.3
1983	230 893	39.9	119 946	20.7	90 264	15.6
1984	244 803	42.4	119 700	20.7	82 251	14.3

备注:见表 11.2。

1953年,薛家埭等村首次试验在水稻田种植冬小麦,但是亩产只有令人沮丧的70斤。据农民说,合作化带来了首次成功,水牛的编队使用能够犁破湿土,而使其略为干燥。由于这一措施,亩产提高到200斤左右。然而由于高地下水位仍是个问题,产量很难再得到提高。直到采用了新的排水措施后,产量才再次有所提高。在种植冬季作物前开掘低于地下水位的深沟,使得土壤干燥,从而易于犁地。拖拉机的使用促进了整个进程,通过第二次犁地使土壤进一步适于播种。这些措施使1970—1974年间的每播种亩产达到了327斤。

1978年建立新的地下排水系统,取得了更大的进展。首先用拖拉机移去约八英寸厚的表土,然后人工掘出约八英寸深的倒三角形沟,再掩上土。这一地下排水系统的好处在于不需要大量投资,只要求投入大量劳动:每过几年每亩花上3个工(如不再加工,沟上的土层会塌陷)。这一系统比以前更充分地利用土壤耕作层,因为地下沟渠并不占去任何熟土。这样的地下排水沟渠,加上引进棉花“营养钵”移栽技术和“三三制”轮作制度(见后面的讨论),使小麦和大麦的产量在1979年提高到空前的每播种亩638斤(调查—Ⅱ—7)。

松江的小麦和大麦播种面积从1952—1955年间的占总耕地面积的6.5%,提高到1976—1979年间的40.4%。在小麦、大麦与单季稻轮作的地块,粮食产量提高到每耕地亩1200斤左右;而在与双季稻轮作的地块,甚至达到亩产1800斤。小麦、大麦种植于一半以上的粮田,这些粮田的亩产增长额在1952—1955年间到1976—

1979 年间粮食耕地亩产增长额中占据了约三分之一。

棉花

使水稻田适宜种植干旱地作物的努力也增加了棉花产量和扩大了种植。在解放前的松江，棉花主要种植于没有灌溉设施的旱地。1952—1955 年间亩产仅 29 斤皮棉，在既有价格结构下纯收益低于水稻。随着大兴水利，许多棉田因此让位于其他春播作物，包括水稻，直至 20 世纪 60 年代早期，棉田面积仍在持续地下降。1900—1964 年间，棉田面积仅占耕地面积的 1.8%（表 11.1，11.3）。

由于“大跃进”和“文化大革命”期间排水系统的改善，棉花能够与水稻轮作，并提高了产量。改良棉种（大花种）也有助于产量的提高。而且，化肥的出现带来了一个密集的、复杂的施肥程序：首先 30 担（每担约 100 斤）猪塮（混合厩肥）；然后两种化肥，50 斤氨水，再 20 斤尿素；最后 10 担人粪尿。这些措施使棉花产量在 1976—1979 年间提高到亩产 144 斤的高水平（调查—Ⅱ—7；表11.1），使棉田面积在 20 世纪 70 年代增加到耕地面积的 15%（表 11.3）。

1979 年引进了新的移植制度，使得棉花可以在温室条件下提前开始生长。在旧的方式下，冬小麦在 10 月、11 月间套种于正处收获期的棉田。在新的方式下，棉花提前了一个月，在 3 月 15 日至 25 日期间开始种植于“营养钵”（玻璃杯形器皿，并盖有塑料薄膜）中，直至植株长到 1 英尺高再移栽到地里。这不仅使棉花可早收获 10 天以避免寒流侵害，也使小麦可以播种于整个地块，而不是仅播种在棉田行间，由此增加了小麦产量。虽然移植制度并未使棉花产量超过先前的高水平,但据说有助于稳产并提高棉花品质(调查—Ⅱ—20)。

油菜

这个地区另一主要经济作物油菜的生产很像棉花。作为旱地作物,它的生产极大地取决于排水。仅在稻田系统地开掘排水深沟,就使油菜籽亩产从1952—1955年间的73斤提高到20世纪60年代末的200斤以上。

油菜面积并不像棉田面积那样急剧波动。部分是因为油菜是冬季作物,其竞争对手是小麦、大麦,而非水稻。随着小麦、大麦的扩展,1957年至1958年间油菜面积首次收缩到耕地面积的7%。然而由于排水措施的改进,尤其是农田格子化之后,两类作物的种植面积都增加了。在20世纪70年代中期,油菜面积增加到耕地的15.0%左右。油菜和小麦、大麦共同表明冬季作物对复种指数提高所起的作用:1952—1955年间只有15.8%的耕地种植冬季作物,而1976—1979年间则达到了54.4%。

农业变化的动力

四个结构性因素

事后回顾,对直至20世纪70年代后期的松江的农业变化来讲,四个结构性的因素是根本的。第一个是农业劳动力来源的增加,我访问的大多数政治干部或技术干部很少提及这一因素。产量的增加很大程度上是通过劳动密集化,诸如增加单一作物的劳动投入(尤其是棉花和小麦)和提高复种指数来实现的。据华阳桥种籽场的生产队长们说,劳动投入从20世纪50年代早期的每亩耕地30工增加到20世纪60年代后期的每亩100工。劳动力来源部分是靠动员妇女成为全劳动力。然而如果没有人口增长,劳动力的绝对增长就不可能维持。20世纪60年代中期以来劳动力的增长甚至快于人口增长。随着20世纪50年代的新生人口进入劳动力行列,劳动者与消费者的比例提高了(表10.2)。劳动力来源的巨大增长为解放后劳动的急剧密集化提供了基础。

第二个因素是国家政权协调下的水利。水利过去很大程度上归于地方和乡村上层人士偶然的创导和协调。解放后水利改进的关键在于系统的组织,从跨省区规划直到村内的沟渠。基于长江三角洲的地质构造,盆地中部排水的有效要求整个盆地的防洪和排水系统协调。

在20世纪50年代,松江县协调的水利措施首先集中于大工程:修筑海塘、湖堤和河坝(归纳为"筑塘修圩"的口号),以及开凿和疏浚大的河渠("挖河疏河")。总计松江县在10年间修筑16公里的海塘和80公里的河堤,疏浚了17条河流,以及开凿了1000万平方米的人工渠。这些工作大多在"大跃进"时期在公社的协调下完成。

在20世纪60年代,主要注意力移至较基层的水利。电气化始于"大跃进"年间,这时每个公社建起了电灌站。各块农田的田圩合理地连接了起来,灌溉渠道则通过水闸的广泛使用而与大的河流和主渠连接、协调。60年代末，大规模水利工程和田块用水连成了一个统一的体系，归结为农田的“格子化”。

20世纪70年代和80年代的项目主要是这些基础工程的进一步完善和提高。全县建立起一大批电力泵站：230个排水站和331个灌水站。华阳桥公社自身就有32个站。此外，大约2300座桥在各村建起，以改善当地交通。整个体系在70年代末建成。80年代的水利建设仅限于改进管理和维修。这些进步为各种作物产量的增加提供了必要的前提（调查—Ⅱ—17；Ⅲ—24）。

第三个主要因素是现代农业投入。要是没有拖拉机，三熟制是不可想象的。同时，每季作物产量的提高，很大程度上有赖于化肥的使用。这道理通用于几乎所有作物。最后，电力排灌是新的排灌网的关键部分。

第四个结构性因素是集体化，由于当前否定集体化的倾向，政治干部很少对我谈及这点。首先，妇女劳动力的动员是通过集体化组织形式完成的。此外，集体化促进了解放后的人口爆炸。正是通过这一组织形式，国家政权于20世纪60年代在每个村庄推广了“赤脚医生”。医疗条件的改善急剧降低了人口死亡率，从而有力地促使当时出现人口爆炸。同时，伴随农业收入基础由土地转向劳动力（根据工分付酬），集体化组织可能使人们更希望多生子女，因为现在家庭收入完全依赖于它的劳动人数（过去则受到家里有限的土地必须拆分给所有儿子的局限）。在某种程度上，集体化可用来解释20世纪60年代早期（除了1958年至1961年间）的人口出生率的上升。人口死亡率的降低和人口出生率的提高共同导致了非常高的人口增长率，这一增长只在局部因晚婚而有所减缓。

人口出生率的急剧上升在1963年后结束,先是由于晚婚,继而由于政府推行计划生育(Coale,1984)。

集体化也为新的水利建设提供了实际上免费的劳动力。国家提供了现代资本投入,诸如电泵、水闸和新海塘所需的水泥,①但是这些工程是由农民的"义务工"完成的。松江县的农民平均为国家的水利建设每年提供了他们的10%的劳动,或者说每年50个至60个工。原则上这一数字该是7.5%,但据当地水利干部说,农民事实上提供了高于这一数字的劳动。这一工作基本是无偿的,在生产队年终核算和分配前便加以扣除。政府这方面的资助是微不足道的,仅副食补贴而已:县级项目(涉及两个以上公社)每个土方0.35元(其中0.05元归公社用作行政开支)。据农民讲,这个数字仅为此项工作实际工分值的五分之一,其余部分由农民负担。在公社级的项目中,政府每土方只付0.10元,同时公社提供0.15元至0.20元,其余部分由生产队负担。大队项目(如华阳桥种籽场各村的排灌沟渠),完全由农民负担(调查—Ⅲ—7)。

当然,大项目可以在没有集体化组织的情况下通过国家政权征发的劳役进行,就像历代王朝周期性进行的那样。然而地方的排灌沟渠却大不一样。很难想象这样的改进能如此低成本和如此系统地在自由放任的小农家庭经济的情况下取得。集体化,以及随之而来的深入自然村一级的党政机器,为基层水利的几乎免费实施提供了组织前提。

① 至少断断续续如此。从1958年到1964年,公社承担了所有这些项目的费用。然而,国家在1964年补偿了各个公社,并开始经常承担这些费用。后来在1975年,国家再次改变做法,把约三分之一的负担摊给社队承担(调查—Ⅲ—7)。

水利系统的维持也主要依靠集体所有制单位。例如华阳桥种籽场大队,每年冬天需要200个工疏浚灌溉渠,还要300个至400个工疏浚排水渠和除草。这些通过动员生产队社员来完成。即使20世纪80年代中期发生解散集体农业的事情,集体化的“服务队”仍继续维系着华阳桥的灌溉网。1985年以来排水渠道的维持分散到各户,但随之带来了很多问题(调查—Ⅲ—7)。

同样,集体化组织在现代化投入上也很关键。化肥和改良种可能在各个农户范围内实现,但拖拉机和电灌站显然不能。集体单位购买是积累购买昂贵投入的一种可行途径。这样的积累尽管可能用其他组织形式进行(例如政府投资或贷款、地方性合作社,或高度资本化的家庭农场),但很难想象一个仅能糊口的小农农场能够这样做。

回顾松江农业变化的整个过程,似有可能在众多因素中突出某一最为重要的因素。例如,水利无疑是关键的。然而要是没有上述的其他因素(大量低成本的劳动力、集体化组织、现代投入),在松江实施这些水利项目是不可思议的。就像农业本身那样,水利不是像机械运动范畴内的现象,由单一因素推动;而是像生物界中的现象,由各种相互作用的因素决定。

选种与气候

我们也需要考虑两个次等因素,这是技术干部所一再强调的。一个是科学选种。据他们说,这一革新产生了一个间歇平衡的增长过程:一个新的良种在引进后一段时期内能增加产量,然后失去作用。农业劳动模范陈永康培育的"老来青"在 20 世纪 50 年代单季稻产量提高中起了一定作用,但其后产量趋平,在 1963 年被新的"农垦 58 号"取代。在早稻方面,60 年代使用的良种为来自广东的"矮脚南特号"。20 世纪 70 年代,它被"矮南早一号"取代,而后者在 80 年代又被其他品种取代。晚稻也一样,它的品种在高产和抗虫害能力之外,更取决于耐寒性(调查—Ⅱ—14,15)。

技术干部喜欢强调的另一因素是气候。早稻易受到 6 月间淫雨的伤害,而单季稻则害怕 9 月底的多雨。晚稻在 10 月间要冒不合时令的降水和寒流的风险。冬小麦和油菜均不耐春天的阴雨连绵。而棉花最害怕早到的寒流。棉花也经不起春秋的多雨以及台风(调查—Ⅱ—20)。

在技术干部看来,气候条件是造成产量年复一年波动的首要原因。在县农业局工作了 30 年的技术干部邓正凡指出最近的一个例子:1978 年近乎完美的气候带来了单季稻和晚稻产量的历史最高纪录,然而当 1980 年和 1981 年寒流在 9 月初就出现时(创百年未遇的纪录),单季稻和晚稻都歉收了。1981 年甚至影响到了养猪,因为饲料也短缺了(调查—Ⅱ—14;表 11.1)。

在 20 世纪 50 年代晚期和 60 年代早期也可看到类似的水稻产量上上下下的情况。1957 年出现过降水的最高纪录,包括一天下了创纪录的 157 毫米(6.1 英寸)的暴雨。结果洪水广泛地侵害了水稻。然后水稻产量重新获得增长,直至 1961 年发生当地罕见的 90 天未雨的干旱,加上早到的寒流,再次急剧地减少了产量(调查—Ⅱ—14)。

没有发展的增长

农业尽管有着上述非常可观的进步,但约谈的农民们都明确知道单位工作日的报酬几乎没有增加。高家埭的中年农民高友发明白地指出:除了"大跃进"到1962年的反常时期,从集体化的最早时期起,每10分工的价值总在0.90元至1.00元之间徘徊。为什么?因为"虽然产量增加了,但人口也增加了"。

当然也存在着因气候条件、技术变化、资本投入、价格调整之类引起的小的波动,所有这些均影响着作物产量。然而这些摆动的幅度极少超过总产量的20%,而且某一因素的变化常为另一因素的变化所抵消。然而一个儿子或女儿满了16岁而参加劳动,对家庭收入的影响是立即而又明显的,远超过那些外来因素所引起的变化。

这就是为什么约谈的农民们被问及家庭经济何时最宽裕时,总说是当他们的孩子开始挣钱但还未分家的时候。例如高世堂(1925年生)说他家最好的时期是20世纪60年代中期以后的10年,因为那时有4个全劳力:他本人、他妻子、他的养女,和1965年入赘他家的养女婿。1967年和1968年添了两个外孙并未真正影响到他家的经济情况,因为家中仍有4个挣钱的人;真正的冲击是在1974年,因他女儿和女婿分了户。陆关通(1919年生)讲了基本相同的经历,20世纪60年代中期之后当他的孩子(除了大儿子在1963年结婚后外住)一个接一个地成为劳动力(1966年二儿子,1968年三儿子,1970年二女儿,1977年四儿子,1981年五儿子)时,他的日子好过了(尽管在政治上倒了霉)。即使在 1975 年和 1977 年二儿子和三儿子先后分家出去,他在经济上仍很宽裕,因为家中有好几个挣钱的人。

年轻得多的高友发(1937 年生)只是在近几年由于两个儿子和一个女儿(均未婚在家)成了劳动力,家境才好转。吴虎根(1917 年生)也是同样。虽然他的两个大孩子早夭,第三个在 1983 年结婚,但小夫妻仍与他住在一起。他告诉我,他日子好过是因为他家有“4 个人干活,4 个人吃饭”。吴根余(1917 年生)同样说最近因他的女儿开始在大队锁厂做工而家境好转。他的一个儿子(生于 1968 年)在访问时也已快到开始挣钱的年龄。

这样的例子多得很。在 12 个被问及此问题的农民中,只有两个讲了不同的经历。何金林(1933 年生)是个经常抱怨的人,他说他的日子从未好过过,因为他的父亲(死于 1965 年)和前妻(死于 1980 年)病了很长时间,家里只有他一个健康的人(另外,1984 年他的长子分了家)。何奎发(1925 年生)的记忆力已开始衰退,他说他家最好的日子是在责任制实施以来。然而他的陈述与大队记录的他家的收入资料相矛盾;我只能推断他是想表示拥护当前政策来讨好大队书记。所有其他人都突出了他们子女参加劳动从而改变了家庭就业结构的时期。没有一个确定技术突破或政策改变为他们家庭经济境况转变的主要因素(调查—Ⅱ—3,6,8,9)。

当然,这些农民所认为是当然,但没有提及的是只有在集体化经济下家庭收入才会由劳动力决定,而不是由家里拥有的财产决定。正是集体化和工分制的实施才使中国的实际符合于恰亚诺夫在 20 世纪 20 年代强调的关于革命前俄国的“人口分化”模式:农户的富裕程度取决于家庭的生命周期和变化中的生产者与消费者的比例关系(Chayanov,1986[1925]:第1章;亦见黄宗智,1986:11—12)。一户人家在其子女达到一定年龄并工作时,经济状况达到顶点,并持续到子女结婚分家。然后这一周期再从头开始:新的家庭在孩子逐渐长大和消费增加的情况下经历了经济状况的最低点,直至孩子参加劳动并开始挣钱。

农民的陈述可用工分值的资料来核实。“工”是用以衡量一个10分劳动力的典型工作日,约六小时。播种和收获时期的长时间工作和重活,根据生产队记工员和会计(通常与农民一起劳动并十分熟悉实际的工作状况)的实地观察,可算双工,甚至3个工。工分值在扣除生产支出后算出,是种纯收入的衡量,而非毛收入。在缺乏更精确的资料的情况下,这是集体化对农民单位工作日收入的最好的衡量。① 当价格稳定,生产队除了农作物以外很少有其他收入时,它亦可作为农业劳动生产率的指示器。

表11.4 许步山桥生产队的工分值(1965—1983)

单位:元

年份	工分值	年份	工分值
1965	0.94	1975	0.79
1966	0.94	1976	0.85
1967	1.11	1977	0.80
1968	1.06	1978	0.92

① 当然,一个劳力的年收入也取决于每年干多少日子,而一个家庭的年收入更取决于其他家庭成员(尤其妇女)干活的天数。然在集体化时期这些方面几乎没有变化。

续表

年份	工分值	年份	工分值
1969	1.04	1979	1.14
1970	0.83	1980	1.03
1971	1.01	1981	0.71
1972	1.01	1982	1.08
1973	1.00	1983	1.27
1974	0.97		

备注:资料由大队负责人提供。

表 11.4 显示了 1965—1983 年许步山桥的工分值。如前所述,这一计量资料确认了农民的陈述:在集体化的多数年份,工分值实际上在一元上下摆动。1970 年是个明显的例外,这一年许步山桥大量削减单季稻面积(从 112.9 亩减至 36.8 亩),大量扩展双季稻面积(从 81.5 亩增至 138.1 亩)。这一转向密集化种植制度的变化要求增加劳动力投入,生产队社员的总工分因此由 18 629 跃至 21 067,增加了 13%。然而总产量并无相应增长——造成随着这样极端密集化而来的劳动边际报酬递减的结果。生产队仅在它对三熟制取得更多经验后才得到较佳的效果。1975 年至 1977 年间,工分值再次跌到一元以下,但这次是由于农业之外的原因。在 1974 年之前,生产队社员通过帮助装卸建房用土的农业外就业挣钱,但当建筑业转向使用工厂制成品时这一就业机会就消失了。

然而,我们不应错误地根据上述情况推断松江所发生的是增加劳力投入和提高产量一对一关系的直线式密集化的简单状况。事实上,那儿有着无可辩驳的资本化和发展的证据。改进水利、机耕、化肥和新品种均有助于提高土地生产率和劳动生产率。在不同的情况下,很可能会出现劳动报酬增加的真正的发展。

但是,这些现代化投入的引进伴随着极端的劳动密集化,而后者不可避免地导致边际报酬递减。双季稻通常要求双倍劳动(和资本),但并未带来双倍产量。另外,早稻远不如单季稻值钱,部分是因为当地消费者喜欢粳米而不吃籼米。晚稻的稻草又不如单季稻的稻草适用于制作副业产品。因此 20 世纪 60 年代后期的大力推行全盘三熟制,无可避免地带来了单位工作日平均报酬的降低。

小麦和棉花种植的某些改进中的情况也同样如此。例如种植小麦时开掘地下排水道当然提高了土地利用效率,但这是在投入高度密集的劳动代价的情况下取得的。这样的密集化和三熟制一样带来了劳动边际报酬的递减,故也可称为内卷化。

内卷化的事实可以见证于 20 世纪 80 年代华阳桥种籽场大队的一些改革。上级领导一旦同意优先考虑"经济效益"而不仅是以总产量为目标,大队很快就决定停止种植双季稻。这符合经济上的考虑。双季早稻的产量通常低于单季稻 20%左右,因为 20%的耕地用作晚稻秧田;而晚稻的产量仍然低些,这是由于第二季作物的收益递减。人们可指望双季稻和冬大麦的总产达 1600 斤至 1700 斤,而单季稻加小麦为 1300 斤(800 斤稻、500 斤小麦)。这个产量上的差别实际上仅值 24 元至 28 元。为了这一点的增产,生产队需投入 10 元以上的肥料和种子,以及 20 工以上的人工。显然,仅在增加的劳动力的机会成本非常低的情况下这个做法才可取。机会成本一旦随着农村工业化和农业外就业而上升,双季稻的种植便不再是合理的。于是,一旦政府在 1984 年放松对种籽场大队的征购要求,大队便热情地"选择"了停止实施三熟制(调查—Ⅱ—21)。

这样,没有单位工作日报酬增加的产量增长不是单一密集化的结果,而是发展和内卷化同时发生的结果。从资本化而来的劳动生产率的提高几乎全为过度劳动密集化的损失所抵消。发展是被内卷化取消的。

我们有必要区分这些重叠的但又是分开的现象。集体化如果没有与人口增长相伴随,会在中国农村产生怎样的结果?20 世纪 50 年代后期和 60 年代的水利项目多半仍可能建设;那些劳动力到底主要来自动员妇女工作和动员男女农闲时参加基本建设,而不是得自人口增长。20 世纪 60 年代后期和 70 年代的内卷化的三熟制是解放后的新生人口剧增所推动的。要是五六十年代的成就有机会在没有人口过剩和过度劳动密集化抵消作用的情况下充分发挥作用,长江三角洲农村很可能会成功地脱离不发达的贫困。从这一角度来看,30 年集体化的经历缩短和重复了自 1350 年至 1950 年 6 个世纪中没有发展的农业增长的状况。

解散农业集体制时期

松江的经历

松江农村改革意想不到的结果是作物产量的下降或停滞(亦见 Putterman,1989,关于河北省获鹿县大河乡的记录)。如表 11.5 所示,松江的主要农作物产量在 1979 年达到顶峰:水稻亩产每季几达 800 斤,小麦超过 600 斤,棉花超过 140 斤,油菜籽逼近 300 斤

(表11.1)。① 然而1980年和1981年所有作物的亩产下跌,直到20世纪80年代后期尚未能再度显著上升。

表11.5 松江县及中国主要农作物单位面积产量指数(1952—1987)

1979=100

年份	水稻		小麦		棉花		油菜籽	
	松江	中国	松江①	中国	松江	中国	松江	中国
1952	63	57	15	34	16	48	23	58
1953	69	59	20	33	18	46	26	60
1954	66	60	18	40	15	40	24	60
1955	69	63	18	40	33	54	28	47
1956	[66]	58	28	43	18	48	15	49
1957	[57]	63	18	40	28	59	29	44
1958	[70]	60	20	41	35	72	26	50
1959	[74]	56	34	44	44	63	39	53
1960	[75]	48	33	38	—	42	—	35
1961	[68]	48	20	26	—	43	—	30
1962	[69]	55	25	32	—	45	—	41
1963	[82]	63	26	37	—	55	—	41
1964	[85]	66	32	38	—	69	—	60
1965	[77]	69	40	48	—	86	—	69
1966	83	74	25	50	68	97	68	60
1967	88	72	32	53	79	95	58	70
1968	81	75	41	52	113	97	75	74
1969	91	74	35	51	101	88	75	71
1970	77	80	42	54	79	94	73	77
1971	69	78	55	59	60	88	85	88

① 1978年及1984年由于气候异常干燥,棉花收成特别好。

续表

年份	水稻		小麦		棉花		油菜籽	
	松江	中国	松江①	中国	松江	中国	松江	中国
1972	77	76	57	64	92	82	87	82
1973	91	82	28	63	96	106	51	74
1974	82	82	74	71	98	102	82	77
1975	78	83	37	77	96	99	56	77
1976	88	82	67	83	90	86	59	66
1977	77	85	36	68	80	86	44	60
1978	94	94	80	86	134	91	97	83
1979	100	100	100	100	100	100	100	100
1980	72	97	92	88	82	112	71	97
1981	83	102	90	99	70	117	93	123
1982	102	115	93	115	96	126	108	158
1983	87	120	85	131	99	157	82	135
1984	103	127	91	139	139	188	100	141
1985	110	124	90	138	77	166	106	143
1986	98	126	93	143	99	169	80	138
1987	92	128	86	143	93	178	97	150

出处：表 11.1。

①包括小麦和大麦。

我们并不难找出原因。在 20 世纪 80 年代四种主要作物均无主要的技术变化。主要进展发生于 1978 年至 1979 年间：那时麦田采用了地下排水沟系统，棉花采用了“营养钵”移栽技术，油菜采用了早播种子。这些进步带来了那些年间产量的迅速提高。

另一因素是 1978 年实行的调整作物制度。新的制度可归纳为“三三制”，三年间轮作三套不同的作物组合：第一年，棉花、油菜；

第二年,单季稻、小麦;第三年,早稻、晚稻、大麦。这一公式要求在春季棉花、单季稻、双季稻各占三分之一耕地面积,冬季油菜、小麦和大麦也各占三分之一。因此在特定时间内只有三分之一的耕地实行三熟制。

这一制度表明决策者经济方针的改变。在这一调整的前夕(1975 年至 1977 年间),双季稻占耕地面积的 57.1%,冬小麦和大麦占 42%,棉花仅占 12%。不折不扣地、全面地实行三三制会把双季稻和冬大麦减到 33%,并使棉花种植增加几乎 3 倍。这意味着向否定内卷化的方向和向多种经营(减少粮食面积、增加经济作物面积)的农作方式调整。

策略上的反思带来 1978—1979 年间的实际调整:单季稻面积从 1977 年的 3.2%提高到 1978 年的 7.3%,1979 年进一步提高到 14.3%;而双季稻面积从 1977 年的 59.2%降到 1978 年的 51.0%和 1979 年的 41.9%。其结果是大大减轻了种双季稻带来的时间上的压力。同时,棉花种植面积向上调整到 1977 年至 1979 年间的 15%左右。这些意味着摆脱了以前强调的以粮为纲。

松江农作制度的调整无疑对 1978 年至 1979 年间的产量上升起了一些作用。然而必须注意不能过分评价这一因素,因为 1980 年至 1981 年间朝三三制方向进一步调整(单季稻和棉花上升到耕地面积的 20%以上,双季稻降到 33%以下),并未带来这些作物产量的增加。

对政府征购价格的调整带来的刺激作用也应予以考虑。1979 年,政府把早稻和小麦价格提高了 21%,单季稻和晚稻提高了 19%。这是十多年来粮食征购价格的首次调整(Lardy,1983:附录

3)。棉花定额征购价在 1978 年提高了 9%,1979 年又提高了 15%。油菜籽征购价在 1979 年也相应提高了 27%。此外,政府还把 1972 年定下的 30%的收购余粮奖励提高到 1979 年的 50%,还规定了棉花和油菜籽超额出售的 30%的奖励(调查—Ⅲ—27;Lardy,1983:91—92;Sicular,1986)。这些措施切实地改善了农民的收入和城乡贸易状况。①

但是,价格调整的作用也同样不可过高估计。在松江,如同我们看到的那样,种植计划仍由上级决定,而不是由农民决定。我们不应把 1978 年及以后官方计划的农产品价格调整混淆于农民对价格和市场刺激的反应。此外,在被问到作物产量变化的原因时,没有一个被访问的农民提到价格刺激。计算标准定额和奖励价格的错综复杂首先就使他们对此难以把握。再则,就像他们自己说的,松江生产的粮食一大部分是自己消费的;对这部分产品,征购价格的变化无关紧要,只是在纸面上算产值时起作用,并不影响农民的实际收入。总之,如果根据松江的情况来衡量,价格调整似乎至多产生了一次性的刺激作用,并未持续到 20 世纪 80 年代。

另外,农业生产的劳动组织形式,不管是集体还是家庭,似乎无关紧要。② 1983 年在松江实行家庭责任制时,最初只是简单地把生产定额由下到生产队改为下到家庭。接着,在 1985 年取消了包产,田块简单地通过合同分到各家各户管理和收获。1985 年至

① 拉迪(Lardy,1983:89)估计 1977—1981 年间,在全国范围内付给农民的平均收购价提高了 42%,亦见他的表 3,4(第 108 页)。

② 拉迪在 1983 年考察全国的这些改革早期的记录中,也得出了同样的结论(特别见第 220—221 页)。

1986 年,政府征购定额也基本取消,因为当时政府积存了相当多的余粮、余棉(但是,如前所述,1987 年至 1988 年间又恢复了征购)。

在松江,这些改革显然并未带来像官方根据全国数字报道的那种生产的飞跃。此地农作物生产充其量也不过是停滞的。如果我们能相信农民和技术干部的陈述——其陈述与政治干部的说法正好相反,松江的农业收成首先取决于技术和气候因素,第二位才是有关作物分布和征购的政策抉择,影响最小的是农业劳动力的重新组合。

没有增长的发展

这并不意味着否认改革带来了影响深远的变化,而只是指出这些变化的原因并不像官方宣传的那样。观察一下 1983 年许步山桥的工分值:虽然那年该村的农业产量下降了,但是工分值大幅度上升,明显突破了 20 年来的一元价值。为什么?就像高友发解释的,因为年前每家可送一个人到大队工厂,于是分享农业总产值的人数减少了(调查—Ⅱ—9)。第十四章将要考察华阳桥种籽场工业化的经过,以及显示锁厂如何显著地迅速改变了村里的就业状况。仅在第一年,就有整整 34 个村民进了新工厂。土地上过于拥挤的劳动力的流出始于 20 世纪五六十年代,但规模很小,因为工业化很大程度上局限于城市里的国营企业,而其劳动力一般都来自城市居民。随着 20 世纪 70 年代社办工业的兴起,劳力转移少量增加了。因为这些企业的部分劳动力来自农村。但是只是在 20 世纪 80 年代小城镇工业(在公社所在地和公社的镇)的蓬勃发展和村办企业的兴起,才使得大量村民从过于拥挤的农业转入工业。到 1985 年,华阳桥种籽场各村一半以上的劳动力就业于乡镇和村办企业。到 1988 年,只有 55 岁以上的村民才务农;所有年轻些的男女均从事报酬较高、费力较少的农业外工作。

大量的农业外就业对薛家埭等村来说是一反几百年的没有(劳动生产率)发展的农业(产量)增长。由于集体制下“浪荡工”(每个人都整天出工挣工分,尽管实际上无事可干)的终结和家庭责任制下利用农闲及辅助劳动力的巨大灵活性,过剩劳动力投入了各种农业外就业,农业的劳动生产率和单位工作日收入因此明显上升。于是,尽管半数以上的全劳动力脱离了农业,农业产量仍维持在接近集体化时期的水平,结果是农业工分值的急剧上升。

关于工分值的资料随着 1983 年华阳桥种籽场旧的财务制度的废除而消失。1985 年实行大包干制度之后,农户直接把余粮卖给政府,而不再通过社队,于是生产队账本中也不再有关于农业产量的精确记录了。事实上,如前所述,生产队只不过是自己过去的影子。

然而农村人民收入的稳定增长是确实的:虽然各村农业产量与以往水平相当,但由于农业外就业和新副业,农民的新的综合收入明显超越以往。种籽场大队的新繁荣表现在 1979 年至 1984 年间毛产值增长了 97%,也表现在这一产值的构成(1979 年农业产值占 84.7%,1984 年只占 55.6%;见附录表 E.3)。更进一步,这也反映在村民的引人注目的消费倾向,以及村庄面貌的剧变上,在 20 世纪 80 年代后期,原有的稻草和泥土盖的茅屋、棚屋已为双层的水泥抹墙的楼房所取代。

对华阳桥种籽场的农民来讲,早先的农业生产的没有发展的增长与新的没有增长的发展之间的区别是实实在在的。在前一种现象中,绝对产量上升了,政府的税收和征购也上升了,而农业劳动生产率和农民收入是停滞的。在后一种现象中,农业产量是停滞的,政府的税收和征购也同样,但农业劳动生产率和农民农业收入急剧提高。这一变化的原因也同样是明确的:不是由于一些人想象中的自由市场化了的家庭农业的高度刺激力导致农业生产的戏剧性突破,而是由于农村经济的多种经营,以及农业剩余劳动力向农业外就业的转移。

松江在全国的意义

松江的经验对全国的趋势有什么意义?如果我们只看全国农业生产的经过,很难看到任何关联:全国的农业产量在松江产量下降之后仍继续上升(除了 1980 年的倒退),在 1985—1987 年间趋向水平线前一直在增长。

改革的拥护者把这些进展大多归功于他们心目中的家庭农业的积极性。在 1984 年的令人陶醉的日子里,他们声称家庭农业是 20 世纪 80 年代农村经济发展的"引爆装置"。此外,根据 1979 年至 1984 年间农业生产持续的 5%—6%的年增长率,他们宣称中国终于解决了人民的温饱问题。他们自信地预言,粮食产量的增长在 20 世纪剩下的年头里只要保持这个增长率的一半,就足以供应全国和支持蓬勃的经济发展(发展研究所,1985:1—3;发展研究所综合课题组,1987)。

1985 年至 1987 年间农业生产的停止增长带来对这些估计的一些严肃的再评估。首先,家庭农业的缺点暴露出来了。在 20 世纪 80 年代的图现利的新的农村经济中,农民对水利排灌渠道几乎完全没有维修,这些水利排灌渠道在旧的集体制下是几乎免费开掘、疏浚和维护管理的。此外,滥用化肥在 1988 年终于导致了一个紧急状态:“被烧”的土壤严重板结,短期内即会使农业产量急剧下降。(地方干部公开讲这一问题,但我最后一次访问时,他们还未从上级那儿得到如何应付这一问题的指示。)其次,依然靠近生存线边缘的小规模家庭农场不具备使农业生产资本化的积累能力,尽管官方一再宣传典型“专业户”的功能。

在这一过程中,中国领导人开始转向试验大一点的“适度规模”农场。如我们所见,北京郊区的顺义县成了新途径的试验点。1988 年夏天,这些较大规模农场的组织形式仍在试验之中,其结果未明。但是如果沙井村(大队)具有代表性,那么新组织与旧的集体生产队、大队大同小异。村里所有农田已再次合并为一个单一的大农场,场长的管理无异于过去生产队或大队的领导人的管理。像在过去的集体化时那样,场长接受上级命令,负责监督农场完成指定的生产定额。① 新的特点在于农场使用劳动力较少,与农业外就业的增多相应。这个村庄 435 亩农场仅由 18 个全劳动力承担,而在农村工业化之前是 40 个以上。此外,农场无须像过去那样承担村里开支,不仅是维持人口生计的开支,也包括干部补偿、服务、

① 他自己的收入也相应根据这些定额的完成情况浮动,缺额被罚,超额有奖。此外,旧有的性别的区别也仍然保持着;农场的男女工人报酬不同,大体是 5∶4,与原有的工分制类似。

福利和公积金。这些包袱现在由村办工业负担。农场产出在交税后大部用以支付农场工人的工资。这使他们的年收入提高了三四倍，1988年达2000元左右（沙井访问，1988年6月11日、6月28日）。

劳动力投入能够大量减少主要是因为收割机的介入，每亩小麦约可节约2.5个工。1987年，这个村从公社里租用收割机，每亩花了8元，相当于每个省下的工值3.2元。在过去工分值远低于这个水平时，使用机械只是增加成本。然而现在一个工人通常指望一天10元，租用收割机是合算的。1988年，沙井村购买了自己的收割机。

在产稻的华阳桥，较大的"适度规模"农场生产尚在寻求之中。像重组前的沙井那样，机耕、电灌和杀虫较早采用机械，但是尚未找到插秧和收稻的机械化办法。不像拖拉机除机耕外有多种用途，插秧机别无他用。因此即使在现有的劳动力成本下，插秧机也太贵了。至于机械收割，虽然与收麦同样的收割机也可用作收稻，但它会弄烂稻草，而稻草仍是农民做饭取暖的主要燃料。事实上，迟至1988年，在非常"先进"的长江三角洲农村还远未转向以煤作为燃料。插秧、除草和收割的家庭组织看来还得维持相当一段时期（同时机耕和电灌继续由集体服务队负责；调查—Ⅳ—4）。

最终，改革的领导人被迫承认种植业自身能起的作用是很有限的。据此，西奥多·舒尔茨与赵紫阳的会见（《人民日报》，1988年5月17日）具有特别的意义。可以理解，舒尔茨为他的自由市场家庭农业是传统农业走向现代化成功之路的一贯理论在中国解散集体农业过程中找到了证据。不出所料，舒尔茨在访问中称赞了中国农村改革的"巨大成功"。然而赵紫阳回答时指出，仅是市场化的家庭农业不能成为解决中国农村不发达问题的长期方式：下一步要求中国克服“小型家庭农业”的弱点，把农业劳动力的相当一部分转移到农业外农村企业。

正是这一对20世纪80年代改革过程的再评估，使松江具有特别的意义。与这一模式有关的工副业将在其他章节讨论，我这儿仅限于考察种植业生产领域。

在松江，动员妇女务农、修建低成本的排灌网，和为拖拉机、电灌站这样的整体型现代化投入（区别于化肥等“可分型”投入）积累资金依靠的都是集体组织。同时，集体组织事实上等于是一个小合作社，通过切身利益关系刺激社员工作。在这一点上它不同于国营农场和工厂中用的固定工资制度。此外，在集体制下取得了每季农作物亩产增长两三倍和每亩耕地产量增长三倍以上的成绩，从任何标准来看这都是相当可观的成就（表11.1—11.3）。

问题不是来自集体制结构，而是来自劳动力过于拥挤。农业劳动力的过多，结合工分计酬的集体制结构，导致20世纪70年代末期以前出现浪荡工现象，同样的农活（除了农忙）要花上家庭经营所需要的一倍半时间来完成。在农业产品人为的低价政策下，劳动力过剩和浪荡工接着造成20世纪六七十年代农业劳动报酬的停滞，尽管单位面积产量已达到了很高水平。

松江的经验告诉我们，指望仅仅把劳动力组织方式由集体化改为家庭经营就能使农业生产获得奇迹般的推动是不切实际的。由于宣传部门对市场化的家庭农业的过分渲染，人们易于忽视全国范围的这一事实：农业产量的增长不仅见于1979年至1984年的改革时期，亦贯穿于整个集体化时期，到70年代后期像松江那样增长了两三倍。甚至就在推行家庭联产承包责任制之前的几年，农业产量也获得了近似1979年至1984年的增加；如表11.1和表11.5所示，1976年至1979年间水稻和小麦的产量增加了20%以上。

全国与松江的差异不在其实质，而在时间上的先后。先进地区的不同之处在于较快从新的投入和技术突破中得到好处，而后进地区则较慢。20世纪60年代以后松江的农业生产的持续增长，在70年代后期达到顶峰，而在全国的许多地区则较迟缓，延续到80年代中期。

这一状况可以用化肥投入的不同程度来说明。如表11.6所显示的，对全国来讲，其在20年之后才能赶上上海地区在20世纪60年代后期化肥的应用率。在上海，1979年至1980年间化肥的应用已达高水平，每亩投入已达到40斤（折纯量）以上。根据华阳桥的情况，在这以后，化肥应用上的问题在于经济上的效益，而不在于能否买到化肥。当地农民说，在20世纪80年代早期基本上能买到想要的所有化肥。但是从全中国范围来看，化肥应用无疑仍有很大缺口。如表11.6所示，1979年至1984年间化肥的应用提高了整整64%，从每亩9.8斤提高到16.1斤。在气候条件正常情况下，按照农业产量与化肥增加投入之间的通常关系（珀金斯，1969：73），①仅这一变化就足以解释粮食亩产提高约75斤——1979年至1984年间水稻亩产提高额的一半，小麦提高额的四分之三——的原因。到了80年代中期，就像松江早几年那样，增长率和作物对化肥的边际反应都开始降低了。

---

① 一斤折纯量化肥可以把产量提高约化肥实物量的3倍（即4.1×3＝12.3斤）。

表 11.6　上海直辖市及中国的化肥应用指数(1952—1986)

1979 = 100

年份	上海		中国	
	(折纯量)斤/亩	指数	(折纯量)斤/亩	指数
1952	0.5	1	0.1	1
1957	1.8	4	0.3	3
1962	4.7	12	0.6	6
1965	15.3	38	1.8	18
1970	20.7	51	—	—
1975	28.6	71	—	—
1978	34.3	85	7.9	81
1979	40.3	100	9.8	100
1980	43.4	108	11.6	118
1981	43.9	109	12.3	126
1982	42.9	106	13.9	142
1983	41.1	102	15.4	157
1984	39.5	98	16.1	164
1985	33.8	84	16.5	168
1986	40.9	101	17.9	183

出处:《上海统计年鉴》,1987:183,201;《中国统计年鉴》,1987:139,164。

备注:1985 年至 1986 年间,折纯量与实物量之比为 1∶4.1(《中国农业年鉴》,1987:343—344)。

如果松江的经验确实代表了全国发展趋势的预演,我们在分析 1979 年至 1984 年全国性的进展中应少看劳动力的组织形式,而多看技术和气候的因素。无论市场化的家庭农业还是集体化农业均无必然的魔力。松江的经验说明全国性农业生产的进展也会趋缓而稳定,就像 1985 年至 1987 年间所反映的那样。更重要的是它告诉我们,在中国农业高度内卷条件下,农村(劳动生产率)长期发展(区别于简单的产量增长)的动力必须来自农作物生产的外部。在松江,经历了6个世纪的没有发展的增长之后,正是农村工业化,而不是市场化的家庭农业,带来了真正的劳动生产率的发展。

第十二章　乡村工业化

此处“乡村工业化”指的是公社/乡、大队/行政村，或私人合伙及个体所有的小城镇和村庄上的工业。它区别于通常设在较大城镇内的国营企业和县属或省属的“集体”工业，也区别于城市里的私营工业。“城市工业”一般从城市居民中吸收劳动力，对乡村发展很少有直接影响。但是乡村工业企业则主要雇用村民。

华阳桥种籽场的例子表明城市和乡村工业化对乡村就业形式的影响完全不同。从 1950 年至 1985 年间，转移到农业外就业的 185 个村民中，进入城市国营企业的仅 33 人，其中许步山桥生产队的 46 人中仅 2 人，与华阳桥镇关系较密切，也较“先进”的西里行浜的 55 人中有 13 人，紧挨着镇的薛家埭生产队的 84 人中有 18 人（见附录表 D.4）。[①] 在农民的眼里，国营企业仍是一个“外在世

① 这些数字都是总数，其中包括临时工和已经移居他处的人。这些情况在附录 D 的各表中注明。

界”,离他们生活的现实较远。

社办和大队办的工业企业才真正给村民的生活带来了巨大的变化。(如前文一样,为方便起见,我仍使用“公社”“大队”两词,虽然1983年后这些单位正式改称“乡”和“行政村”。)社办工厂出现最早,自20世纪70年代起,其雇用农民的人数逐步增加。到1985年,公社企业为华阳桥种籽场各村提供了80个职位,①占农业外就业人数的43%。20世纪80年代起,大队企业也雇用了为数众多的村民(主要在1982年大队锁厂开办之后),1985年提供了72个农业外职位。② 如果我们关注的是农民及其质变性发展,就需要集中考察乡村工业企业,而不是城市企业。

华阳桥公社的工业增长

长江三角洲的乡村工业一般都起步于四类“工厂”中的一种:(1)与农业或与当地资源和手工业直接有关的工厂(如农具修造、经济作物及食品加工、制砖、纺织);(2)利用先进大工厂淘汰的旧设备和废旧物资(如大工厂废弃的边角塑料、旧橡胶轮胎,大工厂拒收的劣质棉花,以及废铁),生产国营工业不供应的小商品(诸如塑料盆、橡皮带、粗布袋、铁锁)的工厂;(3)与国营大工业企业联营的工厂,主要为了在工业产品加工中利用廉价的乡村劳动力;(4)

---

① 其中包括公社的非工业单位,诸如镇卫生站、文化站,以及家具厂、镇居民缝纫组等一些小单位,6家主要的工业企业(附录表D.4,从印刷厂到毛条厂)提供了33个职位,建筑队提供了另外23个职位。

② 包括全脱产干部、司机和赤脚医生。主要的工厂锁厂提供了58个职位。

与外资和出口市场有联系的工厂。以 1985 年的南通市为例,农机具修理占乡村工业总产出的 20%左右,废旧物资加工占 40%,接受大工厂和外资的委托加工占其余的 40%(调查—Ⅲ—44)。

华阳桥公社的例子说明了乡村工业化一般所走的道路。它的第一个工业企业农机厂建于"大跃进"时期,起初主要维修农具和用"土高炉"小规模地铸造农具。后来逐步增加生产一些当地由来已久的商品:草绳、家具(1979 年创办家具厂后,与农机厂分开)、砖瓦(1958 年起独立核算)、金属制品(以后并入印刷厂)等。这些生产都以手工为主。到 1968 年,这家多种经营的"工厂"共计有 130 名职工。①

随着 20 世纪机制纱的出现而在上海地区兴起的家庭手工织袜业,是另一家社办企业的基础。这家企业于 1950 年由集体创办,1957 年转给国家接办,"三年困难时期"(当时人们穿不起袜子)解散,1964 年再由公社重建。它雇用了几乎所有 1949 年前在华阳桥公社干这一行的四五百人。

这些地方性的手工生产与先进的工业企业发生联系,并得到帮助后才开始机械化。例如 1971 年农机厂与上海的一家工厂签订合同,制造消防水龙的喷嘴、水泵上的夹子和纺纱厂用的紧锭衬套。上海的工厂提供设备和材料,并承担销售,华阳桥公社提供劳动力和厂址。这实际上是一种包买协议,称为"委托加工"。增加了这些新的生产后,工厂的劳动力增加到 400 人。同样,1972 年公社袜厂也与上海第六织袜厂订协议,利用该厂淘汰的 45 台旧机

① 本节所用资料,如非特别注明,均采自我们四人研究组的另一成员周锡瑞的调查。我十分感谢周锡瑞允许我使用他的资料。

器,为该厂加工。1981 年公社方面以每台 300 元的价格买下了这些机器,又以每台 3000 元的价格添置了 56 台先进的新机器。到 1983 年,袜厂有 683 名职工。

袜厂和农机厂为公社的工业化提供了一个良好的开端,使它在 1979 年能独力创办印刷(机械)厂。在此前两年,公社已花了 3000 余元买了一台小型电动印刷机,开始从事印刷业务。印刷厂开办两年以后也扩展了,与设在松江县城东门的上海照相机厂订合同,制造照相机后盖。后来,合同又扩大到照相机镜头的粗磨加工。这两项业务的成功又为新的光学零件厂提供了基础。该厂由公社与上海照相机厂合资于 1983 年开办,1984 年有职工 235 名。

毛条厂是公社的第五个大厂,也有相同的历史。它由 1981 年与上海第二毛条厂订立的加工协议发展起来。与其他协议一样,公社提供土地、厂房和劳动力,上海厂家提供设备、原材料,并承担销售,盈利按复杂的公式分配。1984 年该厂有 223 名职工。

委托加工对大队的主要企业也至关重要,锁厂的固定资产(4 台车床)是向社办工厂买来的,而加工合同则是与另一大队办工厂订的。原材料是废金属,产品是锁的零件。因此村民称之为“锁厂”,其正式名称为“机电厂”。1985 年锁厂有职工 58 名,是该大队 6 个村庄农业外就业的主要去向。

1986 年华阳桥公社的工业发展进入了更高的阶段,与上海肉食品外贸公司、松江县大江公司一起,同泰国金融集团(正大)创办了一个合资企业,投资 600 万美元开设了一家肉鸡加工厂。华阳桥公社提供中方投资的 30%(上海肉食品外贸公司提供 20%,松江县大江公司提供 50%),并提供土地和大部分劳动力。这个肉食品厂提供苗鸡给当地农户喂养,长成后买回,屠宰、冷冻供出口(包括供应肯德基)。1988 年该厂每天加工两万只鸡(调查—Ⅳ—1,3)。

这一企业有力地促进了乡的工业化。它提供的产值一年超过5000 万元,几乎一夜间就把华阳桥公社的工业总产值翻了一番。1987 年它雇用了本乡 700 余居民,包括 10 名种籽场村民,推动了各村工业化进一步发展。1988 年夏,另一项与外国合资生产的计划正在进行之中。这次是与一家日本公司合作生产服装,初期投资为 130 万美元(调查—Ⅳ—3)。

建筑与运输

在这些厂家的就业带来农民收入相当幅度的增加。因为工厂里工资较高,也因为剩余劳动力的转移使农业中单位劳动力的分配提高了。农民收入的增加,又刺激了消费,尤其是住宅方面。20 世纪 80 年代国家将住宅建设放到最优先的地位,也进一步刺激了这一倾向。人口年龄结构的改变也起了强化作用:20 世纪五六十年代生育高峰时的新生人口进入婚龄,他们新成家,需要住宅。这些综合作用造成了农村建筑业的兴盛,到 1985 年已有 23 个种籽场村民在公社建筑队工作。

与乡村工业化密切相关的另一新的就业门路是运输业。早在集体化时期,就有一些村民应雇去运输业干活,如许步山桥即有 3 人。乡村的各生产单位间设备、原材料、产品的买卖扩大,造成对运输的需求大增。1988 年许步山桥已有 6 人干这一工作。虽然这活通常很重,但收入很高,1988 年年收入达 2000 元至 4000 元(调查—Ⅳ—5)。

资本化的副业、住宅建筑、运输,以及更重要的乡村工业,吸收了很大部分乡村劳动力。据我约谈的农民说,到1988年,种籽场各村50岁以下的男女劳动力都在农业外就业,只有老人仍在下地。

资本和工资开支

华阳桥公社的乡村工业化的关键之一在于平均每个劳动力的投资较低。我们可以从公社各工厂与城市国营工业企业的劳均投资额的比较中看到这个差别。如表12.1所示,1983年全国国营企业劳均投资额为13 422元,而华阳桥公社3个资本化程度相对高的工厂则仅4000元至7000元,其余只有2000元或更少。如果从这些数据中扣除厂房的费用,只比较设备的价值,差距就更大。

表12.1 华阳桥公社各企业职工人均资本额、总收入和工资,及与国营工业企业的比较(1983)

单位:元

企业	固定资产[①]	职工人数	职工人均资本额	职工人均总收入[②]	平均工资[③]
国营工业	—	—	134 22	12 401	878
社办企业					
印刷厂	2 168 455	318	6819	5773	528
毛条厂	998 620	195	5121	4451	679
光学零件厂	998 840	235	4250	—[④]	—[⑤]
家具厂	193 000	83	2325	5360	498
袜厂	1 233 256	683	1806	4789	800[⑤]

续表

企业	固定资产[①]	职工人数	职工人均资本额	职工人均总收入[②]	平均工资[③]
砖瓦厂	622 135	365	1704	2303	651
大队办企业					
锁厂	89 502	60	1492	1989	628

出处:国营工业企业数字见《中国统计年鉴》,1984:108,264,265,459。公社和大队的数字系1985年当地单位提供。

备注:以整个农机厂为一个单位的统计数字已不可得,家具厂和砖瓦厂都是从农机厂中独立出来的。

①按中国的统计指标应是"固定资产原值",这是根据安装时的实际开支算出的,除了设备,还包括建筑物费用。

②国家统计局使用的是另一指标,即劳动生产率,系由国营工业总产值除以职工总数得出。我在这里用的是略有差别的总收入数字,这是为了可与当地的统计数字相比,因为当地的数字是总收入数而不是总产出数。

③包括奖金在内。

④该厂1983年时刚创办,因为开工只有几个月,故职工人均创造的收入数(1064元)和平均工资(161元)都比较低。

⑤与前几年相比,职工平均工资已有相当幅度的跃升。1980年这一数字是573元,1981年为577元,1982年为585元。1981年至1982年间,该厂新添了设备,开始生产合成纤维袜子,1983年较高的工资数正是反映了这一变化。

投资较少的事实可以使我们理解集体企业职位的价格:1985年华阳桥公社的农民可以1500元的代价(加上通过考试)买得正在筹建中的肉食品厂里的一份工作,这叫作"以资带劳"(调查—Ⅲ—27)。这是在资本短缺的情况下集资的一个办法。

这些投资不多的企业,常带有烂货摊的色彩。华阳桥袜厂的开工是靠接受上海第六织袜厂淘汰的45台旧“K型”织袜机,而大队锁厂创办是靠社办工厂报废的车床。在资本短缺的中国,旧机器不废弃而修补再用,是乡村工业化中资本积累的一个重要方式。

表12.1还比较了各级企业职工的人均“总收入”。职工收入当然在很大程度上受国家价格政策和工业性质的影响,但是资本化的程度和企业总收入之间的相关性是十分明显的:凡资本化程度越高的工厂,创造的职工人均总收入也越高。①

这种差距在工资方面也有表现,尽管已明显地缩小了。国营企业职工的平均工资在相当程度上高于华阳桥公社的各工厂:1983年前者年平均工资878元,后者平均630元(见表12.1)。据约谈的农民估计,其他队级职位的工资约500—700元一年。

华阳桥的干部和农民还指出,在福利方面也有相当的差距。国营企业(和县办集体企业)职工退休后拿70%的工资,社办企业只有40%,大队办企业一般都没有。国营企业支付职工全部医疗费用,公伤假在6个月内拿全额工资。社办企业职工则必须付医疗服务费用(1985年华阳桥公社卫生院一个床位一天0.9元,一次注射0.4元),公伤假全额工资期限一周(一周后工资7成,限6个月)。大队企业则完全没有这类福利。丧葬费也同样有差别:国营企业对死亡职工付300元丧葬费,再加两三个月的工资;社办企业只付180元丧葬费;大队企业则完全没有(调查—Ⅲ—5)。

从国营企业的角度来看,将生产工序的某些部分分散到农村去,主要是为了摆脱掉一些亏损和低效益的工作。农村工本低,即

① 固然,许多乡村企业在这方面超越国营企业,特别是广东、福建拥有海外投资的合资企业。我这里指的是集体工业中的一般情况。

使是国营企业亏本的生产，也可以接手。确实，在公社和大队看来，由于有丰富的剩余劳动力，收入虽低但仍可有吸引力；即使企业带来的收入并不多于农业，仍有减轻农业收入分配压力的好处。因此，双方通过加工合同都能得益。

从全国看华阳桥

诚然，不能把华阳桥公社视为整个中国的“代表”。内地边远地区不能像近年来的上海地区那样，有机会与城市工业或外国资本、市场发生关系。如前所述，这些关系对 20 世纪 70 年代末和 80 年代华阳桥乡工业的发展是极为重要的。

然而，华阳桥的历史所讲的是比仅仅一个乡要大得多的故事。我们不可低估 20 世纪 80 年代中国乡村工业化的规模。到 1986 年，中国农村总产值中，工业已经占了 40%以上（附录表 E.1）。这一总产值未包括新住宅的价值、运输费用商业利润和许多新饮食业的总收入。即便将这些项目也加入中国农村总产值中去，工业仍占 30%以上（附录表 E.2）。

华阳桥公社与其他地区相比是很先进的，早在 20 世纪 70 年代中期，它的工业在总产值中已达到这一比例。其后，与城市工厂的联营以及 20 世纪 80 年代中期的中外合资，又刺激了它的发展，以至公社的总产值中工业的比例上升到三分之二以上。这种发展所利用的机遇，对远离东部和东南部沿海以及大城市的内地来讲是不大可能的。在这个意义上，华阳桥不能代表内地的发展趋势，即使是未来的趋势。然而到 80 年代中期，政府做出努力，使内地各县与东部沿海各乡挂钩，试图将它们带入工业体系中去。例如政府指定华阳桥乡的领导与江西省兴国县领导一起筹办联营企业（调查—Ⅳ—3）。显然，政府的经济决策者希望把沿海地区成功的发展经验扩大到内地边远地区，就像初期阶段沿海城市在沿海农村发展中所起的作用一样，让沿海各乡在内地的发展中发挥同样的作用。①

集体企业对个体企业

前面的讨论已指出，华阳桥的大部分工业仍然是集体企业，无论是由原先的公社和大队，还是由后来的乡和行政村政府拥有和管理。1986 年集体企业在上海市所有农村企业的总收入中仍占 93.5%，在江苏省占 88%，而私营个体企业分别只占 1.4%和 7.8%（见附录表 F.1；各类合作企业占了其余的比例）。可以断言，在长江三角洲的乡村工业化中，集体组织继续保持首位。

小型的个体小"企业"，大多从事工业以外的行业。例如许步山桥的两个村民何火云和杨秀堂，自己买了船，专搞运输挣钱。另一村民杨洪强放弃了锁厂的工作，专做西瓜、蔬菜和鱼的买卖（靠这种小生意，杨洪强一年净收入 2000 元）。薛家埭的张银龙参与了 20 世纪 80 年代全国个体饮食业的发展，自己开设了餐馆（调查—Ⅳ—5）。

① 在这方面，费孝通领导的课题组在 1981 年至 1985 年间完成了长江三角洲的小城镇和城乡关系的研究后，于 1986 年开始了一个新的五年课题，以一个放大了的城乡关系的概念，研究沿海与内地的关系（1988 年 6 月 20 日与张雨林的谈话）。

在中国其他一些地方,集体组织所占比例降低,其比例肯定比华阳桥要低得多。譬如广东省的个体和私人合作企业,由于依靠了华侨资本,在1986年已占到乡村企业总收入的30%以上。在20世纪80年代改革中带头的四川省,私营部门的比例也在43%以上。在河北和河南,则达到50%以上。在全国范围,乡村工业的所有组织形式中,个体小企业显然是最活跃的。1984年其比例仅为7.7%(当时这些企业正式纳入"乡镇企业"统计指标,开始做了系统的统计),1985年跃升为17.5%,1986年又达到23.5%(Wong,1988:12;附录表F.1)。

一般说来,个体企业似乎在贫困的地方比较盛行(《中国农业年鉴》,1987:3)。威廉·伯德和阿伦·杰尔伯(Byrd and Gelb,1988)说得有理,这主要是乡政府的财政拮据所致。工业较发达的乡从下属企业留利中得到大笔收入。在这样的乡,乡政府的公共服务开支只花费了总收入的一小部分,大部分可投资于其他工业,从而又创造出更多的收入和投资。工业落后的贫困乡收入菲薄,有时甚至不能负担必需的公共服务支出。这些乡有的就在财政上对其下属企业实行侵食的政策,迫使一些亏损的企业借债来支付上级的榨取,结果是贫困的恶性循环。正是在这种落后地区,投资不多的私人企业才比集体企业兴旺。

在几个这样的落后地区中,私人企业已进入了蓬勃发展和资本化的阶段。温州地区(位于浙江省南部,包括温州市及周围9个县,1986年年底总人口640万)是最出色的例子。其成功的关键在这个地区的133 000个小型家庭企业。这些企业平均每家只有3个劳动力,1985年雇用了温州地区劳动力总数的大约15%(267万中的 40 万),提供了乡村企业总产值的足足 60%(郭浴阳,1987:86;何荣飞等,1987:1—4)。

温州的家庭企业主要属于资本稀少、劳动密集的类型,利用了家庭生产独特的优点,腈纶衫、编织袋是这些企业的主要产品之一。1985 年约有 380 个采购员到全国搜寻原材料,以 0.5 元一斤的价格购进 17 000 吨的腈纶边角料,汇集到生产再生腈纶产品中心的宜山,由 600 户家庭对原料进行分拣,1200 户家庭弹花,再由 6400 户家庭纺、织、编,最后送到 2900 户家庭去缝纫。是年,这些小生产者总共生产了约 15 000 万件再生腈纶衣裤(包括每件以 1.60元不可思议的廉价出售的腊纶衫),6000 万只编织袋和 300 万匹再生腈纶布。由 8000 个推销员跑遍全国,销售这些产品,每次交易出售几百到一千件;1985 年每人平均销售 3 万至 30 万元,获纯利数千元(何荣飞等,1987:26,33—34)。

温州其他的主要行业有塑料鞋、弹力腰带、鞋带、铝制校徽(全国的校徽一半以上是那里生产的)和纽扣等。各类"小商品"都可由家庭以低成本高效率生产出来(何荣飞等,1987:19—31)。

温州经历的特殊意义是它的家庭工业发展起了专业化和资本化。譬如徽章生产,各个家庭按设计、绘图、雕刻、模具切削、材料切割、上色、钻孔等工序,做不同的专业化分工(何荣飞等,1987:10),与再生腈纶衫的生产大体类似。一般地说,腈纶衫的纺和织以及编都由机器而不是手工做,每家都有自己的简单纺车和织机。

着眼于证明工业以及农业中市场化家庭企业内在优越性的学者,肯定会在温州的经验中找到自己观点的佐证。假定市场条件适宜,并有足够的剩余,小规模的家庭生产单位当然可能成为积累和资本化的单位,一如美国成功的“夫妻老婆店”式的企业。与马克思原来的看法不同,“小商品生产”即使仍然以家庭为单位,也能变成资本主义生产。但是,在当今中国的条件下,温州式发展道路的潜力不应夸大。这一地区有特殊的历史:1876 年就被辟为通商口岸,土地与人口的比率很低(1985 年人均耕地面积仅 0.44 亩,全国为 1.5 亩),有根深蒂固的做小买卖和小生产的传统。到 20 世纪 80 年代中期,其家庭企业由一支 14 万人以上的小商人队伍支撑着,他们在全国范围内奔波,在官僚化了的经济中寻找机会和漏洞,其他地区很少有这种传统和商业网络。并且,温州生产的那些小商品,其市场不可能无限扩大,温州实际上已垄断了廉价的再生腈纶衫、编织袋和校徽的生产。现有市场不一定能够容纳更多的温州。

更重要的是,夸大温州式家庭企业在整个中国的规模和重要性是不适当的。即使在浙江省,温州也是独一无二的。1986 年全省的个体企业只占乡村企业总收入的 8.4%(集体企业占 83.5%;附录表 F.1)。在全国,尽管这类企业蓬勃扩展,集体企业仍占农村企业创造的总收入的大半,即 66.1%,私营企业为 23.5%。最紧要的是,我们必须记住在长江三角洲的成功的乡村工业化经验中,集体组织一直占了压倒性优势。

从比较角度看华阳桥

英国的古典经验

华阳桥式的乡村工业化和小城镇发展与英国的古典经验形成

了鲜明对照。在英国,以及较低程度上在欧洲大陆,工业化的进展都是自下而上的,从乡村家庭手工业到小城镇手工工场到大城市机器制造。让·德伏瑞斯(de Vries,1981,1984)主张近代以前的城市化,即旧的大行政与商业都市(人口在4万以上,如巴黎、伦敦)的发展,与主要发生在小城镇(规模在5000—39 000人口之间)的“新城市化”要区分开来。德伏瑞斯认为,后者是全欧洲的趋势,始于1750年左右。在1750年至1800年间,欧洲人在大城市居住的比例未变动(整个时期只增长了0.2%),而小城镇的人口剧增4倍。安东尼·瑞格里(Wrigley,1985)详细分析了德伏瑞斯的数据和论证后指出,英国是“新城市化”出现最早的地方,可追溯到1670年后市镇的蓬勃兴起和扩张。

在中国,工业化和近代城市化则是自上而下的:首先是帝国主义时代移植于城市的工厂,其后是解放后数十年中国家锐意推进的大企业。(我们将看到,后果之一是城乡差距扩大了,不仅在经济领域,而且延伸到社会和文化领域。)中国要到20世纪80年代才发生类似英国1670年至1800年时期出现的这种生机勃勃的小城镇发展。施坚雅估计,中国在1843年时居住在2000人以上市镇的人口比例仅为5.1%,在最发达的长江下游地区也不过7.6%。而据瑞格里(1985:688,表2)估计,英国在1801年时居住在5000人以上市镇的人口比例为27.5%。中国甚至迟至1980年,居住在2500人以上市镇的人口仅19.4%。①

① 确切地说,“镇”的标准是人口2500以上,85%的人在农业外就业;或人口3000以上,70%的人在农业外就业。这一定义是1964年国家统计局确定的。在此以前,标准是2000人以上,50%的人在农业外就业(《中国统计年鉴》,1983:104,576)。

由此看来,中国乡村工业化是近代后期的发展,而不像英国那样是近代早期的现象。近代小城镇的发展也是如此。大城市(像上海和天津)引导了近代城市化,而不是像英国和欧洲那样由小城镇引导。工业化也不是首先在小型乡村工业中发生,之后让位于城市大工厂,而是相反,首先在城市工厂中产生,然后才将其磨损的设备和低收入的经营逐渐转入小城镇和农村。

当代发展中国家

当我们把比较的视线从古典英国转向当代发展中国家,就会出现另一种不同的对照。自上而下的工业化模式在第三世界国家是常见的,这是从帝国主义入侵后开始的。中国乡村发展的独特之处不在于自上而下的模式,而在于村、乡集体组织所发挥的积极作用。一般地说,在大部分第三世界国家,农村人口都消极地等待城市工业的扩张,将他们吸收为劳动力。工业几乎全部设在都市或城镇,工业的发展总是伴随着大量人口从农村外移。这种情况与当今的长江三角洲颇不相同,后者的农村集体组织在农村工业化的积累中起了主导作用,先是在公社一级,以后又到大队一级。从一开始,工业就设在乡村,不仅设在乡政府所在的小市镇,而且设在自然村内。农村人口则被严厉的户籍政策控制在当地。

华阳桥的例子表明,一个乡的工业化是怎样首先通过公社的积累打基础的:它以“大跃进”时期建立的为农业服务的农机厂,以及 1964 年时以解放前当地手工业为基础开办的袜厂起步,20 世纪 70 年代国营大工厂的委托加工给了它有力的推动,20 世纪 80 年代按照同样的集体积累和磨损设备下放的模式,公社的工业化又开始促进大队的工业化。种籽场大队正是靠公社企业的"过时"设备创办了锁厂。

费孝通有这样一句话:与资本主义"大鱼吃小鱼,小鱼吃虾米"的工业发展道路不同,社会主义中国是"大鱼帮小鱼,小鱼帮虾米"。当然,这样的解释带有道德观念,但它确实抓住了中国自上而下工业化模式的重要的一面。

由于大洋两岸的新闻报道大都特别注意农业中的包产到户、广东和福建侨乡的资本主义工业发展,以及温州等地的自由市场和家庭企业,人们很容易误解或忘却集体工业的事实。集体工业实际上是长江三角洲以及中国大部分地区乡村工业组织的主体。正是这种生产组织形式推动了发生于20世纪七八十年代的大部分乡村工业化,并且使中国的乡村工业化有别于多数第三世界国家。

第十三章　乡村发展中资本主义与社会主义的二元对立

关于中国乡村发展的争论常常被套在资本主义与社会主义斗争的框架之中，而争论的焦点一般在种植业——因人们经常把它等同于“农业”。中国近年来的改革，由于在农业上的解散集体制、恢复到家庭农业，常被解释为把中国引向资本主义道路。新自由主义理论倡导理性家庭小农的事业心和主动性，带来了农作物生产的迅速发展，而把之前的道路形容为过分依赖计划控制的集体农业，忽视了对个人的刺激，因而导致了停滞。

政治理论的作用

造成这些争论的高度政治理论化的原因是显而易见的。数十年的革命凝结成政治抉择决定一切的固定意识。首先，加入革命行列这一行动本身即表示认为人们的抉择有可能改造社会结构。随着革命的胜利,这一意识得到进一步加强。其后,通过土地改革和集体化实现社会结构的重组,更进一步加强了这种信心。同时,政权机器的大规模扩张,更赋予这种意识以制度化的现实基础,至少对政治机构的领导层来说是如此。革命传统所造成的政治抉择决定一切的信念,在当代中国政治思想中被认为是当然的前提,无须加以论证。

这一信念特别注重政治理论的作用。这点不仅来自马克思列宁主义,也来自实际的历史经验。对 20 世纪中国杰出的知识分子来讲,当一个成功的官员、企业家或教授,与下决心成为一个革命的地下工作者,其间的差别不过是细微的一丝政治意识。其后,在革命夺取了政权之后,正是政治理论的抉择推动了在土地改革和集体化中的社会重组。结果把政治理论提到了一切问题的中心地位。

极左和极右理论都是在这个思想结构之中提出的。极左派打出社会主义和资本主义“两条道路的斗争”的旗帜,反复强调“政治挂帅”。极右派则在批评左派过于强调政治理论的同时,也同样地强调了政治理论的决定性。极右派一再强调左派政治理论上的错误和他们自己政治立场的积极作用,即使在批判“政治挂帅”为极左意识时也是如此。

中国官方 20 世纪 80 年代的宣传在美国舆论界激起了一定的反响。美国公众再次显示出他们想在中国见到的,很大程度上并不是中国复杂的现实,而是自身价值观念的体现。对他们来讲,有什么能比中国共产党人在 10 年的反资本主义宣传之后最终认识到自己做法的愚蠢,像美国人所希望的那样批判“极左派”,采纳美国农业发展方式的做法更具吸引力呢?

工作动机与农业生产

在太平洋两岸的政治理论领域,工作动机问题尤其被提高到有巨大象征意义的地位。极左派坚持工作动机第一位:出自为人的精神还是为己的利益,是“社会主义和资本主义两条道路”斗争中的关键性问题。批评他们的人则强调相反的一面:追求物质利益是经济“理性”的关键要素,而依赖革命觉悟和大公无私精神来刺激工作则正是“极左主义”的手段。

这一争论再次在美国的公众意识中引起深刻的反响。对自身利益的“理性”追求推动了现代化发展的说法到底是资本主义信条的核心。再说,基于国民经济中劳动力的缺乏和高成本,美国人当然极其关心如何刺激工作的问题。从美国国情来看重视这一问题是极可理解的,许多人甚至认为工作动机问题是如此明显的关键,无须再加判断或解释。

美国人进而认为市场经济中追求最大利润是人们工作的主要推动力。美国的家庭农场主自己选择种什么、怎样种和出售多少。在这个富裕的国家里,至少以中国标准来看,小农场主长期享有取得很大利润的可能。人们因此认为利润的刺激作用在中国的农业中也像这儿一样起着决定性的作用。

易于为人忽略的是对中国的农民来讲,基于劳动力的大量过剩,劳动者的工作动机问题并不那么关键。在农业集体化之前,农民在生存线以上的剩余微不足道,其工作的主要动机是生存,而非追求最大利润。集体化之后,个人几乎没有经济抉择的余地,而生存需要以上的剩余仍微不足道。在这样的条件下,集体生存,而非市场利润,是工作的首要推动力。如同我们所见到的,即使在 20 世纪 80 年代的改革中,农业市场化的程度及其剩余的数量仍去美国农业甚远。

在假定的资本主义和社会主义的斗争中,大洋两岸均特别注重种植业。极左派先在“大跃进”中强调大公无私的精神能在作物生产中起魔术般的作用。极右派则强调集体作物生产导致了农业停滞,而个人物质刺激则带来了戏剧性的突破。两派都认为作物生产的劳动组合形式问题是农村发展的首要问题。

美国人同样把种植业视作农村发展问题的核心。基于美国本身种植业的相对低程度劳动密集化,美国人易于接受这样的观念,即作物种植可以大规模扩展,并能对整个国家经济的发展产生决定性的影响。人们容易忘记的是,中国的多数地方不同于美国,农作物劳动密集程度已到土地地力所能承受的极端。

本章接下来考察“大跃进”时期、“文化大革命”时期和农村改革早期的实际状况,来看假定的种植业中的资本主义与社会主义的斗争是怎样歪曲了中国乡村发展中的真正问题的。

“大跃进”时期(1958—1960)

据农民讲,华阳桥的“大食堂”实际上从 1958 年 10 月到 1959 年 1 月搞了 4 个月,每个人均可不花钱吃个饱。这标志着“大跃进”的激进主义达到高潮，理论路线由社会主义的“按劳分配”转向共产主义的“按需分配”，同时对工作的鼓励由物质转向精神和政治。然而公社很快就粮食短缺了，于是开始实施了叫作“小食堂”的制度，人们凭饭票打饭回家，按他们认为合适的方式分配食用。这一制度一直持续到1960年夏天。其后自留地恢复了，也开始了私人养猪。1961年，生产队取代公社成为拥有所有权、核算和生产的基本单位，基本上回到了“大跃进”以前的行政结构。这样，与“大跃进”联系着的组织基本上只在1959年至1960年间起作用（调查—Ⅱ—7，12）。

1959年至1960年的农业产量一直维持在高水平。诚然，在这些村庄中，“大跃进”带来了这样一种虚妄的观念：随着人力和资本投入的增加，土地可以无限地增产。但是除了少数几亩田地，公社无意试验这一虚妄的想法。薛家埭生产队在两亩地中用了两倍于以往的种子和肥料。在许步山桥，队长杨小发回忆说，他们把试验田叫“卫星地”，由“火箭队”来耕种。在这些地块中，他们把地犁到一人深，并“整张整张地”施用豆饼。（结果呢？杨说水稻确实长得又高又大，但都因太重太大而倒伏。难道像他那样经验丰富的老农都真的相信这一试验能成功？杨说他知道不会成功，但当时的情况不许可他这样讲。）但是这样的试验田在全大队田地中只占6亩，其余的均像“大跃进”之前那样耕种（调查—Ⅱ—7）。

华阳桥农民和队长们的说法为公社的统计资料所证实。1958年至1959年间主要作物的平均产量继续增长，其中多数到1960年仍保持高产。当时最重要的单季稻在1959年和1960年均突破了亩产600斤。

然而，这里的经历到底有多大的代表性呢？据我访问的队长们说，华阳桥当时的党委书记王德明乃是彭德怀一派的人，反对“毛主义”的“大跃进”。他和其他 5 位公社书记在 1959 年春天一起批评县委书记赵某（以下几页所提人士都只写姓氏不写名字），当时上面邀请人们公开反对“大跃进”心理造成的“浮夸之风”。然而随着毛在中央战胜了彭，赵某对王等人进行反攻，并在 1959 年年底撤销了他的书记职务。在这之前，王似乎使华阳桥公社得免于“大跃进”政策所造成的破坏（调查—Ⅲ—25）。

但是，华阳桥的农业产量增长在松江县并不是唯一的，这一事实把表 13.1 与表 11.1 略加比较即可明了。全县的状况就像这个公社一样，水稻和小麦产量在 1959 年至 1960 年间达到顶峰。尽管“毛主义”的赵与“彭主义”的王之间有着相当激烈的政治斗争，但是他们的政策似乎并未对农业产量产生很大影响。事实上，即使从中国全国来看，与“大跃进”相联系的最为激进的重新组织似乎也并没有立即影响到农业产量。部分原因肯定在于地方上对“大跃进”的最极端的一些政策的抵制，在这一点上华阳桥不会是孤立的。此外“大跃进”运动本身最初激起的热情，同时伴随着它的破坏方面，可能也对农业生产起过短时间的积极作用。

华阳桥和松江的总的情况是农业产量在 1960 年后才下降，是在放弃了“大跃进”最为极端的组织之后。1961 年至 1962 年农业产量达到最低点之际（表 11.1），正是原有组织形式被恢复之时。我们应如何解释这一意料之外的现象——产量持续上升与激进的组织形式同步，而产量急剧下降与恢复到以前的组织形式同步？

表 13.1　华阳桥公社主要农作物单位面积产量(1956—1983)

单位:斤/播种亩

年份	单季稻	早稻	晚稻	小麦和大麦	棉花	油菜籽
1956	570	455	225	182	—	42
1957	509	403	128	122	—	92
1958	532	505	230	127	—	95
1959	614	484	333	208	—	150
1960	613	494	214	201	—	117
1961	572	498	235	130	—	79
1962	558	419	217	158	—	102
1963	665	484	398	160	—	65
1964	698	473	409	206	—	139
1965	593	577	347	235	116	208
1966	785	481	550	139	121	175
1967	774	537	649	158	135	144
1968	715	484	596	196	170	184
1969	786	608	659	192	150	225
1970	691	620	573	236	122	207
1971	626	550	490	311	97	207
1972	687	669	499	327	127	224
1973	739	733	647	146	147	116
1974	712	621	592	405	142	231
1975	—	681	535	165	139	127
1976	—	720	616	388	127	171
1977	831	610	545	159	119	123
1978	967	682	693	430	192	266
1979	757	869	696	621	152	269
1980	758	676	434	499	119	184
1981	670	784	502	561	113	225

续表

年份	单季稻	早稻	晚稻	小麦和大麦	棉花	油菜籽
1982	782	687	652	488	122	256
1983	769	552	589	539	153	215

出处:公社负责人提供。

我相信我们需要从农业生产的劳动组织形式之外去寻求答案。首先,“大跃进”最直接的破坏作用在副业领域上,而非农业生产上。如当时的大队党支部书记沈宝顺指出的,“大跃进”时期的干部心理是“越大越好”和“一大二公”。正如庞大的公社是强调“大”的产物,对自留地和副业的压抑是强调“公”的结果。这一来自毛本人的口号(刘义辉等,1973)打算散布这样的观念,公社代表了共产主义的萌芽和由小规模集体所有制向大规模“全民所有制”的过渡。正是在这种理论之上,“大跃进”取消了自留地和私人养猪。

然而蔬菜和猪由私人家庭生产比大集体社队生产经济。如我们所见到的,两者均利用了低成本的闲暇家庭劳动力。再说,私人种菜避免了储藏和分发问题,家庭养猪也是这样。集体种菜和养猪无法达到这些家庭管理的好处,于是在两年之内便停止下来,但是已经造成了相当的破坏。

“大跃进”虽然在试图把家庭副业集体化上遭到失败,但它在开创一些新的大规模、高度资本化的集体“副业”①上却取得了一

① 编草包自成一个种类,兼有两种副业的特点:集体购买并拥有设备,但转到家庭计件工作制度,以得到家庭生产单位特殊的组织上的优势。

定的成功。我们在第十章中谈到的两个华阳桥乡企业在开创时的曲折之后表现出特别的成功：到 1985 年，奶牛场和梨园已雇有 58 个职工，毛收入超过了 108 万元。这两个企业在解散农业集体制政策下也继续了下去。"大跃进"对家庭副业的破坏必须联系这些集体制的成功之处来衡量。

"大跃进"造成的破坏也必须联系到在长远意义上的最重要的成绩。正是在这一时期华阳桥乡开始了工业发展，创办了农具厂。如前所述，这个厂后来分化出其他几个社办厂。这里就像中国许多其他的公社一样，农村的工业化起源可追溯到"大跃进"时期。

所有这些并不否认"大跃进"造成了严重的混乱。王德明等人对"毛主义者"赵某的首要指责是，赵在对松江的农业生产提出过高要求的同时过分加重了农民的负担。尽管我们缺乏这些年间松江农业税和征购的统计资料，但是全国的资料表明征购额有了相当增长（Lardy，1983：104）。国家征购的增加加上"大食堂"的无节制消费，使 1958 年年末农民的分配收入急剧减少。种籽场的农民回忆说这是"全面拉平"意识的最高点，这年每工只分到 0.03 元，而一年前是一元左右。1959 年，分配收入回升到 1957 年水平，但是那年农户已不能由自留地供给自己蔬菜，以及失去了由卖猪和出售自留地剩余产品而来的收入。

除了这些现金收入损失，农民们还回想起义务工的急剧增加。1959 年，一个由沈华明领导的工作队被派下来监督公社。被派到种籽场各村的是王某，据最直率的被访问者何金林形容，王是个强迫自己之外每一个人加倍工作的浮夸积极分子。在农忙时，王坚持要连夜干活，让各队挑灯夜战，而自己却回到公社机关睡大觉。

农民们由于过分劳累,手脚都浮肿了,最后他们玩弄了一个花招:大家按时回家,但把灯火留在田间,随风摇晃。王某几次发现之后大发雷霆,但无济于事。他用 3 种旗子来标志 3 个队的劳动:红旗表示劳动好,白旗表示一般,而以画有乌龟的旗来羞辱表现最差的队。①

这一时期的基本建设项目也由过分热情的外来人主宰着。种籽场的妇女回想起 1958 年至 1959 年那个冬天特别艰巨的水利工程,她们先是被派去开掘和疏浚洞泾港,接着又是洋泾港。负责人是陈某,据妇女们说,他穿着棉袄站在一旁,除了叫别人努力干活什么事都不干。有一阵子午饭时间压缩到了 20 分钟,有时口粮还不足以填饱肚子。这一工程总共持续了两个月。第二年工作集中到开挖大队的排灌渠(调查—Ⅱ—10)。

在如此艰辛的努力之下,即使农业产量稍有进步,人们也肯定会觉得失望。"大跃进"通过号召为共产主义的早日实现而忘我献身,以此来激励农民劳动。从许诺和费力程度来看,农业产量的成就是太微不足道了。② 失望是不可避免的。

自然灾害大大加重了局势的严重性:1960 年 10 月的多雨使华阳桥的晚稻减产;1961 年四五月间的多雨又使油菜籽和小麦减产;同年的早寒伤害了单季稻和晚稻;1962 年春季的多雨连续第二年对两种冬季作物造成不良影响;1963 年春季的多雨,第三次使这两

---

① 他还不时地检查公社食堂,坚持社员只能在食堂而不能回家吃饭。杨小发回忆说,在那以前,许步山桥小队的所有社员已经把桌椅拿回家,在家吃饭了。他和小队会计何金林看到王来,就跑到各家,叫大家带回桌椅,假装仍是集体吃饭(调查—Ⅱ—18)。

② 正是在这种情况下,地方干部上报虚夸产量,上面的压力无疑也起了作用。

种冬季作物减产。极左的观点强调人定胜天和人有多大力,地有多大产。但是在人们控制之外的自然灾害强有力地告诫大家这一观点的错误。暴雨和寒流向每一个人显示了人力的局限。

很明显,农民和干部的情绪低落、自然因素和组织上的失误一起造成了华阳桥和松江在1960年以后的困境,就像在全国其他地方一样。农业上的恢复要到1963年才开始,先是水稻,然后在下一年度扩大到小麦和油菜。

技术上的进步辅助了松江的气候稳定。过去单季稻品种“老来青”在一个时期内曾经带来了好收成,后来困于病害。1963年的再次增产来自好天气和采用的新品种——“农垦58号”。显著的进步一直持续到1965年,但是接着新品种的优势又消退了。下一年出现了不寻常的好天气,又开始了新的一轮气候循环。在1973年,又一个新品种被采用了。在所有这些断断续续的增产中,意识形态和政策路线上的转折变化关系很小。

把“大跃进”描述成一个纯粹由极左政治决策造成的灾难(就像20世纪80年代政治干部的标准说法)实在是过于简单,以致歪曲了历史经过。这一说法无视水利、乡村工业和资本化副业三方面的进步,而这些正是后来乡村发展的关键。即使在狭义的农业生产领域,这一说法也没有考虑自然灾害所扮演的角色。正是自然灾害和错误管理的同时发生,才造成了农业生产的大幅度倒退。

20世纪80年代政治干部的又一标准论点,把所有的集体化农业等同于“大跃进”,更是严重歪曲了事实。以生产队为基本所有和分配单位的集体制除了在1958年至1960年一度混乱,是集体制时期的一贯基本结构,我们必须把它清楚地区别于“大跃进”时期无视物质刺激的制度。生产队把报酬直接与工作相联系,等于是一种合作社的、按工作贡献分配报酬的制度。这根本不像“大跃进”的一味强调精神鼓励。

“文化大革命”时期(1966—1976)

“文化大革命”时期的政治运动主要在村庄以上的层次进行,主要冲击是对干部,而不是对农民,是对城镇,而不是对乡村。生产队干部最先是在“小四清”运动被波及的。1964年夏天,大约五十名大学生(多数来自上海师范学院)被派到了华阳桥公社清查贪污。他们由刘某带领,在公社,他们被划分为工作队,每个大队一个。每个大队干部都被叫来查问,持续了大约一个半月。在我们调查的大队(当时还属于更大的兴隆大队),开始时只查到一起贪污案例:第五生产队队长薛寿林据说多得了5个工分。大队书记陆德法意在保护手下干部,没有把这当一回事。

然而县委书记赵某这时把运动转入“三个一千”的公式:派到农村的工作队应该在每个生产队发现一千斤粮、一千元现金和一千个工分的“贪污”。赵本人在红星大队“蹲点”,这一公式“归纳”了他在那儿的“发现”。于是华阳桥工作队划分为两三个人一伙的小工作组,每组清查两三个生产队的管理。如前所述,许步山桥的干部们说那个负责他们队的女青年被指派发现“三个一千”。据杨小发和何金林说,她把他们逼得走投无路。她强行搜罗了一些证据,像他们花了两小时理发没有扣减工分,开会时尽管比干农活少出力仍拿全工分,有时甚至不在工作时间开的会都拿工分等,她安排分别在杨、何身上各“挖出”三四百工分(调查—Ⅱ—18)。

调查也发现了两例大队和生产队干部的“男女问题”。如果女方系军属或未婚妇女,问题就更为严重。任一情况均会对相关人员处以撤销干部职务和清除出党的处罚;仅与一般已婚妇女发生非法关系不会看得这么严重(调查—Ⅲ—25)。

然而尽管生产队干部经历了这些狂风暴雨,这一层次的领导变化却极小。在种籽场各村,生产队干部均保留下来了,尽管是勉强的。像杨小发和何金林对不公正的指控强烈不满,想要辞职,但拘于“上面的”压力,尤其是作为党员的杨,被要求为了大家的利益克服个人情绪。像他这样的干部缓和了政治风暴对农民日常生活所在的生产队的冲击。

下一年(1965 年)接着开始了“大四清”。主要来自上海师范学院的 30 个人被派到了公社。这次打击对象不是干部,而是“阶级敌人”。为了打击他们,一个叫“贫下中农协会”的“群众组织”建立起来了,每个生产队产生两名代表。在这场运动中,两名华阳桥种籽场村民被“斗”:过去的“富”农陆某和火爆性子的高某(他动辄扔东西、骂人,发脾气时侮辱妇女)。“群众”试图要两人“认罪”。尽管陆已充分交代了,但高坚决不干,他说:“笑也斗,哭也斗,大不了开我两个洞,我就不笑了。”为此,村民都承认高是个“硬骨头”。最后这两个人均因他们的“罪行”而被“监督劳动”,这意味着他们必须最早出工,最迟收工,即使别人不干活也得天天上工,必须干双倍于他人的义务工,每天干活只得 9 工分(而不是应得的 10 工分)。两人均不可在未得批准时离开村子。但对其他人来讲,生活与以前完全一样(调查—Ⅱ—1,3,26)。

“文化大革命”自从于1966年8月来到此地,形式与众所周知的基本一致。大字报四处张贴,对公社领导做原则的或人身的攻击。党委书记钱朴是批判的集中目标。派别划分接踵而来,一派想“夺权”,另一派想保住。造反派很快占了上风,公社党委的最高领导被“斗”。钱朴被下放到兴隆大队劳动一年,写自我检讨。第一副书记张秀龙也一样(调查—Ⅲ—25)。

“造反派”建立了一个领导“小组”,起先叫“抓革命促生产领导小组”,后来改为“火线指挥部”。但是他们很少介入农村生产,因为他们的注意力主要集中于城镇和村庄之上的派性斗争。1967年年初,“当权”派与“在野”派的武装团体在华阳桥镇上打了起来,各方都想抓住对方领导人。冲突最后达到极点,1968年12月28日在松江城里发生大规模武装斗争,万余人被卷入进去。在这个寒冬的日子里,有几十人被打得受伤(调查—Ⅲ—25)。

公社领导的变化导致大队领导的变化。“贫下中农协会”这时改名为“贫下中农造反队”,召开了每个生产队派六七人参加的“群众大会”,“斗”了大队干部。党支部书记陆德发和大队长何火生被审问,他们被戴高帽游街,并撤了职。但是这一动乱并未下到自然村(生产队)一级,那里仍保持着之前的领导人(调查—Ⅲ—26)。

虽然农村只受到边缘影响,但仍不可避免地出现了红卫兵组织。在我们调查的6个村庄中总共有15人参加红卫兵组织,年龄都在15岁至20岁。1967年,有七八个月中,他们在镇上开会(通常是晚上),偶尔去松江搞运动或游行(调查—Ⅲ—26)。

这些农民红卫兵也主要注意城镇和村庄以上的斗争,而不是农村。他们在村庄内采取的唯一具体行动是不时地斗斗旧的“阶级敌人”。为了保证激情和不偏袒,这些年轻的红卫兵被组织到外面,而不在本村行动。倒霉的陆某眼见被抄了家,抬走了大门。他所有的好家具都被拿走了,猪被卖了。他被剥光上身在寒风中游街 3 小时,之后又被进行车轮大战审问,强迫他交代把金银藏在何处。他最后坐了 4 年牢,放出来后又被监督劳动好几年,直到 1979 年(调查—Ⅲ—26)。这是“文化大革命”的阴暗面,用的是“阶级斗争”的借口。

很明显,多数农民的生活仍像以往一样。总之,斗争像陆某那样的“阶级敌人”已几乎成了解放后生活的一种仪式。除此之外,“四清”和“文化大革命”的多数行动只涉及村庄以上的干部和城镇,脱离农村生活的基本内容。种籽场各生产队领导的持续,证明了这些年农村基本平静。事实上就像农民讲的,“四清”运动和“文化大革命”就像表面上的波浪一样,仅是掠过了农民生活的汪洋大海。政治会议主要在工作后的晚上举行,而且过几年后就没再继续下去。作物选择主要朝着进一步劳动密集化变化,而农田格子化奠定了农业产量前进的基础。收入分配和家庭副业并未被触及。“大跃进”时期重组农村生活的企图并未重现。

统计资料显示了农业稳定和增长的总体情况。从 1962 年至 1966 年间到 1972 年至 1976 年间,农业产量持续上升,某些情况下甚至是相当大幅度的上升,不管是松江还是全国都如此(表 11.1)。这就是为什么农民和技术干部同样地强调“文化大革命”是场政治运动,在农业生产上少有破坏的原因。

在副业领域,“文化大革命”没有重复“大跃进”的错误,至少在松江保留了自留地,减少自留地规模的情形仅发生在 1979 年(从每户平均0.15亩减至0.12亩),这是人口增长的结果,尽管当时已开始经济改革。虽然家庭编草包的经济效益削弱了,这主要因为随着单季稻的转产双季稻,它的高质量稻草也减少了,但是家庭养猪实际上持续增长,集体养蘑菇也开始了。“大跃进”年代的全面打击个体副业的情况再没发生过。

在工业方面,“文化大革命”年间有着类似于“大跃进”的新进展。这些年里华阳桥的农机厂发展了一个电镀车间,职工增长了3倍,达400余人。[①] 袜厂开始采用由上海挂钩厂淘汰下来的45台机器。如前所述,这些年里类似华阳桥乡村工业的增长也同样在全国范围内发生。

总之,“文化大革命”避免了“大跃进”最严重的经济错误,同时在农业产量、副业和工业上取得了主要成就。这并不等于否认“文化大革命”不加区别地打击无辜的受害者(尤其在城市)所造成的巨大动乱。这里仅指出“文化大革命”的政治激进主义并未伴随着农村的极端经济政策。“毛主义者”从“大跃进”的失败中确实吸取了一些教训。

“毛主义”的作物选择

今日的政治干部经常批判他们的前任,尤其是“文化大革命”期间“不合理地”强调粮食而排斥经济作物(如棉花、油菜、花生、芝麻、甘蔗、烟草、甜菜)。他们说,这个问题可归纳为“以粮为纲”的

① 这个车间在1978年从华阳桥分出来,划给车墩公社。

口号,其含义是避免一切经济作物的种植。

但是,这种描述与统计资料及农民的证言相冲突。表 11.2 和表 11.3 表明,所谓的“毛主义”路线的 3 个主要时期都没有排除粮食以外的其他作物;其主要内容在密集化而不在只种粮食。1956 年的第一次推动把早稻面积由 1.2%提高到 14.3%,但这并不是以牺牲作为春播作物的棉花为代价的。棉花自 20 世纪 50 年代中叶到 60 年代中叶在低于 2%的百分比上徘徊,主要因为棉花无法在潮湿的水稻田里生长得好。那年亦见冬小麦和大麦面积由 6.6%扩展到 8.9%,这同样不是以主要冬季经济作物油菜为代价。油菜的面积也扩大了,由 1954 年的 6.4%提高到 1955 年的 10.6%,进而到 1956 年的 11.2%。1957 年这些作物的比例全都下降了,只有小麦和大麦例外地上升,原因是集体耕地带来了生产的突破。“大跃进”时期 1958 年至 1959 年间的第二次推动仅带来早稻面积的很少的增加:由 5%回升到大约 7%,而小麦和大麦面积实际上减少了,降到 10%以下。反之,全县作物分布的布局保持不变。第三次大的推动随着“四清”(社会主义教育运动)而来,接着是“文化大革命”。1965 年早稻面积回升到 13%,然后持续上升到 1977 年59.2%的顶点。同样,这不是以棉花为代价的,因为棉花面积也增长了,由 1966 年的 5%左右上升到 1977 年的 14.6%。棉花面积的增长是由于 60 年代后期农田格子化带来了水田的有效排水这一生产力的突破。至于冬季作物,小麦和大麦面积 1965 年以后急剧上升,1973 年达到 49%的顶峰。同样,这也不是以油菜为代价,后者从 1965 年的 7.9%同时增长到 70 年代早期的 15%。

因此,历史数据事实上证实了松江一个持不同意见的政治干部所指明的状况:"以粮为纲"的口号并不意味着排他性地强调粮食,而是辅以"全面发展"和"多种经营"的意图。由此看来,此词本身的含义——"以粮为纲,纲举目张",更接近于真正的政策。而极右派试图把这个口号等同于单方面强调粮食,明显是歪曲了事实。

实际上,"文化大革命"时期松江的农业政策有两个侧面:前已提及的密集化和随着格子化推向资本化。20 世纪 60 年代中叶手扶拖拉机的供应下到大队一级,并在每个公社建起了电力排灌泵站。60 年代后期的农田格子化完成了协调高层次排灌系统到小块农田用水的整个工程。直到这时,水稻田才能容纳棉花、小麦和大麦以及油菜——这三种在解放后松江的农业增长中起了决定性作用的旱地作物。

20 世纪 60 年代后期大力推行的三熟制,在某种程度上当然源于农业产量可能无限增长的"大跃进"心理,但它在更大程度上反映了十分严重的人口压力。当越来越多的 20 世纪 50 年代新生人口进入劳动力行列时,土地所承受的压力日益增加。作为劳动的进一步密集化,"消灭单季稻"政策吸收了多余的劳动力。把"文化大革命"的密集化和格子化简单地说成是非理性地只种粮食和排斥其他作物,就像说它只重视作物生产而排斥副业和工业的批评一样,是歪曲了历史记载。

表 13.2　中国粮食作物和经济作物播种面积百分比(1952—1986)

年份	水稻	小麦	粮食作物合计①	棉花	油菜	经济作物合计②
1952	20.1	17.5	87.8	3.9	1.3	8.8

续表

年份	水稻	小麦	粮食作物合计[①]	棉花	油菜	经济作物合计[②]
1953	19.7	17.8	—	3.6	1.2	—
1954	19.0	18.2	—	3.7	1.2	—
1955	19.3	17.7	—	3.8	1.5	—
1956	20.9	17.1	—	3.9	1.4	—
1957	20.5	17.5	85.0	4.1	1.5	9.2
1958	21.0	17.0	—	3.7	1.5	—
1959	20.4	16.6	—	3.9	1.4	—
1960	19.7	18.1	—	3.5	1.6	—
1961	18.3	17.9	—	2.7	1.0	—
1962	19.2	17.2	86.7	2.5	1.0	6.3
1963	19.8	17.0	—	3.1	1.0	—
1964	20.6	17.7	—	3.4	1.2	—
1965	20.8	17.2	83.5	3.5	1.3	8.5
1966	20.8	16.3	—	3.4	1.2	—
1967	21.0	17.5	—	3.5	1.1	—
1968	21.4	17.6	—	3.6	1.0	—
1969	21.6	17.9	—	3.4	1.0	—
1970	22.6	17.7	83.1	3.5	1.0	8.2
1971	24.0	17.6	—	3.3	1.1	—
1972	23.8	17.8	—	3.3	1.3	—
1973	23.6	17.8	—	3.3	1.4	—
1974	23.9	18.2	—	3.4	1.4	—
1975	23.9	18.5	80.9	3.3	1.5	9.0
1976	24.2	19.0	80.6	3.3	1.6	9.2
1977	23.8	18.8	80.6	3.2	1.5	9.1
1978	22.9	19.4	80.3	3.2	1.7	9.6
1979	22.8	19.8	80.3	3.0	1.9	10.0

续表

年份	水稻	小麦	粮食作物合计[①]	棉花	油菜	经济作物合计[②]
1980	23.1	20.0	80.1	3.4	1.9	10.9
1981	22.9	19.5	79.2	3.6	2.6	12.1
1982	22.8	19.3	78.4	4.0	2.8	13.0
1983	23.0	20.2	79.2	4.2	2.5	12.3
1984	23.0	20.5	79.3	4.8	2.4	13.4
1985	22.3	20.3	75.8	3.6	3.1	15.6
1986	22.4	20.5	76.9	3.0	3.4	14.1

出处:《中国统计年鉴》,1983:154—156;1987:164。

备注:百分比为总播种面积之百分比。

①亦包括大豆、土豆等粮食作物。

②包括花生、芝麻、大麻、甘蔗、烟草、甜菜等作物,亦包括棉花和油菜。

我们必须再次提问,松江在全国具有怎样的代表性?表 13.2 提供了 1952 年至 1986 年间全中国粮食和经济作物播种面积的相对比例。显而易见,指控“文化大革命”十年只种粮食是不符合历史实际的。这一时期开始时,粮食播种面积为 83.5%,经济作物为 8.5%;而结束时的数字分别为 80.9%和 9.0%。事实上,“文化大革命”的最后一年比 1957 年还要“好”,后者为粮食面积占 80.0%,经济作物 9.2%。计划者的意识形态偏见无疑在某种程度上影响了作物选择,但他们未必像官方宣传的那样悬殊。种植业真正的急剧变化只是在 20 世纪 80 年代随着农村经济的结构变化才发生。

八十年代的改革

如第十一章所述,转向农业生产家庭责任制并未带来松江产量的显著上升。产量在集体化生产的20世纪70年代后期达到顶峰。20世纪80年代发生的巨大变化是通过农业过剩劳动力的转移而提高了农业劳动生产率,并没有提高农作物生产的绝对量——或者换句话说,是农业的没有增长的发展。

松江在20世纪70年代后期的经历,实际上预告了80年代全国范围内较后进地区发生的事情。那些地区在集体化时期的产量也有令人瞩目的增长,但不同于松江在20世纪70年代后期达到顶点。它们在20世纪80年代仍持续增长,这主要得益于中国石油工业的充分发展增加了化肥供应。肥料的更多投入,加上1979年至1984年持续的好天气,几乎保证了这些地区的持久增长。农业家庭责任制到底有没有,以及在何种程度上起了作用是不容易推测的。我们知道,农业产量在集体化生产时期在全国范围内都有增长,而先进地区的产量在家庭责任制下下降。对我来讲,举证责任应在坚持说新的工作动机决定性地增加了产量的人。

我们也需要注意到这样的可能:至少在某些落后地区,1979年至1984年间的进展来自内卷化而非发展,接近于松江过去发生过的状况。那里化肥的使用在资本密集化的同时劳动密集化,因为这些化肥用作“追肥”,用来附加于而不是取代常规的有机肥料。而像地下排水渠和棉花秧苗移栽等技术进步也是基于高度密集化的劳动。1979年至1984年间中国较后进的地区是否只不过引进了早先已在松江用上的新技术？要证实这一假设，需要进行极其细致的地方研究。目前，松江20世纪六七十年代没有劳动生产率发展的生产增长的经历，是对1979年至1984年全国趋势不要做出过分渲染的警告。

总之，如同前面几章所提出的，20世纪80年代真正意义上的重大变化是农业外就业。官僚机构控制的放松容许了新型的高报酬家庭副业出现，诸如在松江的钩针编织、干缩蚯蚓和养兔。同时，集体单位的积累产生了高度资本化的社办副业的发展，如华阳桥公社的奶牛场、梨园和鱼塘。结果副业生产能够大体以与农村经济增长相同的比率增长，保持了在以前农村毛收入中的比重，约为20%（而种植业则从20世纪70年代早期的70%下滑到80年代中期的不足40%）。这是农业外就业的一个来源。

乡村工业的发展当然是农业外就业的主要来源。到1983年，华阳桥公社的工业占总产值的三分之二，而10年前仅为三分之一；同时农业产值由二分之一下降到仅五分之一。在全国范围，农村工业的比重在1973年至1984年间由不足10%上升到40%以上（附录表E.1）。它是20世纪80年代农村繁荣的最主要成因。

最后，农村繁荣和乡村工业化在很大程度上带来了20世纪80年代全国作物布局的变化。如表13.2所示，正是在20世纪80年代经济作物的比重才显著地超过了10%，到20世纪80年代中期达到15.6%，而粮食作物比重下降了约5%。我们用不着花很大气力去寻找原因：农村繁荣的增长增加了农民的副食消费（如蔬菜、蛋禽、猪肉、鱼），而乡村工业化和农村消费的上升增加了农民对经济作物的需求。重要的例子为油菜、甘蔗和烟草，它们的播种面积在

1980年至1986年间分别急剧增长了73%、98%和126%(《中国统计年鉴》,1987:164)。当然,决策者的方针和意识在形成这一作物布局中起了一些影响,但是比起20世纪80年代经济和就业结构的基本变化所起的作用来,应该说是较小的。

过去的集体制与今日的改革之对照

在当今的舆论中,流行把中国过去的农业集体制视为全盘错误,而把今日的农业改革看作惊人的进步。前面4章表明,除了"大跃进"时期,集体化农业并没有像被指控的那么"激进"或"不合理"。在集体化体制下,所有权实际掌握在较小的生产队手中。分配并不像在国营工厂系统那样通过标准工资,通常是基于产出。社员所得直接联系到他们所产。即使是集体制,仍是一个非常"物质性"的刺激结构,而非一个只靠"政治"或"精神"的刺激结构。

集体化农业的实际记录,也并非像改革宣传要我们相信的那样一无可取。我们不应把人均收入的停滞错认为农业产量的停滞。人均收入确实因土地的人口压力而停滞,但农作物的单位面积产量,除了"大跃进"之后数年有所下降,在整个集体化时期均是稳定增长的。

"大跃进"的惨重失败在副业生产,因为它在适于用家庭业余时间和剩余材料生产的地方不合理地坚持大规模生产。它过分激进的分配政策和"一步登天"的意图最后导致了失望,而一系列的自然灾害加重了问题的严峻性,在农业生产上造成了严重倒退。但是,这些失败必须联系到"大跃进"在水利、资本化集体副业和农村工业上的成绩来衡量。

“文化大革命”在副业生产和收入分配上没有重复“大跃进”的错误。农业生产得到持续增长,而农村工业得到新的推动。“文化大革命”在城市造成的大规模的劫难,应联系到农村的相对稳定来考察。

把改革等同于种植业领域中资本主义和社会主义的二元对立、非此即彼斗争,不仅歪曲了过去的集体制,也歪曲了今天的改革。20 世纪 80 年代最大的成功在于乡村工业的发展,而不是农作物生产。单纯农作物产量的提高不足以说明劳动生产率的发展,也不能解释农村的繁荣。

基于上述考察,坚持种植业生产动机的转变和作物布局的政治意识变化起到了关键性作用的说法是荒谬的。这种说法掩盖了中国农业最重要的历史事实——内卷化农作和劳均收入的停滞。它把人们的注意力从真正意义重大的变化上转移开去,使人们忽视乡村工业化和农村过剩劳动力向农业外转移的基本改变。

正确了解农作物生产和乡村工业,可以使我们看到过去集体制和今日改革之间的一些根本的连续性。乡村工业发展是贯穿“大跃进”到“文化大革命”,再到 20 世纪 80 年代的一条直线。集体积累推动了最初的社队企业,并继续推动了 20 世纪 80 年代的进一步发展,现在还得助于大规模城市工业延伸到农村基层的影响。

所有这些并不否认两个时代的真正区别。确实,20 世纪 80 年代的改革空前地提倡分散的、与中央计划不同的积极性。集体单位的领导人从未这样被鼓励去寻求合同和建立乡村工业“企业”的机会。至少在农村,当权者承认了市场化了的分散的积极性可能比计划要好,小规模生产可能比大规模合理。结果是有事业心的农村干部一窝蜂地寻找大大小小、国内国外的加工合同和合作经营的机会。

这些形成了20世纪80年代后期在乡村发展中占主导地位的苏南模式。这一模式因其提倡经济放松而不同于极左派或“保守派”,但是也区别于“激进的”极右派,后者干脆转向私人产业和纯粹的自由市场经济。简言之,它是一个要在社会主义所有制下通过市场刺激发挥企业积极性的模式,一个适应中国农村实际情况、混合资本主义和社会主义因素的模式。单纯注重农作物生产,把问题简单地归纳为资本主义和社会主义两个极端的斗争,会完全忽视长江三角洲的这些变化的真正意义。

第十四章　半农半工的村庄

以发达国家的历史经验为基础的社会科学告诉我们，工业化和城市化、商品化和社会分化，是两对相互关联的、不可分割的现象。我们总是设想工业化会刺激乡村向城市移民，而商业机会则定会在农村中造就企业家，从而加速社会分化。有关中国改革的新闻报道也似乎证实了这一预言。我们因此在学术研究中对小城镇的成长和“万元户”的兴起给予很多关注。

本章将阐明此等研究有误解新近变化的实质之虞。目前中国农村变化的主要内容，实际上是没有城市化的工业化和由官僚等级而非市场机会引起的社会分化。

没有城市化的乡村工业化

从 1958 年起，中国政府就开始控制农村向城市移民。这项政策产生的原因是大量农村人口涌入城市，而城市又没有足够的就业机会来容纳这些人口。农村向城市移民如不限制就会形成贫民区和大量失业,这在大多数人口众多的第三世界国家是经常发生的。1958 年 1 月公布的户口注册制度规定每户城市居民必须向公安局注册,每户农村居民则向集体化单位注册,未经许可,严禁迁徙。农村中子女的户口根据母亲的户口而定(以限制他们跟随在城镇工作的父亲而扩充城市人口)(《中华人民共和国公安法规选编》,1982:83—87;并参阅 Potter,1983)。为保证这些规定的实施,政府对基本的生活必需品如粮、油、棉实行严格的配给制度,这些必需品只能凭票证在城镇内指定的国营商店买到,而票证则只能在户口所在地领取,住房和工作只能通过合法户口获得。

在 20 世纪 80 年代经济自由化的过程中,没有户口的城镇居民能够比较容易地在市场上买到基本的生活必需品,在私营与民营企业中找到工作,并通过私人渠道找到住房。而且,官方对非法的城市居民持默认态度,其结果是没有户口的城镇居民数量增加,虽然,国家法律仍有力地限制着人口迁徙。像长江三角洲这类私营与民营企业不太发达的地区,农民不易在法定渠道以外找到长期的住房和工作。

这意味着尽管有了乡村的工业化,总体来说农民仍被限制在他们的村庄里。农民受雇于工厂并不意味着迁居到城镇,而且有的新工业点就设在村庄里,并非设在乡政府所在的“中心地点”。其结果是出现了大量半农半工的村庄。

华阳桥种籽场的情况就是如此。虽然在 1985 年该队半数以上的劳力(308 人中的 172 人)就业于农业外的工作,村庄的实际成员却仍与乡村工业化以前相同。几乎所有在镇上工作的种籽场居民

(185 人中除去 13 人迁居城镇,其余的 172 人)仍住在村里,并仍以部分时间由其本人或其家人干农活。因此乡村工业化并未带来农民向城市迁徙。

华阳桥种籽场的这些村子当然属于工业化程度较高的。许步山桥和西里行浜生产队离镇上较远,因而在这方面比较"落后",1985 年两村就业于农业外工作的劳动力分别占村内劳动力的 46% 和 49%,而离镇较近的薛家埭生产队则为 72%(附录表 D.4,表 10.3)。① 由于迄今尚无可靠的全国统计数字,②因此我们无法估测华阳桥种籽场的情况在多大程度上可以代表全国。目前任何对全国范围的推测都只能依靠地方研究。

表 14.1 江苏省七县 190 小城镇人口普查(1985 年 6 月 30 日)

县别	全县人口①	城镇常住人口		在镇工作的	普查的
		户口在镇	户口不在镇	非住镇人口	人口总数
吴江县	730 019				
人口数		121 006	35 437	56 098	212 541
百分比		56.9%	16.7%	26.4%	100.0%
江阴县	1 022 612				
人口数		178 170	22 148	150 926	351 244
百分比		50.7%	6.3%	43.0%	100.0%

① 苏州西郊枫桥公社东浜大队的工业化程度更高。1985 年夏天,该村 748 个劳动力中有 698 人就业于社办(158 人)或队办(540 人)企业中,另有 45 人自办家庭企业。农业工作已变成只种"口粮地"的业余工作(调查—Ⅲ—39)。

② 长期以来,国家统计局一直把"农村"人口大致等同于"农业"人口(包括农、林、牧、副、渔),而工业在农村中十分有限。国家统计中将队办工业一概纳入"农业"。现在乡村的工业化已经改变了社会现实,但国家统计局还没有完全适应这一变化。农村中就业于工业(或住在村庄而在城镇工作的工人)的人数尚无系统的统计。

续表

县别	全县人口①	城镇常住人口		在镇工作的	普查的
		户口在镇	户口不在镇	非住镇人口	人口总数
溧水县	370 282				
人口数		39 817	12 083	27 216	79 116
百分比		50.3%	15.3%	34.4%	100.0%
海安县	941 490				
人口数		94 955	35 716	70 553	201 224
百分比		47.2%	17.7%	35.1%	100.0%
盐城县	1 074 415				
人口数		96 506	34 573	27 062	158 141
百分比		61.0%	21.9%	17.1%	100.0%
宿迁县	944 374				
人口数		170 604	32 126	31 099	233 829
百分比		73.0%	13.7%	13.3%	100.0%
沛县	885 908				
人口数		136 538	15 710	27 892	180 140
百分比		75.8%	8.7%	15.5%	100.0%
总计	5 969 600				
人口数		837 596	187 793	390 846	1 416 235
百分比		59.1%	13.3%	27.6%	100.0%

出处:《江苏省小城镇》,1987;302—303,454—455。

备注:此项人口普查调查了 7 个有代表性的县所有的镇(人口一般从 3000 人至 5 万人)。它们代表了江苏全省 1901 个镇的 10%。

①此项数字系指 1985 年 12 月 30 日。

最系统的研究是费孝通和他的协作者们所做的调查(《江苏省小城镇》,1984,1987)。从 1983 年到 1985 年,这个小组在江苏省全省 7 个地区分别选择了一个有代表性的县份进行细致的研究。众乡的调查项目包括对7县中的每一个小城镇在1985年6月30日的人口进行普查。为了准确反映新近的社会变迁，研究者们把城镇人口分为三类：有户口的城镇居民、没有户口的城镇居民（主要含由有户口的城镇居民供养的非就业人口）和仅在白天到城镇工作的非城镇居民。[①] 如表14.1所示，1985年最后一类人口占总人口数的比例从最低的宿迁县的13.3%，到最先进的江阴县的43.0%，7县平均为27.6%。这些白天在城镇工作的农村人口约占城镇有户口居民的半数，而成倍于没有户口的城镇居民。

这些数字应证了被广为渲染的20世纪80年代的小城镇发展主要是由大量白天在城镇工作的村庄居民促成的这一观点。这些被称作"离土不离乡"的工人是中国发展得最快的职业和社会集团。1986年，这样的工人估计在全国达7000万人，约占全国农村劳动力的20%（江苏省小城镇，1987：7；《中国统计年鉴》，1988：153）。

乡村就业的等级

农业外就业令人惊异的增长，在国家统管村庄人口的强制政策下，使农村中发生了显著的社会分化。资本和报酬不同，获准工作的难易程度和职业的社会地位不同，使每个半农半工的村庄中都有区别精细的职业等级。国营企业的职位是这个阶梯的最上层，就业于这类企业的人必须受过高中的教育或具有专门的条件。

① 调查者还试图根据1984年镇上的旅馆和招待所的平均接纳人数和镇上日均旅客容量来计算过往的人口（江苏省小城镇，1987：303，475）。

其次是公社或乡一级的单位，工资和福利条件不如国营企业，但仍优于干农活，一般要求初中文化程度。最后是大队或行政村办的企业，工资福利条件有时与种地相差无几，但工作较为轻松，收入也较为稳定，这些工作一般要求小学文化水平。最低等的是种地，又苦又累，报酬极低，又常受天气变化的影响，务农的青年男女一般无须很多正规教育。

解放后华阳桥种籽场各村只有一人通过全国高考进入大学：薛补林，他在 1966 年考入南京机械学院。毕业后他到松江的一家工厂当工程师，户口也因此转去。

取得城市户口的另一种体面途径是考入中等专科学校，通常是师范学校。例如，薛春华进入上海市第四师范学校，毕业后分配到松江县方塔小学任教。张金龙也是从一所师范学校毕业后成为公社小学的一名教师的。到 1985 年为止，共有 5 个村民通过这样的途径获得城市户口，可称是这些村庄中的“佼佼者”（调查—Ⅲ—5，21；附录表 D.5）。[①]

村民们也可能通过专门技术的考试而进入国营企业。马大龙因砌砖技术成为松江建筑工程队的正式工人，因此成为这些村庄中唯一通过这种途径把户口迁出村庄的人。还有 3 人因专门技术成为国营单位的合同工，例如木匠何秀根在上海市 703 工程队得到工作，但与其他合同工一样，他的户口仍留在村里（调查—Ⅲ—5，21）。

① 附录表 D.5 罗列了取得农业外工作的不同途径，总共是 185 份工作，但是其中有 5 份未能确定其人如何取得职位。下面的论述中所列的数字包括已经迁出者和临时工。

截至1986年,国家允许国营企业的职工可有一名子女顶替。[①]薛家埭小队的周建华和奚秀芳根据这项规定顶替了他们的父亲,进入松江县工艺品厂。一共有6个村民循此途径获得国营企业的工作,他们也因此继承了城市户口(调查—Ⅲ—5.21)。

国家还优先给予老干部全民单位的职位。何顺余曾任大队党支部书记,"落选"后被安排到县水利工程队工作。种籽场的党支部书记何勇龙在松江公路公司得到一份正式工作,得以将户口迁出村庄。另一名复员军人也优先得到一份正式工作(虽然我们将看到大部分复员军人分配到较低的工作)(调查—Ⅲ—5,17,21)。

到1985年为止,薛家埭等村总共有26名村民通过上述各种途径进入国营单位工作,其中21名获得附有城市户口的正式职位,内有9人搬出村庄,其余的仍住原村。

村民们可通过类似上述途径取得公社级的工作,即通过考试(80人中14人)、专门技术(8人)、照顾复员军人(5人)、照顾老干部(1人)和顶替(1人)。但是他们也可以通过公社党组织下拨的名额取得工作,因此比获得全民所有制的工作要容易。这种按名额分配的过程叫作"组织安排"。这种分配一般按照正规原则进行,有多种考虑。举例说,家里已有两三人务农的农户可能得到优先考虑。薛家埭生产队1982年得到5个印刷厂的招工名额时就是按这种方案分配的。有时生产队会给予困难户以特殊安排。带着3个孩子的寡妇张八妹即是因此在1980年进入袜厂工作的。聋哑

① 1986年9月2日,第六届全国人民代表大会常务委员会已经取消了这种做法。(《中华人民共和国全国人民代表大会常务委员会公报》,1986:66)

的陆水芳在1985年优先得到一份服装厂的工作。总的来说,80个获得公社级工作的村民中有21人是这样“根据具体情况”得到分配的。

农业外就业的最低层次是大队级工作。这种工作一般不需要通过考试,小学文化程度就够了。这些工作大多按正规原则分配,例如1982年大队在每家愿意去锁厂的农户中抽一名到队办厂工作。在队办企业中工作的72名村民中有58人是这样得到他们的工作的。

“走后门”

村民们认为所有上述取得农业外就业的途径都是正当的,统称为“硬出去”①。但是在工作等级鲜明的情况下,他们也都费尽心思,采用非正规的手段获得农业外工作。华阳桥种籽场的村民们称这种利用关系取得工作的途径为“钻出去”。

在国营单位有正式职位的23名种籽场村民中有2名村民,干临时工的8名中有3名村民,是通过私人关系而非正规途径取得工作的。例如何书堂是通过一个朋友获得他在县良种场的正式工作的。又如松江邮电局的临时工陆桂泉、县轧花厂临时工陆明强,都是通过朋友关系得到工作的。在松江卫生学校当临时工的张正云则是通过他的姐夫找到这份工作的(调查—Ⅲ—5,17,21)。

社办企业的工作也常通过亲友说情取得。20世纪80年代这

① 狭义上这个词系指把户口迁出村庄,但广义上它也包括任何在村外找到工作的人。

些村子里最有权的是薛会林。他在建筑队里当了 6 年的临时工之后升为班组长,有权雇用短期的工人。1984 年他雇用了 6 个同村人在他的建筑队里当临时工。在社办工业中有正式工作的 72 名种籽场村民中,24 人是通过关系“钻出去”的,而 8 名临时工中有 3 人同样是走后门进去的。

大队级的工作中走后门的现象较少,这无疑是因为它的吸引力不如高层次的工作,同时也因为大队这一层次的社区内人们的关系比较密切,对滥用权力是种限制。72 名大队企业的工人中只有 2 人明确是通过私人关系“钻”进去的。陆明华在附近兴隆大队的工厂中得到一个较轻松的职务,靠的是他的父亲——当过多年西里行浜生产队队长的陆海堂。海堂还为他的兄弟海来在队办的磨坊中安排了一份轻松的工作(调查—Ⅲ—5,17)。

因此,通过拉关系得到工作的事情主要发生在公社一级。一方面,很少有农民会与国营单位有关系,从而“钻”出本村。另一方面,公社级的企业与村庄有足够的联系,但又有一定的距离,不至于难开后门。种籽场各村 180 个可能确定获得途径的农业外工作中有 36 个是通过后门获得的,其中 29 个是社办企业的职位。

城乡差别

工作的等级差别在村民中注入了新的价值观念。大家都知道,只有村里最优秀的人才才允许迁出户口;只有能力技术最低劣的或没有“关系”的才留村种地。

农业本质上是艰苦而又易被人鄙视的工作。农忙季节的活足以使人累断筋骨。干农活的人还不得不挑粪、施粪而饱受其恶臭，必得赤脚下泥田，手脚嵌满脏物，皮肤永远被晒得黝黑。以中国人的审美观来看，一个 15 岁的尚在上学的少女与她已在田里干了几年农活的姐姐相比在外貌上有惊人的差别：一个皮肤白嫩，看上去与城里人没有区别；另一个黑肤裸足，一副“乡下人”的样子。到了中年，经年累月的艰辛农活，加上长期曝晒，使差别更明显。

毛泽东思想曾试图扭转这种观念。农民的身上也许有牛屎，但他们的精神比城里人干净得多。只有劳动人民才会有真正的阶级感情，而知识分子只有经过长期努力才能真正与他们打成一片。革命分子必须与农民同生活、同劳动，才能改造自己（毛泽东，1964［1942］：853）。

然而，尽管革命的宣传大讲城乡之间、工农之间、体力劳动与脑力劳动之间的“三大差别”，但在具体政策措施上却一直偏重城市和城市居民。国民经济战略投资长期重城市工业、轻农村生产，使城乡差别进一步拉大。国家政策又按照正统马克思主义偏重无产阶级的观点，在工资和待遇上优待产业工人，使他们的工资、待遇远在农民之上。其结果之一是在解放初期，社会主义的中国与世界上其他国家一样，人们大量离开农村，导致 1958 年对户口的严格管制。尽管在“大跃进”和“文化大革命”年代政治宣传中说了许多亲农民的话，但国家实际上仍一直严格地限制农民进入城市。

生活在这种等级社会结构中，农民几无例外地认为农村生活远不如城市。父母亲逼着子女像城里人那样用功读书，希冀他们有朝一日脱离农村生活的苦海。那些终于有办法离开村庄的人都被人羡慕不已，并成为人们追求的婚姻对象。最受欢迎的是在社办工厂工作的人。农民们对国营企业的职工怀有一种不敢高攀的矛盾心理,在他们看来,这些国营单位的职工地位太高,绝不会与一个普通农民结婚。而且,最实际的问题是婚姻并不能改变配偶的户口。因此一个农村户口的配偶若勉强住在城镇,将得不到粮、油等票证,也不能在城市分到房子。结果是,夫妻中有一人在农村的,夫妻俩只能住在农村,对那位户口在城镇的配偶来说,生活就下降了一个层次(调查—Ⅲ—6,16)。

我所约谈的村民们几乎毫无例外地说中青年里没有人是不愿意离开村庄的。当被问及为什么会出现这种现象时,他们异口同声地指出这是因为农业外工作工资待遇高,工作条件轻松,并且有保障。但是人们从这样的谈话中得到一个印象,即这些物质上的东西只是其中的部分理由。事实是像薛家埭等这样半工业化的村庄中,城市官僚制度对待乡村生活的态度已使农民的心理状态潜移默化了。例如一位30多岁的昔日的农妇,离开了村庄之后,很快认同镇上的人的观念,觉得赤脚或在阳光下曝晒是十分低下的事情。回村探亲时,她必定要穿着鞋子,打着太阳伞。从她的观点来看,她坚决不会再让皮肤像农民一样地晒黑。

当我一再问及是否有人不愿意离开村庄时,约谈的村民们举出陆茂园的妻子谈美娟(1949年生)。谈显然是个文盲,似乎是新教育制度的遗漏者。她非常怕羞,对村外的世界怀有恐惧感(调查—Ⅲ—9)。

总而言之,"半农半工村庄"主要是国家政权强制下的产物。除了年长者,村庄大部分人并非自愿住在自己的村社里,而是被国家政权强行圈定在内。几乎每个人都在翘首盼望"较好的"农业外工作和城镇生活。他们谈论从村庄“出去”，对凭自己本事出去和靠拉关系、走后门出去都表示同样的羡慕。

过去的村民中也有一种“街上人”高人一等的意识。但同时村庄又有一种强烈的自我认同感，将“我们”与“他们”、村里人和村外人区别得清清楚楚。村庄的认同感还因为家族和村社的多种纽带而得到加强。过去离开村庄的人大多是因为走投无路而非另攀高枝，也使村庄加强了自我认同。那些离开村庄的农民并非像今日那样因有特殊成就或关系而飞黄腾达，而是因为无法维持生计外出当长工或游贩。那些见到邻居或亲戚不得不离开村庄，而自己尚能设法留在村里的人常暗自庆幸。那些长期在村里居住的老户，对新来寄居、因各种原因背井离乡的人怀有明显的优越感。像西里行浜的金姓，或薛家埭的张姓，都是经过好几代才被村庄的社团接纳的。但这些都已成为过去。现在那些离村者是优胜者，因为村外的工作和生活都被设想为好的，过去双重性的优越和卑劣感也随之消失了。今日半农半工村庄中的农民尽管生活条件有所提高，但连他们自己都觉得他们生活在社会的最底层。

半农半工村民的地位，就像村办和乡办企业的地位一样，是在官僚制度下工业发展的喜亦忧的结果。说它是喜事，是因为长期以来第一次农民有机会摆脱农业生产的内卷化而真正提高人均生产率；说它令人担忧，是因为它把农民地位降低到官僚制度强加的社会经济阶梯的最底层。

村庄和家庭的内部分层

不同的工作层次也给村庄内部带来了社会地位的差异。村庄社会的最上层是在国营单位工作又有城市户口的人。(华侨们常常会因为他们在农村的亲戚向他们夸耀家里有城市户口的成员而感到困惑不解。)1985 年华阳桥种籽场各村共有 14 人享有城市户口,他们或是仍住在村子里,或是定期回村探亲(附录表 D.4)。国营单位职工之下是在镇上社办工厂工作的,再次是在队办工厂工作的。最下层是留在村里干农活的,三分之二是妇女,大多是中、老年妇女。

1985 年种籽场的 308 个劳动力中有 172 人在农业外就业,这种差别几乎影响了村里的每家每户。它影响到男女关系,尤其是当丈夫在农业外的单位中干"上等"的工作时,进一步强化了他与妻子之间的不平等。它也加深了代沟:受过教育的年轻人在农业外就业,而没有文化的老一代则只懂务农。婆媳关系即使在最好的环境下也是难题,在这种形势下就更紧张了。

解放前当媳妇的在许多方面都处于村内最底层。离开娘家到陌生的夫家,在婆婆的摆布下生活。不少村民们说,过去当媳妇的总是家里第一个起床,点火做早饭的。家里的马桶一般也由她来倒(调查—Ⅲ—16)。

农业集体化在一定程度上改变了这种情况。虽然妇女的工分通常算在男性家长名下,但她们仍从中看到了自己的经济价值。从当婆婆的观点看,这种变化是一种混合的"福音"。她一旦退休,在家里的地位便弱于年轻的媳妇。根据集体制计工分标准,退休者没有任何收入。年老的妇女们因此困在期望与经济现实的矛盾之间:她们年轻时曾曲意侍奉婆婆,当然也希望她们的媳妇同样地对待自己,然而经济的现实却把她们放在从属的地位。受过新式教育又有经济独立感的年轻妇女们不会像昔日的媳妇们那样易于摆布。当年轻的媳妇在经济上要供养退休的婆婆时,两者地位的优劣就更明显。

如果婆媳的工作不同,问题就更严重。一个青年妇女初中毕业后取得社办企业的工作职位,一定会自视为村里的佼佼者之一。她通常不懂农活,在衣着打扮上像城镇居民而不像农民。而且,她现在直接从企业领工资,自己口袋中有钱,不再是年终分红时从父亲或丈夫手里讨钱用,这就更加强了她的经济独立感。在这样的青年妇女的心目中,婆婆不仅依靠她吃饭,社会地位也比她低。

这种形势使本已紧张的婆媳关系更难处理。农民们说婆媳吵架是村里最大的社会问题;干部们说调解婆媳争端是老的生产队长和妇女主任们的主要社会任务。在我调查的 31 例婆媳关系中,村民们把其中 9 例定为“不好”,12 例定为“可以”,只有 10 例被他们声称是“好的”。解释婆媳关系良好的最普通的理由是“媳妇有良心”。值得注意的是,在这 10 例好的婆媳关系中,6 例是在华阳桥种籽场诸村中最“落后”的许步山桥,该村村民中得到农业外工作的比例最低;而在 3 个生产队中最“工业化”的薛家埭只有 1 例良好的婆媳关系(调查—Ⅲ—14,15,17)。

这种紧张关系也已经影响到了家庭结构。种籽场各村的老人中体格最强健、头脑最清楚的杨寿根(1910 年生)说,过去父母老了一定和儿子们吃在一起;如果老夫妻有几个儿子,则通常和最小的,一般也是最迟结婚的儿子同灶吃饭。但是现在因为婆媳关系紧张,老人们常常独自吃饭。由于旧的伦理观念要求子女照顾老人,故一对老夫妻只有一个儿子的话,他们很可能仍一起吃饭。但是老夫妻有一个以上儿子的通常都分开吃饭(调查—Ⅲ—14)。薛家埭生产队的4户独生儿子的家庭中有3户是合在一起吃饭的,而9户多子家庭中则有5户是分开吃饭的。在许步山桥,两户独子家庭都一起吃饭,而6户多子家庭则有3家分伙。在西里行浜,6户多子家庭仍合在一起吃饭,7户独子家庭却有2户因婆媳关系太坏而分伙(调查—Ⅲ—14,15,17)。

陆根山(1912年生)、平亚娟(1919年生)这对老夫妻的故事多少说明了上述论题。1970年根山在公社印刷厂的食堂里得到一个当厨师的职位。十余年后当他面临退休时有两种选择。他或是退休,拿40%的薪水,或是放弃退休的待遇而让一个孩子顶替。根山回忆说,几乎每个人都劝他不要放弃退休待遇,但他考虑到4个儿子中最年幼的茂生身体孱弱,最后还是牺牲了自己的收入而让茂生顶替了职务。老夫妻俩与茂生夫妻俩住在一起,期望儿、媳会照顾他们的晚年。

但是,根山和他的老伴却未能与儿媳谢雪芳(1957年生)融洽相处。彼此的关系坏到老夫妻俩希望分居以避免冲突。但是雪芳不同意这样的安排,或许是因为她习惯于利用两位老人替她照管孙女玉莲(1982年生),或许是她不情愿失去老人们领的口粮(婆婆常在附近的女儿家吃饭),或许她只是出于恶意。因为小夫妻俩是法定的户主,地方派出所不得他们同意不批准分户。

1985 年时两对夫妇的关系已糟到不能在一起开伙。结果他们做了这样的安排:由婆婆为大家烧饭,而菜食则由两对夫妇分烧分食。这岂不尴尬？根山回答说,这是走投无路下的“急办法”。过去是媳妇最早起床为全家做早饭,现在轮到当婆婆的干这些事了。过去媳妇为全家倒马桶,现在是各倒各的。至于男人们,许多退休的如根山那样也洗衣烧饭,虽然还不至于倒马桶(调查—Ⅲ—16,17)。

我们在华阳桥见到的是一种农民的旧世界与产业工人的新世界相互交会而形成的社会关系模式。尽管有农业外就业,家庭仍旧是基本的经济单位。新出现的是年轻独立的拿工资的工人,最突出的是那些从工厂里直接领薪的青年妇女。但旧的习俗仍然存在,例如年轻人有责任照顾老一辈、男人高于女人的旧意识。新的情况是这些旧伦理正日益受到压力,尤其表现在婆媳关系上。对于像陆根山这样的老人来说,突出的问题是既无法求助于旧的价值观念,也无法受益于新的退休福利制度。有人无疑会争辩说今日中国的社会和家庭基本上仍是“传统的”或“中国式的”,也有人会强调说所有“城市”社会所具有的共性已经在这儿出现。我在本章论述中所强调的是这些村社和家庭的中介性质,因为正是这种连体的半农半工性质体现了今日中国乡村的鲜明特征,即不含城市化的工业化和由官僚等级引起的村内的职业分化。

第三编

结　语

第十五章　一个总结

1350年至1850年的长江三角洲的历史,与斯密和马克思的经典模式及其衍生的"近代早期"和"资本主义萌芽"的观点迥然相反。诚然,商品化大为扩展了,但市场经济的发展并没有削弱小农的家庭生产,而是加强了它。明清时期长江三角洲的商业增长,实际上正是以小农的家庭生产和小商品贸易,尤其是棉制品和粮食的生产和交换为支柱的。农业中以雇佣劳动为基础的大规模生产单位非但没有兴起和扩展,反而在17世纪以后消亡。小型的家庭农场占据了绝对优势;以"男耕女织"为标志的所谓小农家庭的"自然分工"不仅没有瓦解,反而因商品化和农村生产的家庭化变得更为完备;农业与手工业之间、城乡之间的社会分工不但没有出现,农业与手工业在小农家庭中的结合反而加强了;商人没有进入生产领域,"商人资本"也没有转化为"工业资本",他们依然与生产相分离,仍依赖于商品和资本的流通来牟利。500年的商品化并未导致资本主义萌芽和近代早期的发展,而是使小农经济和家庭生产更趋完备。

这段历史表明，简单地把由英国古典经验抽象而来的模式套用到中国的经验上是不适当的。实际上，中国的历史提醒我们去注意那部分因后来的资本主义发展而使人们忽略了的西方经验。它提请我们去注意对资本主义组织形式发展的抵制因素，而不是这类组织形式的必然性。欧洲的史学家们已开始注意英国与多数欧洲大陆国家的区别（如 Wrigley，1985；Brenner，1982）。中国的例子则以放大了的形式清晰地显示了西欧迟发展地区的某些倾向。

当然，商品化的小农经济确实扩展了，但这种扩展主要是内卷型增长，而不是真正的发展。棉花和桑蚕的传播均与劳动力投入的增加相联系，而资本投入只有不成比例的增加，因而单位劳动力的平均资本投入反而减少了，单位工作日的平均收入也是同样。总产值，甚至每个家庭的年收入，在某种程度上是增加了，然而这是因为投入了家庭成员（尤其是妇女、儿童、老人）更多的劳动，而不是由于单位工作日收入的增长。这种内卷型增长以农业生产的家庭化为支柱，劳动力边际报酬的递减由小农家庭未曾利用的劳动力来吸收。

内卷型的商品化部分源自长江三角洲小农经济的早期历史。明清时期棉花革命到来之前，长江三角洲的小农经济早已发展到相当高的水平。在“中世纪”的唐宋时期，圩田和网状河渠系统已日臻完善。到宋朝鼎盛时期，耕地与人口的比率可能减少到人均3—5亩。这一密度是欧洲和美国史学家们几乎不能想象的。在明清时期，人口继续上升。松江、苏州二府的增长约为135%。但是农业生产，特别是水稻生产，早已达到当时的顶点。因此，农业进一步劳动密集化,采取的主要形式是推广种植更劳动密集的经济作物,特别是棉和桑,而不是在水稻种植中投入更多的劳动力。

当然,长江三角洲的特殊生态促使这种内卷化形式成为可能。长江三角洲内特有的运输网络,以及它与长江中上游地区和东南沿海廉价的水路往来,使它的小农经济内卷型商品化可能达到高于华北等地的程度。

依赖于新经济作物的家庭手工业,是内卷型商品化整个过程的一部分。小农家庭的辅助劳动力,除了摘棉花和养蚕的工作,还从事棉纺和棉织(在苏州地区则是缫丝)。纺纱的轻活由儿童和老人干,要求较高的织布则由成年妇女,或由男子在空余时间来干。

由此形成的家庭手工业和农业的结合,并不是男耕女织以满足家庭消费的"自然经济",而是高度商品化的生产。5 口之家的小农,一年只需消费 10 斤左右的皮棉,花 56 个工作日即可织成 8 匹布。但是 19 世纪中期,全国平均每个织布农户承担的棉纺织量都两倍于此,松江府平均约八倍于此。家庭消费所余均在市场上出售,通常是换取不织布的小农家庭所产的余粮。

多数织布农户在务农所得不足以养家活口的压力之下,将无别处可用的家庭辅助劳动力投入家庭手工业。对他们来说,只要净收入大于零,就值得去干。他们不考虑市场工资,因为这样的劳动力没有市场;也不考虑伙食费用,因为这种费用是家庭日常必需的一部分。

由于这样的廉价劳动力,棉纺的净收入维持在一个低水平,18 世纪时纺纱者一天的收入仅够一天的口粮。主要由成年男子和妇女干的棉织,给劳动者带来的净收入接近农业中的雇工,一般为劳动者一天口粮的两倍。但在整个手工棉纺织中,织布仅占小农劳动力投入的七分之一左右。靠这样的报酬,或是靠一小块土地,单是家庭手工业或单是务农,都不足供小农谋生,小农必须同时依赖二者。对长江三角洲的小农来说,商品化的家庭手工业成为补充种植业收入不足、养家活口和维持再生产的主要手段。两者的结合是那里的小农生存和再生产的关键。

诚然,这种农业和手工业的组合方式是以某种生产技术条件为基础的。手工纺织用的是简陋、廉价的工具,即使贫苦农民家庭也置办得起。唯有机器纺织才能具备足够的经济规模,以压倒小农家庭劳动单位的成本与效益优势。

在这种情况下,小农生产能抑制长江三角洲所有其他形式的生产组织。在农业方面,以雇佣劳动为基础的农场无法与家庭化的小农生产相抗衡。在手工业方面,城镇作坊无法与成本极微的家庭生产者匹敌。结果是小农的家庭化生产在长江三角洲的农业和手工业中占压倒优势。

出乎人们意料的是,在商品化和城市化程度不高的华北,使用雇佣劳动的经营式农场反而发展了。按照斯密—马克思的经典模式,我们理应看到与商品化相关联的大规模生产及自由的雇佣劳动者,而不是相反的情况。但是,事实恰是华北小农经济发展的内卷化程度相对低、家庭生产单位相对未完备,经营式农业才得以兴起。同样,正是长江三角洲小家庭农场经济的内卷型增长相对发达,阻碍了农业和棉手工业中经营性组织的兴起。

内卷型商品化的市场结构

建立在内卷化小农经济之上的商品贸易,与马克思的“小商品生产”模式很相似,即交易的商品主要由小农生产,并在地方市场上以小买卖的方式交换。但相似之处仅此而已。与马克思设想的小商品贸易不同,小农的小买卖并没有发展成资本主义经济;它也不同于斯密眼中的农村“原始产品”与城市制成品之间的双向贸易。在这种小买卖市场上,商品的流通仅是小农生产者之间的流动(主要是棉制品与粮食的交换),或者是由乡村向城镇的单向流动。城市生产的商品进入农村是鲜见的。

内卷型小农经济的要素市场同样区别于舒尔茨等新斯密学派所设想的那种完全竞争的要素市场。农业劳动力不是作为一种稀缺资源,通过供给和需求的市场力量而达到最合理的配置。事实上,相当数量的农业劳动力存在于市场范围之外,不具有市场就业的“机会成本”。小农家庭农场所用劳动力实际上等于出自另一来源,不同于雇工经营农场所依赖的劳动力市场。这就是小农农场能胜过并抑制雇工为基础的农场的原因。

在长江三角洲的经济中,劳动力、土地和信贷市场实际上是按一种不同于新古典经济学家假设的逻辑运行的。只有短工市场、田底权市场和村际的商人贷款最接近于自由竞争市场,尽管这些市场都是地方化的。长工市场、田面权市场和村内的互助性借贷都受到各种社会与文化因素的制约。长工的雇用一般都依赖私人关系。田面权的转手通常受到亲戚和同村人优先购买习俗的制约。村内的借贷一般以“感情”和互惠为基础,而不受成本和报酬的核算控制。换言之,伴随明清时期市场发展的,是一种内卷型的、以糊口为目的的小农经济的逻辑和习惯。

在这样的小农经济中,事实上商品化较多地为榨取剩余及维持生计所推动,较少地为追逐利润推动。在长江三角洲,市场上的粮食多半来源于租米,而非来自小农营利性的交换活动。大多数小农家庭之所以从事商品化的植棉和桑蚕,以及棉纱、布的生产,并不是因为那些生产是利润和积累极大化的最合理途径,而是因为在农业收入不足和家庭劳动力有余的情况下,它们是谋生的最合理手段。这种商品化农业和家庭手工业造就的,不是以营利为目的的新兴的富农和企业家,而是小农经济的不断延续。我们的数量统计资料表明,小农的营利性交易至多只占该地区农民商品贸易总量的一小部分。

这种商品化与公式化的经典模式大相径庭,因为它不是趋于质变性的发展,而是使既有的体系日益内卷化。小农在支付了租、税和生产费用后,除了糊口,几无剩余,更无积累。明清之际的“棉花革命”并未导致向“资本主义转化”,或是“近代早期的发展”,而只是在勉强维持生存的边缘强化家庭化的生产和再生产。

国际资本主义与内卷化的小农经济

早在明清时期已高度发达并已内卷化的小农经济,在中国被迫向国际资本主义开放后,也强有力地影响了社会经济演变的性质和道路。这一演变的部分内容相当简单,是劳动力充分的小农经济与资本充分的工业经济相连接而引起的后果。在这种连接所产生的新的国际性蚕丝业中,长江三角洲的小农从事生产过程中劳动最密集、报酬最低的部分:植桑养蚕直至成茧。棉业也一样,在机制纱出现后,小农主要从事劳动密集的植棉。

从这种结合中发展出来的中国工业,一般或多或少都建立在低成本的小农生产之上。为农民所产的蚕茧加工的缫丝厂和为农民所种棉花加工的纺织厂,构成了近代中国的两大产业。在国际化的格局中,中国工业倾向生产过程中资本少而劳动密集的一端。中国工厂从事非资本密集的机器缫丝,而美国和法国的工厂控制了资本较密集的机器织绸。同样,中国的纱厂从事棉纺,而英国和日本的工厂偏重资本较密集的棉织。南通大生公司成功的关键正在于它结合了廉价劳动力的小农生产(植棉和织布)与投资不多的机器生产(纺纱)。

这一新体系对小农经济产生了深远的影响。“经济二元论”所设想的“传统部门”与“现代部门”的完全分离,是不符合历史实际的。几乎所有的小农都与棉花和粮食市场产生密切联系。旧的一家一户的植棉、纺纱、织布三位一体瓦解后,大大加速了棉业的商品化,并波及粮食经济。于是植棉的小农将棉花售到城市,供机器纺纱,然后买回机制纱在家中织布,这种变化遍及每一个小农家庭。

但是国际资本主义并未给农村带来质变性的发展。低成本的小农家庭化生产只是变得更完备,而农村劳动力的净收入仍维持在仅够糊口的边缘。小农经济仍像在以前的商品化条件下一样不断地内卷化,尽管城市经济已呈现近代式的发展。

商人的作用

在国际资本主义与小农经济、城市发展与农村内卷化的结合中，商人主要扮演了两个体系间联系人的角色。在植棉和桑蚕业中，廉价的小农家庭劳动力遏制了节约劳动的资本化和具有规模经济能力的大型企业的形成。没有一种因素刺激商人直接投资于生产，他们的作用主要是向外国工业提供廉价的中国小农劳动力生产的原材料。就他们服务于外国资本而言，他们是“买办”；就他们获利于交换而非生产投资而言，他们是“寄生虫”和“剥削者”。他们在这些方面的作用形成了革命敌视商业的现实基础——革命在这方面的态度是与孔孟思想一致的。

新的“经济作物”需要并刺激了新的生产投资，促使商人供应豆饼肥料，设立新的茧行，为上海和无锡的缫丝厂烘茧。在这些方面，他们的作用是促进发展的。（但是，他们在生产中发挥新的作用的同时，其“剥削”的一面依然如故，例如他们将肥料贷给农民时收取很高的利息。）对分散进行的“改良土布”而言，商人也起了创新的作用，向农村提供了机制纱和改良织机，开发了新的产品和市场。他们仍利用分散的小农家庭生产的长处，但以未曾有过的方式进入了生产过程：将棉纱外发给农民，根据不同的市场包买各类不同的棉布。南通的商人资本更进而转变为工业资本。

1850 年以后的商品化

在帝国主义冲击下的加速商品化，明显不同于早期阶段之处，是它在一个世界性的商品市场中进行。棉花、生丝、粮食都是国际化了的商品，其价格受世界范围的供求关系左右。种植稻、棉、桑及织布、养蚕的农民都被置于剧烈波动的世界市场之中。20 世纪 20 年代的繁盛与继之而来的 20 世纪 30 年代的萧条对小农生活的冲击，清楚地表明了这一点。

但商品化的格局依然基本如故。旧的手工业仍有巨大的韧性。机制纱的出现确实改变了棉花经济的结构，打破了农民家庭植棉、纺纱、织布的三位一体。然而这种破坏并不能完全清除旧的手工业。至 1920 年，手织布仍占中国棉布总消费量的三分之二。即使在手工和机器生产效率差距很大的棉纺业，1920 年时手纺纱仍占棉纱消耗量的一半。小农家庭仍然是农业和家庭手工业的结合体。

直到 20 世纪二三十年代机制纱和布才超过手纺纱和手织布。然而，即便迟至 1936 年，小农家庭中仍有 30% 在手工织布。小农家庭内农业和家庭手工业的结合有力地抵制了机器大工业。

机制纱的出现显然推动了小农家庭手工业的进一步商品化，因为不种棉的小农现在也能购买棉纱来织布，手织者不再受手纺纱供应量的制约。棉业经济的进一步商品化也意味着更多的小农在更大程度上依赖市场来获得粮食，结果是小农的商品交换量大增。但是交换的主要内容仍以棉布和粮食为中心。

长江三角洲的新兴都会和市镇确实较前有更多的生产领域，它们已成为一些新产业的中心，诸如纱厂、缫丝厂、面粉厂。但是城乡关系的结构在较大程度上仍与从前一样。市镇的生产仍主要供城市，而不是供农村消费。厂丝和机织绸、机制面粉在农村几乎没有市场。甚至机织布也难以打进农村市场，因为直到20世纪20年代，多数小农穿的仍然是家织土布。

当然，农民也开始消费棉布之外的其他城市产品，如棉纱、火柴和煤油。但是农民对新产品的购买力仍非常有限，因为农业的单位工作日净收入几无改善，并且农民为市场的生产仍主要是为了谋生，而不是为了资本主义积累。在农民的眼中，城镇依然主要是行政和贸易的中心，而不是生产中心。这样的商品结构大大不同于亚当·斯密所设想的"统一的"近代资本主义市场。

这种不同在某种程度上表现为小城镇的发展不足。诚然，中国早就有不少大城市，但没有近代早期英国那样的自下而上的工业化所造就的小城镇。1850年以后的百来年间，中国发生的工业化主要是自上而下的，或移自国外，或由政府举办，没有出现像近代英国那样由小城镇把大城市（主要是通商口岸）与农村联系起来的状况。这就是迟至1893年，即使在高度发达的长江三角洲，在2000人以上市镇居住的人口仍不足11%的原因。这与1801年时已高度城市化的英国恰成鲜明对照，该年英国有近三分之一的人口居住在5000人以上的市镇。

英国经典发展模式与第三世界相比，有一个常被人忽视的差别：后者的农村（或农业）发展一般远远落后于城市（或工业）发展，近代城市化面对着的是小农的贫困，与现代机器动力厂（甚至核动力厂)相邻的是勉强维持生计的糊口农业。消除城乡差别成为革命的中心口号之一。这一差别提醒我们在考虑现代第三世界的变化时,有必要区分城市和农村的发展。

商品化与村社

商品化对长江三角洲村社的影响,与对小农家庭的影响如出一辙。它带来的不是质变性的发展,而是更大的连续性和稳定性。副业和农业外就业机会并未改造农村经济,反而支持了它。收入微薄的家庭可以依靠副业和农业外就业增加收入,使家庭农场得以维持。结果是土地使用的稳定性远远大于华北平原。一般的农民(尤其是稻作区和稻—丝产区的农民),耕种的都是其父、祖辈耕种过的土地。这与华北平原形成鲜明的对照,华北平原自然灾害频繁,又没有商品化和多种经营的经济的维系,土地经常转手,村民时时移居。

然而,稳定性和连续性并未造成强有力的村社组织,而流动性也未必削弱村社。在长江三角洲,由于土地产出了相对多的剩余,支撑了一个多层次的土地所有权体系,村民拥有田面权,城镇的不在地主拥有田底权。田底权可以自由买卖,但田面权的交易仍受到习俗的严厉制约。长江三角洲的小农经济就以这种方式既适应了商品化的趋势,又维持了土地所有权的韧性。18 世纪 20—40 年代的税制改革后,长江三角洲农民人口中占大多数的佃农不再向国家政权纳税。由于不必与政权的官僚机构打交道,也就没有必要组成村级的政治组织对付外来的索取。但是华北绝大多数农民是自耕农,国家政权的征税既是刺激,也是压力,促使其演化成一个联系紧密的多族集团的村社组织。

华北平原的土地流动,又成为社会动荡不安的温床,而对付外来侵犯则成为结成村社组织的又一原因。那里农民集体行动的矛头主要指向外来的一切侵扰,无论是土匪、苛捐杂税,还是日本人的入侵。在生态上和经济上较稳定的长江三角洲,小农集体暴乱的临界点相对较高,但是一旦发生,则更像一种“阶级行动”,表现为针对不在地主的抗租行动,而在太平天国之后的百来年中,矛头也指向国家政权,因它直接支持了地租的征收。

简言之,两个地区分别展示了表面上似乎矛盾的现象:在长江三角洲,商品化程度高,国家政权势力渗透少,村社组织力量薄弱,而同族集团却高度稳定;华北则相反,商品化程度低,国家政权势力渗入村庄,村民流动频繁,同族集团不稳定,而超族的村社组织却力量强大。

当然,最出乎我们意料的是共产主义运动在长江三角洲远不如在华北平原成功。革命的理论预期是商品化会导致农村人口更大的阶级分化,按理共产党组织在长江三角洲应比在华北更受欢迎。然而事实是长江三角洲的租佃率虽高得多,但是社会分化主要存在于村民与城市地主之间,而不是在村民之间。尽管商品化程度较高,但村社内部比华北的均匀,对共产党的组织活动也就不易接受。

集体制下的内卷化

解放后的新中国无论从理论还是从历史经验的角度,都对自由市场经济和小农家庭生产抱有一定的成见。正统的马克思主义教育人们,商品化不可避免会带来资本主义的社会弊病,社会主义是既能确保发展又可保障社会公平的唯一道路。除了理论,考虑到600年来商品化的蓬勃发展,而小农的贫困依然如故,新政权选择完全不同于旧有的市场化家庭农业的道路是可以理解的。

新政权迅速确立了计划经济和集体生产的制度,把粮食和棉布市场并置于"统购统销"政策之下,不断将控制扩大到农村生产,先是定产定购,继而把所有农户集体化。生产队接管了家庭的经济决策权,而国家政权又通过极其详细的生产和征购指令来指挥生产队。

急剧扩张的国家权力赋予政权以前所未有的功能——建立农村经济的基础。1958年,政府在松江发起了规模巨大的水利工程,上至大的干河,下达最小的村庄的排灌渠道,其高潮是长江三角洲稻田的格子化,使每块地达到灌溉、插秧和施药的合理规模。

国家还向集体提供现代工业所生产的农用物资。化肥在20世纪60年代进入松江,到70年代末已能满足农民的全部需要。1965年至1966年小型手扶拖拉机进入生产大队,提高了犁地的效率,使农业得以通过三熟制的形式进一步密集化。20世纪70年代小麦种植用上了暗沟排灌,使产量和播种面积得以增加。现代农艺学在这几十年中也起了一定的作用,引进高产或耐旱、耐寒、抗虫的新品种使产量步步上升。

这些投入,加上传统的人力和有机肥料的进一步密集使用,刺激了松江县4种主要作物的亩产在1952—1956年和1970—1979年期间有了显著的增长:水稻103%、小麦和大麦172%、油菜籽291%、棉花355%。单位播种面积产量的成就,加上复种指数的提高,使单位耕地面积的产量大幅度增加。原先一年只种一茬单季稻的松江县,到20世纪60年代末已有一半以上的耕地面积一年三熟。

在不同的条件下,化肥、拖拉机、电泵等现代投入,本来有可能使单位工作日的收入大幅度增加,然而农业劳动力的不断增加阻止了它的实现。首先是20世纪50年代中期因妇女大规模参加生产而使耕地承受了农业劳动力供应的爆炸性扩张。20世纪60年代末开始,耕地再次承受了解放后生育高峰时期出生的人口参加生产带来的压力。

庞大的劳动力供应抑制了为节约劳动而资本化的动机,并迫使农业朝劳动内卷化方向演变。诚然,资本投入增加了,但是每茬作物的劳动力投入增加得更快,而复种指数同时也提高了。边际劳动力的净收入因此停滞不前,甚至下降,每个工分的现金值在20世纪六七十年代时始终在同一水平上徘徊。

集体生产制度不仅没有消除内卷化的倾向,反而进一步加强了这一倾向。与家庭农场一样,集体单位不能解雇其过剩的劳动力。既然有剩余劳动力,那么在维持生存的压力下就会导致不停地增加劳动力投入,从逻辑上说要一直延续到边际产出达到零。换言之,集体作为一个经济决策单位,与家庭农场类似。它主要关心的是劳均产量,而不是边际产量。再者,农村生产的内卷化对政权组织来讲是有利的。国家的征税和征购取决于总产量,与单位劳动生产率和收入无关。从国家政权的角度来看,内卷化的增长越大,无论边际劳动力的报酬如何,税收与征购都会越多。同时,国家政权出于理论原因,藐视农村小买卖和小农家庭的"小商品生产"。因此,它对这些农村剩余劳动力的出路施加了各种严厉的制约,加强了对土地的压力。这样,在解放后 30 年的松江,重蹈了过去 6 个世纪以来内卷型增长(劳动生产率没有提高)的覆辙。

总而言之,集体化的效果并不优于以前的市场经济。尽管国家政权锐意进取,但是农业并未冲破内卷化的老路。到 20 世纪 70 年代末,农村劳动力的报酬仍只够维持其生存,与解放前数百年一样。

乡村工业化与经济多样化

最终推动松江县农村经济真正发展的是经济多样化,特别是工业化。20 世纪 50 年代末"大跃进"时期,集体单位创办了几家"工业"企业,但它们只是小型的直接为农业服务的手工生产,如农具修造、编草绳、制砖。工业到 20 世纪 60 年代末 70 年代初的"文化大革命"期间才取得了重大进步,因为城市工业开始将加工业务委托给公社,或者将淘汰的旧设备下放给公社。大队办工厂在 20 世纪 80 年代时也采用了同样方法,从公社企业接过加工业务或旧设备,一如从前公社企业从国营企业获得这些东西。

在华阳桥村民的眼中,在中国行政体系中等级高的工业企业几乎与他们毫无关系。县级以上的国营和集体企业基本上只从城镇招募劳动力。只有公社,尤其是大队办企业才使用众多的农民作为劳动力。在华阳桥薛家埭等村,从1949年至1985年的36年,国营企业总共才向村民提供了33个农业外就业机会。

直到公社和大队企业就业机会开放,才最后改变了薛家埭等村农业生产长达600年的内卷化道路。到20世纪80年代中期,一半以上农村户口的劳动力在农业外就业,务农的劳动力终于成为相对稀缺的资源。于是,耕作方法也相应地调整了。劳动力使用的内卷化减退到接近合理的水平,也考虑到劳动力的边际报酬问题了。就整个松江县而言,双季稻从高达耕地面积60%的水平,减少到1985年的三分之一。

同时,种植业中实行的家庭联产承包责任制是一个可以更多地使用业余时间和家庭辅助劳动力的组织形式(在集体制度下,一切报酬按工分计,对工分制以外的劳动不具刺激力)。家庭联产承包责任制还有力地刺激人们提高干农活的效率,利用业余时间从事其他工作,甚或只是为了更多的休息,集体制下不存在这样的刺激。加上国家提高了主要作物的收购价,两者共同使得种植业中单位工作日和单位劳动力收入显著地增加,即使耕地的亩产量没有增加。新兴的农村小商品经济的活跃,刺激了新旧副业收入的增加,同时新的乡村工业就业也带来了收入。这些收入的增加促进了松江县农村农民家庭的新繁荣。

数百年来农民的收入第一次相当幅度地高于维持生存线。农民的消费也第一次为城市工业和其他加工产品提供了市场。20世纪70年代末和80年代的新繁荣在农村造成了讲排场的浪潮,最明显的表现是结婚宴席、彩礼、嫁妆的标准越来越高。在改革前流行的热水瓶、收音机、自行车之外,农民更热衷于成为手表、电风扇、化学纤维制品,甚至电视机等“奢侈品”的消费者。

农村的繁荣、小买卖和地方工业化构成了20世纪70年代末和80年代小城镇发展的基础。松江县与整个长江三角洲一样,终于开始走上城乡发展互相推动的道路,正如它推动18世纪英国小城镇的发展一样。松江还终于开始了城乡物资和劳务的双向交流,这意味着现代发展的开始。但是,这种“现代”的发展既不是发生于经典理论眼中的资本主义制度下,也不是发生在社会主义制度下。在工业部门中集体仍占主要地位,农业部门的生产则又分散到一家一户。新的市场制度同样是混合的,农村小买卖、经过市场调节的和指令性的计划分配结合在一起。迅速发展的交换制度既不是资本主义的,也不是社会主义的,而主要基于集体单位寻求与其他集体单位或国家、私人企业签订合同。这些现象的确切性质和规律,尚有待于系统研究。

家庭农业的复归

一般的论述均特别强调家庭生产的复归,但是在长江三角洲,家庭组织的真正重要性在于它能够在多种经营的农村经济中更灵活更有效地使用劳动力,而不在于人们想象的那样利用家庭生产刺激的优越性来促使亩产量的提高。事实上,松江县的作物亩产在1978年至1979年集体生产时已达到顶点。自家庭联产承包责任制的实行到20世纪80年代末,单位面积产量实际上一直没有大的提高。它真正促进的不是作物产量,而是作物生产中劳动的节约。

集体组织承受了20世纪六七十年代农业劳动力的巨大剩余,无论埋头苦干还是“浪荡工”,它都同样地付给工分。只要农业劳动力过度充裕,只要需要干的活能完成,就没有必要寻求更有效的方法组织农业劳动力。然而,一旦工业化吸收了农业中多余的劳动力,就不能不更紧张地安排劳动力。其他就业机会,甚至仅仅为了闲暇,就调动了家庭劳动力的积极性,提高了劳动效率。据农民说,干同样数量的农活,现在只需要集体生产时大约三分之二的时间。同时,现在干农活大多是利用空余时间或家庭辅助劳动力,或是两者兼而有之。因此,家庭劳动力更有效更灵活的使用(再加上国家对主要作物收购价的提高),是松江农村家庭新繁荣的真正秘诀,它是在单位面积产量没有增加的状况下实现的。

诚然,到20世纪80年代末,农业生产(和家庭副业)的收入仍然落后于工业(以及资本化程度较高的集体副业),但是农民收入的上升是毫无疑义的。在乡村工业高度发达的地方,农业已不再是小农家庭的主业。收入最低的旧式家庭副业迅速消失,种植业本身则成为副业性的生产活动。

家庭式劳动力组织历经种种变化后,被证明是有活力的。它与集体生产队的主要区别在于有能力动用空余时间和家庭辅助劳动力,而没有工分制的标准化计算带来的种种制约。在集体制度的年月里(除了“大跃进”高潮时期),这种能力使家庭生产在低收入的私人副业生产中幸存下来。现在这种能力又使家庭化的劳动组织在低收入的农业中生存下来。

即便如此,家庭组织仍不一定能够成为规模较大而又高度资本化生产的最佳组织形式。20世纪80年代末,国家在华北的顺义县做了试点,将小农家庭重新组合成较大的生产单位,以便于资本积累和进一步机械化(尤其是使用玉米和小麦的收割机)。在生产水稻的松江,使用收割机和插秧机仍不经济,因为以现在的工资水平计,使用这些机械所节省的开支还抵不上它的成本。直到本书写作时,松江还没有将小农重新组合成较大生产单位的动力。未来的农业生产究竟应采取何种组织形式,至今仍是个未决的问题。

改革初期对农业生产组织的设想似乎倾向于"越小越好",与"大跃进"时"越大越好"的教条针锋相对。到20世纪80年代末,这一政策开始转变,倾向于恰亚诺夫早先的设想"因事而宜的不同适度规模"(differential optimums),即不同类型生产在不同技术条件下适合的规模是不同的。没有必要将小规模生产或斯密、马克思的古典观点所倾向的大规模生产变成一种公式固定下来。在这一点上,中国政府的设想似乎越来越倾向于灵活的"适度规模经济",根据不同的生产条件来确定不同的生产规模。

村庄与国家政权

就国家政权对各种社会集团的权力而言,历代封建王朝与解放后的中国的政权都是一种"专政权力"(despotic power)(此词借自 Michael Mann,1984),不允许有组织的反对势力存在,尽管实际上其权力的运用受到上层利益集团(当代的干部和过去的士绅)的制约,也受到官僚机构所难免的离心倾向的制约。然而,在"基层权力"(infrastructural power,此词也借自 Michael Mann)上,也就是说,政权组织在施行其政策中对社会基层的权限上,解放后党政权力机构渗透到每一个自然村,直至每家每户。同时,当代国家政权组织更横向伸展到社会经济生活的每一个部门。在这方面,封建王朝要求的基本上只是征税和维持治安的权力,而党政体制则通过革命改组社会,通过计划经济控制贸易和生产,并通过党组织控制意识形态。

当然,集体制上的党政权力从未是全能的。许多生产队长、大队和公社干部,甚至县级的官员,都有两种忠诚,忠于地方,也忠于国家。有的学者强调了国家政权对地方干部,尤其是生产队一级控制的局限性,以及国家意图与地方利益之间的拉锯战。但是我们切不可夸大生产队的自主程度。我们可以用"家长制"来表达两者的关系。华阳桥种籽场各村的例子证明,国家政权几乎完全地控制了生产队的生产决策。

人们还可看到,自然村(在长江三角洲基本上相当于生产小队,在华北则相当于大队)以上的干部,对党和政权有高度的认同感。华阳桥种籽场的大队干部晋升党政官僚阶梯的可能性颇高,倾向于向党和政权认同,而不是向自己的村社认同。公社和县级的干部更是如此,何况他们来自其他地方。在华阳桥种籽场,只有生产队长们才真正是左右迎合的,既要顾及本地,又要顾及国家。他们通常是贫下中农出身,识字有限,一般长时间当队长,很少有机会晋升。

1978 年后的改革对国家政权和农民之间关系的影响,要依据这些情况来理解。今天生产队长的权力,只剩下集体农业时代的一枝半叶。从这个角度来看,国家政权的触角已从每家每户向上抽回。同时，自由市场经济和农民家庭决策的部分恢复，也显示了国家权力的横向收缩。

此外，解放后的集体化曾为自然村落造就了一种新的组织机构，而现在的包产到户削弱了这种村社组织。在某种程度上，农民家庭现在离群孤立，一个个单独地站在国家权力机构面前。解放前的同族集团和解放后的集体组织都大大衰萎了。随着新的社会经济变化，国家政权和农民的关系将成为何种状态，至今还未见分晓。

这些变化的冲击之一已很清楚。大量村民在农业外就业，导致农村人口的按职业层次分化，在上层的是国营企业职工，在底层的是务农人口。诚然，市场经济赋予少数人致富的机会，从而导致了一些分化，但是主要的分化机制正是来自国家政权定下的各种组织形式企业间的等级。在农民的单位工作日收入节节上升的时候，也正是他们日益感到自己处于社会最底层的时候。

从全国看长江三角洲模式

作为中国工农业最发达的地区之一，长江三角洲不能代表普遍的情况。然而，它的改革早期经历清晰地预示了 20 世纪 80 年代末出现于全国的一些趋势。回顾过去，我们可以看到 1979 年至 1984 年间全国农业收成的显著提高，可能很大程度上是因农业的现代投入物资供应扩大到不发达地区（尤其因为中国石油工业的成熟，化肥供应增加），长江三角洲在 20 世纪 70 年代中期就得到了这些物资。家庭联产承包责任制引起的农业劳动力重组，至多只带来一次性的推动,只要耕作的技术水平依然大体未变,其推动是不可能持久的。到20世纪80年代中期,全国农业收成的上升线趋平,就像长江三角洲早些时候一样。

再者,乡村工业化和小城镇发展对农民生活的影响,在长江三角洲20世纪80年代初已很明显,在全国范围20世纪80年代中期也变得日益明显。1986年乡村工业已占全国公社(乡)总产值的40%。就此而言,它在长江三角洲的发展中起过的作用已开始在整个中国的乡村发展中发挥出来。

就改革的道路而言,长江三角洲与温州恰成鲜明对照。前者的乡村工业绝大部分是集体的,个体小"企业"在所有农村企业总收入中仅占微不足道的比例。由于工业基础是在集体化时期打下的,长江三角洲的乡政府在满足了社会服务的必要支出后,仍有相当多的预算结余,因而在开发新的集体企业的改革中,能起领导作用。但是在温州,地方政府相对较穷,没有能力发展集体企业,私人的低成本企业应运而生。一些富有进取心的农民充分利用了当地特有的遗产,即解放前的家庭手工业和遍布全国的商业关系。结果,主要依靠小规模家庭生产的小资本主义蓬勃发展,形成了地区性的分工和一定程度的专业化和机械化。

在考虑松江和温州模式带来的问题时,我们不应重蹈在资本主义和社会主义之间做简单选择的经典方法的覆辙。实际在许多地方,这两种模式是混合在一起的,所代表的两种方式也不一定是相互排斥的。大多数乡村级政府都仿效长江三角洲的模式,忙于经营或设法创办工业企业,而它们辖下的农民家庭则采纳温州模式的方式,通过家庭生产参与市场,忙于寻找增加收入的途径。这两种方式的混合及其成功都是因地而异的。甚至在松江县本身，尽管集体在工业中仍占支配地位，但种植业中家庭生产是主要的，而家庭的小商品生产对松江县的乡村发展也做出了重要贡献。家庭生产与集体生产的混合，计划分配与市场配置的混合，都会带来新问题，也会产生新的可能性，这些都不能以经典模式来理解。仅仅根据资本主义或社会主义两者择一的经典选择来认识问题，肯定把握不到改革的真正意义以及导致改革的历史背景。长江三角洲的历史和现实正呼唤着新的认识范畴和新的乡村发展道路。

第十六章　几点思考

在本书结束之际,我想就正文中已提出,但未充分展开讨论的三大问题简短地提出一些推测性的看法。这三大问题如下:产生中国高人口密度的根源,中国独特的政治经济和社会制度的结构,以及中国历史上先进都市的“发展”与落后农村的内卷化相伴随这个似乎是矛盾的巧合。这些讨论是我在关于华北的论著中提出的一些看法的延伸(黄宗智,1986:特别见第 257—258 页)。

中国的人口密度

就现有资料而言,我们无法确知中国是怎样,以及为什么会有这么高的人口密度。可是高密度人口对中国历史影响深远,又是本书分析中的一个中心点,因此哪怕只是纯推测性的,我们也必须试图对这一现象做若干合理的估计。

我相信平原的中心地带很早就人口众多了。从战国时代(前

475—前 221)兴起的中央集权的国家体制事实上是以高度密集的小农经济为基础的。当时各诸侯国都意识到一国的权势有赖于庞大的军队,而庞大的军队则有赖于众多的人口。齐国(前 685—前 43)在桓公时期颁有男子 20 岁必婚、女子 15 岁必嫁的法令。越国(前 496—前 65)的勾践也颁布过类似的政令,如家有 30 岁未娶的男子、17 岁未嫁的女子,父母将被判有罪,多子女家庭则得奖励(吴申元,1986:24)。孔子(前 551—前 479)曾经赞扬卫国人口众多,后来孟子(前 372—前 289)明确地指出儒学的"仁政"对国家"广土众民"的作用。对此,《管子》(由战国后期到西汉的多位作者写成)讲得最为明了:"地大国富,人众兵强,此霸王之本也。"(引自吴申元,1986:43)

在商鞅的策划下,秦国采用了一套相互联系、精心规划的政策来达到上述目的。为了发展小私有者的农业经济,商鞅积极实行给田宅、免兵役的"徕民政策",鼓励人们向渭河流域移民。他又确立鼓励一家兄弟分家析产的政策,"民有二男以上不分异者,倍共赋"(滝川亀太郎,1960,68:8)。

这些政策的内在逻辑首先是小土地所有者是募征士兵的最佳来源。我们还可以注意到,小土地所有者对中央集权的国家政权的威胁比大庄园要小得多。其次,商鞅似乎有意识地将小农经济、多子继承制和高度密集的人口联系起来。虽然他并未将此逻辑逐字说明,但他要使秦国变为人口密集的国度的目标十分明显。他对渭河流域的关中平原上土地和劳动力的最佳配合提出了这样一个模式:"地方百里者,山陵处什一,薮泽处什一,溪谷流水处什一,都邑蹊道处什一,恶田处什二,良田处什四,以此食作夫五万。"(吴申元,1986:31)这等于每个农夫耕种良田 20.7 亩(市亩)、贫瘠田 10.4 亩。① 其密度已接近于人们估计的汉代每个农夫耕种 15 亩田(吴慧,1985:128;Hsu[许倬云],1980;宁可,1980a),也接近于 18 世纪人口云集的河北和山东西北部平原每户(一般不超过一两名农业劳动力)平均耕作 25 亩的状况(黄宗智,1986:66—67,193—194)。

让我在此说明一下这些现象的内在联系。在一子继承制下,继承者只有在父亲死后继承了田产,才能获得经济上的独立。这就可能形成晚婚。欧洲在原始工业化带来农业外经济独立的可能之前,情况就是如此(Levine,1977;Tilly,1978:“前言”)。此外,继承子以外的其他弟兄都必须另谋生路,这就有可能像原始工业化之前的欧洲那样使结婚率降低(Weir,1984;Goldstone,1986)。与此相反,多子继承制使所有的弟兄在经济上都能独立,虽然他们的生活水平较低,结婚率却较高。如在父亲在世时就分家,更会促使早婚。早婚和高结婚率当然导致较高的生育率。

商鞅理想中的小规模农场之所以能够维持一家人的生计,部分原因是“铁器时代”新技术的传播。当时的资料显示了一个技术先进、高度密集化的农耕制度:铁犁、牛耕、深翻、灌溉、施肥、轮作等方式均已采用(Hsu,1980:特别是“前言”)。欧洲要到 18 世纪才有汉代铁犁那样的抛物线形翻泥板(Bray,1984:576—587,186—193)。技术的进步与国家政权鼓励下的早婚、普遍结婚一起促成了人口高度密集的小农经济。

---

① 100 平方里等于 900 万小汉亩,即 259.2 万市亩(1 小汉亩 =0.288 市亩;吴慧,1985:18;关于大汉亩,参阅梁方仲,1980:547)。

秦国的胜利使这种中央集权制和高密度小农经济的结合在中国确立了牢固的地位。秦以后的各个朝代很大程度上执行了相同的政策。每个朝代在建立初期都试图遏制大土地所有制，并扶持小农经济。唐代推行了小耕作者的“均田”制度。明朝政府曾下令回到战乱时抛荒土地的人民不得占有比本人所能胜任耕作更多的土地。清政府的政策与明代类同，对明末小户依附大户以逃避赋税的投献进行严格的限制（黄宗智，1986：86，257—258）。同样，商鞅的多子继承政策到唐代已成为大部分人接受的习俗。被后世奉为楷模的《唐律》包含了各种情况下弟兄分家的详细条文（仁井田陞，1964：234，245—246）。

我推测，以多子继承制的小农经济为基础的中央集权制的确立，使早婚和普遍结婚的习俗长期延续，由此促成了较高的生育率。在和平时期“正常”的死亡率下，这种社会现实足以使人口的年增长率达1%或更高。中国并不像近代早期的英国那样，需要等待原始工业化去打破晚婚习俗才达到类似程度的人口增长率。

我们必须记住1%的年增长率意味着人口在72年间增长一倍，144年间翻两番。在中国历史上几段相当长的安定时期中，人口翻几番是不足为奇的。从这个观点来看，1700年至1850年中国人口增长3倍（常被人误称为“人口爆炸”）实际上只是中国历史上几段和平时期人口增长的长期趋势中最近的一段。每次增长都因改朝换代期间的战祸、饥荒而停顿，甚至被逆转。如此，秦汉时期全国人口可能达到6000万，但其后几个世纪中因分裂和战乱，出现了人口严重减少的现象。到唐宋时期再次增长，可能达到11 000万（Hartwell，1982；并参阅宁可，1980b）。此后人口再次剧降，至明代重又膨胀。1700 年至 1850 年的增长与以往的不同之处在于起始时的基数——15 000 万,而不在其增长率。150 年间几乎增长 3 倍(至 43 000 万;Ho[何炳棣],1959;并参阅珀金斯,1969),只需不到 0.7%的年增长率。[①] 即使与近代以前的标准相比,这也是缓慢的增长率。与中国解放后(Coale,1984)及当代第三世界许多其他国家 2%以上的增长率相比就更显得低了。(当代第三世界各国的人口死亡率因现代医疗技术而大大降低,但人口生育率尚未像发达国家那样因现代化的社会经济变迁而下降,所以造成如此高的增长率。)

如果上述的推测是合理的,那么我们可以说中国的人口变化是由死亡率的升降推动的,而不像近代早期欧洲那样由生育率的升降推动。早婚和普遍结婚使人口在和平时期不需百年即可加倍,直到死亡率的急剧上升遏制了增长,或使整个人口数下降。与此相反,在近代早期的欧洲,晚婚和并非普遍结婚导致低生育率和人口增长的迟缓,直到原始工业化时期婚龄的提早和结婚率的上升才提高了生育率;而后,随着进一步的发展,生育率呈现现代式的下降,人们决定较少地生儿育女,人口重又恢复平衡。简言之,近代早期和近代欧洲人口的变化主要决定于生育率,而中国的人口变化则决定于死亡率。

---

① 根据这样的增长率,103 年内人口增长 1 倍,206 年增长 4 倍(72 除以增长率得人口增长 1 倍所需的年数)。

中国的社会制度和政治经济

上面描述的政治经济结构与中国的历史学家们所称的“封建地主制”的社会形态是整体相连的。根据胡如雷(1979)的说法,这种社会形态的一个特点是土地私有和相对自由买卖,不同于中世纪欧洲的“封建领主制”。我认为胡如雷的说法是正确的,而这种特点正是基于秦国积极推行的小农经济,在秦以后又因各个朝代对小农经济的扶持而得到延续。胡如雷又指出,“地主制”的第二个特点是土地所有权从其他权力——军事、行政和司法权力——中分离出来。这也与欧洲的领主制不同,因为欧洲的领主对他们的领地同时享有经济和其他各种权力。在中国的“地主制”下,国家垄断了其他权力,因此能克服欧洲领主制下的那种“割据政权”。我认为这个特点也源自秦国推行的小农经济和中央集权制。

这里要进一步指出,中国的多子继承制与“地主制”是紧密相连的。一方面,为了保证地产不致在几代内被分割,领主制必须靠一子继承制来维持。另一方面,多子继承制不可避免地导致土地的零碎分割。但是,人口一旦达到一定的密度,多子继承制下的小农经济就需要有一个土地市场以求再生:一个小农如果继承了不敷家用的土地就必须买田或租田以求生存。

这个社会制度和中央集权,以及高密度的小农经济的结合所产生的皇权体制,创建了通过科举募集官僚的制度,导致了一个特殊统治阶层的形成——作为一个身份集团,他们通过考试而享有法定特权,区别于一般“凡人”,而作为一个阶级,他们一般出身地主,因为只有地主才有可能脱离农作而晋身科举。

西方学术界所使用的“士绅社会”概念(如 Eberhard,1965),对我来说与中国的“地主制”概念是可以并用的,两者只有强调重点的不同。中国的历史学家强调士绅占有土地和收租(“剥削”)的一面,而西方的历史学家则侧重士绅的服务功能(如 Chang[张仲礼],1955,1962),但是两者在分析中国社会时都主要着眼于士绅及其特点。

在我所研究的两个地区中,“士绅社会”或“地主制”看来更适于描述长江三角洲,因为这种说法突出了这个地区的社会上层在拥有和出租土地方面的重要性;而当前西方学术界流行的“皇权中国”(imperial China)的说法则更适于华北,因为那里的租佃制较不发展,而国家机器显得比地主或士绅更为重要。根据同样的道理,对华北来说,马克思主义范畴中的另一个传统强调中央集权的官僚国家的“亚细亚生产方式”,比正统的五种生产方式公式的“封建地主制”更合适。但是我们必须懂得,无论强调士绅——地主还是强调国家机器的作用,也无论是对长江三角洲还是对华北,如果只谈一点不及其余是无法恰当地了解其中任何一个地区的。如果不考虑国家机器的作用,就无法理解长江三角洲的“士绅社会”或“地主制”。确实,所谓有功名的士绅是依赖于官僚国家及其科举制度的。在华北,虽然国家政权的作用要比士绅的作用大得多,但如果不注意为国家政权充当官僚的士绅的特点,对那里的社会也就无法充分了解。这两个地区的差别在于每一个地区突出一个不同的组合;这两个地区的相同点在于对它们的理解都必须基于士绅社会——地主制和中央集权国家的结合。

然而,即使我们将两者结合起来,对这两个地区生态系统整体的基要部分也还是难以把握。无论是对长江三角洲还是对华北,我们还必须注意第三个要素:作为士绅——地主制和中央集权国家基础的小农经济。高密度的小农经济是"地主制"的另一面,而附有高密度小农经济的地主制使集权的国家机器成为可能。以内卷的小农经济为基础的官僚地主制是华北和长江三角洲的共同之处,把这两个本来差异颇大的地区连接到一起,使其成为一个统一的中国和统一的国家机器的两大根据地。

这种制度能够长期延续是有诸多原因的。它能够为前工业化时期提供异常强大的武装力量,到汉代已形成数以十万计的军队。即使来自不同社会制度和不同军事组织的满族也采用同样的方式来维持自己的政权。这种制度一旦确立,就能享有高度的中央集权,不像中世纪欧洲的王室那样要在"割据政权"下行使王权。由这种制度而产生的科举制度是一种有特效的巩固整个结构的制度。不管事实上多么有限,科举制原则上将社会上层的位置向有才能的人开放,而不问其出身如何;国家机构也由此能将社会上有才能、有抱负的人们吸引到仕途上来。整个体制的结构由此得到更新,不断有新鲜血液向其中注入。

最关键的因素或许是整个制度赖以生存的高密度的小农经济,它具有内卷化增长的特点,不仅通过农业生产的密集化,而且通过商品化获得增长的能力。本书已提及,即使在"传统"的耕作方法下,水稻的单位面积产量已达巅峰,长江三角洲还能转向需要更多劳动力的经济作物,尤其是棉花和桑蚕。这样,内卷化了的小农经济能够维持住顽强的地主制,一种有能力扼杀资本主义农业经营方式的地主制。内卷化了的小租佃农场能通过低成本的、业余的和辅助的家庭劳动力战胜以雇佣劳动为基础的经营式农场。基于同样理由,即使在国际资本主义的冲击下,这种小农经济也能在商业性的农作物生产中坚持占据主导地位。

中国历史上的城乡关系

内卷化下的耕作者所生产的剩余虽然一定递减,但他们却能支持庞大而复杂的城市,并供养高度发展的社会上层和城市文化。这种矛盾的现象多未被人理解。人们往往将大城市和先进的城市文化与乡村的繁荣连在一起。这里要指出,在中国历史上实际情况正相反。

在前工业化的农业中,维持生计之上的剩余充其量只占农民家庭生产的一小部分。中国的大城市显然只能由大量的农业人口所产生的剩余来维持。假设取 10%的产出去支持城市,则 10 万城市人口要有 100 万农民才能维持。一个 100 万人口的大城市需要 1000 万农业人口的支持(参阅 Boserup,1981,第六章)。

但是,由于劳动力的边际报酬递减,当人口密度超过一定程度后,农民家庭的总产出中维持生计之上的剩余会减少。让我们设想人口密度增加 10 倍,剩余量会从 30%降到 10%。显然,即使每个家庭的剩余非常少,高密度的小农经济仍能提供较大的绝对剩余从而支持较多的非农业人口 1000 万的 10%即 100 万(如唐代的长安),总是比 100 万的 30%即 30 万(如中世纪的伦敦)大得多。我认为这就是"中世纪"的中国能够比中世纪欧洲供养更大和更复杂的城市的关键所在。

形成这些城市的动力之一当然是皇权政体下的官僚行政机器，这一点马克斯·韦伯已做过充分的说明。然而就像本书所显示的那样，明清时期小农经济内卷化进程中的农民之间的交换，尤其是粮食和棉制品的交换，形成了一种复杂的系统。以单独的小农家庭而言，这种交换是微小的，但是聚沙成塔，这种交换也促成了商业性的市镇和城市。中国城市化中的商业成分往往被忽视，但是它无疑与行政因素有着同等重要的意义，尤其在明清时期。

大城市的产生伴随着农村的人均低收入，都市的“发展”伴随着农村的内卷化，正是中国历史上上层社会文化和农民文化之间具有显著差别的导因。巨大而复杂的城市使都市的上层文化得到高水平的发展，但是这种发展是建立在农村内卷化的贫困之上的。

同时，正因为国家政权和农村人口都依赖农民微少的剩余，才加剧了两者之间的紧张关系；当人口密度增加，随之出现边际报酬递减时，这种紧张关系就更甚。当天灾人祸威胁农民生活时，国家政权的攫取和小农生存之间的微妙平衡也受到威胁。剩余的任何一点减少都会同时威胁到国家机器及农业人口的生存。人口密度越高就越是如此，因为人口密度较低，生存以上剩余比较大。这或许就是中国历史上国家政权和农民之间产生频繁和剧烈冲突的原因之一。

中国近代以前的城乡差距因帝国主义入侵，以及其后自上而下的工业化而进一步扩大。沿海城市和大都市首先开始了“发展”，在外国资本或中国政府的投资下，出现了近代的工业、运输和交通；而农村则继续内卷化。小农经济的内卷化及其提供的大量廉价劳动力恰恰是那些富有生气的工业得以繁荣发展的原因。新型纺纱厂依赖低报酬的小农劳动力来生产原料和加工织布,新型缫丝厂依赖同样的劳动力来植桑养蚕,诸如此类者甚多。城市的发展与乡村的继续内卷化,两者的互相联结使原已存在于城乡之间的鸿沟更加扩大,由此形成了现代中国知识分子最关心的一个问题。

城乡差距对了解中国"近代"都市史也极其重要。马克思主义的经典理论认为工业无产者是社会最底层的被剥削者。然而,与生活在城乡之间的大量"半无产者",诸如临时工、小贩、流动手艺人相比,近代中国的工厂工人已属特权集团。这些出生在广大贫困农村的"半无产者"比正式的工厂工人收入更低,他们不是马克思主义概念中的"流氓无产者"或失业游民,而是次于无产阶级的劳动人民。这是一些生活在城乡之间的人们,既干农活,也到城市工作,为城乡生产一些小商品。这些人大量并持续地存在或许是近代中国城市(以及人口密集的第三世界城市)和近代欧洲城市的显著差别之一。对于这些人的影响,在近代中国都市史领域内尚未做系统的研究。①

当前中国政府对农村政策的抉择,须从城市向农村索取、城市发展建筑在农村内卷化这个由来已久的历史传统去考察。其奥秘在于通过扩大人口去扩大剩余的绝对总量,而无视单位工作日边际报酬的持续递减。现在这项长期的政策已开始得到扭转,由于

---

① 正在加利福尼亚大学洛杉矶校区撰写博士论文的卢汉超将论证产业工人如何组成上海新的"小市民"中的相对特权阶层。

乡村工业化和农业的反内卷化,农村人民的剩余开始有了提高。问题是国家政权和城市部门是否会让乡村部门将剩余留作自身的投资和发展之用。

附 录

附录A　长江三角洲8个村庄的社会经济轮廓

具有详细调查资料的长江三角洲8个村庄，其基本状况列于下表。由于抽样的数量有限，我没有采用在《华北的小农经济与社会变迁》(1986)一书中使用的分类方法。对长江三角洲这些村庄的分类，最好像本书第二章所讨论的那样，以其生态和耕作方法为依据，如适于种稻的地势低的圩田，或种棉比例颇高的地势高亢的旱田。

这些调查资料的出处如下：头总庙，满铁，上海事务所，1941b；小丁巷等，同前，1941a；严家上，同前，1939b；遥泾，同前，1939c；丁家村，同前，1939a；孙家乡，林惠海，1943；开弦弓，费孝通，1939；薛家埭等，满铁，上海事务所，1940。

表 A.1　长江三角洲的 8 个村庄

分类	头总庙 南通	小丁巷等 无锡	严家上 常熟	遥泾 太仓	丁家村 嘉定	孙家乡 吴县	开弦弓 吴江	薛家埭等 松江
主要作物种植面积(%)	大豆 49 棉花 39 大麦 73 小麦 12	水稻 76 桑叶 23 小麦 58 蚕豆 11	水稻 100 小麦 83 苜蓿 16	水稻 60 棉花 34 小麦 82	水稻 33 棉花 50 蚕豆 42 裸麦 30 小麦 22	水稻? 小麦?	水稻约 90 小麦?	水稻 95 苜蓿 92
户数	94	80	55	52	58	209	360	63
非农业户(%)	10.6	10.0	30.9	9.6	13.2	10.1	?	7.9
总耕地面积(亩)	283.6	190.3	200.7	393.9	512.4	1556.3	3000+	548.6
人均耕地亩数	0.7	0.6	0.9	1.7	2.1	1.8	约 2.3	1.9
离县城公里数	20	2	2.5	10	3	郊区	6①	1
在村地主数	3	0	0	0	0	2	?	0
经营农场主数	0	0	0	0	0	0	?	0
租地占耕地(%)	33.5	32.4	82.4	93.2	40.3	83.8	约 66	87.5
各阶级农户数								
自耕农(%)	46.4	68.9	8.1	4.3	14.3	0	?	0
佃农、半佃农(%)	50.0	31.1	91.9	93.6	85.7	97.3	?	100
长工(%)	3.6	0	0	2.1	0	2.7	?②	0
打短工农户数(%)	39.3	27.0	16.2	46.8	28.6	10.1	?	46.7
有无田面、田底权(%)	无	无	有	有	无	有③	有	有

①震泽镇北。

②长工总数为 17 人。由于非农和务农户数不明,故长工占务农户数的百分比无法算出。

③在出租的 1378.8 亩土地中,耕作者拥有 1212 亩的田面权。

附录 B　长江三角洲的人口与耕地面积

现有最可靠的人口史资料是明初、清中叶和 1932 年的。这些时期的政府做了最大努力来登记和统计人口。耕地面积数字的变动不如人口数字的幅度那么大。

我认为用 1393 年和 1816 年的数字来推算这几百年来人口对耕地面积比例变化的大致情况是足够可靠和完整的。1932 年的数字与上述两个年份不完全可比,主要因为行政区域在 1927 年做了重新划分,尤其是上海特别行政市的设立,它由先前的松江、青浦、上海、宝山和南汇 5 个县的部分区域组成。上海地区大陆向海延伸,也导致了 1816 年和 1932 年数字的差别,特别是南汇县。苏州人口的剧减反映了苏州城市的衰落和太平天国战争造成的破坏。假定 1816 年和 1932 年的总数均相对准确,在这 116 年间,都市化和历次战争可能提高了这些地区的人均耕地面积。

表 B.1 中 1932 年的所有数字均引自《中国实业志:江苏省》,1933 年,1:12—13;2:2—4,3:32—33。1393 年与 1816 年人口统计资料来源如下：

松江府：人口数引自《松江府志》(1817),28:2,3,140。

太仓：《太仓州志》(1919),7:1—2(系1497年与1797年数字)；《镇洋县志》(1919),4:1(系1771年数字)；《嘉定县志》(1605),5:1—2(系1391年数字)；《宝山县志》(1882),3:27—28(系1795年数字)；《崇明县志》(1924),6:30—32(系1753年数字)。太仓州1816年数字，梁方仲，1980:273。

苏州府：1393年全府数字，1816年各县数字及1816年全府数字，引自《苏州府志》(1883),13:4—6,9；1393年吴县、长洲数字，《吴县志》(1933),49;1—3(系1376年数字)；1393年昆山数字，《重修昆山县志》(1576),2:15—16;1393年常熟数字，《重修常昭合志》(1904),7:1,2(系1412年数字)；1393年吴江数字，《吴江县志》(1747),5:26(系1376年数字)。

无锡、江阴：1393年无锡数字，《无锡金匮县志》(1881),8:1—3;1816年无锡数字，《锡金识小录》(1752),1:5(1752年估计数)；江阴数字，《江阴县志》(1840),4:1—2(系1391年数字),4(系1839年数字)。

1393年与1816年耕地面积资料来源如下：

松江：《松江府志》(1512),7:1—2(系1391年数字)；1817年数字，同前，21:52—53。

太仓：《太仓州志》(1919),7:32—33(系1497年数字),35(系1810年数字)；嘉定、崇明数字，同前(1883),3:8(系1883年数字),《苏州府志》(1379),10:6—8(系1379年数字)；《镇洋县志》(1919),4:36(系1810年数字)；《宝山县志》(1882),3:25—26(系1810年数字)。

苏州:1393年苏州府数字,《苏州府志》(1379),10:4;1816年吴县、长洲、元和数字,《吴县志》,(1933),45:30,46:23,47:17(系1818年数字);昆山、新阳、常熟、昭文、吴江、震泽、太湖厅数字,《苏州府志》(1883),卷12(系1818年数字)。

无锡、江阴:《重修毘陵志》(1484),7:35—36(系1391年数字);《无锡金匮县志》(1881),10:3(系1865年数字);《江阴县志》(1878),4:21—22(系1875年数字)。

表B.1 松江府、太仓州、苏州府、无锡县、江阴县人口及耕地面积(1393—1932)

(单位:1000人;1000亩)

府县	1393		1816		1932	
	人口	耕地面积	人口	耕地面积	人口	耕地面积
松江府	1220	4760	2484	4011	[1720]	[4316]
华亭		2554	303	521		
松江					390	972
娄县			261	450		
上海		2206	529	685	115	147
奉贤			262	524	200	700
南汇			416	653	482	1222
川沙			112	105	130	190
金山			391	371	154	362
青浦			210	702	249	723
上海市					3112	1236
太仓州	[688]	[2608]	1772	[2069]	[1103]	[2621]
太仓	157	963	200	430	290	833
镇洋			165	425		

续表

府县	1393		1816		1932	
	人口	耕地面积	人口	耕地面积	人口	耕地面积
嘉定	444	1419		644	245	647
宝山			376	570	162	341
崇明	87	226	641		406	800
苏州府	2355	6749	5908	6254①	[2434]	[5895]
吴县	285		2110	646	908	1815
长洲	381		479	712		
元和			386	604		
昆山	337		405	593	235	1070
新阳			261	572		
常熟	291		652	927	859	1736
昭文			462	799		
吴江	368		572	645	432	1274
震泽			581	683		
无锡县	178	869	1000	695	899	1260
金匮				739		
江阴县	213	991	978	1123	717	988
总计	4654	15 977	12 142	14 891	9985	16 316

备注：凡资料的年份不是1393年和1816年的，在表前开列资料来源处注明实际年份。凡县名前有空格的，均属明代以后设立的县。括弧内的各府、州总数系由各县数字累计而得，无括弧的各府、州总数系根据原出处的数字，而非各县数字累计，如1393年苏州府的数字和1816年太仓州的数字。

①本数字包括太湖厅73 000亩土地。据《苏州府志》(1883)卷12第44页所载，耕地总数为6 223 000亩，但各县累计数却达6 254 000亩。

表 B.2　松江府、太仓州、苏州府、无锡县、江阴县人均耕地面积(1393—1932)

(单位:亩)

府、州、县	1393	1816	1932
松江府	3.9	1.6	1.1①
太仓州	3.8	1.9②	2.4
苏州府	2.9	1.1	2.4
无锡县	4.9	1.4	1.4
江阴县	4.7	1.1	1.4

资料来源:表 2.1。

①如果不包括上海市则为 2.5 亩。

②仅包括太仓、镇洋、宝山三县。

附录C　明清和民国时期上海地区镇市的形成与演变

表C.1统计了(现今)上海市行政区域内457个镇、市和村集,按它们在本附录末开列的地方志中首次出现的日期列出。表C.2根据方志中有关这些市镇形成的资料,列出了1851年以前形成的69个镇。表C.3列出了形成、消失、衰落或繁荣于1862—1937年的107个镇。咸丰朝(1851—1861)的情况则未包括在内,当时因太平天国战争,情况异常。从方志中可以看出,有9个镇因战乱而严重衰落了,即南汇的新场、周浦、大团、横沔、六灶;青浦的金家桥、黄渡;宝山的大场;嘉定的县市西门。但没有一个就此消失。由于太平天国占领区的人口移入此地,有两个新镇出现,即南汇的南大桥和嘉定的朱家桥。这一时期没有其他新镇形成。(在[现今]苏州地区范围内,有关明清时期镇的资料过于零散,无法列表。)附录C的各表均未包括崇明岛。

本附录包括了民国时期的资料。但是读者必须注意,民国时期出现的镇市,方志中列举的至多只是一部分。并且,由来已久的行政惯例,即对较大或较重要的市集给予“镇”的称号,至此已不复存在。民国时期的这些统计数不能用来作为衡量商品化实际程度的指标。本附录所列举的数字,只能作为这一时期演变态势的迹象。

本附录按照中国地方志的惯例,以清代历朝来划分时期,即康熙、雍正朝,1662—1735 年;乾隆朝,1736—1795 年;嘉庆、道光、咸丰朝,1796—1861 年;同治、光绪、宣统朝,1862—1911 年;民国肇始至中日战争,1912—1937 年。

据王文楚(1983)统计,至 1850 年为止,镇的数目为 146 个。我的统计数较大,为 193 个(如将咸丰朝[1851—1861]包括在内,为 195 个),这是因为包括了方志编纂者认为值得与镇一起列举的市和村集。而王文楚只统计了镇。另外,关于镇的形成日期,也有一些差别。我的做法是把镇的形成日期,回溯到它作为市和村集在方志中首次出现的日期。

据刘石吉(1978e)统计,至 1911 年为止,镇和市的数目为 354 个,我的统计为 457 个。但刘石吉并未首尾一贯地将市和村集包括在内(或是排除在外)。

附录 C 引用资料

《宝山县志》,1882;《宝山县续志》,1921;《宝山县再续志·新志备稿》,1931;《重修华亭县志》,1878;《川沙厅志》,1879;《川沙县志》,1936;《奉贤县志》,1878;《华亭县志》,1791;《嘉定县志》,1605;《嘉定县续志》,1930;《江苏省全省舆图》,1895;《金山县志》,1751,1858,1878;《娄县志》,1788;《娄县续志》,1879;《南汇县志》,1879;《南汇县续志》,1929;《南畿志》,1522—1566;《青浦县志》,1879;《青浦县续志》,1934;《上海县志》,1872,1935;《上海县续志》,1918;《松江府志》,1512,1817;《松江府续志》,1883。

表 C.1 上海地区镇市的发展(1911 年以前及民国时期)

县名	清以前	1662—1735	1736—1795	1796—1861	1862—1911	总计	[1912—1937]①
松江府							
华亭	7	0	11	0	2	20	
娄县	5	1	8	0	0	14	
金山	5	0	9	0	72	86	
奉贤	4	1	8	5	41	59	
上海	10	3	8	2	51	74	[4]
南汇	8	10	8	3	27	56	[18]
青浦	30	1	2	3	10	46	[7]
川沙	1	0	1	10	6	18	[18]
太仓州							
宝山	12	0	1	1	51	65	[28]
嘉定	13	0	2	2	2	19	[40]
总计	95	16	58	26	262	457	[115]

备注:这一时期共有 23 个镇市荒废:娄县 1 个,光绪时;上海县 2 个,同治时;南汇 11 个,其中嘉庆时 1 个,光绪时 6 个,民国时 4 个;青浦 3 个,光绪时;嘉定 2 个,民国时;宝山 4 个,民国时。参阅 C.3。

①本栏数字不完全。参阅表前文字说明。

表 C.2 上海地区镇市的形成(1850 年以前)

(总数:69 个)

形成原因	数目	各县镇市名
棉产品	28	华亭:沙冈,车墩;奉贤:金汇桥;上海:龙华、闵行、三林塘、东沟、高行、洋泾;南汇:下沙、周浦、金家行;青浦:重固;川沙:曹家路;宝山:罗店、杨家行、刘行、高桥、桂家桥;嘉定:南翔、纪王,娄塘、外冈、葛隆、方泰、安亭、钱门塘、陆家行。
行政/军事	14	华亭:张泾堰;金山:朱泾;奉贤:陶宅、南桥;上海:法华、吴会、乌泥泾;青浦:唐行、朱家角、章练塘、赵屯;宝山:月浦、江湾;嘉定:练祁。
盐	8	金山:西仓、北仓;奉贤:青村;南汇:新场、大团、航头、四团;宝山:大场。
运输要道	6	奉贤:泰日桥;南汇:杜家行、闸港;青浦:商榻、七宝、青龙。
水产	4	娄县:天马山、横山、昆山、沈巷。
丝绸	3	娄县:枫泾;南汇:六灶;青浦:蟠龙。
其他	6	南汇:沈庄、拨赐庄(大庄园所在地),三灶(庙市所在地);青浦:艾祁(羊市);嘉定:新泾,徐家行(草鞋)。

备注:本表包括了方志中明确注明形成原因的所有镇市。这些镇市的形成往往不止一个原因,根据方志,我据其中最初的或主要的原因分类。例如,虽然相当一部分行政中心后来都成为商业性镇市,但它们在本表中仍划入“行政/军事”一类。

表 C.3　上海地区镇市的形成与演变(1862—1937)

(总数:107)

形成或演变原因	数目	各县镇市名
新出现的镇市	40	
新工厂设立	8	上海:周家桥(纱厂)、高昌庙(江南制造局);南汇:六灶湾、泥城、万祥(食品加工),七团行(毛巾厂);川沙:青墩(毛巾厂);宝山:潭子湾。
邻近上海市区	6	上海:屈家桥、天通庵、侯家木桥、谈家桥;宝山:江湾、沈家行。
土布及布市	8	上海:塘湾(后衰落)、张家桥;川沙:八团(毛巾);宝山:管家巷、顾村(并有棉花市);嘉定:戬浜桥(并有棉花市)、石冈门(民国时衰落)、金家巷(不久即衰落)。
棉花市	3	奉贤:益村坝、刘家行;嘉定:陆渡桥。
(手工)花边	3	川沙:高行南镇、合庆、新港。
运输要道	2	南汇:苏家桥;青浦:赵巷。
铁路	2	宝山:张华浜、杨家桥。
其他	8	奉贤:四团(渔业);南汇:老港(新垦滩地);青浦:小坪(渔业)、沈巷(渔业);宝山:狮子林(驻军)、陈家行(茧市)、吴淞口(海关所在地);嘉定:望仙桥(粮市)。
因各种原因而消失的镇市	22	娄县:北钱;上海:乌泥泾、梅源;南汇:二团、二灶、王家行、里秦、外秦、徐家巷、沙冈、范行、董家村、东升店;青浦:古塘桥、刘夏、种德;宝山:木杓镇、李家角、西库、栅桥;嘉定:栅桥、封家浜。
衰落的镇市	17	

续表

形成或演变原因	数目	各县镇市名
土布衰落	14	上海:龙华、闵行、三林塘、塘湾;青浦:青龙;宝山:高桥;嘉定:南翔、纪王、娄塘、方泰、县市南门(后因民国时期的毛巾厂设立而复兴)、县市东门、钱门塘、金家巷。
其他	3	青浦:凤凰山(驻军撤走);宝山:新兴(河道淤塞);嘉定:新泾(草鞋业衰落)。
繁荣的镇市	28	
蚕桑	6	南汇:新场、周浦、六灶;青浦:朱家角、重固;宝山:广福。
(手工)花边(民国时期)	5	川沙:龚家路、南徐家路、曹家路(取代手工纺织)、顾家路、北徐家路。
棉花	5	南汇:沈庄、大团(开垦滩地种棉);宝山:桂家桥;嘉定:葛隆、安亭。
织布	3	南汇:金家行;宝山:大场、真如。
制造	3	青浦:金泽(纺轮与纱绽)、黄渡(织机);嘉定:外冈(毛巾)。
其他	6	上海:诸翟(铁路);南汇:闸港(汽船运输)、三墩(富人移居);宝山:彭浦(邻近上海市区)、盛家桥(农产品价昂);嘉定:陆家行(机动碾米厂)。

附录 D　华阳桥种籽场大队的农业外就业(1950—1985)

表 D.1—D.3 记载了华阳桥种籽场大队 3 个生产队农业外就业的情况。表 D.4 区分国营、公社、大队企业,列示 3 个生产队村民农业外就业的总数。表 D.5 显示获得农业外就业机会的不同途径,包括正常渠道和走后门。表 D.6 按性别统计农业外就业的情况。

表 D.1　薛家埭生产队的农业外就业人员(1950—1985)

时期或年份	国营企业	公社企业	大队企业	总计
50 年代				3
	薛寿林(1952) 王龙德(1958 入赘)	张炳余(1958)		
60 年代				6
	[薛补林](1966)	何娟华(1965)		

续表

时期或年份	国营企业	公社企业	大队企业	总计
	何书堂(1965)(1968临时工,1971 转正,1979 退休)	张菊芳(1965) 何火生(1966) 周建初(1966)		
70 年代				21
	[何云仙](1971) 周建华(1978) 奚秀芳(1978 嫁入) 薛德林(1979 临时工) 张永年(1979 临时工) 何顺余(1979) 张正云(1979 临时工)	周年年(1970 临时工,1983 转正) 薛宝宝(1972) 何金余(1972) 薛伯金(1973) 吴秋芳(1974 嫁入) 薛会林(1974 临时工,1980 年转正) 陈秀芳[①](1975) 何土金(1976) 何德龙(1978) 何毛弟(1978 临时工)	张财发(1975) 张银龙(1978) 薛志龙(1978)	
1980				7
	[薛春华] [张金龙] [张梅芳]	钟玲华 张八妹 薛会全	张永兴	
1981				8
	何秀根(临时工) [薛勤劳]		薛明辉 沈芬花(嫁入) [薛玉华](1985 嫁出) 薛顺泉(1981—1985) 何德兴(1984 去世) 萧孟君(嫁入)	

续表

时期或年份	国营企业	公社企业	大队企业	总计
1982				15
		周四妹	薛卫莲	
		罗明仙	张金妹	
		范桃妹	叶小妹(嫁入)	
		何秀珍	薛玉平	
		王桂宝	金明花	
		王凤飞	何金龙	
		唐全珍[①]	何秀龙	
			薛文华	
1983				7
		薛国平	张顺云	
		薛跃林	薛莲秀	
		薛志超	薛勇龙	
		薛国明		
1984				10
	[何勇龙](1984)	薛卫明	张仁华	
		张永伟(临时工)	张九弟	
		薛顺兴(临时工)	薛补兴	
		薛正华(临时工)		
		何永林(临时工)		
		何国兴		
1985				7
		张国全	杨银龙	
		唐美芳		
		薛卫芳		
		薛明		
		张永林		
		薛顺龙[①]		
1950—1985	18	40	26	84

资料来源:在本表编制过程中,我先与该村的几位村民约谈,整理成初稿。然后将大队锁厂工作的人(薛家埭生产队共21人)的名单,与该厂厂方提供的正式资料加以核对。约谈村民提供的所有的参加工作的日期都准确。此外,约谈村民提到3个已嫁出本村,在厂方资料中无名字的妇女,即薛静秀(1967年嫁出)、张金妹(1970年嫁出)和何雪勤(1971年嫁出),但记不清她们最初参加工作的年份。这3位妇女实际上都是嫁出薛家埭生产队后才进厂工作的,故我未将她们列入本表中。本表也许会漏掉若干在前几年已经去世的人,约谈村民的记忆也可能有遗漏。因此本表可能并不完整,但就本书目的而言,它已足够引以为据了。

备注:凡名字有方括弧的,表示其人已不住在该生产队的薛家埭、何家埭两村。圆括弧内年份是开始工作的日期。终止年是退休日期。表D.2和D.3同此格式。

①系华阳桥镇清洁管理站的工人。此站不属于公社企业。

表 D.2 许步山桥的农业外就业人员(1950—1985)

时期或年份	国营企业	公社企业	大队企业	总计
50 年代				4
	杨杏才(1958)	吴金发(1958;1977去世) 吴虎根(1958) 吴雪林(1958)		
60 年代				3
		张根云(1967) 杨月娥(1969)	杨成长(1964)	
70 年代				7
		何永根(1970) 丁希艳[①](1970) 范林弟(1974) 何海根(1975)	杨锡泉(1976) 杨树新(1978) 何金林(1979)	
1980				6
	胡国良	何岳龙 吴家泉 吴玉芳 吴雨秀	[杨七妹](1985 嫁出)	
1981				3
		李金龙	何秀芳 何秋生	
1982				15
		吴玉明 吴瑞芳[①]	杨洪强 范根妹 吴香娟 杨桂龙	

续表

时期或年份	国营企业	公社企业	大队企业	总计
			[吴银芳](1984 嫁出)	
			何福娟	
			何海娟	
			何火堂	
			吴阿昌	
			何小毛	
			吴德云	
			何国平	
			耿桂珍	
1983				4
		杨桂明	李碧芳	
		杨美琴	沈顺余	
1984				2
		吴文云		
		杨锡忠		
1985 2				
		吴彩娟	杨菊芳	
1950—1985	2	21	23	46

资料来源:H—Ⅲ—5;此外同表 D.1。许步山桥有 18 人在大队锁厂工作。约谈村民提供的材料中有 5 人参加工作的年份不准确。但他们提及 3 个已嫁出本村,在厂方资料中无名字的妇女,即杨七妹(1980—1985 年在锁厂工作),吴银芳(1982—1984 年在锁厂工作)和杨金娟(?—1985 年在锁厂工作)。本表未将杨金娟列入。

①系华阳桥镇缝纫组职工。该组不属于公社企业。

表 D.3　西里行浜生产队的农业外就业人员( ) 1950—1985)

时期或年份	国营企业	公社企业	大队企业	总计
50 年代				1
	吴金宝(1958 嫁入)			
60 年代				1
	陆秉成(1968)			
70 年代				13
	陆桂泉(1978 临时工)	陆根山(1970—198?)	高永林(1975—1984)	
	陆明强(1978 临时工)	陆树东(1972)	陆海来(197?)	
	陆海堂(1979 临时工)	施家仙(1975 临时工)		
		金志芳(1975)		
		李留余(1978)		
		陆桂秋(1978)		
		谢振华(1978 临时工)		
		柳老虎(1978—1985 临时工)		
1980				2
	[张善平]		陆明华	
1981				8
	[吴永明]	陆秀龙	高金娟	
	高顺龙	陆火林	高勤华	
			高桂英	
			[陆水华](1985 嫁出)	
1982				18
	马大龙(1967 入赘)	高卫林	高金书	
	高仁远	陆茂生(1982?)	高金龙	
	陆金余(临时工)		高来根	
			杨金娥	
			谢美华	
			张秀华	

续表

时期或年份	国营企业	公社企业	大队企业	总计
			陆玉林 陆火龙 李芳珍 陆茂园 高碧权 张雪英(嫁入) 朱燕敏(嫁入)	
1983				8
	马育峰(临时工) 高正文(临时工)	施金花 陈秀娥 张桃华	高小妹 蒋秀莲 陆明云	
1984				1
		高补英		
1985				3
		陆火云 高金芳 陆水芳		
1950—1985	13	19	23	55

资料来源:H—Ⅲ—21;此外同表 D.1。约谈村民提供的西里行浜在大队锁厂工作的 19 人情况,除 1 人外,其他均与厂方提供的材料一致。所有人参加工作的年份也都准确。约谈村民还提及另有两人即丁小弟和陆小弟(1955 年生)在公社企业工作,但他们参加工作的日期和其他细节已记不清。

表 D.4　华阳桥种籽场大队各生产队村民的农业外就业(按企业划分)(1950—1985)

企业	薛家埭	许步山桥	西里行浜	总计
国营企业				
上海市 703 工程队	3t			3t
松江建筑工程队		1	2	3
供销合作社	1		2	3
上海市农业学校		1	1t	1,1t
其他	6,7m,1t		1,2m,5t	7,9m,6t
小计	7,7m,4t	2	5,2m,6t	14,9m,10t
公社企业①				
建筑站	9,5t	7	2	18,5t
印刷厂	5		2	7
袜厂	4	1	2	7
光学零件厂	1	2	2	5
“福利厂”(缝纫、制伞、洗衣)	2	1	3	6
砖瓦厂	1		3t	1,3t
毛条厂	2		2	4
镇居民缝纫组②		4		4
镇清洁管理站②	3			3
家具厂	2			2
运输站	1	1		2
房管所	1	1		2
农机(修理)厂		2		2
文化站		1	1	2
肥料站(设于上海)	1			1
粮管所			2	2
其他	3	1		4
小计	35,5t	21	16,3t	72,8t

续表

企业	薛家埭	许步山桥	西里行浜	总计
大队企业				
机电厂(即锁厂)	20,1m	16,2m	18,1m	54,4m
碾米厂		1	2	3
干部	1	1	0	2
鱼塘	2	0	0	2
拖拉机驾驶员	1	1	0	2
赤脚医生		1	0	1
其他	1	1	2	4
小计	25,1m	21,2m	22,1m	68,4m
总计	67,8m,9t	44,2m	43,3m,9t	154,13m,18t

资料来源:表 D.1—D.3;H—Ⅱ—5。

备注:“t”表示临时工,“m”表示就业后迁出该大队者。

①肉鸡加工厂(肉食品厂)建于 1986 年,在本表编成之后。

②指镇的居民组织,不属于公社办的企业。在村民的心目中,镇的居民组织地位略差一筹。

表 D.5　华阳桥种籽场大队各生产队村民获得农业外就业机会的途径(1950—1985)

途径	硬出去						钻出去[5]	总计
	考试[1]	组织安排[2]	特长	复员军人[3]	顶替[4]	落选干部[3]		
薛家埭								
国营企业	5m	1m	3t		2,1m	2	3,1t	7,7m,4t
公社企业	5	15	3	1		1	10,5t	35,5t
大队企业		22,1m	3					25,1m
许步山桥								

续表

途径	硬出去						钻出去[5]	总计
	考试[1]	组织安排[2]	特长	复员军人[3]	顶替[4]	落选干部[3]		
国营企业	2							2
公社企业	3	1	3	2			11	20,[1?]
大队企业		13,2m	3	2	1			19,2m
西里行浜								
国营企业	2,1t	1m	2	1	1m	1t	2t	5,2m,4t,[2?]
公社企业	6	2,3t	2	2	1		3	16,3t
大队企业		18,1m	1			1	2	22,Im
合计								
国营企业	4,5m,1t	2m	2,3t	1	2,2m	2,1t	2,3t	14,9m,8t,[2?]
公社企业	14	18,3t	8	5	1	1	24,5t	71,8t[1?]
大队企业		54,4m	7	2	1	1	2	66,4m[2?]
总计	18,5m,1t	72,6m,3t	17,3t	8	4,2m	4,1t	28,8t	151,13m,16t,[5?]

资料来源:H—Ⅲ—5;表 D.1—D.3。

备注:“t”表示临时工,“m”表示已迁出者,“?”表示情况不明者。

①指通过国家统一考试进入大专和中专者,以及通过工厂考试进入企业者。

②村民认为是公平分配的。例如,一家有两人务农,可有一人进大队企业;又如照顾残废者和有特殊困难的家庭。

③复员军人和落选干部优先照顾。

④1986 年以前,凡父母从国营单位退休,可让一名子女顶替。公社企业也有同样政策,不同的是,父母必须放弃退休工资。退休工资通常为在职工资的 40%。

⑤通过亲戚朋友的特殊关系走后门取得就业机会的,村民称为“钻出去”,有别于正常渠道的“硬出去”。

表 D.6 华阳桥种籽场大队各生产队村民农业外就业的性别比例(1950—1985)

企业	总计	男性		女性	
		人数	%	人数	%
国营企业	33	27	82	6	18
薛家埭	18	12	67	6	33
许步山桥	2	2	100	0	0
西里行浜	13	13	100	0	0
公社企业	80	51	64	29	36
薛家埭	40	25	63	15	37
许步山桥	21	14	67	7	33
西里行浜	19	12	63	7	37
大队企业	72	42	58	30	42
锁厂	58	28	48	30	52
薛家埭	26	18	69	8	31
锁厂	21	13	62	8	38
许步山桥	23	13	57	10	43
锁厂	18	8	44	10	56
西里行浜	23	11	48	12	52
锁厂	19	7	37	12	63
总计	185①	120	65	65	35

①包括表 D.5 总计的所有就业者,也包括 5 个不能区分是临时工、正式工,还是已迁出者在内。

附录 E 华阳桥公社以及中国乡村总产值构成的变化

本书使用的“中国乡村(农村)”和“中国乡村(农村)总产值”指的是全国乡/公社和村/生产大队的总产值。国家统计局使用的指标中没有此项。表 E.1 中“全国”一栏,用的是“农业总产值”的数字(它包括种植业、林业、畜牧业、渔业和副业[包括大队工业]),加上“社/乡办工业”的产值。虽然全国“农业总产值”的数字不仅包括人民公社的产值,还包括国营农场的产值,但总数的偏差相对较小。以 1980 年为例,种植业和副业的总产值中,国营农场只占 3.9%(《中国农业年鉴》,1981:20)。

国家统计局所用的统计指标中,“农村社会总产值”(1985 年始用)最接近于本书“乡村总产值”的含义。“农村社会总产值”的数字如表 E.2 所示。

表 E.3 显示华阳桥种籽场大队产值情况的变化。但是这些数字只反映了部分的变化，因为它们未包括对村民就业有很大影响的公社工业和副业。

表 E.1　华阳桥公社与全国乡村的总产值构成的比较(1971—1986)

百分比

年份	种植业		副业①		工业②	
	华阳桥	全国	华阳桥	全国	华阳桥	全国
1971	49.6%	72.5%	23.1%	20.5%	27.3%	6.9%
1972	53.5	70.2	15.3	21.5	31.2	8.3
1973	51.5	70.7	13.8	20.6	34.7	8.7
1974	45.9	69.9	19.0	20.1	35.1	10.0
1975	40.1	68.0	18.6	19.7	41.3	12.3
1976	42.1	63.4	14.9	19.7	43.0	16.9
1977	35.3	59.7	18.3	19.0	46.4	21.3
1978	37.2	59.2	15.8	18.0	47.0	22.8
1979	34.2	58.3	19.9	18.0	45.9	23.7
1980	24.2	54.7	18.3	18.3	57.5	27.0
1981	22.3	55.7	17.2	22.0	60.5	22.3
1982	23.0	55.3	15.7	22.6	61.3	22.1
1983	21.1	54.3	15.2	21.8	63.7	23.9
1984		50.1		21.6		28.3
1985		41.8		21.3		36.9
1986		37.1		20.3		42.6

资料来源：《中国统计年鉴》，1983：215；1984：133；1987：157，259。华阳桥公社数字由乡有关部门提供。

①包括林业、畜牧业、手工业和渔业。这是地方上统计的习惯，与全国统计中的用法不同。

②包括社/乡办工业，以及队/村办工业，但不包括个体/联户企业。后者在 20 世纪 80 年代才变得日益重要(参阅表 F.2)。

表 E.2 中国乡村总产值(1985—1986)

(按当年价格计算)

	1985		1986	
	亿元	%	亿元	%
农业	3619	57.1	4013	53.1
工业	1750	27.6	2381	31.5
建筑业①	510	8.1	592	7.8
运输业②	190	3.0	246	3.3
商业与饮食业③	270	4.2	323	4.3
总计	6339	100.0	7555	100.0

资料来源:《中国统计年鉴》,1987:156,216—217。

备注:在广义"农业"一栏中,种植业的产值与林业、畜牧业、渔业和手工副业并不做区分。与国家统计局通常使用的"产值"一词不同,这里"农村社会总产值"这一新指标包括了建筑业、运输业和商业饮食业。这些行业的产值在表 E.1 的产值数字中是不包括的。此外,这一新指标不仅包括社/乡办工业和队/村办工业,还包括个体和联户企业。

①指所建的建筑物价值。

②指运费收入的价值。

③商业产值是指营业额减去采购和运输费用后所余的价值,饮食业产值是指总收入的价值。

表 E.3 华阳桥种籽场大队的总产值(1977—1984)

(按当年价格计算)

年份	农业		副业		工业		总计	
	元	%	元	%	元	%	元	%
1977	112 608	85.2	19 551	14.8	0	0	132 159	100.0
1978	152 545	84.5	27 931	15.5	0	0	180 476	100.0
1979	161 618	84.7	29 090	15.3	0	0	190 708	100.0
1980	152 495	77.8	25 335	12.9	18 298	9.3	196 128	100.0
1981	135 273	62.7	26 245	12.1	54 377	25.2	215 895	100.0

续表

年份	农业		副业		工业		总计	
	元	%	元	%	元	%	元	%
1982	161 001	54.4	32 399	10.9	102 874	34.7	296 274	100.0
1983	155 746	51.3	28 309	9.3	119 337	39.4	303 392	100.0
1984	209 258	55.6	31 005	8.3	135 791	36.1	376 154	100.0

资料来源:统计数字由种籽场大队提供。

附录 F　集体、联户和个体企业的收入

自 1984 年 3 月起,国家统计局在"乡镇企业"统计指标的数字中,加上了个体、联户和其他各种组织形式的"企业"。1960 年后公布的该项数字仅包括"公社企业/工业",1971 年后加上了"大队企业/工业"。表 F.1 列示若干地区乡村各种组织形式的企业的总收入。F.2 的数字是全国乡村 1984—1986 年的统计。

表 F.1　若干地区乡村各类组织形式的企业的总收入(1986)

百分比

地区	集体			联户企业	个体企业
	乡办企业	村办企业	合作企业		
全国	37.4%	28.7%	1.7%	8.7%	23.5%
上海	60.8	32.7	5.0	0.1	1.4
北京	41.8	48.7	—	1.1	8.4
江苏	54.5	33.5	2.1	2.1	7.8
浙江	54.2	29.3	0.1	8.0	8.4

续表

地区	集体			联户	个体
	乡办企业	村办企业	合作企业	企业	企业
广东	39.3	24.1	5.0	7.4	24.2
福建	34.0	29.7	—	26.8	9.5
四川	38.7	14.2	3.9	7.7	35.5
河北	19.4	25.9	—	23.3	31.4
河南	14.5	20.4	3.7	18.1	43.3

资料来源:《中国农业年鉴》,1987:286。

备注:“总收入”的概念有别于“总产值”:(1)与“总产值”不同,“总收入”中包括各种服务业的收入;(2)“总收入”只包括产值中当年可以开支和分配的部分,而“总产值”要计算当年的全部成果(例如,人造林木的生长量);(3)“总收入”按当年价格计算,“总产值”一般按不变价格计算。(《中国统计年鉴》,1984:562)

表F.2　全国乡村各类组织形式的企业的总收入(1984—1986)
(按当年价格计算)

年份		集体			联户	个体	总计
		乡办企业	村办企业	合作企业	企业	企业	
1984							
	亿元	709.7	558.5	30.7	119.8	118.4	1537.1
	百分比	46.2%	36.3%	2.0%	7.8%	7.7%	100.0%
1985							
	亿元	1039.0	788.4	57.9	230.7	449.6	2565.6
	百分比	40.5%	30.7%	2.3%	9.0%	17.5%	100.0%
1986							
	亿元	1259.5	964.1	58.4	292.4	789.9	3364.3
	百分比	37.4%	28.7%	1.7%	8.7%	23.5%	100.0%

资料来源:《中国农业年鉴》,1985:179;1986:226;1987:286。

引用资料

访问座谈

笔者于1983年、1984年、1985年和1988年进行了101次访问座谈，总计约328小时。被访问者主要是华阳桥种籽场大队6个自然村的村民。在本附录中，访问座谈的编号均以调查开头，接以访问年份(1983年=Ⅰ,1984年=Ⅱ,1985年=Ⅲ,1988年=Ⅳ)，最后是该年的第几次访问。1983年的访问进行于8月11日至24日，1984年的访问从8月14日至31日，1985年的访问从8月7日至9月3日，1988年的访问为5月29日、6月20日和21日。访问通常一日两节，上午从8点至11点半，下午从2点至5点。

访问编号之后列出每次约谈人员的名字。凡为妇女均予注明。约谈村民的名单及各人的简介见于下节。1983年时任大队党支部书记的何勇龙参加了所有的访问座谈，并自始至终给予很多帮助。这里我仅将他的名字列于他起特别作用的访问座谈节次上。薛家埭等6个村村民之外的被访问者,在其名字之后,注有其职位。

最后列述每次访问座谈的议题。

1983年

调查—Ⅰ—1:陆龙顺,薛金林,杨寿根,杨小发。虚租和实租;外账;减租;豆饼;陆龙顺简历;小长年;忙月;土地买卖;“过房女婿”。

调查—I—2:陆龙顺,杨小发。虚租和实租;短工伙食;工资;肥料使用;稻田“三耕”。

调查—I—3:高世堂,陆关通,陆海来,陆龙顺。赎地;虫害豆饼;散工;混种田;赊豆饼;育婴堂;老人堂;出外佣工。

调查—I—4:何奎发,何书堂,吴雨才,薛宝仁。短工;租额;养鸭;贫农;小贩;混种田;“分种”;顾铭芝;外账;衣着。

调查—I—5:何土根,吴仁余。土地买卖;混种;租;报荒;“坐债”;短工;赊买豆饼;村内传说(奚家);“长毛”;姚保正;保甲;名望人。

调查—I—6:陆海堂,杨小发。韩家水头;为什么不种小麦;各村比较,黄牛、水牛经济;牛头。

调查—I—7:陆海堂,杨小发。牛塥、猪塥、羊塥;养猪、养羊;土改时各村户数、短工数;插秧;“陪工”。

调查—I—8:何春根,杨小发,张伯仁。何家埭、薛家埭;各种散工;工资;豆腐工;买、卖米;挖泥瞅,捉蟛蜞。

调查—I—9:高世根,吴虎根,杨寿根。杨寿根一生;木匠;税;婚宴。

调查—I—10:陆关通,陆海来,陆龙顺。陆家埭陆姓各房;清明;丧事、婚事;坟地;陆家埭有威信者;陆龙顺父之丧事。

调查—I—11:高来根,高世堂,高永林。高家埭高姓各房;与陆家埭关系;清明;土匪。

调查—I—12:何奎发,吴虎根,杨寿根。许步山桥杨姓与何姓各房;清明、丧事、婚事;与外村往来;"陪工";请三朝。

调查—I—13:薛宝仁,薛宝义,薛金林。薛家埭薛姓各房;分家;清明、丧事、婚事;请三朝;薛家埭有威信者;漕粮、白银;军米(日伪时期);保正、保长。

调查—I—14:何火生,何书堂,张伯仁。何家埭各房;合会;请三朝;薛家埭张姓各房。

调查—I—15:吴小妹(女),杨寿根。许步山桥吴姓各房;吴小妹一生;七月半节;许步山桥各家谁管钱;怕老婆;过房爷和过房女儿。

调查—I—16:高大姐(女),高补珍(女),陆根山。南埭陆姓各房;高大姐和高补珍与他人交往的范围;南埭各户妻子的娘家;南埭的传说;高补珍的一生;南埭的"烂料坯"丈夫。

调查—I—17:高世堂,沈引娣(女)。西里行浜各埭的社会关系;沈引娣与外界的接触;沈引娣的一生;七月半节;陆家埭的妇女和管钱者。

调查—I—18:顾引娣(女),何书堂,薛宝仁。薛家埭各户妻子的娘家;薛家埭的管钱者;从育婴堂领养的妻子;顾引娣和薛宝仁与外界交往;薛咸生与记账;各村比较;顾氏收租的头、二、三限。

调查—I—19:陆海堂,杨小发。合作脱粒;大斛子、小斛子;为什么不多种棉花;项头地;奚大地主旧事;种早稻;双季稻。

调查—I—20:何书堂,陆龙顺,薛宝仁,杨小发。日伪时期“翻米”(偷渡封锁线);种田最好的和最差的;口叫地和田块实际面积:“田口”大小。

调查—I—21—H—I—24:奚天然(抗战时期的地下党员)。1940—1949年华阳桥的地下组织;抗缴军米(1943年春);武装斗争(1948);薛家埭等村的地主;土匪;小贩和偷翻米;翻米路线;茶馆作为接头点。

1984年

调查—Ⅱ—1:杨小发。东西渠道;大明沟;格子化;双季稻。

调查—Ⅱ—2:薛宝仁,杨小发。田面权;奚地主;何大官,薛家家史;家庭联产承包责任制;脱粒;薛家分家。

调查—Ⅱ—3:何金林,何奎发,杨寿根。何大官;石堤岸;杨寿根分家;何金发和何奎发的分家;最好和最苦的时期;“大食堂”“小食堂”;“鸡口”地承包;承包超额;浪荡工;记工员;会计工作;干部补贴;大队砖厂;种籽场小工厂;承包蘑菇生产;锁厂;合同工;村外工作;关系;“硬出去”。

调查—Ⅱ—4:何土根,吴虎根,杨寿根。土地买卖;分家;洋纱、布;烟酒价;“科学酒”;新“庵河头村”;插秧秧数;忙月;合理规模经营。

调查—Ⅱ—5:蒋晓晨(华阳桥公社党委副书记、经济管理委员会主任)。公社劳动力;各户收入;农、工、商结合;经济效益;平价和加价;计划过程;蒋晓晨经历。

调查—Ⅱ—6:何金林,何奎发,吴根余。贫农的肥料使用;养猪、鸡、鸭、长毛兔;做饭、洗衣;买菜;最好的时期;何奎发的种蔬菜承包。

调查—Ⅱ—7:陆龙顺,杨小发。种水稻的最佳规模;种小麦;小麦的暗沟排水;1953 年集中耕牛种小麦;田地格子化;贫农的肥料使用;"大跃进";1978 年调整;种棉花和 1978 年后的增植;小麦和棉花的收入比较;种油菜和提高油菜籽产量;收入。

调查—Ⅱ—8:陆关通,陆海来,陆龙顺。陆关通吃官司;土改前耕地所在处;用水;养猪;最好的时期。

调查—Ⅱ—9:高世根,高世堂,高友发。分家;结婚;宴席;聘礼;最好的时期;历年收入;工分值。

调查—Ⅱ—10:何书堂,何勇龙。何姓分家;何勇龙与其兄弟;城市级别;治丧。

调查—Ⅱ—11:陆根山,薛宝义,薛会林,薛金林。石头路;韩家水口;田面权买卖;解放前棉花种植;棉纱与棉布;薛金林简历;嫁妆;宴席;薛金林的收入;西里行浜各埭;各家土地的位置;聘礼;薛金林和陆根山结婚的聘礼、嫁妆和婚宴;各埭的过房女婿。

调查—Ⅱ—12:张秀龙(华阳桥公社党委副书记,1966—1973)。长溇大队吴家桥村土改;集体化;"大跃进";格子化;学大寨;五匠。

调查—Ⅱ—13:沈宝顺(沈家村行政村村长,1950—1951;兴隆乡农民协会主席，1951—1956；沈家村高级合作社党支部书记，1956—1960），薛顺泉（薛家埭生产队长，1961—1978）。从土改到人民公社；王德民；挑选和任命生产队干部；双季稻茬口问题；人口与工分值。

调查—Ⅱ—14：邓正凡（松江县农业局技术员）。农产量数据；“大跃进”时产量；气候循环；品种与产量。

调查—Ⅱ—15：陈玉成（松江县高级农艺师）。明星大队经验；三熟改两熟；旱作物栽培；棉、麦暗沟；水稻品种；杂交稻；松绑；“大跃进”；“左”倾思想与三熟制。

调查—Ⅱ—16：陆龙潭（松江县教育志编写人员之一），吴信全（松江县教育局局长）。中小学；师范学校；技校。

调查—Ⅱ—17：朱耀良（松江县水利局局长）。地理环境；治水；治水的经济效益。

调查—Ⅱ—18：何金林，杨小发。土改；初级、高级合作社；“大跃进”；“小四清”“大四清”；1978 年改革以来的生产队干部。

调查—Ⅱ—19：陆龙顺，陆茂园。西里行浜历年的干部；象棋与扑克；看电视。

调查—Ⅱ—20：高永林，陆海堂，陆茂园。生产队拖拉机归大队（1982）；1983 年后生产费用的变化；1978 年杂交稻高产；双季稻的问题；种小麦的暗沟；各种作物所忌；旱油菜；“营养钵”种棉；三三制。

调查—Ⅱ—21：陈冬林（大队党支部书记，1978—1981，1982—1984），蒋德龙（大队长，1984 年以来），张炳余（大队会计，1968—1978，1982 年以来）。党支部成员；一、二、三线干部；三抢；生产计划;单、双季稻利弊。

调—Ⅱ—22:傅纪新(松江县委农工部干事)。松江县收入情况的数据;分配;县收入的构成:农、工、副。

调查—Ⅱ—23:钱永连(松江县供销合作社干事)。县商业网;社会主义商业建设。

调查—Ⅱ—24:褚同庆,方如生(县志办公室成员)。县志办公室的工作;从新石器时代到解放初年的松江县;人口和耕地的数据。

调查—Ⅱ—25:高补珍(女),何会花(女),李佩华(女)。七月半节;妇女上街;西里行浜各埭办丧事;电视;妇女交际范围扩大;卖蔬菜;埭内交往;高补珍的交往范围;青年妇女上街和进城;买菜;看电影和逛百货商店;“营养钵”种棉花的收入。

调查—Ⅱ—26:高金云,高永年,高宗汉,陆雪芳(女),杨凤英(女)。历任生产队长;高金云婚事;青年人进城;打扑克;陆雪芳买菜;去松江看百货商店;社会交往;金家埭;织毛衣;结花;相互称呼。

调查—Ⅱ—27:张泰复(乡长,1984—1985)。1983 年公社收入的构成;公社电灌站、拖拉机、脱粒机、工厂、敬老院;公社积累;拟办电器厂。

1985 年

调查—Ⅲ—1:何金林,杨寿根,杨小发。养兔;蚯蚓干;兔毛商;各种收入;劳保;养猪指标;承包后养猪成本与收入。

调查—Ⅲ—2:高友发,何金林,陆茂园。工分计算;口粮分配标准;三抢;儿童劳动;解放前计量用的大、小斛子。

调查—Ⅲ—3:陆关通,吴仁余,薛宝仁。上街;茶馆;土改的“大平均”与“小平均”;“斗”地主;分田;划分阶级;三星社;定口粮;征购;人民公社;自留地;“小四清”“大四清”;“斗”陆关通;“文革”抄家。

调查—Ⅲ—4:何勇龙,杨小发,张炳余。大队干部;经济保管员;记工员;生产队长工作;调解纠纷;婆媳矛盾;生产队长;大队党支部书记;生产队和大队的一言堂;官僚主义;迷信。

调查—Ⅲ—5:何勇龙。各埭农业外就业者;就业途径。

调查—Ⅲ—6:高友发,吴雨才。各种价格;各埭养兔;蚯蚓干;蔬菜价格动向;婚事要求。

调查—Ⅲ—7:戴进才(公社排灌站技术员),杨根棣(公社排灌站站长)。水利组织;义务工补贴;1975—1978年的开河;各级河道;各圩区;县和公社防线;灌溉;抽水机站;服务队;使用土地;房子补贴;太浦河工程。

调查—Ⅲ—8:何金林,吴仁余,杨小发。许步山桥工分值;劳务收入;实物分配的口粮的价值计算;房管所用工;临时工与长期工;养猪业的下降;吴仁余的养猪秘诀。

调查—Ⅲ—9:陆茂园,吴明昌,张炳余。薛宝宝家的收入;承包后西里行浜男女劳动力的使用;各埭在大队锁厂工作的人数;大队干部和生产队长的承包田;陆茂园妻不愿外出工作;大麦作饲料;大麦出糠率。

调查—Ⅲ—10:陈彩芳(女);郭竹英(女),何会花(女)。妇女干的农活;能插秧的妇女;男女相比,谁干得多;编草鞋、纺纱、织布;土改后妇女多干;“大跃进”时妇女的义务工;陈寿林督工;男的不会拔秧;种稻时妇女干得多;坐月子;出勤次数;种棉时男女分工;种油菜男的开沟;男的施化肥;陆家埭与南埭的矛盾;薛顺泉当生产队长;李佩华当生产队长的难处;魏国签的困难;西里行浜各家的婆媳关系。

调查—Ⅲ—11:朱文杰(松江县统计局局长)。价格;大队办工厂的统计;1978—1984 年集体与个人的人均收入;畜、禽饲养与劳务。

调查—Ⅲ—12,调查—Ⅲ—13:蔡祖云(长溇行政村党支部书记),凤森云(长溇村党支部副书记),顾友才(长溇村主任)。长溇大队概况;人均牧入;大队企业、工厂;家庭副业与劳务收入;生活水平;马铁厂与袜厂;与上海铸造一厂联营之铸造厂。

调查—Ⅲ—14:李顺秀(女),王彩英(女),杨品娟(女),杨寿根。不拔秧的妇女;棉花活与妇女;种田本领特大的妇女;妇女干得比男子多;土改后妇女必须多干;承包后男子必须多干;许步山桥各户婆媳关系;做饭、洗衣、倒马桶。

调查—Ⅲ—15;沈金珠(女),陈彩芳(女),薛宝义,叶亚娟(女)。薛家埭和何家埭妇女干何种农活;薛家埭与何家埭各户的婆媳关系;老人与谁一起开伙。

调查—Ⅲ—16:薛宝宝(女),杨金秀(女)。编草包、草绳;养长毛兔;蚯蚓干;结花;嫁妆;婆媳关系;男子挑秧,妇女插秧;做饭、洗衣、倒马桶;中年人和青年人的差别;希望外出工作。

调查—Ⅲ—17:高友发,陆根山。西里行浜外出工作的人;陆根山与其三媳妇的关系;西里行浜各户的婆媳关系;顶替父亲进厂;高友发妻与婆婆关系。

调查—Ⅲ—18,调查—Ⅲ—19:陈明渠([新桥乡[公社]乡长),陆侍明(外事办公室干部),宋明江(供销合作社主任)。新桥公社:概况及1978年与1984年比较;公社、大队、生产队各级农、工、副劳动力比例;陈家巷大队专业户种麦机械化;圣诞节灯出口;养鸡和养猪专业户;集体工业企业。

调查—Ⅲ—20:吴仁余,张炳余。征购;三定;口粮标准;征购价格变动;各种作物需工量;奖金;联产承包与大包干的不同;各种集体副业。

调查—Ⅲ—21:何德余,张伯仁。薛家埭与何家埭农业外就业者。

调查—Ⅲ—22:杨金秀(女),杨小发。承包后农药施用;联产承包与大包干的不同;作物选择;肥料购买与分配;物价变动;各等级棉花的价格。

调查—Ⅲ—23:沈顺昌(公社干部,1958年以来分管副业)。集体养猪、种蔬菜、编草包、养鱼、养奶牛、种蘑菇;"大跃进";养兔。

调查—Ⅲ—24:朱耀良(松江县水利局局长)。水利行政组织的变化;20世纪50年代至70年代的水利工程;补贴;减轻国家负担;今后水利的工费问题;浙江民工;太浦河。

调查—Ⅲ—25:高裕昌(前华阳桥公社主任),陆德法(前种籽场大队队长),张秀龙(前华阳桥公社主任)。历任华阳桥公社党委书记和主任;王德明;"小四清"和"大四清";"文化大革命";红卫兵;松江的武斗。

调查—Ⅲ—26:陆龙顺,吴明昌,吴仁余。生产队集体副业:养猪与养兔,种蔬菜、蘑菇,苗圃,养鱼;个体副业:编草包、结花、养猪与养兔;红卫兵;“文化大革命”时抄家;斗争对象监督劳动;“斗”高永年。

调查—Ⅲ—27:蒋晓晨(华阳桥公社党委副书记,经济管理委员会主任)。1985 年免征购;1984 年和 1985 年棉花、油菜籽征购价;粮食征购全部按加价;1976 年和 1984 年劳动力构成;1979 年价格调整;价格与农民收入;务农人均分配;大队和公社贷款;以资带劳;资金积累来源;1977—1984 年间工、农、副比例变化;副业的过去与现在。

调查—Ⅲ—28:李佩华(女),薛德龙,杨小发。种子场 13 个党员;“组织生活”;“小四清”中沈宝顺被开除党籍;“文革”贫农协会;1968—1971 年的政治学习;“文革”不影响生产;红卫兵;入党条件;联产承包与大包干。

调查—Ⅲ—29:丁永林(奉贤县红海公社五星大队党支部书记)。五星大队:植棉和产量、技术的变化;1978 年以来的改革和进步:收入构成、住房、工厂。

调查—Ⅲ—30:沈凤英(女),沈松林,沈友良(奉贤县红海公社五星大队沈家宅生产队村民)。沈家宅生产队:解放前男女所干农活的比例;解放前后的纺纱、织布;家务的分担;婆媳关系;种棉用工需要。

调查—Ⅲ—31:陆茂园,薛明辉,张炳余。锁厂历史;工厂的收入与开支;大队干部与种籽队。

调查—Ⅲ—32:何德余,李佩华(女),张炳余。大队干部考核制;建房指标;三八六一队伍务农;承包后帮工;承包后水利维修。

调查—Ⅲ—33:高金英(女),李佩华(女),赵玉仙(女)。妇女队长责任:施农药,井水消毒,粪池施药,托儿所,调解婆媳纠纷,计划生育;历年计划生育的变化;李佩华当队长的困难;李佩华简历。

调查—Ⅲ—34:韩(名未记下),赵(名未记下)(吴江县)。吴江县:该县蚕丝业史;兔毛业;奶牛业;缫丝厂;七大镇;县档案。

调查—Ⅲ—35:尹凤生(吴江县庙港公社庙港大队队长),周振华(庙港公社党委书记)。水利;养蚕五龄;种桃专业户。

调查—Ⅲ—36:沈书记(名未记下)(吴江县庙港公社开弦弓大队党支部书记)。开弦弓的副业:蔬菜、水产、畜牧、养兔、养蚕;养蚕用工和三熟制。

调查—Ⅲ—37:谭锡荣(开弦弓大队队长),周复林(前开弦弓大队队长)。植桑与用工;养蚕五龄;养蚕与用工;种稻、工业、养兔的收入。

调查—Ⅲ—38:黄毛南(吴县枫桥乡乡政府办公室主任),张洪兴(沈巷郎村村长),周伟莨(枫桥乡乡政府秘书)。枫桥乡概况;公社企业:石刻、竹编、电风扇零件、砖瓦、苏绣;大队企业:塑料盆、纸盒。

调查—Ⅲ—39:沈水金、许年生(沈巷郎行政村三队队员),王盆良(合作社社长)。村工业:竹器厂、饲料加工厂;三队概况;农业业余化。

调查—Ⅲ—40:黄冰泉(南通市对外开放办公室副主任),徐家碧(南通市计委干部)。南通市政府简史;南通市总产值的构成;1978 年以来对外资开放;纺织工业;劳动力结构;指令性和指导性计划下的工业;市场调节下的工业;统配物资和非统配物资。

调查—Ⅲ—41,调查—Ⅲ—42:黄金坤(南通县乡镇企业局局长),陆珍年(南通县县长),钱维钧(县计委主任),徐起凡(县农业局局长)。南通县概况;河道系统;农业机械化;耕作方式;1978 年以来的进步;集体企业;建筑工程队及其收入;集体工业高度发展的原因;国内和国际市场;人造纤维的兴起和植棉衰落;集体企业的优势与劣势;行政体系中乡村工业企业无归属;乡镇企业局和实体性工业公司的区别。

调查—Ⅲ—43:孙中岳(南通县第一棉纺织厂[前身为大生纱厂]经理办公室主任),王湘(厂史编写组成员)。发展简史;单锭生产率;附属榨油厂和纸厂;垦牧公司;福利事业;20 世纪 20 年代衰落原因;李升伯管理下复兴,1949 年以后的变化。

调查—Ⅲ—44:张鼎新(南通市乡镇企业局局长)。1978 年以来的发展;规模、原料使用和产品等方面特征;行政结构;发展战略;武进县;社会主义商品经济理论;为农业、大工业、出口部门服务。

调查—Ⅲ—45:向荣(南通市张謇研究中心秘书长),刘道荣(张謇研究中心图书馆古籍部主任)。张謇档案资料;张謇生平;大生集团;张謇的哲学与不足之处;垦牧公司。

1988 年

调查—Ⅳ—1,调查—Ⅳ—2:许耀勤(华阳桥乡副乡长),何勇龙,吴仁余,杨小发。乡服装厂和肉食品厂;1985 年后许步山桥的农业外就业;1985年后的棉花、单季稻、小麦种植;除草醚的使用与劳动力节约;1985年以后的征购;1985年后的养猪与养鸡业;肥料使用和水利设施维修的危机;家庭与集体的蔬菜种植;国家所定与自由市场的蔬菜价格;乡产值的变化;许步山桥的造房;建两层楼房的费用;价格与工资的变化。

调查—Ⅳ—3:许耀勤(华阳桥乡副乡长)。肉食品厂和福利(服装)厂;用残疾人工厂的税收优待;锁厂的问题;苏南模式。

调查—Ⅳ—4:许耀勤(华阳桥乡副乡长),何德余,何勇龙,吴仁余。建新厂的计划;锁厂的衰落;每亩地用工;除草醚使用;小麦、单季稻、油菜籽产量的变动;农业适度规模经营;水稻插秧机和收割机的成本与效益。

调查—Ⅳ—5:杨小发,何勇龙,吴仁余。许步山桥各户的副业与收入。

约谈村民

各约谈村民均注明来自何村以及出生年份。妇女注明其丈夫姓名(以便鉴定来自哪一户)。凡为干部的村民注明其担任的主要职务和任职时间。生产队干部注明哪一生产队。凡为党员的则注明其入党年份。姓名按拼音字母次序排列。

陈彩芳,张伯仁妻;薛家埭,1932 年生。

高补珍,陆金堂妻;陆家埭,1918 年生。

高大姐,陆金根妻;南埭,1907 年生。

高金英,陆火龙妻;南埭,1955 年生。

高金云,高家埭,1954 年生;西里行浜生产队副队长,1977—1981,西里行浜生产队队长,1981—1983。

高来根,高家埭,1932 年生;西里行浜生产队副队长,1956—1965。

高世根,高家埭,1929 年生。

高世堂,高家埭,1925 年生。

高永林,陆家埭,1924 年生;西里行浜生产队副队长,1965—1969,西里行浜生产队长,1969—1973。

高永年,高家埭,1917 年生。

高友发,高家埭,1937 年生。

高宗汉,陆家埭,1957 年生。

顾引娣,何书林妻;何家埭,1911 年生。

郭竹英,陆海来妻;陆家埭,1924 年生。

何春根,何家埭,1917 年生。

何德余,何家埭,1951 年生;薛家埭生产队队长,1978—1979,1984—1985,大队队长,1985 年至今;1984 年入党。

何会花,陆海堂妻;陆家埭,1930 年生。

何火生,何家埭,1923 年生;薛家埭生产队队长,1959—1961,大队队长,1960—1967;1956 年以前入党。

何金林,许步山桥,1933 年生;许步山桥生产队会计,1962—1982。

何奎发,许步山桥,1926 年生。

何书堂,何家埭,1917 年生。

何土根,许步山桥,1903 年生。

何勇龙,何家埭,1948 年生;大队会计,1978—1981,大队长,1981—1983,大队党支部书记,1983—1984;1977 年入党。

李佩华,陆秉成妻;南埭,1942 年生;西里行浜生产队长,1975—1977,大队妇女主任,1978 年至今;1975 年入党。

李顺秀,何奎发妻;许步山桥,1925 年生。

陆根山,南埭,1912 年生。

陆关通,陆家埭,1919 年生。

陆海来,陆家埭,1918 年生;西里行浜生产队会计,1956—1965。

陆海堂,陆家埭,1926 年生;西里行浜生产队队长,1956—1969;1956 年入党。

陆龙顺,南埭,1926 年生;西里行浜生产队队长,1973 年;1956 年入党。

陆茂园,南埭,1951 年生;西里行浜生产队会计,1969—1981。

陆雪芳,陆金余妻;南埭,1948 年生。

沈金珠,张春余妻;薛家埭,1907 年生。

沈引娣,陆关通妻;陆家埭,1926 年生。

王彩英,吴仁余妻;许步出桥,1934 年生。

吴根余,许步山桥,1917 年生。

吴虎根,许步山桥,1917 年生。

吴明昌,许步山桥,1950 年生;许步山桥生产队队长,1978—1980,1982—1983,大队分管副业的副大队长,1984 年至今。

吴仁余,许步山桥,1931 年生;大队分管副业的副大队长,1979—1984,许步山桥生产队队长,1984 年至今;1964 年入党。

吴小妹,吴金发妻;许步山桥,1911 年生。

吴雨才,许步山桥,1930 年生。

薛宝宝,王龙德妻;薛家埭,1936 年生。

薛宝仁,薛家埭,1911 年生。

薛宝义,薛家埭,1915 年生。

薛德龙,薛家埭,1945 年生;大队长,1983—1984,大队党支部书记,1985 年至今;1983 年入党。

薛会林,薛家埭,1950 年生。

薛金林,薛家埭,1928 年生。

薛明辉,薛家埭,1953 年生;大队锁厂副厂长,1982 年至今。

薛顺泉,薛家埭,1935 年生;薛家埭生产队队长,1961—1968,1972—1978,大队分管工业的副大队长,1979—1985。

杨凤英,陆树东妻;陆家埭,1949 年生。

杨金秀,杨成长妻;许步山桥,1934 年生。

杨品娟,何金发妻;许步山桥,1927 年生;1974 年入党。

杨寿根,许步山桥,1910 年生。

杨小发,许步山桥,1931 年生;许步山桥生产队队长,1958—1978;1956 年入党。

叶亚娟,薛寿林妻;薛家埭,1931 年生。

张伯仁,薛家埭,1928 年生;薛家埭生产队队长,1957 年。

张炳余,薛家埭,1935 年生;大队会计,1968—1978,1982 年至今;1975 年入党。

赵雨仙,何小毛妻;许步山桥,1942 年生。

引用书刊目录

本书采用了下列缩写:《惯调》:《中国农村惯行调查》;满铁:南满洲铁道株式会社。所引地方志除另行注明者外,均系台北成文书局出版的重印本。中、日文书目按作者姓氏的拼音字母顺序排列,英文书目按作者姓氏的罗马字母顺序排列。

中文

《宝山县志》(1882,清光绪八年)。

《宝山县续志》(1921,民国十年)。

《宝山县再续志 · 新志备稿》(1931,民国二十年)。

北京农业大学农业经济法研究组编(1981):《农业经济法规资料汇编》第8卷,无出版处。

北京政法学院民法教研室编(1957):《中华人民共和国土地法参考资料汇编》,北京:法律出版社。

陈恒力编著(1963):《补农书研究》,上海:农业出版社。

陈吉余(1957):《长江三角洲江口段的地形发育》,载《地理学报》第23卷第3期:第241—253页。

陈正谟编著(1935):《各省农工雇佣习惯及需供状况》,南京:中山文化教育馆。

《崇明县志》(1924,民国十三年)。

《重修常昭合志》(1904,清光绪三十年)。

《重修奉贤县志》(1878,清光绪四年)。

《重修华亭县志》(1878,清光绪四年)。

《重修昆山县志》(1576,明万历四年)。

《重修毘陵志》(1483,明成化十九年)。

《川沙厅志》(1879,清光绪五年)。

《川沙县志》(1936,民国二十五年)。

《大清律例会通新纂》,台北:文海出版社。

戴炎辉(1966):《中国法制史》,台北:三明书局。

樊百川(1983):《二十世纪初期中国资本主义发展的概况与特点》,载《历史研究》第4期:第11—24页。

樊树志(1983):《十一至十六世纪江南农业经济的发展——传统经济结构突破的局部考察》,未刊稿。

方行(1987):《论清代前期棉纺织的社会分工》,载《中国经济史研究》第1期:第79—94页。

方行(1986):《论清代前期农民商品生产的发展》,载《中国经济史研究》第1期:第53—66页。

方行(1984):《清代前期小农经济的再生产》,载《历史研究》第5期:第129—141页。

发展研究所(国务院农村发展研究中心)(1985):《国民经济新成长阶段和农村发展》,无出版处。

发展研究所综合课题组(1987):《农民、市场和制度创新——包产到户八年后农村面临的深层改革》,载《经济研究》第1期:第3—16页。

费孝通(1984):《小城镇大问题》,载江苏省小城镇研究课题组编:(1984)(书名见下):第1—40页。

《奉贤县志》(1878,清光绪四年)。

傅衣凌(1963):《清代江南市民经济试探》,上海:上海人民出版社。

复旦大学历史地理研究室(1981):《太湖以东及东太湖地区历史地理调查考察简报》,载《历史地理》第1期:第187—194页。

顾炎武(1962)[1695]:《日知录》第32卷,台北:世界书局。

顾炎武(1662):《天下郡国利病书》第34卷,载《四部丛刊》,上海:商务印书馆。

《光福志》(1900,清光绪二十六年)。

郭浴阳(1987):《中国乡镇工业化模式比较和评价》,载《浙江学刊》第4期:第82—89页。

《姑苏志》(1506,明正德元年),台北:学生书局。

何炳棣(1985a、b):《南宋至今土地数字的考释和评价》,载《中国社会科学》第2期:第133—185页;第3期:第125—147页。

何荣飞(1987):《温州经济格局——我们的做法和探索性意见》,温州:浙江人民出版社。

胡如雷(1979):《中国封建社会形态研究》,北京:生活·读书·新知三联书店。

华东军政委员会土地改革委(1952):《江苏省农村调查》,无出版处。

《华亭县志》(1786,清乾隆五十一年)。

《湖州府志》(1874,清同治十三年)。

黄宗智(1988):《论长江三角洲的商品化进程与以雇佣劳动为基础的经营式农业》,载《中国经济史研究》第3期:第65—77页。

黄宗智(1986):《华北的小农经济与社会变迁》,北京:中华书局。

郏亶(1067):《吴门水利书》,载范成大编:《吴郡志》,载《丛书集成》第3149册第19卷,上海:商务印书馆。

《嘉定县志》(1605,明万历三十三年)。

《嘉定县续志》(1930,民国十九年)。

姜皋(1963)[1834]:《浦泖农咨》,上海:上海图书馆。

《江苏地理》(1980),南京:江苏人民出版社。

《江苏农业地理》(1979),南京:江苏科学技术出版社。

《江苏省近两千年洪涝旱潮灾害年表》(1976),无出版处。

《江苏省全省舆图》(1895,清光绪二十一年),台北:成文书局。

江苏省小城镇研究课题组(1987):《小城镇区域分析》,北京:中国统计出版社。

江苏省小城镇研究课题组(1984):《小城镇大问题:江苏省小城镇研究论文选》,南京:江苏人民出版社。

江苏省中国现代史学会(1983):《江苏近现代经济史文集》,无出版处。

《江阴县志》(1878,清光绪四年;1840,清道光二十年)。

《江阴县续志》(1921,民国十年)。

《嘉兴府志》(1878,清光绪四年)。

《经济大辞典:农业经济卷》(1983),上海:上海辞书出版社。

《金山县志》(1878,清光绪四年;1858,清咸丰八年;1751,清乾隆十六年,1929年重印本)。

李伯重(1985a):《"桑争稻田"与明清江南农业生产集约程度的提高——明清江南农业经济发展特点探讨之二》,载《中国农史》第1期:第1—12页。

李伯重(1985b):《明清江南农业资源的合理利用——明清江南农业经济发展特点探讨之三》,载《农业考古》第2期:第150—163页。

李伯重(1984):《明清时期江南水稻生产集约程度的提高——明清江南农业经济发展特点探讨之一》,载《中国农史》第1期:第24—37页。

李文治(1981):《论中国地主经济制与农业资本主义萌芽》,载《中国社会科学》第1期:第143—160页。

李文治编(1957):《中国近代农业史资料》第1辑:1840—1911,北京:生活·读书·新知三联书店。

李文治、魏金玉、经君健(1983):《明清时代的农业资本主义萌芽问题》,北京:中国社会科学出版社。

李再伦(1982):《我国麻纺史上几个问题的探讨》,未刊稿。

梁方仲编著(1980):《中国历代户口、田地、田赋统计》,上海:上海人民出版社。

刘敦愿、张仲葛(1981):《我国养猪史话》,《农业考古》第1期:103—105页。

刘石吉(1978a、b、c):《明清时期江南市镇之研究》,载《食货月刊》第8卷第6期:27—43页;第7期;30—41页;第8期:第15—30页。

刘石吉(1978d):《太平天国乱后江南市镇的发展》,载《食货月刊》第7卷第11期:第19—48页。

刘石吉(1978e):《明清时期江南市镇之数量分析》,载《思与言》第16卷第2期:第26—47页。

《娄县志》(1788,清乾隆五十三年)。

《娄县续志》(1879,清光绪五年)。

马正林(1981):《中国历史地理学三十年》,载《中国历史地理论丛》第1卷:第196—230页,西安:陕西人民出版社。

茅盾(1934)[1933]:《茅盾短篇小说集》,上海:开明书店。

毛泽东(1977a)[1955]:《关于农业合作化问题》,载《毛泽东选集》第5卷:第168—191页,北京:人民出版社。

毛泽东(1977b)[1955]:《农业合作化的一场辩论和当前的阶级斗争》,载《毛泽东选集》第5卷:第195—217页。

毛泽东(1972)[1939]:《中国革命与中国共产党》,载《毛泽东集》第1卷:第207—49页,东京:北望社。

毛泽东(1972):《毛泽东集》第10卷,东京:北望社。

毛泽东(1964)[1942]:《在延安文艺座谈会上的讲话》,载《毛泽东选集》,第849—880页,上海:上海人民出版社。

闵宗殿(1984):《宋明清时期太湖地区水稻亩产量的探讨》,载《中国农史》第3期:第37—52页。

缪启愉(1982):《太湖地区塘浦圩田的形成和发展》,载《中国农史》第1期:第12—32页。

缪启愉(1959):《吴越钱氏在太湖地区的圩田制度和水利系统》,载《农史研究集刊》第2卷:第139—153页。

《南汇县志》(1879,清光绪五年)。

《南汇县续志》(1929,民国十八年)。

《南畿志》(1522—1566,明嘉靖年间)。

南京大学历史系明清史研究室编著:《明清资本主义萌芽研究论文集》,上海:上海人民出版社。

宁可(1980a):《有关汉代农业生产的几个数字》,载《北京师院学报》第3期:第76—90页。

宁可(1980b):《试论中国封建社会的人口问题》,载《中国史研究》第1期:第3—19页。

潘敏德(1985):《中国近代典当业之研究》,台北:师范大学历史研究所专刊第13号。

《琴川三志补记》(1831,清道光十一年)。

《琴川三志补记续编》(1835,清道光十五年)。

《青浦县志》(1879,光绪五年)。

《青浦县续志》(1934,民国二十三年)。

《上海农业地理》(1978),上海:上海科学技术出版社。

中国科学院上海经济研究所、上海社会科学院经济研究所编(1958):《上海解放前后物价资料汇编 1921年—1957年》,上海:上海人民出版社。

《上海统计年鉴》(1987),上海:上海人民出版社。

《上海县志》(1935,民国二十四年;1872,清同治十一年)。

《上海县续志》(1918,民国七年)。

《沈氏农书》(1936)[约1640],载《丛书集成》第1468册,上海:商务印书馆。

顺义县档案馆:顺义县档案(按全宗号、卷号、日期引用)。

《松江府志》(1817,清嘉庆二十二年;1514,明正德九年)。

《松江府续志》(1883,清光绪九年)。

《苏州府志》(1883,清光绪九年;1379,明洪武十二年)。

《太仓州志》(1919,民国八年)。

谭其骧(1982):《上海市大陆部分的海陆变迁和开发过程》,载《上海地方史资料》,上海:上海社会科学院出版社。

谭其骧(1973):《上海市大陆部分的海陆变迁和开发过程》,载《考古》第1期,第2—10页。

陶煦(1884):《租核》,载铃木智夫编:《近代中国农村社会史研究》,东京:大安书店,1967年。

陶友之编(1988):《苏南模式与致富之道》,上海:上海社会科学院出版社。

土地委员会(1937):《全国土地调查报告纲要》,南京。

王文楚(1983):《上海市大陆地区城镇的形成与发展》,载《历史地理》第3期:第98—114页。

王玉茹(1987):《论两次世界大战之间中国经济的发展》,载《中国经济史研究》第2期:第97—109页。

魏嵩山(1979):《太湖水系的历史变迁》,载《复旦学报》第2期:第58—64页。

吴承明(1985):《中国资本主义的萌芽》,载《中国资本主义发展史》第 1 卷,北京:新华书店。

吴承明(1984):《我国半殖民地半封建国内市场》,载《历史研究》第 2 期:第 110—121 页。

吴慧(1985):《中国历代粮食亩产研究》,北京:中国农业出版社。

吴申元(1986):《中国人口思想史稿》,北京:中国社会科学出版社。

《吴江县志》(1747,清乾隆十二年)。

《吴江志》(1488,明弘治元年)。

《无锡金匮县志》(1881,清光绪七年)。

《吴县志》(1933,民国二十二年)。

《吴兴备志》(1624,明天启四年),载《四库全书珍本》第 9 号,台北:商务印书馆。

《吴兴掌故集》(1560)第 17 卷,台北:成文书局。

《锡金识小录》(1752,清乾隆十七年)。

夏林根(1984):《论近代上海地区棉纺织手工业的变化》,载《中国经济史研究》第 3 期:第 24—31 页。

《秀水县志》(1596,明万历二十四年)。

许道夫(1983):《中国近代农业生产及贸易统计资料》,上海:上海人民出版社。

徐光启(1956)[1639]:《农政全书》,上海:中华书局。

徐近之(1981):《我国历史气候学概述》,载《中国历史地理论丛》第 1 卷:第 176—195 页,西安:陕西人民出版社。

徐新吾(待刊稿):《中国土布产销估计,1840—1936》,载《中国资本主义发展史》第 2 卷。

徐新吾(1981a):《鸦片战争前中国棉纺织手工业的商品生产与资

本主义萌芽问题》,南京:江苏人民出版社。

徐新吾(1981b):《中国和日本棉纺织业资本主义萌芽的比较研究》,载《历史研究》第6期:第69—80页。

严中平等编(1955):《中国近代经济史统计资料选辑》,北京:科学出版社。

叶梦珠(1935)[约1693]:《阅世编》,载《上海掌故丛书》,无出版处。

张履祥辑补(1658):《补农书》,载陈恒力校释,王达参校、增订(1983)《补农书校释(增订本)》,北京:中国农业出版社。

张心一(1931):《山东省农业概况估计报告》,载《统计月报》第3卷第1期:第20—45页。

张心一(1930a):《江苏省农业概况估计报告》,载《统计月报》第2卷第7期:第23—51页。

张心一(1930b):《河北省农业概况估计报告》,载《统计月报》第2卷第11期:第1—56页。

章有义编(1957):《中国近代农业史资料》第2、3辑:1912—1927、1927—1937,北京:生活·读书·新知三联书店。

张雨林(1984):《农业剩余劳动力的分层转移——吴江县四个行政村的调查》,载江苏省小城镇研究课题组编(1984):《小城镇大问题——江苏省小城镇研究论文选》:第266—285页,南京:江苏人民出版社。

张雨林、沈关宝(1984):《一个农村区域性商品流通中心的形成和发展》,载江苏省小城镇研究课题组编(1984):《小城镇大问题——江苏省小城镇研究论文选》:第107—125页,南京:江苏人民出版社。
《镇洋县志》(1919,民国八年)。
中国农村发展问题研究组(1985—1986):《农村·经济·社会》第1—4辑,北京。
《中国农业年鉴》(1981,1985—1987):北京:中国农业出版社。
中国农业遗产研究室(1984):《中国农学史》第3辑,北京:科学出版社。
中国人民大学中国历史教研室编(1957):《中国资本主义萌芽问题讨论集》第2卷,北京:生活·读书·新知三联书店。
《中国实业志:江苏省》(1933),上海:实业部国际贸易局。
《中国统计年鉴》(1983—1984,1986—1988),北京:中国统计出版社。
《中华人民共和国公安法规选编》(1982),北京:法律出版社。
《中华人民共和国全国人民代表大会常务委员会公报》(1986)第6号。
中央人民政府农业部(1950):《华北典型村调查　1949年度》,无出版处。
朱宗宙(1981):《明末清初太湖地区的农业雇佣劳动》,载南京大学历史系明清史研究室编:《明清资本主义萌芽研究论文集》:第571—601页,上海:上海人民出版社。

日文(按汉语拼音字母排列)

北支那开发株式会社调查局(1943):《劳动力资源调查报告》,北京。

滨岛敦俊(1982):《明代江南农村社会の研究》,东京:东京大学出版社。

林惠海(1943):《中支江南农村社会制度研究》,东京:有斐阁。

南满洲铁道株式会社(满铁),北支事务局调查部(1938—1941):《农家经济调查报告:丰润县》第1卷:1937;第2卷:1938;第3卷:1939。大连。

满铁,冀东农村实态调查班(1937a、b、c):《第二次冀东农村实态调查报告书统计篇,1:平谷县;3:丰润县;4:昌黎县》。大连。

满铁,上海事务所(1941a):《江苏省无锡县农村实态调查报告书》,无出版处。

满铁,上海事务所(1941b):《江苏省南通县农村实态调查报告书》,无出版处。

满铁,上海事务所(1940):《江苏省松江县农村实态调查报告书》,无出版处。

满铁,上海事务所(1939a):《上海特别市嘉定区农村实态调查报告书》,无出版处。

满铁,上海事务所(1939b):《江苏省常熟县农村实态调查报告书》,无出版处。

满铁,上海事务所(1939c):《江苏省太仓县农村实态调查报告书》,无出版处。

仁井田陞(1964)[1933]:《唐令拾遗》,东京:东京大学出版社。

森田明(1967):《清代江南における圩田水利の一考察》,载《社会经济史学》第33卷第5期:第485—505页。

天野元之助(1962):《中国农业史研究》,东京:御茶の水书房。

中国农村惯行调查刊行会(1952—1958):《中国农村惯行调查》,仁井田陞编6卷,东京:岩波书店。

足立启二(1978):《大豆粕流通と清代の商业的农业》,《东洋史研究》第37卷第3期(12月号):第35—63页。

滝川亀太郎(1960):《史记会注考证》,东京:东京大学东洋文化研究所。

英文

Arrigo, Linda. 1986. "Landownership Concentration in China: The Buck Survey Revisited", *Modern China*, 12.3: 259—360. (林达·)阿里格(1986):《中国的土地所有权集中:卜凯调查的重新考察》

Baran, Paul A. 1957. "The Political Economy of Growth". New York: Monthly Review Press. (保罗)兰(1957):《经济发展的政治经济学》

Beattie, Hilary J. 1979. *Land and Lineage in China: A Study of T' ung-ch'eng County, Anhwei, in the Ming and Ch' ing Dynasties*. Cambridge, Eng.: Cambridge University Press. (希拉里·J·)比阿蒂(1979):《中国的土地与家族:关于明清时期安徽桐城县的研究》

Bell, Lynda. 1988. "Redefining Rational Peasants: Sericulture and the Wuxi County Small-Peasant-Family Farm", Paper presented at the conference on "Economic Methods for Chinese Historical Research", Tucson, Ariz., January 1988. (林达)贝尔[夏明德](1988):《理性小农的重新定义:蚕丝业与无锡县的小农家庭

农场》

——1985. *Merchants, Peasants, and the State: The Organization and Politics of Chinese Silk Production, Wuxi County, 1870—1937.* Ph. D. dissertation, University of California, Los Angeles. 夏明德(1985):《商人、小农与政权:中国丝绸生产的组织与政治,1870—1937年的无锡县》

Bernhardt, Kathryn. 1987. "Elite and Peasant During the Taiping Occupation of the Jiangnan, 1860—1864", *Modern China,* 13.4: 379—410.(凯思琳)伯恩哈德[白凯](1987)《太平天国占领下的江南的士绅与农民,1860—1864》

——1986, "Peasants and the State: The Evolution of Tenant Rent Resistance in the Jiangnan Region, 1864—1937", Paper presented at the annual meeting of the American Historical Association, New York City. 白凯(1986):《农民与政权:江南地区佃户抗租的演进,1864—1937》

Boserup, Ester, 1981. *Population and Technological Change: a Study of Long-Term Trends.* Chicago: University of Chicago Press. 埃斯特·博塞拉普(1981):《人口与技术变化:长期趋势的研究》

——1965. *The Conditions of Agricultural Growth, The Economics of Agrarian Change Under Population Pressure*, Chicago: Aldine. 博塞拉普(1965):《农业增长的条件:人口压力下农业变化的经济学》

Bray, Francesca. 1986. *The Rice Economies: Technology and Development in Asian Societies.* Oxford: Basil Blackwell. (弗朗西斯卡.)布雷

[白馥兰](1986):《水稻经济:亚洲社会的技术与发展》

——1984. Agriculture. Vol. 6, part II, of Joseph Needham, ed., *Science and Civilization in China*. Cambridge, Eng.: Cambridge University Press. 白馥兰(1984):《农业》,李约瑟编,《中国科技史》第2编第6卷

Brenner, Robert. 1982. "The Agrarian Roots of European Capitalism", *Past and Present*, 97(Nov): 16—113. (罗伯特)布伦纳(1982):《欧洲资本主义制度的农业起源》

Buck, John Lossing. 1937a. *Land Utilization in China*. Shanghai: University of Nanking. (约翰・洛辛)巴克[卜凯](1937a):《中国的土地利用》

——1937b. *Land Utilization in China: Statistics*. Shanghai: University of Nanking. 卜凯(1937b):《中国的土地利用:统计篇》

Byrd, William A., and Alan Gelb. 1988. "Why Industrialize? The Incentives for Local Community Governments", Chap. 16 of William A. Byrd and Qingsong Liu, eds., *China's Rural Industry: Structure, Development, and Reform*. Unpublished manuscript. (威廉・A.)伯德与(阿伦)杰尔伯(1988):《为何工业化? 对地方社团政府的刺激》,威廉・A.伯德与刘青松编:《中国的农村工业:结构、发展与改革》

Byrd, William A., and Qingsong Liu, eds. 1988. "China's Rural Industry: Structure, Development, and Reform", Unpublished manuscript. 伯德与刘青松编(1988):《中国的农村工业:结构、发展与改革》

Chan, Anita, Richard Madsen, and Jonathan Unger. 1984. *Chen Village:*

The Recent History of a Peasant Community in Mao's China. Berkeley: University of California Press.(安尼塔)陈·(理查德)马德森与(乔纳森)恩杰尔(1984):《陈庄:毛泽东中国的一个小农社团的当代史》

Chan, Sucheng. 1986. *This Bitter-Sweet Soil: The Chinese in California Agriculture, 1860—1910*. Berkeley: University of California Press. 陈素贞(1986):《甘苦交集的土地:加利福尼亚农业中的华人,1860—1910》

Chang, Chung-li [Zhang Zhongli]. 1962. *The Income of the Chinese Gentry*. Seattle: University of Washington Press. 张仲礼(1962):《中国绅士的收入》

——1955. *The Chinese Gentry: Studies on Their Role in Nineteenth-Century Chinese Society*. Seattle: University of Washington Press, 张仲礼(1955):《中国绅士:他们在十九世纪中国社会中的作用的研究》

Chayanov, A.V. 1986 [1925]. *The Theory of Peasant Economy*. Madison: University of Wisconsin Press.(A.V.)恰亚诺夫(1986)[1925]:《小农经济的理论》

Chen, Han-seng [Hansheng]. 1939. *Industrial Capital and the Chinese Peasants: A Study of the Livelihood of Chinese Tobacco Cultivators*. Shanghai: Kelly & Walsh。陈翰笙(1939):《工业资本与中国农民:中国烟农生活的研究》

Cheng Hong. 1988. "Rice Markets and Price Movements in the Pre-war Shanghai Area". Unpublished manuscript. 程洪(1988):《战前上

海地区的米市与价格运动》

The Civil Code of the Republic of China.1930.Shanghai: Kelly & Walsh 《中华民国民法典》(1930)

Coale, Ansley.1984.“Rapid Population Change in China, 1952—1982”. [National Academy of Science] Committee on Population and Demography report 27.(安塞莱·)科尔(1984):《中国人口的急剧变化,1952—1982》

Dalton, George.1969.“Theoretical Issues in Economic Anthropology”, *Current Anthropology*, 10.1:63—102.(乔治·)多尔顿(1969):《经济人类学的理论问题》

De Vries, Jan. 1984. *European Urbanization, 1500—1800*. Cambridge, Mass: Harvard University Press.(让)德·伏瑞斯(1984):《欧洲的都市化,1500—1800》

——1981.“Patterns of Urbanization in Pre-Industrial Europe, 1500—1800”, in H.Schmal, ed., *Patterns of European Urbanization Since 1500*, pp.77—109. London: Croom Helm. 德·伏瑞斯(1981):《前工业化欧洲的都市化方式,1500—1800》,载 H.施玛尔编:《1500 年以来欧洲都市化的模式》

Duara, Parasenjit. 1988. *Culture, Power, and the State: Rural North China, 1900—1942*. Stanford, Calif.: Stanford University Press. 杜赞奇(1988):《文化、权力和政权:1900—1942 年的华北农村》

Eberhard, Wolfram. 1965. *Conquerors and Rulers: Social Forces in Medieval China*.2d Rev.ed.Leiden: E.J.Brill.(沃尔夫勒姆·)埃伯哈德(1965):《征服者与统治者:中古时期中国的社会推力》

Ebrey, Patricia Buckley, and James L. Watson, eds, 1986. *Kinship Organization in Late Imperial China, 1000—1940*. Berkeley: University of California Press.(帕特丽夏·巴克莱)埃伯利与詹姆斯·L.沃森编(1986):《中华帝国晚期的宗族组织,1000—1940》

Elvin, Mark. 1973. *The Pattern of the Chinese Past*. Stanford, Calif: Stanford University Press.(马克·)艾尔温[伊懋可](1973):《中国过去的型式》

Esherick, Joseph W.1987.*The Origins of the Boxer Uprising*.Berkeley: University of California Press.周锡瑞(1987):《义和团运动的起源》

Faure, David.1989.*Export and the Chinese Farmer: The Rural Economy of Jiangsu and Guangdong, 1870 to 1911*. Hong Kong: Oxford University Press.(戴维·)福厄[科大卫](1989):《出口与中国农民:江苏和广东的农村经济,1870—1911》

——1985."The Plight of the Farmer: A Study of the Rural Economy of Jiangnan and the Pearl River Delta, 1870—1937", *Modern China*, 11.1: 3—37.科大卫(1985):《农民的困境:关于江南和珠江三角洲农村经济的研究》

Fei, Hsiao-tung[Fei Xiaotong]. 1939. *Peasant Life in China: A Field Study of Country Life in the Yangtze Valley*, New York: Dutton.费孝通(1939):《中国的农民生活:关于长江流域农村生活的调查研究》

Feinerman, James.1989."The Dien Transaction in China and Vietnam",

Unpublished manuscript.(詹姆斯·)费纳曼(1939):《中国与越南的典交易》

Feuerwerker, Albert.1958.*China's Early Industrialization: Sheng Hsuan-huai (1844—1916) and Mandarin Enterprise*. Cambridge, Mass.: Harvard University Press. (阿尔伯特·)福厄沃可[费维恺](1958):《中国的早期工业化:盛宣怀(1844—1916)与官办企业》

Frank, Andre Gunder. 1978, "Development of Underdevelopment or Underdevelopment of Development in China", *Modern China*, 4.3: 341—50.(安德·冈德·)弗兰克(1978):《中国经济落后的发展还是经济发展的落后》

——1967. *Capitalism and Underdevelopment in Latin America*. New York: Monthly Review Press.弗兰克(1967):《资本主义和拉丁美洲的落后经济》

Freedman, Maurice. 1966. *Chinese Lineage and Society: Fukien and Kwangtung*.London: Athlone Press.(莫里斯)弗里德曼(1966):《中国的宗族和社会:福建及广东》

Gamble, Sidney. 1963. *North China Villages: Social, Political and Economic Activities Before 1933*.Berkeley: University of California Press.(西德尼·)甘布尔(1963):《华北村庄:1933 年前的社会、政治和经济活动》

Geertz, Clifford.1963.*Agricultural Involution: The Process of Ecological Change in Indonesia*.Berkeley: University of California Press.(克利福德·)吉尔茨(1963):《农业内卷:印度尼西亚的生态变化过程》

Georgescu-Roegen, N. 1960. "Economic Theory and Agrarian Economics", *Oxford Economic Papers*, 12. 1: 1—40. (N) 乔治斯库·罗根(1960):《经济理论与农村经济》

Goldstone, Jack. 1986. "The Demographic Revolution in England: A Re-examination", *Population Studies*, 49: 5—33. (杰克) 戈德斯顿(1986):《英国人口革命:再考察》

Hartwell, Robert M. 1982. "Demographic, Political, and Social Transformations of China. 750—1550", *Harvard Journal of Asiatic Studies*, 42.2: 365—442. (罗伯特·)哈特韦尔(1982):《中国的人口、政治和社会变化,750—1550》

Hinton, William. 1966. Fanshen: *A Documentary of Revolution in a Chinese Village*. New York: Random House. (威廉·)欣顿[韩丁](1966):《翻身:一个中国村庄革命的纪实》

Ho, Ping-ti. 1959. *Studies in the Population of China*. Cambridge, Mass: Harvard University Press. 何炳棣(1959):《中国人口的研究》

Hou Chi-ming. 1963. "Economic Dualism: The Case of China, 1840—1937", *Journal of Economic History*, 23. 3: 277—297. 侯继明(1963):《经济二元论:中国的实例,1840—1937》

Hsiao Kung-ch' uan. 1960. *Rural China: Imperial Control in the Nineteenth Century*. Seattle: University of Washington Press. 萧公权(1960):《中国乡村:十九世纪帝国政权的控制》

Hsu Cho-yun. 1980. *Han Agriculture: The Formation of Early Chinese Agrarian Economy, 206 B. C.—220 A. D.* Seattle: University of Washington Press. 许倬云(1980):《汉代农业:早期中国农村经

济的形成,206B.C.—220A.D.》

Huang, Philip C. C. 1985. *The Peasant Economy and Social Change in North China*. Stanford, Calif.: Stanford University Press. 黄宗智(1985):《华北的小农经济与社会变迁》

Huang, Philip C. C., Lynda Schaeffer Bell and Kathy Lemons Walker. 1978. *Chinese Communists and Rural Society, 1927—1934*. Berkeley: Center for Chinese Studies, University of California. 黄宗智、夏明德和凯西·雷蒙斯·沃尔克[武凯芝](1978):《中国共产党与农村社会,1927—1934》

Hucker, Charles O. 1985. *A Dictionary of Official Titles in Imperial China*. Stanford, Calif.: Stanford University Press. (查尔斯·O.)赫克尔(1985):《中华帝国官衔辞典》

Ishikawa, Shigeru. 1967. *Economic Development in Asian Perspective*. Tokyo: Kinokuniya. 石川滋(1967):《从亚洲经历观察经济发展》

Kriedte, Peter, Hans Medick, and Jurgen Schlümbohm. 1981. *Industrialization before Industrialization*. Cambridge, Mass.: Harvard University Press. (彼得·)克雷得,(汉斯·)麦迪克和(裘根·)舒伦伯恩(1981):《前工业化时期的工业化》

Kuhn, Thomas S. 1970[1962]. *The Structure of Scientific Revolutions*. 2nd ed. Chicago: University of Chicago Press. (托马斯·S.)库恩(1970)[1962]:《科学革命的结构》

Lardy, Nicholas. 1983. *Agriculture in China's Modern Economic Development*. Cambridge, Eng.: Cambridge University Press. (尼古拉斯·)拉迪(1983)《中国现代经济发展中的农业》

Lau Yee-fui, Ho Wan-yee, and Yeung Sai-cheung. 1977. *Glossary of Chinese Political Phrases*. Hong Kong: Union Research Institute, 刘义辉(译音)等(1977):《中国政治用语辞典》

Lenin, V. I. 1956 [1907]. *The Development of Capitalism in Russia*. Moscow: Foreign Languages Press.列宁(1956)[1907]:《俄国资本主义的发展》

Levine, David.1977.*Family Formation in an Age of Nascent Capitalism*. New York: Academic Press.(戴维·)勒凡(1977):《资本主义早期的家庭组成》

Li, Lillian M. 1981. *China's Silk Trade: Traditional Industry in the Modern World, 1842—1937*. Cambridge, Mass.: Council on East Asian Relations, Harvard University.(莉莲·M·)李[李明珠](1981):《中国的丝绸贸易:现代世界中的传统工业,1842—1937》

Li Rongchang.1989."Labor Markets in China". Unpublished manuscript. 李荣昌(1989):《中国的劳动力市场》

Lippit. Victor, 1974.*Land Reform and Economic Development in China*. White Plains, N.Y.: International Arts and Sciences Press.(维克托·)利皮特(1974):《中国的土地改革和经济发展》

Mackinnon.Stephen R, 1980.*Power and Politics in Late Imperial China: Yuan Shi-Kai in Beijing and Tianjin, 1901—1908*.Berkeley: University of California Press.(斯蒂芬·R·)麦金农(1980):《中华帝国晚期的权力与政治:袁世凯在京津,1901—1908》

Mandel, Ernest, 1970 [1968]. *Marxist Economic Theory*, 2 Vols. New

York: Monthly Review Press.(欧内斯特·)曼德尔(1970)[1968]:《马克思主义经济理论》

Mann, Michael.1984."The Autonomous Power of the State: Its Origins, Mechanisms and Results", *Archives européennes de sociologie*, 25: 185—213.(迈克尔·)曼(1984):《政权的独立性:起源、方式与后果》

Marx, Karl. 1967 [1867]. *Capital*. 3 Vols. New York: International Publishers.(卡尔·)马克思(1967)[1867]:《资本论》

Medick, Hans.1976."The Proto-Industrial Family Economy: The Structural Function of Household and Family During the Transition from Peasant Society to Industrial Capitalism", *Social History*, 1. 3: 291—315.(汉斯·)梅迪克(1976):《原始工业时期的家庭经济:小农社会过渡到工业社会时家与户的结构性作用》

Mendels, Franklin F. 1972."Proto-Industrialization: The First Phase of the Industrialization Process", *Journal of Economic History*, 32.1: 241—61.(富兰克林·F·)门德尔斯(1972):《原始工业化:工业化过程的第一个阶段》

Murphey, Rhoads. 1977. *The Outsiders*. Ann Arbor: University of Michigan Press.(罗兹·)墨菲(1977):《外来人》

Oi, Jean C.n.d."State and Peasant in Contemporary China".Berkeley: University of California Press.(吉恩·C.)欧伊(待刊稿):《当代中国的政权与农民》

Ogilvie, Sheilagh C.1985."Corporatism and Regulation in Rural Industry: Woolen Weaving in Wurttemberg, 1690—1740." Ph.D.dissertation,

Cambridge University.(西拉夫·C·)奥杰尔弗(1985):《农村工业的社团性与规章性:伍尔顿堡的毛织业,1690—1740》

Parish, William L., and Martin King Whyte.1978.*Village and Family in Contemporary China*.Chicago: University of Chicago Press.(威廉·)帕里什和(马丁·金·)怀特(1978):《现代中国的村庄和家庭》

Perkins, Dwight.1969.*Agricultural Development in China, 1368—1968*. Chicago: Aldine.(德怀特·)珀金斯(1969):《中国农业的发展,1368—1968》

Perry, Elizabeth J. 1980. *Rebels and Revolutionaries in North China, 1845—1945*.Stanford, Calif.: Stanford University Press.(伊丽莎白·J.)佩里[裴宜理](1980):《华北的造反者与革命者,1845—1945》

Polanyi, Karl, Conrad M.Arensberg, and Harry W.Pearson, eds.1957. *Trade and Market in the Early Empires, Economies in History and Theory*.Glencoe, I11: Free Press.(卡尔·)波兰尼,(康拉德·)阿伦斯伯格和(哈里·)皮尔逊编(1957):《早期帝国的贸易与市场:历史及理论中的各种经济》

Potter, Jack, and Sulamith Potter, n.d.*China's Peasants: The Anthropology of a Revolution*.(杰克·)波特和(苏拉米思·)波特(即将出版):《中国农民:一场革命的人类学研究》

Potter, Sulamith Heins.1983."The Position of Peasants in Modern China's Social Order", *Modern China,* 9.4: 465—499.(苏拉米思·)波特(1983):《当代中国社会制度中农民的地位》

Putterman, Louis. 1989. "Entering the Post-Collective Era in North China: Dahe Township", *Modern China*, 15.3: 275—320.(路易斯·)普特曼(1989):《进入集体化之后时期的华北:大河乡》

Rawski, Thomas G.1989.*Economic Growth in Prewar China*.Burkeley: University of California Press.(托马斯·G·)罗斯基(1989):《战前中国的经济成长》

Rowe. William T. 1984. *Hankow: Commerce and Society in a Chinese City, 1796—1889*. Stanford, Calif.: Stanford University Press.(威廉T·)罗(1984):《汉口:一个中国城市的商业与社会,1796—1889》

Schultz, Theodore W. 1964. *Transforming Traditional Agriculture*. New Haven, Conn.: Yale University Press.(西奥多·W·)舒尔茨(1964):《传统农业的改造》

Schurmann.Franz.1968.*Ideology and Organization in Communist China*. Berkeley: University of California Press.(弗兰斯·)舒曼(1266):《共产中国的政治理论与组织体系》

Scott, James C.1976.*The Moral Economy of the Peasant: Rebellion and Subsistence in Southeast Asia*.New Haven, Conn.: Yale University Press.(詹姆斯·C·)斯科特(1976):《小农的道义经济:东南亚的叛乱和生计维持》

Selden, Mark.1971.*The Yenan Way in Revolutionary China*.Cambridge, Mass.: Harvard University Press.(马克·)塞尔登(1971):《革命中国的延安道路》

Shanin, Teodor. 1986. "Introduction" to A. V. Chayanov, *The Theory of*

Peasant Economy. Madison: University of Wisconsin Press. (特奥多·)沙宁(1986):《导言》载 A.V.恰亚诺夫《小农经济的理论》

——1972. *The Awkward Class: Political Sociology of Peasantry in a Developing Society: Russia 1910—1925*. London: Oxford University Press.沙宁(1972):《尴尬的阶级:发展中社会的小农之政治社会学研究:俄国,1910—1925》

Shue, Vivienne. 1988. *The Reach of the State: Sketches of the Chinese Body Politic*.Stanford, Calif.: Stanford University Press, (维维尼·)舒(1988):《政权所及的范围:中国国家制度的概略》

——1980. *Peasant China in Transition: The Dynamics of Development Toward Socialism, 1949—1956*. Berkeley: University of California Press.舒(1980):《农民中国在转变:向社会主义转化的动力,1949—1956》

——1976. "Reorganizing Rural Trade: Unified Purchase and Socialist Transformation", *Modern China*, 2.1: 104—134.舒(1976):《农村贸易的重新组织:统购政策和社会主义改造》

Sicular, Terry. 1986. "Recent Agricultural Price Policies and Their Effects: The Case of Shandong", in Joint Economic Committee of the U.S. Congress, ed., *China's Economy Looks Toward the Year 2000*, Vol. 1. pp. 407 — 30. Washington, D.C.: U.S. Government Printing Office.(特里·)西克莱尔(1986):《近来的农业价格政策及其结果:山东的实例》

Skinner, G. William, 1977. "Regional Urbanization in Nineteenth-Century

China". in G. William Skinner, ed., *The City in Late Imperial China*, pp. 211—252. Stanford, Calif.: Stanford University Press. (G·威廉·)斯金纳[施坚雅](1977):《十九世纪中国各区域系统中的都市化》

——1964—1965."Marketing and Social Structure in Rural China", 3 parts. *Journal of Asian Studies*, 24. 1: 3—44; 24. 2: 195—228; 24.3: 363—399.施坚雅(1964—1965):《中国农村的市场和社会结构》

Smith, Adam. 1976 [1775—1776]. *An Inquiry into the Nature and Causes of the Wealth of Nations*. 4th ed. 3 vols. London: n. p. (亚当·)斯密(1976)[1775—1776]:《国富论》

Solomon, Susan Cross. 1977. *The Soviet Agrarian Debate: A Controversy in Social Science, 1923—1929*. Boulder, Col.: Westview Press. (苏珊·格罗斯·)所罗门(1977):《苏联农村辩论:社会科学的一场争论,1923—1929》

Tilly, Charles, ed. 1978. *Historical Studies of Changing Fertility*. Princeton, N.J.: Princetion University Press. (查尔斯·)蒂利编(1978):《变化中的人口出生率的历史研究》

Walder, Andrew. 1986. *Communist Neo-Traditonalism: Work and Authority in Chinese Industry*. Berkeley: University of California Press. (安德鲁·)沃尔德[魏昂德](1986):《共产主义的新传统主义:中国工业中的工作与权威》

Walker, Kenneth. 1984. *Food Grain Procurement and Consumption in China*. Cambridge, Eng.: Cambridge University Press. (肯尼思·)

沃克(1984):《中国的粮食收购与消费》

Walker, Kathy. 1986. "Merchants, Peasants, and Industry: The Political Economy of the Cotton Textile Industry, Nantong County, 1895—1935". Ph. D. dissertation. University of California, Los Angeles. 武凯芝(1986):《商人、农民与工业:南通县棉纺织业的政治经济,1895—1935》,博士论文

Wallerstein, Immanuel. 1979. *The Capitalist World Economy*. Cambridge, Eng.: Cambridge University Press. (伊曼纽尔·)沃勒斯坦(1979):《资本主义世界经济》

——1974. *The Modern World-System: Capitalist Agriculture and the Origins of the European World-Economy in the Sixteenth Century*. New York: Academic Press. 沃勒斯坦(1974):《现代世界经济体系:十六世纪的资本主义农业和欧洲世界经济的起源》

Wang Yeh-chien. 1973. *Land Taxation in Imperial China, 1750—1911*. Cambridge, Mass.: Harvard University Press. 王业键(1973):《中华帝国的田赋,1750—1911》

Weir, David. 1984. "Rather Never Than Late: Celibacy and Age at Marriage in English Cohort Fertility, 1541—1871", *Journal of Family History*, No.9: 340—354. (戴维·)威尔(1984):《无比迟好:单身与结婚年龄对英国分组人口出生率的影响》

Wittfogel, Karl August. 1957. *Oriental Despotism: A Comparative Study of Total Power*. New Haven, Conn.: Yale University Press. (卡尔·奥古斯特·)威特福格尔(1957):《东方专制主义:极权的比较研究》

Wolf, Margery. 1985. *Revolution Postponed: Women in Contemporary China*.Stanford, Calif, : Stanford University Press.(玛杰里·)沃尔夫(1985):《被推迟的革命:当代中国妇女》

Wong, Christine.1988."Interpreting Rural Industrial Growth in the Post-Mao Period", *Modern China*, 14.1: 3—30.(克里斯廷·)王(1988):《解释毛之后时期的农村工业成长》

Wong, R.Bin, Pierre-Etienne Will, and James Lee, With the Assistance of Peter C.Perdue and Jean Oi.1987.*Nourish the People: The State Granary System in China, 1650—1850*. Ann Arbor: Center for Chinese Studies, University of Michigan.(R.斌)王[王国斌],皮埃尔-埃梯尼·威尔和詹姆斯·李[李中清](彼得·C·珀杜和吉恩·欧伊协助)(1937):《养育人民:中国的国家粮仓体系,1650—1850》

Wright, Mary Clabaugh. 1957. *The Last Stand of Chinese Conservatism: The T' ung Chih Restoration, 1862—1874*.Stanford, Calif.: Stanford University Press.(玛丽·克拉堡·)赖特[芮玛丽](1907):《中国保守主义的最后一战:同治中兴,1862—1874》

Wrigley, E. Anthony. 1985. "Urban Growth and Agricultural Change: England and the Continent in the Early Modern Period", *Journal of Interdisciplinary History*, 15.4: 683—728.(E·安东尼·)瑞格里(1985):《城市成长与农业变革:近代早期的英国与大陆欧洲》

Yang, C. K. 1959. *Chinese Communist Society: The Family and the Village*.Cambridge, Mass: M.I.T.Press.杨庆堃(1959):《中国共

产主义社会:家庭和村庄》

Yeh, Kung-chia, and Ta-chung Liu, 1965. *the Economy of the Chinese Mainland: National Income and Economic Development, 1933—1959*. Princeton, N.J.: Princeton University Press. 叶孔嘉和刘大中(1965):《中国大陆的经济:国民收入与经济发展,1933—1959》

Yip, Hon-ming. 1988. "The Political Economy of Tobacco and Textiles, Weixian, Shandong." Ph. D. dissertation, University of California, Los Angeles. 叶汉明(1988):《烟草与纺织品的政治经济:山东潍县》,博士论文

中国研究的规范认识危机

——社会经济史中的悖论现象[①]

中国社会经济史的研究正处于一场规范认识的危机之中。这里指的不仅是以往学术界的各种模式。所谓规范认识指的是那些为各种模式和理论,包括对立的模式和理论所共同承认的、已成为不言自明的信念。这种规范信念对我们研究的影响远大于那些明确标榜的模式和理论。它们才是托马斯·库恩(Thomas Kuhn)1970年《科学认识革命的结构》中的"规范认识"(Paradigm)一词的真正含义。近数十年累积的实证研究动摇了这些信念,导致了当前的规范认识危机。这一危机的发生使大家感到现有理论体系的不足,并非通过对立理论间的争论就能解决。大家有一种需要

---

① 本文原载英文版《近代中国》(*Modern China*)第17卷第3期,1991年7月。是我在完成《华北》和《长江》工作后的进一步思考,后来引起国内的一些讨论(连载《史学理论研究》1993年第1、2、3、4期,以及1994年第1、2期)。

新的不同的东西的感觉，但尚未明确地说出需要什么样的新东西。

我们应该系统地估量这一危机，并试图探求新的认识。我们不需要倒退到纯粹的考据，或次要问题的探讨，或“纯科学”的技术手段，或极少数人所热衷的政治争论。相反，我们应该把当前的危机看作反思既有信念和探索新观点的极好机会。

本文先粗略地回顾中国和西方几代人的学术研究，说明近四十年来学术研究中的一些主要的模式和理论体系。尽管不同辈分以及大洋两岸存在着种种差异，但各方应用的主要理论体系实际上具有一系列的共同的基本信念。这些信念一般被认为是不言自明的，无须讨论也不受人注意。学术界的争鸣一般都围绕着各理论体系间的不同点，而不去顾及共同点。然而，数十年累积的实证研究实际上已揭示出一系列与这些信念相悖的现象。规范信念认为不可并存的现象屡屡同时出现。实证研究所发现的悖论现象实际上已经对以往的规范信念提出全面的挑战。本文将列举一些悖论现象，进而分析这些现象所否定的不言自明的规范信念，并探讨如何研究由此产生的新问题的方法。本文无意对以往所有的研究做一综合评述，相反，讨论将限于若干最有代表性的论著，目的在于说明我个人的看法。

规范认识的危机

一、中国的学术研究

当代中国的史学研究在二十世纪五十年代开始时认为历代王

朝统治下的中国社会是基本上没有变化的，主导的模式是“封建主义”，即与进步的近代资本主义相对立的停滞的旧中国。这一模式的基础是斯大林“五种生产方式”的公式，即历史的发展必须经过原始社会、奴隶制、封建制、资本主义和社会主义生产方式这五个阶段。

在“封建主义”的模式下，研究中国近代王朝史的学者主要研究封建阶级关系，即封建统治阶级通过地租、税收和高利贷形式榨取农民生产者的“剩余价值”。他们的研究成果见于编集了大量记载这些剥削关系的资料集（李文治，1957；章有义，1957；严中平等，1955）。一些学者亦将封建经济等同于前商品化的自给自足的“自然经济”。他们认为中国这一生产方式的特点是家庭农业与小手工业的结合，即“男耕女织”。他们认为这是一种结合得异常紧密的生产方式，它阻碍了手工业从家庭中分离出去而形成集镇作坊，并最终阻碍了资本主义发展。他们收集了种种证据，证明“自然经济”在明清时期占优势，并一直延续到二十世纪三十年代。①

早在二十世纪五十年代，上述模式已受到研究“资本主义萌芽”的学者的非难。这些学者认为，明清时期绝非是停滞的，而是充满了资本主义先兆的种种变迁，与西方国家的经历类似。一些研究者致力于收集明清商业扩展的资料，对当时的商品经济做出系统估计，以证明国内市场的形成，认为这标志着封建主义向资本主义的过渡。另外的研究侧重于封建生产关系的松弛和衰落（尤

① 参见黎澍1956年的论文。这方面最出色的研究有徐新吾1981年及1990年的研究。徐的研究始于二十世纪五十年代，但在八十年代之前一直未出版。

其是土地租佃关系）和资本主义生产关系的发展（尤其是雇佣劳动关系）。①

“资本主义萌芽论”的最初提出者并未关注到经济发展，他们认为一旦阐明了商品化和资本主义生产关系，资本主义的经济发展就不言而喻了。然而随着二十世纪八十年代改革时的意识形态由“生产关系”转而重视“生产力”（包括技术、资源利用、劳动生产率等内容），新一代学者转向直接探讨经济发展。李伯重尤其强调长江三角洲的新作物品种和肥料的应用，具有一定的代表性（李伯重，1985a，1985b，1984）。

“资本主义萌芽论”虽然成功地冲击了“封建王朝因袭不变”的旧观点，但无论在老一代学者还是在二十世纪八十年代培养出来的新一代学者之中，它均未能广泛地为人们所接受。在西欧历史上，由于十九世纪出现了工业资本主义的蓬勃发展，把这之前的三四个世纪称作资本主义萌芽或向资本主义过渡是有道理的。然而中国的十九世纪并无资本主义发展，有什么道理把这之前的时期称作资本主义萌芽呢？再者，经济的相对落后使中国受害于帝国主义。鉴于这一事实，把明清时期等同于近代早期的英国到底有什么意义？

“资本主义萌芽论”学派试图以西方入侵打断了中国资本主义发展的进程为由来解释这个问题。于是，把十九世纪中国经济的落后归罪于帝国主义，而不是自身的停滞趋势。这一说法虽很符

① 关于明清商业发展的杰出研究见吴承明 1985 年的研究。关于生产关系变动的研究见李文治等 1983 年的研究。

合反帝情绪,却难以令人信服。西方的经济影响直到十九世纪末仍是很有限的,而中国经济自数百年前的所谓"萌芽"以来,却未显示出自己发展资本主义的动向。十九世纪中国经济落后的事实,重新证明了先前的封建主义与自然主义的经济至少是部分正确的。

"封建主义论"和"资本主义萌芽论"的相持不下使中国的青年学者对两者都抱有怀疑,甚至不屑于再引用前辈们的这些模式。有的全盘搬来西方的一个又一个时髦方法,进一步扩大了代沟,这一情况本身就反映了中国学术界的规范认识危机。

二、西方的学术研究

西方的学术研究虽然比较多样化,它的主要内容却出人意外地与中国的研究相似。二十世纪五十年代的美国学术界同样持有传统中国在本质上是无变化的观点。当然,这里不再是"封建主义"与"资本主义"的对立模式,而是源自近代化理论的"传统"中国与"近代"中国的对立模式。研究的重点不是"封建"中国的阶级关系,而是"传统"制度与意识形态。在社会、经济领域则强调人口对停滞经济的压力。① 然而,研究的基本概念是中国在与西方接触之前是停滞的,或仅在"传统范围"内变化,这与中国同行的见解基本一致。

---

① 这方面研究的杰出代表作有何炳棣(Ho,Ping-ti),1959。此书通过对明清人口变化的估测企图证明马尔萨斯式的人口压力;在 1700 年至 1850 年的"人口爆炸"时期,消费人口的增长超出了农业生产,从而形成了中国近代农村危机的背景。

如果清代在本质上没有变化,那么推动质变的力量则只能来自外部,因而简单地将其归结为“西方的冲击”与“中国的反应”(费正清[Fairbank],1958;费正清等,1965)。在这个“哈佛学派”倡导的“冲击—反应”模式之下,一些重要的著作阐述了西方在中国的出现以及中国的反应(芮玛丽[Wright],1957;费维恺[Feuerwerker],1958)。但是这一观点在二十世纪六十年代后期受到挑战:先是政治性的攻击,“西方的冲击”被认为是为帝国主义和美国干涉越南辩护,①继而在史实上受到论证明清之际发生重大变化的学者的批评。

后一倾向在近年来形成一个新概念:中国在受到西方影响前数百年的时期被称为“近代早期”,如同在西欧发生的那样。与中国的“资本主义萌芽论”一样,这一观点的出发点是明清经济的大规模商品化。有的学者更进而把这一观点延伸到社会、政治领域中(Rowe,1984,1989;Susan Naquin[韩书瑞]and Rawski,1987)。

就像“资本主义萌芽论”学者那样,“近代早期论”学者动摇了过去的“传统中国论”及其派生的“冲击—反应”模式。他们的实证性批评比激进学者对费正清的政治批评有效。然而,就像“资本主义萌芽论”一样,这个新的理论也因同样的原因而难以被普遍接受。如果自十七、十八世纪至十九世纪后半叶的中国那么像近代早期的西方,为什么在随后的世纪中中国的变迁这么不同?我们

① 见《关心政治的亚洲研究学者学报》,此学刊专门针对既有的理论模式,尤其见佩克(Peck,1969)以及费正清在同卷上的答复。柯文(Cohen,1984)对论战双方加以综述,尤其对费正清的“冲击—反应”以及“传统—近代化”模式进行了深刻的反思和批评。

如何看待帝国主义和二十世纪的革命？一个可能的论点是帝国主义促进了以前就已在内部产生的早期近代化。但是真是那样的话，又如何看待共产主义革命的发生，难道它只是对近代化的一种偏离？另一个可能的论点是帝国主义使中国脱离了近代化的正常途径而导致了革命。目前，"近代早期论"的学者尚未提出一个在逻辑上与他们的论点一致的关于帝国主义与中国革命有说服力的观点。

学术界于是陷入了当前的理论困境："停滞的传统的中国"的旧观念及其派生的"冲击—反应"模式已不再具有影响力，而"近代早期中国"的新观念尚不足以成为支配性的模式。其间，尽管中国史研究领域采用了似乎中立的"中华帝国晚期"来称呼明清时期，但此词过分强调了皇权在中国历史整体中的作用。

三、两个理论

中国学术的主要模式源自马克思的古典理论。"封建主义"与"资本主义"的范畴均出自马克思对西欧，尤其是对英国的分析。资本主义萌芽论则是中国特殊的模式。如果中国在帝国主义入侵之前是单纯的封建社会，那么就必须肯定西方帝国主义为中国带来了近代化，但这是任何爱国的中国人所不能接受的。资本主义萌芽的公式解决了这一问题：在西方帝国主义到来之前，中国已开始了自身的资本主义发展进程。西方帝国主义打断了这一进程，使中国沦为"半殖民主义"。如此，资本主义萌芽模式协调了斯大林的五种生产方式的公式（以及列宁的帝国主义学说）和基于民族立场的反帝情绪。

在另一方面,尽管没有普遍的认可,也很少明白的标示,西方学术的主导模式主要得自两个理论:先是马尔萨斯,后是亚当·斯密。一开始,停滞的“传统中国”被看作一个其资源受到马尔萨斯式的人口压力困扰的社会。这一看法是建立在传统中国是前商品化的社会的假设之上的。后来,明清普遍商品化的史实得到证明,马尔萨斯式的观点便受到亚当·斯密理论的诘难。

斯密的设想是由市场推动的资本主义发展。自由贸易会促进分工、专业化、竞争、更新、高效率,以及随之而来的资本积累的发展。在城乡商品交换的推动下,城乡会进入螺旋形的现代化发展(亚当·斯密,1775—1776)。这一设想相当程度地在英国得到体现,从而赋予其有力的史实依据。这一设想也得到了现代经济学界论说的支持:它们多从抽象、简单化了的斯密理论出发。

明清时期果真出现了斯密所想象的那种发展,便不会存在人口过剩的问题,劳动力会像其他生产要素一样根据自由竞争市场的逻辑而达到最合理的使用。这样,马尔萨斯理论便被斯密理论取代而形成了“近代早期”模式。

中国与西方学者争论的焦点首先是中国经济落后的原因是封建阶级关系还是人口压力。中国学者认为中国经济中的资本形成受到了封建统治阶级的阻碍,封建统治阶级盘剥直接生产劳动者的剩余价值,并用于自己的奢侈消费而不投资于生产。西方学者则认为资本的形成为人口压力所阻碍,人口压力减少了消费之余的剩余。[①] 争论也涉及了究竟是通过社会革命,还是通过人口控制(以及其他改革)来使中国摆脱落后,走向近代化。

然而,在“近代早期中国”模式向“传统中国”模式的挑战中,以及“资本主义萌芽”模式对“封建主义”模式的批评中,争论的焦点转移了。在反对“传统中国”和封建“自然经济”模式时,“近代早期论”与“资本主义萌芽论”是站在同一边的。问题的焦点变为:明清经济到底是已经呈现出近代早期发展(或资本主义萌芽)的高度整合的市场经济,还是仍然处于前商品化时期的、本质上停滞的、处于人口压力重负下的经济?

至于帝国主义问题,中国的“封建主义”与“资本主义萌芽”两个模式当然都强调帝国主义的破坏性作用。“封建主义”学派强调帝国主义如何使封建剥削关系进一步恶化,而“资本主义萌芽”学派则突出了帝国主义如何阻碍了中国资本主义的充分发展。

在西方,首先是用“冲击—反应”模式来反驳上述观点的。例如有的学者争辩说,中国“近代化的失败”的原因不在于西方的破坏性冲击,而在于中国传统的顽固存在(Wright,1957;Feuerwerker,1958)。随后,有的学者转用斯密的模式:随着西方影响而来的国际贸易和外国投资的扩展是有利于中国经济的。如果中国经济的近代化失败,其原因不是西方的影响太强,而是太弱,是因为这种影响仅限于沿海通商口岸(Dembergr,1975;Murphey,1977)。

这一观点最后归结为新近的公式,直截了当地以“市场”代替了旧有的“西方冲击”。不像“帝国主义”概念带有种种政治现实和

① 参见章有义编(1957)和利普特(Lippit,1971);对照何炳棣(1959)及艾尔温(Elvin,1973)。拙作(Huang,1985:14—18)对这方面的争论做了概括性论述。

含义,“市场”可以被视作纯粹良好的客观现象:只要市场得以运行,它就会赋予中国像西方那样的发展。这个“真理”见证于种种“事实”:国际市场刺激了中国的工农业发展,直至二十世纪三十年代。市场的冲击不像以往研究所讲的那样,仅限于沿海通商口岸,而是实际上深入到中国的农村和内地,带来了广泛的发展。① 照这一观点来讲,中国的不幸在于市场推动的发展被战争、灾荒等畸变所打断。

四、一个规范认识

尽管中国与西方的学术研究有着种种不同,但两者明显有许多共同点。认为中国历史基本上无变化的一代学者均受到强调中国传统本身有着明显变化的一代学者的挑战。中国经济是个前商品化的、本质上停滞的经济的主张,受到了认为中国经济是高度商品化、蓬勃发展的经济的主张的挑战。两个学术派别均把停滞与前商品化经济相联系,把近代化等同于商品化。中国的“封建主义论”学派之所以认为封建经济是停滞的,是因为把它等同于前商品化的自然经济。与“资本主义萌芽论”学派一样,他们也认为商品化必然会导致资本主义。与此类似,西方“传统中国论”学派认为明清经济基本上没有商品化。例如何炳棣 1959 年的人口著作基本上无视商品化,珀金斯 1969 年对明清农业的研究也把低水平商品

① 罗斯基,1989;布兰特,1989。周锡瑞对布兰特一书的评论,待刊于《经济史学报》。参见 Myers,1970。科大卫(Faure,1989)较为合理地认为积极作用仍限于出口农业地区。

化作为一贯前提。而罗威廉(Rowe)1984 年、1989 年的著作以“近代早期”模式对过去的著作提出挑战,则从种种蓬勃商品化的证据出发。

商品化会导致近代化的构想是贯穿“封建主义论”与“资本主义萌芽论”模式、“传统中国论”与“近代早期中国论”模式的规范信念的一个例证。它贯穿了大洋两岸学术界的两代人,也贯穿了斯密理论与马克思主义理论。

这样的信念一般不被学者讨论。学术界所注意的主要是不同理论、模式间的争论方面。于是我们争论的重点就在明清商品化的程度,或帝国主义和阶级革命的是非功过。然而我们不去注意那些共同的认识,认为那是再明白不过了,乃至无须再加以讨论。

正是这样的信念,我称之为规范信念。当前学术界往往过分简单地把“规范认识”这一词等同于有影响的模式。这一用法其实抹杀了这个概念的分析力量。若用于存在着众多模式的社会科学领域,尤其如此。本文把规范认识性的信念定义为不同的或对立的模式和理论所共同承认的、不言自明的信念。这样的信念比起任何明白表达的模式和理论来,有着更广泛、更微妙的影响。它们的影响不仅在于引导我们去想什么,更在于不想什么。

于是,我所指的规范认识的危机并非针对某一理论或模式,并非针对学术界的这一代或那一代,亦非针对中国或西方的学术研究。把当前中国史研究中的危机解释为老一代研究的衰微,或认为只发生在中国并意味着斯密理论战胜了马克思主义理论,是误解了这个危机的真实含义。当两个理论体系长期地各以对方来为自己下定义时,一方的危机便足以提醒我们去考虑是否是双方的共同危机。当前的规范认识危机要从两代人和两种表面对立的模式和理论体系的共同危机的角度来理解。

五、多重悖论现象

我认为在过去实证研究积累的基础上所证明的一系列悖论现象，已经使我们领域的规范信念濒于分崩的边缘。悖论现象指的是，那些被现有的规范信念认定为有此无彼的对立现象在事实上的同时出现。悖论现象对那些信念的挑战首先在于相悖现象各方并存的确实性。例如，商品化和经济不发展这对相悖的现象确实并存。在更深的层次，悖论现象则对既有的因果观念提出怀疑：商品化是否必定会导致经济发展？明清时期蓬勃的、持久的商品化与糊口农业长期持续的事实，反悖于“资本主义萌芽”和“近代早期中国”模式的断言，也反悖于“自然经济”和“传统中国”模式的认定，这一对悖论现象向所有模式共同认可的“商品化必然导致现代化”的不言自明的规范信念发难。

但是，实证研究揭示出的悖论现象与它们否定的规范信念一般没有在论著中被清晰地披露出来。学者们通常不会讨论未诉诸文字的潜意识信念，即使想讨论的人，也可能由于认为道理过于明显，而觉得不必加以讨论。于是这些实际上已为事实所否定的规范信念继续影响人们的思想，尽管许多人已久有怀疑之心。本文的一个主要意图，就是列举一系列实证研究已经披露的悖论现象，进而揭示被这些现象所否定的“不言自明”的信念。

没有发展的商品化

一、实证研究揭示的悖论现象

明清时期蓬勃的商品化已是不可怀疑的事实。在1350年至1850年的五个世纪中,几乎所有的中国农民都改穿棉布了。这反映了商品化的一个最大的组成部分:棉花经济的发展,伴随而来的是地区内部和地区之间的贸易。棉产品的交易也意味着粮食商品化的扩展,出现了棉作区与粮作区之间的商品交换和棉农与粮食剩余产品的交换。随着这样的发展,尤其是在长江三角洲出现了相当多的为棉、粮提供加工和交换服务的商业市镇。把明清时期说成是前商品化时期显然是不对的(吴承明,1985)。

然而,我们也注意到尽管有五个世纪蓬勃的商品化,农民的生产仍停留在糊口水平。无论生产跟上人口增长水平(珀金斯,1969),还是落后于人口增长水平(何炳棣,1959;Elvin 1973),农村中没有发生近代式的经济发展是毋庸置疑的。

同样,类似资本主义关系的雇佣劳动的出现也没有疑问。当时已出现了不少农村雇佣劳动,包括长工和短工。土地租佃关系也在松弛下来,分成租的旧方式让位于定额租,实物租让位于货币租。这些变化进一步确认了农村经济的商品化(李文治等,1983)。

然而,我们知道,在当时的农业中几乎没有大规模的资本主义式生产。许多长工、短工只是为一般农户所雇佣,以补充家庭劳动力的不足。在全国各地,包括商品化程度最高的地区,小农家庭农业仍占压倒性的地位。同时,少数使用雇佣劳动的大农场比起小农户来并未获得更高的亩产量(Huang[黄宗智],1985,1990)。

简言之,商品化蓬勃发展与小农生产停留于糊口水平两个现象的同时发生是悖论现象。这就对马克思与斯密理论的共同认识——商品化与近代化有着必然联系——提出了疑问。马克思与斯密的理论主要基于英国的实际状况。在世界其余的多数地区,近代化发展来自其他因素(如政权的中坚领导作用)与商品化的结合,并迟于英国。纯粹由市场推动的经济发展的模式是基于英国的经验,它被后来建立的许多经济分析模式作为前提,但不应混同于世界其他地区的历史真实。

与"市场推动经济发展"理论相联系,人们认为在近代化的过程中,产量与劳动生产率会同步发展。在斯密和马克思所熟悉的英国确实如此,他们因此都没有将产量与劳动生产率加以区分,并未考虑没有(劳动生产率)发展的(产量)增长的可能。

以往的研究已揭示明清时期的情况正是如此。这一时期产量的增长一方面来自耕地面积的扩大,扩大了将近四倍;另一方面来自亩产量的增加,通过提高复种指数及对某些作物增加肥料与人工投入(珀金斯,1969)。然而,尽管"资本主义萌芽"论者致力于论证经济发展,但到今日为止尚无人能够证实单位工作日劳动生产率的提高。提高的只是土地的生产率,主要由于劳动力投入的增加。单位工作日的收益仍是如此之低,小农生产仍处于糊口水平,而中国人口的大部分仍被束缚于粮食的生产。

区分增长与发展对理解中国的农村社会经济史至关重要。尽管有着引人注目的产量增长,但缺乏劳动生产率的发展乃是中国大多数人直至二十世纪八十年代仍困于仅足糊口的食物的生产的原因(Perkins and Yusuf,1984)。与之对比,美国的劳动生产率发展,使其4%的人口的劳作就能满足其他所有人的食品供应。劳动生产率的发展是近代化的核心含义,但它并未在明清时期出现。

斯密和马克思的另一个共同信念是近代经济发展必然是一个工农业连同发展、城乡一起近代化的过程。这又是根据英国的经验而来。他们均没有考虑到没有乡村发展的城市工业化的可能。

然而,没有乡村发展的城市工业化正是十九世纪后期以来中国的经历。当时中国工业的发展是没有疑问的。自十九世纪九十年代起,投资近代机器工矿业和交通运输的资本每年以高于10%的速度增长。上海、天津、无锡、青岛、汉口和广州等城市的兴起便是这一进程的例证。小城镇也有了蓬勃发展,特别是长江三角洲,甚至城镇中的小手工作坊也有了增长。①

这些发展发生在商品化的加速过程中。此过程的首要内容是小农家庭植棉、纺纱、织布三位一体的崩溃。机制纱,也包括国产的机纱,大量取代了土纱。棉农出售棉花给纱厂,而小农织户则买回机纱织土布。这带来乡村贸易的大量扩增(吴承明,1984;徐新吾,1990;黄宗智,1990)。

不过,我们同时也知道中国经济中的新的资本主义部分从未达到国民经济总产出的10%。当时也出现了传统手工业的衰败,尤其是手工纺纱,并因此导致长江三角洲不少市镇的衰亡,乃至完

① 迄今有关中国工业发展的最好研究是吴承明,1990。参照 Ta-chung Liu(刘大中)和 Kung-chia Yeh(叶孔嘉),1965;Rawski,1989。

全湮废。最重要的是,即使在相对繁荣的二十世纪二十年代,农民的收入仍处于仅够糊口的水平,随着三十年代的衰退就更陷于困境了。中国乡村人口的大多数仍被束缚于土地,从事仅够糊口的食物生产,经济发展主要是在城市,乡村仍然是不发展的。①

二、悖事实的争辩

我们如何解释这些悖论现象呢?我们当然可以无视上述为史实证明的悖论现象,而继续坚持这样或那样的古典理论。过去的一个办法是用悖事实的争辩来抹去其间的矛盾。于是,主张资本主义萌芽论的中国学者就讲:如果西方帝国主义没有入侵中国,明清的资本主义萌芽会导致城乡质变性的资本主义化。这样,质变性的资本主义化事实上未曾发生就无关紧要了。这种悖事实争辩的要点在于申明它所认为的应有的历史现象,而无视历史真实。

---

① 罗斯基(Rawski,1989)和布兰特(Brandt,1989)试图修正刘大中、叶孔嘉(1965)和珀金斯(1969)的广泛为人们接受的估计,认为二十世纪三十年代前的几十年中乡村有显著的发展。我在最近的书中(Huang,1990:137—143)详细讨论了罗斯基的论据,在此不加赘述。周锡瑞在他的评述中也讨论了布兰特的论据。目前没有理由否定刘大中、叶孔嘉和珀金斯原先的估计,即生产的增长仅勉强赶上人口的扩展。罗斯基声称在1914/1918年至1931/1936年的近二十年中,人均产出每年增长0.5%—0.8%(1989:281,329);即使如此,全期累计增长也不过15%—16%,这样的幅度不足以改变小农生产仅处于糊口水平的整体状况。这样规模的变化也很容易用内卷化来解释。从乡村发展的观点来看,重要的年代是二十世纪八十年代(见后面的讨论),在只及罗斯基提及的一半时间中(10年)却有了15—16倍于罗斯基所估计的增长速度。那样幅度的变化正好说明了两种现象的不同:一是通过资本化(即增加单位劳动力的投资)而来的劳动生产率的发展,二是通过劳动密集化而来的内卷性增长。

新斯密学派的美国学者也以同样的方式明确地或含蓄地讲：如果没有战争和革命，二十世纪初叶中国乡村由市场推动的发展会导致质变性的乡村近代化（Myers，1970；Rawski，1989；Brandt，1989）。照此逻辑，中国乡村并未近代化的历史真实无关紧要。历史真实成了理论的牺牲品。

类似的论点也被运用到对西方如何影响中国的评价。于是西方影响的积极方面被中国学者抹去了：如果没有帝国主义，中国会发展得更快。① 同样，西方影响的消极方面被新斯密学派的西方学者抹去了：如果西方影响更强一点，乡村的贫困就不会再持续下去了；或者，如果没有西方的影响，那里会更贫困（Hou，1965；Elvin，1973；Demberger，1975）。

这样的悖事实争辩往往伴随着另外两种推理。一是封建制或旧传统必然会让位于市场推动的资本主义发展或近代化。即使事实上并未发生这样的情形，它也应该会发生，或是迟早必定会发生。另一推理是一种因素（如商品化）出现，其他有关因素（资本主义发展和近代化）也必然出现。如若不然，它迟早必定会发生。很明显，这样的论点不仅是违背事实的，而且是结论先行和简缩化的。一个坚持历史发展是沿着必然的、直线的道路，而另一个则把复杂的现象简缩为只含有单一成分的部分。

我们需要做的是从实际的悖论现象出发，寻求能够解释这些现象的概念，而不是凭借悖事实逻辑来否认历史现象。学术探讨应由史实到理论，而不是从理论出发，再把历史削足适履。时至今

① 甚至吴承明（1990）也含蓄地保留了这一论点。

日,我们应当把两个古典理论与其共享的规范信念造成的认识桎梏放置一边了。

三、内卷型增长与内卷型商品化

这里我简短地回顾一下我自己的研究,以说明我想提倡的途径和方法。在我1985年的书中,我面对矛盾的历史现象,首先企图通过肯定两代学术和两个古典理论各有的部分道理,来寻求一条调和的途径。而只有在1990年的拙作中,我才清楚地看到了历史的悖论现象并向以往两代学术和两种理论共享的不言自明的规范信念提出了挑战。这使我产生了这样的疑问:我们如何来解释诸如蓬勃的商品化与糊口农业长期并存的悖论现象,以及没有发展的增长的悖论现象,或是城市工业化与乡村不发展并存的悖论现象?

这使我最后去反思商品化过程本身的内容。我们习惯地认为农业商品化是由经营式农场主的牟利活动推动的。这是来自斯密和马克思熟悉的英国经验。于是,斯密学派和马克思主义学派的研究均企图找出经营有方的富裕农民。我们认为中国也是一样。然而事实是,这类情况在清代仅占商品化过程的一小部分。更重要的情况是,商品化来自人口对土地的压力。田场面积的缩减使农民趋于内卷化,即以单位劳动日边际报酬递减为代价换取单位面积劳动力投入的增加。长江三角洲的内卷化主要通过扩大经济作物经营的形式进行,尤其是植棉与棉纺织手工业。棉花经济增加了劳动力的投入,比起单一粮食作物来增加了单位土地面积的产值,然而单位工作日的收益却是下降的。这是一种应付人口压力下的维持生计问题的策略,而非为了追求最高利润的资本主义式的策略。它不会带来资本积累。这种主要由人口压力推动的内卷型的商品化,必须区别于推动近代发展的质变性的商品化。①

这里有必要指出,内卷型商品化可能通过充分地利用家庭劳动力而带来较高的家庭收入。它甚至可能通过每个劳动力每年工作更多天数而带来每个劳动力较高的年收入。但是这并不意味着单位工作日生产率和收益的发展,后者通常唯有通过劳动组织的改良、技术的进步,或更多的单位劳动力资本投入才可能实现。换句话说,内卷化解释了没有发展的增长这一悖论现象。

与发展不同,内卷化所可能带来的增长是有限的,局限于一年中劳动力能够承担附加劳动的天数,而通过资本化(即增加单位劳动力的资本投入)来提高每个劳动力的生产率则不受这样的局限。更进一步,生产越是内卷化,就越是难以把劳动力抽出而走通过资本化提高劳动生产率的道路。被替代的劳动力必须寻求另外的就业机会。

---

① 为把我的内卷化区别于过去的马尔萨斯的论点,我应指出我的分析很大程度上得益于博塞拉普(Boserup,1965)。博塞拉普把马尔萨斯的观点颠倒过来:马尔萨斯把食物生产看成是独立因素,在人口压力下供不应求;而博塞拉普则把人口看作独立因素,推动食物生产。博塞拉普认为人口增长推动了种植业的密集化,尤其是通过提高种植频率,由二十五年一熟的林木火种制到五年一熟的灌木火种制,到一年一熟和一年数熟制。我在博塞拉普的框架上增加了这样的概念:在固定的技术条件下,劳动密集化的过程是有极限的。长江三角洲在南宋时已接近其极限,在明清时期出现的主要是内卷化、劳动边际报酬的递减,而不是收入与劳动投入同步增长的单纯的密集化。我还增加了这样的概念:与家庭手工业相结合的商品化农业生产是内卷化的一种形式。

应该明确,即使没有其他质变性的变化,内卷型商品化也可成为市场与城镇发展的基础,就像明清时期发生的那样。小农的棉花和桑蚕生产提供了这些商品贸易的基础,进而影响粮食经济。这样的贸易与附属的加工成了新城镇的支柱,并进而推动了文化领域出现新现象。然而尽管如此,农民的糊口经济依然持续。

换句话说,我们企图找到的解释历史上悖论现象的答案就隐藏于商品化过程自身的特性之中。这一特性并不臆想所有的商品化均会导致资本主义的发生。商品化有着不同的形式和动力,产生着不同的变化,我认为我们不应该坚持讲中国的经验必然是或应该是与英国的经验一样,而需要去认清中国的不同动力和逻辑,其结果是与那些基于英国经验的理论模式相悖的现象。

我采用了类似的方法来分析帝国主义。我不认为世界市场必然有利于中国经济,或帝国主义只是有害于中国。我试图去找出历史真实,并说明帝国主义所引起的积极与消极作用同时并存的悖论现象。西方的冲击导致了由外国企业和国内城市企业组成的近代经济部门与内卷化的乡村经济部门相联结。例如在国际化了的蚕丝经济中,相对资本密集的机器织绸由美国和法国的工厂承担,它们依靠资本不那么密集的中国缫丝工业提供生丝,而中国缫丝工业又靠内卷化的小农家庭生产提供蚕茧。整个体系基于低收益的男性农民的植桑和更低收益的农民妇女的养蚕。在棉花经济中也有类似的逻辑。外国工厂承担大多数相对资本密集的织布,中国纱厂承担相对节省资本的纺纱,而中国农民承担劳动密集的低收益的植棉。于是,帝国主义、中国工业和内卷化的小农连成了一个整合的体系。

四、微观的社会研究

从方法的角度来看，微观的社会研究特别有助于摆脱既有的规范信念，如果研究只是局限于宏观或量的分析，很难免套用既有理论和信念。然而，紧密的微观层面的信息，尤其是从人类学方法研究得来的第一手资料和感性认识，使我们有可能得出不同于既有规范认识的想法，使我们有可能把平日的认识方法——从既有概念到实证——颠倒过来，认识到悖论的事实。

基于同样的原因，地方史研究也是有用的方法。在对一种因素或一组因素的宏观研究中，我们很难对不同因素间的假定联系提出本质性的疑问。而地方史研究通常检阅了一个特定地区的“全部历史”，从而有可能对不同的因素间的关系提出新鲜的问题，避免把某一历史过程中发生的一些联系套用到另一历史过程中去。在我自己的经历之中，源自第三世界的分析概念比基于西方经历的模式有用。我自己关于内卷化的概念就得益于恰亚诺夫(A.V.Chayanov)和吉尔茨(Clifford Geertz)的模式，它们都是基于对非西方社会的微观研究。

最后，我认为鉴定悖论现象是设计要研究的问题的好方法。既有的理论体系之间的争论和共同信念，可以帮助我们去认识悖论现象。一旦认清了悖论现象，以及它所否定的规范信念，我们便可能对假定的因果关系提出怀疑。例如商品化的性质会不会不同于我们以往的估计？近代化的动力会不会只限于商品化？这些问题引导我们去注意未发现的联系，也启发了我们思考可能解释这些悖论现象的新概念。

其他的悖论现象

下面我打算进而广泛地考察一些为以往学术研究所揭示的基于实证的悖论现象。我不准备对过去的学术加以全面的转述，而只打算讨论一些特别能说明问题的研究。我的讨论将主要集中于这里所要提倡的研究方向。这就不可避免地忽视了许多学者为突破旧模式和寻找新途径所做出的贡献。

一、分散的自然经济与整合的市场

大洋两岸的学者近年来在运用微观经济学方法探讨中国经济史上做了一些努力。过去的研究主要是宏观经济的研究，新的研究从总产出转向市场、价格和企业、家庭抉择等被忽略的方面。①

新的研究成功地证实了明清经济中市场的整合趋势。在稻米、棉花、茶叶等商品交换中无疑存在着“全国市场”。我们可以明确地看到各地区间商品流通的路线，并估计出大概的流通量。此外，可以证明不同的地区之间价格同步波动。在民国时期，上述趋势加速扩展，中国的市场进一步连接于国际市场。

然而，我们还知道明清期间的棉纺织生产并不是在城镇作坊进行，而是在小农家庭中进行，与农耕相结合（徐新吾，1981；吴承

① 例如，吴承明，1985；陈春声，1984；王业健，1989；程洪，1990。更早的、开拓性的研究还有全汉昇和克劳斯，1975。

明,1990:208—332)。不仅如此,小农生产的大部分仍直接满足家庭消费。最新的系统研究表明,直至二十世纪二十年代,小农为家庭消费的生产仍超过为市场的生产(吴承明,1990:18—19)。换句话说,乡村经济相当程度的仍处于“自然经济”状态。

进而,要素市场的运行尚处于种种约束之下,离完全自由竞争市场的理想模式还很远。土地转移同时受到习俗和法律的约束,必须让邻近田块的亲友优先购买。同时,在广泛使用的典卖交易方式之中,卖主几乎拥有无限期的赎回权(杨国桢,1988)。雇佣交易中讲究私人关系和中间人,从而限制了劳动力市场的空间范围。村内亲友间的贷款(无论个人贷款还是合会),讲究感情和礼尚往来,而未形成脱离人际关系的信贷市场逻辑。小农借贷反映了糊口经济中的为生存而借款的逻辑,月利高达2%至3%,远高于任何盈利企业所能承担的利率(Fei[费孝通],1939;Huang[黄宗智],1990)。

我们当然可以再一次陷入以往的论争。新斯密学派会坚持说,根据某些商品价格同步变化的事实,他们理想中的整体化市场经济的其他因素也肯定同时存在:在中国小农经济中,充分竞争的、教科书式的要素市场如同在先进的资本主义经济中一样存在,小农就像资本主义企业家一样,在市场上为寻求最大利润而做出经济抉择(舒尔茨[Schultz],1964;布兰特[Brandt],1989)。有些人更从这样的简缩性推理出发,进一步得出乡村质变性的近代化必然会由这样的市场发展而来的武断结论。按照他们有悖事实的逻辑,他们不在乎历史真实不是如此,同样可以坚持要不是战争和革命打断这一进程,迟早会有这样的发展这一观点。

与此对照,“自然经济”论学者会坚持说封建经济只可能是“自然经济”。在正常的历史进程中,资本主义和完全整合的市场会发展起来,但这种可能性被帝国主义排除了,帝国主义和中国封建势力的勾结阻碍了这一进程。要是西方没有入侵,情况就会不同了。这样,我们又回到了老一套基本是政治意识的争论。

“经济二元论”(Hou,1963;Murphey,1977)把纯竞争性的要素市场模式与自然经济模式合并为一个具有两个不同部门的经济体系模式。但这个模式贡献有限,因为我们可以看到两个部门实际上是紧密相连的,最明显的例子是影响到每家每户的棉花经济。把两种经济想象为分隔的部门是没有道理的。

这三种模式没有一种能勾画出近几个世纪来市场在中国经济中运行的实际情况。在这个论题上,就像在中国社会经济史和其他论题上一样,我们面临着概念上的困境,这正反映了当前规范认识危机的一个部分。打破这一困境所需的第一步,是改变过去由理论到史实的做法,而立足于实证研究。面对分散的“自然经济”与整合市场并存的悖论现象,我们如何解释这两者的同时出现和长期并存呢?还有,我们如何解释不带近代发展的整合市场的形成过程呢?我认为作为第一步,我们可考虑商品化有不同的动力,从而产生不同的结果。这一设想也可以延伸到市场是否按照既定模式运行的问题。一个特别值得探讨的对象是商行,其处于传统的和近代的市场体系的交接点,可以启发我们认识这两种体系是如何运行的,以及它们如何相互渗透和不渗透。

二、没有公民权力发展的公众领域扩张

美国清史研究者的另一个新的重要研究是关于公众社会团体的扩张，尤其是在长江三角洲，诸如会馆、行会、书院、善堂、义仓之类的组织，均有了扩展。这样非官方公众团体的发起使人联想到哈贝马斯（Jürgen Habermas）研究的关于近代早期欧洲的“公众领域”（public sphere）的概念，并把这一概念运用到明末清初的研究之中。① 表面看来，两个历史过程似乎十分相似。

然而，借用哈贝马斯的词语和定义会带来无意的结论先行和简缩化。在西欧历史上，哈贝马斯研究的“公众领域”是对民主起源的探讨（以及随后的“结构转变”）。他所涉及的不仅是公众领域和私人领域间的不同，而且更是两者在国家政权与“公民社会”（civil society）对立面中的地位。就他而言，公众领域与私人领域、国家政权与公民社会这两组概念是相互渗透的。事实上，正是这两组概念的交替使用加强了他的“公众领域”概念的分析力。从民主起源的角度来看，人们生活中公众领域的扩展只属于次要，关键在于与其同步扩展的公民权力。我们必须在这一历史背景之下来理解哈贝马斯的“公民社会中的公众领域”（Habermas，1989）。

近代城市社会生活中，公众领域持续扩张。但这一扩张并不一定与公民权力的发展相伴随。事实上，我们可以设想公众领域

① 这方面的许多研究仍在进行之中。其方向可见于罗威廉（Rowe，1989）关于汉口的研究，与 Brook，1990。当然这一概念也被运用到晚清与民国时期（参见 Esherick and Rankin，1990；Rowe，1990），其对后一时期也许比较适用。

是一块近代国家政权与公民社会争夺的地盘。在民主国家的近代史上,公民社会成功地占领了公众领域,而在非民主国家中则正好相反。革命后中国政权对公众领域的全面控制便可以说明这个区别。

由此,哈贝马斯的概念如果用于中国,它所突出的应不是类似西欧的公众领域与公民政权的同时发展,而是两者的分割。当然,在中国随着城镇发展和城市生活中村社生活方式的解体,公众领域有了扩张(我们只要考虑一下城乡日常生活的不同:乡村居民与家庭成员、亲戚、村邻都有较密切的联系,而与外界较少联系;而城镇居民对亲友保持一定距离,但与近邻之外的外界有交往)。然而,中国不像中世纪晚期和近代早期的西欧,城镇并不处于政权的控制范围之外,城镇的发展并不意味着市民政治权力的发展。在1600—1700年与1840—1895年的中国,市民公众团体确实有了相当的扩张,但并没有相应的独立于国家政权的公民权力的发展。不带公民权力发展的公众领域扩张的悖论现象,进而提出了问题:推动明清与近代早期西方公众团体扩展的动力究竟有何异同?

三、没有自由主义的规范主义法制

当前美国研究中国的又一热门是法制史。老一代研究者指出,中国的司法体制中没有司法独立和人权保障。司法当局只是行政当局的一部分,法律主要意味着惩罚,为了维护官方统治思想和社会秩序,因此,在民法方面几乎毫无建树(Ch'u[瞿同祖],1961;Van Der Sprenkel,1977; Bodde and Morris,1967)。与当时中国研究的总体情况一样,他们的研究注重中国历代王朝与近代西方的不同之处。

晚一辈的学者则强调中国的法制传统的规范性和合理性。事实上,司法并非诉诸专横的惩罚和拷问,而具有一定的作证程序,即使按今天的司法标准来看也是行之有效的。同时,这个制度系统地、合理地处理了民事纠纷。① 这批学者几乎与“近代早期论”学者是在同一时期纠正前辈的偏向的。

两代学者运用的不同分析框架呼应了马克斯·韦伯(Max Weber)的实体主义(“卡地”法)和形式主义的一对对立概念(Weber,1954)。对一个来讲,法律是政治的工具,法律服从于统治者的意志和愿望。对另一个来讲,法律是基于规范化的、形式化的成文的原则,并导向司法的专业化、标准化和独立化。后者被马克斯·韦伯认为是近代的理性主义的表现。

两种不同的情景在比较法学家罗伯托·安格尔 1976 年的著作与他的批评者威廉·阿尔弗德 1986 年的著作中得到充分反映(Unger,1976;Alford,1986)。对安格尔来说,中国代表了不具备近代自由主义法律和保护个人人权的法制传统。而对阿尔弗德来说,安格尔对中国法律的看法正反映了前一代学者西方本位主义态度的错误。

我认为两种观点均有一些道理。我们不能否认中国的王朝法律已经高度规范化,而且相对的系统化和独立化。但是,我们又无法否认中国的王朝法律仍受到行政干预,尤其是来自皇权的干预

① Buxbaum,1967; Conner,1979; Alford,1984.

(Kuhn[孔飞力],1990)。直至民国时期和西方影响的到来,它也没有向保护人权的自由主义发展。规范主义和自由主义在近代早期和近代的西欧是得到结合的。中国的明清时期并非如此。

争论的双方若只坚持自己一方更为精确、重要,结果将会像关于明清时期是“传统的”还是“近代早期的”,是“封建的”还是“资本主义萌芽的”争论一样。我们研究的出发点应是已经证实了的悖论现象:没有自由主义的规范主义的法制。

我们需要去探讨这个法制的实际执行情况,尤其是关于民事纠纷的案件。[①] 当然,清代的刑法与民法之间并无明确分界。这表明民事司法缺乏明确的划分和独立的领域,因而与近代的自由主义传统的法律不同。但是,清律明确载有相当多的具体的、有关民事的正式条文(诸如关于继承、婚姻、离婚、土地买卖和债务的条文)。清代和民国时期的大量案件记录现在已经可以见到。这些记录所载有的微观信息,使我们可以详细地探讨一系列问题。例如,就一个地方行政官而言,民事案件的审理占多大比重?他在何种程度上根据法律条文来处理案件,或专断地根据个人意志来处理案件?从普通人民的角度来看,在何种程度上,以及出自何种目的而求诸诉讼?在解决民事纠纷的过程中,司法系统与当地社团的调解如何相互关联?对这些问题的回答,可以给我们一个较坚实的基础来分析中国和西方法制传统的异同。

---

① 在路斯基金会(The Luce Foundation)的资助下,关于“中国历史上的民法”的讨论会于1991年8月在加利福尼亚大学洛杉矶校区(UCLA)举行。

四、中国革命中的结构与抉择

过去对中国革命的研究在结构和抉择的关系问题上划分成不同的营垒。中国正统的马克思主义观点是直截了当的：长期的结构变化导致阶级矛盾尖锐化，尤其是地主与佃农之间的关系。中国共产党则是被剥削农民的组织代表。结构变迁与人为抉择的因素在共产党领导的阶级革命中汇合成同一个运动（毛泽东，1927，1939；李文治，1957；章有义，1957）。

这一观点与社会经济长期变迁的研究是相互呼应的。"封建主义论"学派强调封建生产关系下地主与佃农之间冲突的中心地位。帝国主义加剧了阶级矛盾，从而引起了反帝反封建的阶级革命。"资本主义萌芽论"学派尽管强调帝国主义如何阻碍了中国资本主义萌芽的充分发展，但对于革命的结构性基础得出的是同样的结论：封建自然经济的阶级关系仍占统治地位，从而确定了共产党领导的反帝反封建革命。

保守的美国学者的观点则相反：结构性的变化与人为抉择在中国革命中是相悖的。在二十世纪五十年代的"冷战"高潮时期，最保守的学者甚至坚持中国革命仅仅是莫斯科控制和操纵的少数阴谋家的产物（Michael and Taylor，1956）。其后，保守的主流观点演变成强调共产党组织是造成革命的主要动力。农民的阶级斗争只不过是革命宣传机构虚构出来的，真正重要的只是高度集中的中国共产党的组织工作。

这一观点也得到研究社会经济长期变迁的学者的支持。"停滞的传统中国论”强调人口压力是近代中国不幸的缘由,而新斯密派则强调市场促进发展的作用。无论哪种观点均认为中国共产党领导的阶级革命是与结构性变化的趋势相悖的:人口压力要求控制生育或其他改革,市场推动的发展要求资本主义,两者均不要求革命。

两套观点显然各有可取之处。没有人会否认共产党比国民党获得更多人民的拥护,而人民的支持对内战的结局起了决定性的作用,在中国北方的战役中尤其如此。同时,我们也无法否认列宁主义型共产党组织有民主的一面之外,还有集中的一面。解放后,中国农民在相当程度上仍旧是共产党高度集中的政权所统治的对象,而不是理论中所说的那样。

在二十世纪六七十年代美国的政治气氛下,学者们极难摆脱政治影响而说明上述两点事实。试图论证中国革命的群众基础的著作常带着整套阶级革命的论说(Selden,1971)。而关于共产党组织重要性的讨论则牵带着一整套保守的观点(Hofheinz,1977)。即使小心地避开政治争论的学者也无法避免受到政治攻击。于是,费正清被雷蒙·迈尔斯和托马斯·梅则格攻击为传播“革命范例”,“他的政治观点迎合了北京的历史观点,阻碍了许多美国学者公正、清醒地分析两个中国政府”(Myers and Metzger,1980:88)。

研究这一领域的大多数学者其实并不相信上述两种观点的任何一种。头脑清醒的学者则冷静地从事于实证研究,以期建立有说服力的分析(如陈永发,1986)。然而,迄今未有人能够提出得到广泛承认的新的解释。

我认为要使这一领域的研究进一步发展,关键在于突破过去关于长期结构变迁与革命之间关系的规范认识。结构变迁不一定导向自由市场资本主义或共产主义革命,还有着其他的可能性。我本人已提出了内卷型商品化的看法。在这个过程中,阶级矛盾并没有尖锐化,农民并没有分化为资本主义农场主和雇农。商品化所起的作用主要是增强了小农家庭和村庄社团再生产的能力。

另一个关于长期结构变迁的不同看法的例子是,太平天国起义后的一百年中江南地区最突出的结构性变迁是地主势力的衰落,其导因是政府的压力、税收的提高和租额的徘徊不上。土地租佃制未必像正统的革命模式者估计的那样,必定要被佃农积极的阶级革命所摧毁。它也可能只是在长期的结构性变迁下自然崩溃,未必通过农民的革命行动才崩溃,至少在长江下游地区是如此(Bemhardt[白凯],即将出版)。

此外,我们需要把结构与抉择的关系看作既非完全相应又非完全相悖的。我们的选择不必限于美国保守派认为的没有人民支持的党或中国共产党的阶级革命浪潮的两种观点。真正的问题是,结构与抉择如何相互作用?

把结构和抉择看作既分开又相互作用是一个重要进步。这使我们把二者间的联系看作是一个过程,而不是预定的结论。在裴宜理关于淮北地区革命运动的研究中(裴宜理[Perry],1980),长期的生态不稳定和共产党的组织活动两个因素得到暂时的协调,这体现在共产党利用农村的自卫组织(联庄会)。在詹姆斯·斯科特的"道义经济"模式中(Scott,1976;Marks,1984),传统的村社一贯尊重其成员的道义性"生存权"(如歉收时地主应减租)。在革命过程中,党组织和农民在重建被商品经济和近代政权摧毁的道义经济上找到了共同点。再举一个例子,周锡瑞对义和团的研究表明(Esherick,1987),对农民文化的研究可以帮助我们了解农民思想和行动上的倾向。

要想真的得出新的观点和分析,突破过去几十年在分析概念上的困惑,我们需要大量与以往不同的资料。中国研究革命史的学者主要局限于组织史(党史),部分原因是缺乏他种性质的资料,极少有关于革命运动真正接触到乡村社会时发生状况的资料。[①] 然而,我们现在有可能通过地方档案和当事人(他们的人数正在迅速减少)的回忆获得能够解决问题的微观层面的资料。有的美国学者已在积极从事这样的研究。

当代史

当代史的研究同样为上述两套理论所左右。革命源于阶级斗争的分析,延伸到当代便成为"社会主义"模式。根据这一观点,中国共产党是代表中国劳动人民的组织,社会主义革命是中国社会长期结构变迁的应有产物。革命后的政权与中国社会是相应的整体。与之对立的美国保守观点认为,革命全是由共产党组织制造

① 关于结构与抉择关键的会合点,我们尚无现成的佐证。只有韩丁(Hinton,1966)和克鲁克(Crook,1959)做的人类学实地调查接近于提供了有关党与村庄社会接触时变化经过的情况。对中国学者来讲,政治意识的表述取代了史实依据:由于党代表了贫雇农的物质利益,一旦有了"正确路线"的领导,就必然会得到贫雇农的支持。美国学者所能得到的资料限于党干部的总结报告,重点在表述政治观点而非实际状况。连近年来在中国出版的资料集也多属这一类。

的,延伸至解放后的中国便成为“极权主义”模式。[1] 根据这一模式,党政机器通过对人民的极权主义控制来进行统治。政权与社会是对立的,资本主义(而不是社会主义)才是中国社会结构变迁的应有产物。

至于农村变迁,社会主义模式预言生产资料的集体所有制会克服小农生产的弱点而导向经济现代化,同时可以避免资本主义不平等的弊端。资本主义模式则预言集体所有制会因缺乏存在于私有制和自由市场经济内的刺激而受挫,集中计划会导致过分的官僚控制,社会主义经济会陷入效率低下的困境。

中国的决策层自身也长期就此问题争论,并反映在“文化大革命”期间所提的“两条道路的斗争”中。随着官方农村政策的每一次转向,这个或那个模式就被用来为政策变化做解释。于是“大跃进”和“文革”期间强调平等和集体化的成就,而“大跃进”后的调整时期和“文革”后的改革期间则重视市场和物质刺激。

这一争论在某种程度上也进入了西方的学术界。一些学者更同情“毛主义者”,而另一些则赞成刘少奇和二十世纪八十年代的改革者的观点。而两种模式最虔诚的信奉者则从抽象模式的观点批评中国的政策,如指责毛政策下国家机器仍然凌驾于劳动人民之上(Lippit,1987),或二十世纪八十年代的改革中市场经济发展仍然受到过分抑制(杰弗逊与罗斯基,待刊稿)。

随着二十世纪八十年代中国放弃集体化农业,新斯密学派认为在改革中看到了对自己信念的认可。对他们而言,中国转向市

---

① 舒(Shue,1988)详细讨论了这一模式在学术分析中所起的中心作用。

场经济意味着社会主义的崩溃和资本主义的胜利;改革意味着中国经济在几十年失常的社会主义革命之后,最后回到了市场推动发展的正确途径。如果问题仍旧存在,那只是因为改革还不彻底,还没有实行彻底的私有制和价格放开,也就是资本主义。

我认为中国近几十年历史给我们的真正教训是两种理论共同的错误。就像对解放前中国的研究一样,当代中国的研究也为两种理论、一个共同的规范认识所左右。学术界的争论主要集中于两种理论间的不同点,但它们共享的规范信念实际上具有更大的影响。

这里,规范信念仍指那些两种理论共同认可的地方,即双方均认为明确得无须加以讨论的地方。在这样的一些认识中,双方均认为城市工业化与乡村发展、产量增长与劳动生产率提高同步发生,形成同一的现代发展过程(不管是资本主义的还是社会主义的)。

双方认可的另两个规范信念也影响到我们如何看待解放后的中国。由于资本主义和社会主义的模式均来自西方及苏联的经验,它们都没有考虑到人口过剩问题。两种估计均认为随着现代经济发展,不管是社会主义的还是资本主义的,人口问题会被轻而易举地克服。双方均未考虑已经高度内卷化的农业,单位面积的产量已经如此之高,已无可能再大规模提高。两者均认为产量可能无限提高。两者都没有去注意在一个内卷化的乡村经济中,工副业生产对于小农的生存是何等重要。两者均认为乡村生产基本上仅是种植业生产。

社会主义和资本主义两个模式通常都认为自己是对方之外的

唯一选择。受这一规范信念影响的人很多,包括对两种模式本身都持怀疑态度的学者在内。在这个规范信念的影响下,乡村发展要么走资本主义道路,要么走社会主义道路,而不可能走两者的混合,或第三条、第四条道路。

一、集体化时期的城市发展与乡村内卷化

城市工业化与乡村内卷化并存的悖论现象在解放后的中国比起解放前的中国来甚至更为明显。以往的研究清楚地论证了工业发展与农业变化间的巨大差别:在 1952 年至 1979 年间,工业产出以 11%的年速度增长,共增长了 19 倍;而农业产出年增长速度仅 2.3%,略高于人口增长速度(Perkins and Yusuf,1984)。这一工业发展与农业不发展的悖论现象直接与资本主义、社会主义模式关于城市与乡村同步发展的预言相冲突。

当然,乡村集体化赋予了中国农业以个体小农无法提供的基本建设的组织条件。通过这样的建设,本来可能提高劳动生产率。然而人口压力和政府政策迫使对单位土地面积投入越来越多的劳动,迫使其边际报酬递减。最后,乡村产出虽然提高了 3 倍,投入的劳动力却扩增了 3—4 倍——通过全面动员妇女参加农业劳动,增加每年的工作日以及乡村人口的近倍增加。这造成了单位工作日报酬的降低,亦即乡村生产没有(劳动生产率)发展的产出增长。

集体化农场与解放前小农家庭农场一样具有某些基本的组织性特点。不同于使用雇佣劳动的资本主义农场,它们的劳动力来源是固定的,不能根据需要加以调节。也不同于资本主义农场,他

们都是一个集消费和生产为一体的单位,而非单纯生产的单位。于是,他们有可能为消费需要而高度内卷化,而无视单位劳动的收益。此外,解放后的政府政策进一步强化了内卷化倾向。从政权的角度来看,在劳动力富裕的中国增加劳动投入远比增加资本投入便宜。另外,政府的税收和征购与总产出挂钩,不涉及社员的单位工作日收入。其结局是我称之为集体制下的内卷化,是中国乡村几个世纪来内卷化趋势的继续。

二、二十世纪八十年代的乡村工副业

对照之下,二十世纪八十年代出现了大好的乡村发展。乡村总产值(可比价格)在 1980 年至 1989 年间猛增 2.5 倍,远远超过 15%的人口增长率(《中国统计年鉴》,1990:333,335,56—57,258,263)。随着这一跃进,出现了中国乡村几个世纪来的第一次真正的发展,表现在劳动生产率和单位工作日收益的提高和糊口水准之上的相当的剩余。

我们如何看待这一进步?一些研究者忽视人口压力和认为乡村生产主要是种植业,把注意力完全放在种植业产出上,指望市场和利润刺激会像资本主义模式预言的那样带来大幅度的增长(Nee and Su,1990)。种植业产出在 1979 年至 1984 年间确实曾以平均每年 7%左右的速度增长(《中国统计年鉴》,1990:335)。这一事实更促成直观的期望。事实上,中国改革的设计者们自己也把种植业生产看作乡村发展的标志,并自信地预言其可能以同样幅度继续提高(发展研究所,1985)。但实际上,从 1985 年开始增长已经停止。但是新斯密学派成员仍继续坚持他们的看法，并以有悖事实的逻辑声称：只要中国领导人不半途而废（进而实行私有化和价格完全放开），种植业还会有更进一步的发展。

事后来看，种植业生产在最初的跃升后停滞并不令人奇怪。在中国这样高密度的和内卷化的农业经济中，单位面积产量早已达到了很高水平。除了后进地区因为中国化肥工业的成熟而得以更多地使用化肥外，其他地区早已使用了易于应用的现代投入。在土地没有这样密集使用的美国或苏联，大幅度的增长是可能的，但指望中国如此是没有道理的。

人们的注意力主要集中于种植业到底应该以资本主义还是以社会主义的方式进行的问题上，很少有人关注到乡村经济发展的真正动力：工业与“副业”（包括手工业、畜牧业、渔业、林业）。① 在生产资料分配的市场化和政府政策的鼓励下，乡村两级组织积极开创新的企业。工业的增长尤为惊人，自 1980—1989 年间增加了 5 倍，远远超过种植业的 0.3 倍。到二十世纪八十年代末，乡村工业已占农村社会总产值的一半以上，而副业占了另外的五分之一。②

这些部门对农村社会总产出增长 2.5 倍的贡献远远超过了种植业生产（比例约为 9 ∶ 1）。到 1988 年，9000 万乡村劳动力在农业外就业（《中国统计年鉴》，1990：400，329）这一变化使数百年来

① 乡级机构统计习惯如此使用“副业”指标。中央级的国家统计局则把畜牧业、林业和渔业区分于手工业和“副业”，而把所有这些都与种植业一起归入“农业”指标下。

② 《中国统计年鉴》，1990：333，335。这里的“工业”包括建筑业和运输业。如果把后两者分出去，乡村工业占农村社会总产值的五分之二，而非一半。

第一次有可能在中国的某些地区移出种植业生产中过分拥挤的劳动力,出现了反内卷化。通过减少参与分配的劳动力,反内卷化带来了作物生产中单位工作日收入的提高。连同来自新工业和副业的收入,中国农村的许多地区第一次创造了真正的发展和相对繁荣。

最后,把资本主义和社会主义当作仅有的可能选择的规范信念,使许多学者忽略了二十世纪八十年代发展的实质内容。其中占最重要比例的是市场化了的集体企业(《中国农业年鉴》,1989:345—346)。它们是两种生产方式的混合体,是社会主义所有制和资本主义式运行机制的混合产物,既非纯资本主义亦非纯社会主义。我们今日不应再固执于两个简单的旧模式中的任何一个。

三、没有"公民社会"的市场化

在城市中,二十世纪八十年代中国经济的市场化,伴随着中国政治生活的开放和民间社团的相应兴起。这些发展使一些美国学者用"公民社会"(civilsociety)的概念来形容改革时期的政治变化(Whyte,1990)。这个概念指出政权与社会间权力关系的问题,比起以往的极权主义模式来是一种进步,因为后者简单地把政权对社会的全盘控制不加分析地作为前提。

然而,就像使用"公众领域"(public sphere)去描述明清时期一样,"公民社会"也容易使我们混同西方与中国的经历。在近代早期的西欧历史上和最近的东欧历史上,民主政治的发展(尤其是从国家政权独立出来的民权和公民个人的人权)伴随着自由市场的发展。“公民社会”包含着各种关系的复合体:伴随着早期资本主义发展而兴起的市民团体,以及民主政治体制的开端。因此,使用这个名词而不去明确注意中国的不同之处,会造成相同的复合体也在中国出现的错觉。

这一提法对二十世纪八十年代的中国来讲,就像“公众领域”对清代一样不适当。它夸大了二十世纪八十年代市场交易和市民团体扩张的民主含意,也进而夸大了公民权力组织的基础。它重复了过去一些人的习惯,用简缩化和结论先行的推理,把西方的理想模式套到中国头上:如果一个复合体的一两种因素出现了,那整个复合体必然会或马上会出现。

我们应当离开源自西方经验的模式,从没有民主发展的市场化和没有民主政治发展的市民团体兴起的悖论现象出发。二十世纪八十年代中国的市场化非常不同于资本主义经济的历史经验,而市民团体的形成也同样出自不同于西方的动力。如这些不同能得到分析,将有助于理解市场化带给中国的可能不同的社会、政治含义。

四、一条资本主义与社会主义之外的道路

当然有人会继续坚持单一资本主义或社会主义模式,并运用这样或那样的旧有的简缩化、结论先行或有悖事实的逻辑。根据那样的推理,市场的出现预示着资本主义的其他部分,如私有制和民主接踵而来。要是其他部分没有出现,它们至少是应该出现的。至此,只差一小步就到了有悖事实的结论:只要中国不顽固地拒绝

放弃社会主义和转向资本主义,预想中的发展必然会到来。

中国反对改革的保守人士使用同样的逻辑而得出相反的结论。随着市场化,资本主义的其他不好因素必然会接踵而来:阶级分化、资本主义剥削、社会犯罪,以及诸如此类的现象。因此,必须坚决拥护彻底的社会主义,来反对资本主义萌芽。改革遇到的一些挫折,并不意味着资本主义化还不够,而是过了头。要是计划经济、集体经济没有因改革而被削弱,情况会好得多。

时至今日,我们应把这些争论搁置一边了。中国农村在二十世纪五十年代之前经历了六个世纪的私有制和市场经济,但仍未得到发展,人口的绝大多数仍被束缚于糊口水平的种植业生产。中国农村如果退回到二十世纪五十年代以前的经济组织,会面临比以前更大的问题:人口增加了2倍,来自化肥、电泵和机耕等现代化投入的易实现的进步已经都有了,很难想象市场在这种情况下如何发挥它的魔力。

二十世纪五十年代至七十年代的集体化途径也应放弃了。在这一途径下,农作物产出确实增长很快,但劳动生产率和单位工作日报酬是停滞的。农村人口的大多数停留在仅敷糊口的生活水准。坚持这一途径,与退回二十世纪五十年代前一样,也是不合理的。

那么,出路到底何在?学术研究的第一步应是解释为什么乡村经济在二十世纪八十年代得到蓬勃发展,而在拥有自由市场、私有财产的1350年至1950年以及计划经济的集体化的二十世纪五十至七十年代都没有这种发展?为什么乡村集体所有制与市场化经济的悖论性混合体却推动了充满活力的乡村工业化?

中国革命史上的一个突出特点是乡村起了很大作用。乡村曾是共产党组织和革命根据地的所在地。通过二十世纪五十年代的集体化,村、乡变成土地和其他生产资料所有的基本单位。由于二十世纪五十年代后期以来极严格的户籍制度,村、乡下属的人员长期稳定。接着,村、乡又成了水利、公共卫生和教育等大规模运动的基本组织单位,在这些过程中扩大了它们的行政机器。这些变化给予这些组织在农村变迁中特殊的地位和作用,有别于一般发展中国家和社会主义国家。最后,在二十世纪八十年代扩大自主权和市场刺激的双重激励下,他们成为农村工业化的基础单位。它们在中国农村发展中所起的关键作用提出了这样的问题:在中国出现的这一历史真实是否代表了一条新的农村现代化的道路,一条既不符合社会主义,也不符合资本主义单一模式的道路?

当前中国史研究中的规范认识危机是全世界历史理论危机的一个部分。这一世界性的历史理论危机是随着“冷战”的结束和资本主义与社会主义尖锐对立的终结而出现的。这一局面给了我们一个特殊的机会去突破过去的观念束缚,参加到寻求新理论体系的共同努力中。我们的中国史领域长期借用源自西方经验的模式,试图用这样或那样的方式把中国历史套入斯密和马克思的古典理论。我们现在的目标应立足于建立中国研究自己的理论体系,并非是退回到旧汉学的排外和孤立状态,而是以创造性的方式把中国的经验与世界其他部分联系起来。

引用书刊目录

中文(接作者姓氏的拼音字母顺序排列)

陈春声(1984):《清代乾隆年间广东的米价和米粮贸易》,中山大学硕士学位论文。

发展研究所(国务院农村发展研究中心)(1985):《国民经济新成长阶段和农村发展》,无出版处。

李伯重(1984):《明清时期江南水稻生产集约程度的提高——明清江南农业经济发展特点探讨之一》,载《中国农史》第1期。

李伯重(1985a):《明清江南农业资源的合理利用——明清江南农业经济发展特点探讨之三》,载《农业考古》第2期。

李伯重(1985b):《"桑争稻田"与明清江南农业生产集约程度的提高——明清江南农业经济发展特点探讨之二》,载《中国农史》第1期。

黎澍(1956):《关于中国资本主义萌芽问题的考察》,载《历史研究》第4期。

李文治编(1957):《中国近代农业史资料(1840—1911)》,北京:生活·读书·新知三联书店。

李文治、魏金玉、经君健(1983):《明清时期的农业资本主义萌芽问题》,北京:中国社会科学出版社。

毛泽东(1972)[1927]:《湖南农民运动考察报告》,载《毛泽东集》第1卷:第207—249页,东京:北望社。

毛泽东(1972)[1939]:《中国革命与中国共产党》,载《毛泽东集》第3卷:第97—136页,同上。

王业键(1989):《十八世纪长江三角洲的食品供应和粮价》,载《第二次中国经济史讨论会论文集》(台北)第2卷。

吴承明(1985):《中国资本主义的萌芽》,载《中国资本主义发展史》第1卷,北京:人民出版社。

吴承明(1984):《我国半殖民地半封建国内市场》,载《历史研究》第2期。

吴承明编(1990):《旧民主主义革命时期的中国资本主义》,北京:人民出版社。

徐新吾(1981):《鸦片战争前中国棉纺织手工业的商品生产与资本主义萌芽问题》,南京:江苏人民出版社。

徐新吾(1990):《中国自然经济的分解》,载吴承明编《旧民主主义革命时期的中国资本主义》,第258—332页。

杨国桢(1988):《明清土地契约文书研究》,北京:人民出版社。

严中平等编(1955):《中国近代经济史统计资料选辑》,北京:科学出版社。

章有义编(1957):《中国近代农业史资料》第2、3辑:1912—1927,1927—1937,北京:生活·读书·新知三联书店。

《中国农业年鉴》(1989):北京:农业出版社。

《中国统计年鉴》(1990):北京:中国统计出版社。

英文(按作者姓氏的罗马字母顺序排列)

Alford, W. (1984), "Of arsenic and old laws: looking anew at criminal justice in late imperial China." *California Law Review*, 72, 6(Dec): 1180—1256. 阿尔弗德[安守廉](1984):《砒霜与旧法律:中华帝国晚期刑事法制的重新考虑》

——(1986), "The inscrutable occidental: implications of Roberto Unger's uses and abuses of the Chinese past." *Texas Law Review*, 64: 915—972. 阿尔弗德[安守廉](1986):《令人费解的西方人:关于罗伯特·安格尔对中国历史的运用和滥用》

Bernhardt, Kathryn(forthcoming), *Rents, Taxes and Peasant Resistance: The Lower Yangzi Region, 1840—1950*. Stanford: Stanford University Press. 白凯:《地租、税收与农民的反抗:长江下游地区,1840—1950》,即将出版

Bodde, Derk and Clarence Morris(1967), *Law in Imperial China, Exemplified by 190 Ch'ing Dynasty Cases*. Philadelphia: University of Pennsylvania Press.布迪与莫里斯(1967):《中华帝国的法律,以190个清代案件为例》

Boserup, Ester(1965), *The Conditions of Agricultural Growth: The Economics of Agrarian Change under Population Pressure*. Chicago: Aldine.(埃斯特·)博塞拉普(1965):《农业增长的条件:人口压力下农业变化的经济学》

Brandt, Loren(1989), *Commercialization and Agricultural Development: Central and Eastern China, 1870—1930*. New York: Cambridge University Press. (罗伦·)布兰特(1989):《商品化与农业发展:华中与华东19世纪70年代至20世纪30年代》

Brook, Timothy(1990), "Family continuity and cultural hegemony: the gentry of Ningbo, 1368—1911," pp. 27—50 in Esherick and Rankin (1990).布鲁克(1990):《家族继承和文化霸权:宁波的绅士,1368—1911》

Buxbaum, D. (1967), "Some aspects of civil procedure and practice at the trial level in Tanshui and Hsinchu from 1789 to 1895." *Journal of Asian*

Studies, 30, 2(Feb.): 255—279. 伯克斯包姆[包恒](1967):《1789 年至 1895 年间淡水与新竹案件审理中的民事诉讼程序和实施》

Chen, Yung-Fa (1986), *Making Revolution: The Communist Movement in Eastern and Central China, 1937—1945*. Berkeley and Los Angeles: University of California Press. 陈永发(1986):《创导革命:华东和华中的共产主义运动,1937—1945》

Cheng, Hong(1990), "The Rural Commodities Market in the Yangzi Delta, 1920—1940: A Social and Economic Analysis." Ph. D. dissertation, University of California, Los Angeles. 程洪(1990):《长江三角洲的乡村商品市场,1920—1940:社会与经济的分析》,洛杉矶加利福尼亚大学博士学位论文

Chuan, Han-Sheng and Richard A. Kraus(1975), *Mid-Ch'ing Rice Markets and Trade: An Essay in Price History*, Cambridge, MA: East Asian Research Center, Harvard University Press. 全汉昇和克劳斯(1975):《清中叶的米粮市场与贸易》。

Ch'ü, T'img-Tsu(1961), *Law and Society in Traditional China*. Paris: Mouton. 瞿同祖(1961):《传统中国的法律与社会》

Cohen, Paul A. (1984), *Discovering History in China: American Historical Writing on the Recent Chinese Past*. New York: Columbia University Press. 柯文(1984):《在中国发现历史:中国中心观在美国的兴起》

Conner, Alison Wayne (1979), "The Law of Evidence during the Ch'ing Dynasty." Ph. D. dissertation, Cornell University. 孔纳(1979):《清代法律中的作证程序》,康奈尔大学博士学位论文

Crook, David and Isabel Crook (1959), *Revolution in a Chinese Village: Ten Mile Inn*. London: Routledge & Kegan Paul. (戴维·)克鲁克与(伊莎

贝尔·)克鲁克(1959):《一个中国村庄的革命:十里铺》

Demberger, R. (1975), "The role of the foreigner in China's economic development, 1840—1949", pp. 19—47 in Dwight Perkins (ed.), *China's Modern Economy in Historical Perspective*. Stanford: Stanford University Press.邓伯格(1975):《外国人在中国经济发展中的作用》

Elvin, Mark(1973), *The Pattern of the Chinese Past*. Stanford, Calif: Stanford University Press.(马克·)艾尔温(1973):《中国过去的型式》

Esherick, Joseph(1987), *The Origins of the Boxer Uprising*. Berkeley and Los Angeles: University of California Press.周锡瑞(1987):《义和团运动的起源》

Fairbank, John K. (1958), *The United States and China*. Cambridge, MA: Harvard University Press.费正清(1958):《美国与中国》。

Fairbank, John K., Edwin O. Reischauer, and Albert M. Craig (1965), *East Asia: The Modern Transformation*. Boston: Houghton Mifflin. 费正清等(1965):《东亚:近代的变革》

Faure, David (1989), *The Rural Economy of Pre-Liberation China*. Hong Kong : Oxford University Press, 科大卫(1989):《中国解放前的农村经济》

Fei Xiaotong[Fei Hsiao-Tung] (1939), *Peasant Life in China: A Field Study of Country Life in the Yangtze Valley*. New York: Dutton. 费孝通 (1939):《中国的小农生活:长江流域乡村生活的实地研究》

Feuerwerker, Albert(1958), *China's Early Industrialization: Sheng Hsuan-huai (1844—1916) and Mandarin Enterprise*. Cambridge, MA: Harvard University Press. 费维恺(1958):《中国的早期工业化:盛宣怀(1844—1916)与官办企业》

Habermas, Jurgen(1989) [1962], *The Structural Transformation of the Public*

Sphere. Cambridge, MA: MIT Press.哈贝马斯(1989)[1962]:《公众领域的结构转型》

Hinton, William(1966), *Fanshen: A Documentary of Revolution in a Chinese Village*.New York: Random House.韩丁(1966):《翻身:一个中国村庄革命的纪实》

Ho, Ping-ti (1959), *Studies in the Population of China*. Cambridge, MA: Harvard University Press.何炳棣(1959):《中国人口研究》

Hofheinz, Roy, Jr, (1977), *The Broken Wave: The Chinese Communist Peasant Movement, 1922—1928*. Cambridge, MA: Harvard University Press.(罗伊·)霍夫海恩斯(1977):《断裂的波涛:中国共产党的农民运动,1922—1928》

Hou, Chi-Ming(1963), "Economic dualism: the case of China, 1840—1937," *Journal of Economic History*, 23, 3 : 277—297. 侯继明(1963):《经济二元论:中国的实例,1840—1937》

——(1965), *Foreign Investment and Economic Development in China, 1840—1937*. Cambridge, MA : Harvard University Press.侯继明(1965):《外国投资和中国经济发展,1840—1937》。

Huang, Philip C. C. (1985), *The Peasant Economy and Social Change in North China*. Stanford: Stanford University Press.黄宗智(1985):《华北的小农经济与社会变迁》

——(1990), *The Peasant Family and Rural Development in the Yangzi Delta, 1350—1988*.Stanford: Stanford University Press.黄宗智(1990):《长江三角洲小农家庭和乡村发展,1350—1988》

Jefferson, Gary and Thomas G. Rawski (1990), "Urban Employment, Underemployment and Employment Policy in Chinese Industry." Paper

Presented at the Conference on "Institutional Segmentation, Structural Change and Economic Reform in China, "UCLA, Nov. 17.杰弗逊与罗斯基(1990):《中国工业中的城市就业:就业不足与就业政策》,待刊稿

Kuhn, Philip A. (1990), *Soulstealers: The Chinese Sorcery Scare of 1768*. Cambridge, MA: Harvard University Press. 孔飞力(1990):《叫魂:1768年中国妖术大恐慌》

Lippit, Victor (1974), *Land Reform and Economic Development in China*. White Plains, NY: International Arts and Sciences Press.(维克托·)利皮特(1974):《中国的土地改革和经济发展》

——(1987), *The Economic Development of China*. Armonk, N. Y. : M. E. Sharpe. 利皮特(1987):《中国的经济发展》

Liu, Ta-Chung and Kung-chia Yeh (1965), *The Economy of the Chinese Mainland: National Income and Economic Development, 1933—1959*. Princeton, NJ: Princeton University Press.刘大中与叶孔嘉(1965):《中国大陆的经济:国民收入的经济发展,1933—1959》

Marks, Robert Brian. (1984), *Rural Revolution in South China: Peasants and the Making of History in Haifeng County, 1570—1930*. Madison: University of Wisconsin Press. (罗伯特·布赖恩·)马克斯(1984):《华南的农村革命:农民与海丰县历史的创造,1570—1930》

Michael, Franz and George Taylor(1956), *The Far East in the Modern World*. New York: Holt.迈克尔与泰勒(1956):《现代世界中的远东》

Murphey, Rhoads(1977), *The Outsiders*. Ann Arbor: University of Michigan Press.墨菲(1977):《外来人》

Myers, Ramon(1970), *The Chinese Peasant Economy: Agricultural Development in Hopei and Shantung, 1890—1949*. Cambridge. MA: Harvard University Press.(雷蒙·)迈尔斯(1970):《中国小农经济:河北与山东的农业发展,1890—1949》

Myers, R. and T. Metzger(1980), "Sinological shadows, the state of Modern China studies in the United States." *The Washington Quarterly*, 3, 2: 87—114.迈尔斯与梅则格(1980):《中国研究的阴影:美国现代中国研究的状况》

Naquin, Susan and Evelyn S. Rawski(1987), *Chinese Society in the Eighteenth Century*. New Haven. CT: Yale University Press. 韩书瑞与罗斯基(1987):《十八世纪中国社会》

Nee, V. and Su Suin(1990), "Institutional change and economic growth in China: The view from the villages." *Journal of Asian Studies*, 49, 1 (Feb.) : 3—25. (维克托·)倪与苏凤殷(译音)(1990):《中国的组织变化与经济发展:来自乡村的看法》

Peck, J. (1969), "The roots of rhetoric: the professional ideology of America's China watchers."Bulletin of Concerned Asian Scholars, II.1, (October): 59—69.(詹姆斯·)帕克(1969):《言辞的背后:美国的中国观察家的职业性政治立场与观点》

Perkins, Dwight (1969), *Agricultural Development in China, 1368—1968.*. Chicago: Aldine.德怀特·珀金斯(1969):《中国的农业发展,1368—1968》

——and Shahid Yusuf(1984), *Rural Development in China.* Baltimore, MD: The Johns Hopkins University Press(for the World Bank).德怀特·珀金斯与优素福(1984):《中国的乡村发展》

Perry, Elizabeth J. (1980), *Rebels and Revolutionaries in North China, 1845—*

1945. Stanford: Stanford University Press.裴宜理(1980):《华北的叛乱者与革命者：1845—1945》

Rawski Thomas G. (1989), *Economic Growth in Prewar China*. Berkeley and Los Angeles: University of California Press.(托马斯·)罗斯基(1989):《战前的中国经济增长》

Rowe, William T. (1984), *Hankow: Commerce and Society in a Chinese City, 1796—1889*. Stanford: Stanford University Press. 罗威廉(1984):《汉口:一个中国城市的商业和社会,1796—1889》

——(1989) *Hankow: Conflict and Community in a Chinese City, 1796—1895*. Stanford: Stanford University Press. 罗威廉(1989):《汉口:一个中国城市的冲突和社团,1796—1889》

——(1990) "The public sphere in Modern China." *Modern China*, 16, 3 (July): 309—329.罗威廉(1990):《近代中国的公众领域》

Scott, James C. (1976). *The Moral Economy of the Peasant: Rebellion and Subsistence in Southeast Asia*. New Haven, CT: Yale University Press.(詹姆斯·)斯科特(1976):《小农的道义经济:东南亚的叛乱和生计维持》

Selden, Mark(1971), *The Yenan Way in Revolutionary China*. Cambridge, MA: Harvard University Press.(马克·)塞尔登(1971):《革命中国的延安道路》

Shue, Vivienne (1988), *The Reach of the State: Sketches of the Chinese Body Politic*. Stanford: Stanford University Press.舒(1988):《中国主体政治概述》

Smith, Adam(1976), [1775—1776], *An Inquiry into the Nature and Causes of the Wealth of Nations*. 4th ed. 3 vols. London : n. p. (亚当·)斯密

(1976)[1775—1776]:《国富论》

Unger Roberto (1976), *Law in Modern Society: Toward a Criticism of Social Theory*. New York: Free Press.(罗伯特·)安格尔(1976):《近代社会的法律:对社会理论的批评》

Van Der Sprenkel, Sybille (1977) [1962], "Legal Institutions in Manchu China: A Sociological Analysis." Reprint ed. London: Athlone Press, University of London.范·德·斯帕伦科尔(1977)[1962]:《清代中国的司法组织:社会学的分析》

Weber, Max (1954), *Max Weber on Law in Economy and Society*. (Max Rbeinstein, ed.) Cambridge, MA: Harvard University Press.(马克斯·)韦伯(1954):《马克斯·韦伯论经济与社会中的法律》

Whyte, Martin(1990), "Urban China: A Civil Society in the Making" Paper for the conference on "State and Society in China: the Consequences of Reform 1978—1990", Claremont Mckenna College, Feb. 17—18, 1990.(马丁·)怀特(1990)《中国城市:形成中的公民社会》

Wright, Mary Clabaugh(1957), *The Last Stand of Chinese Conservatism: The T' ung-Chih Restoration, 1862—1874*. Stanford: Stanford University Press.芮玛丽(1957):《同治中兴:中国保守主义的最后抵抗(1862—1874)》

索引

本索引未包括附录中的内容。页数后加“n”，表示该条目出现在此页脚注中。

C

D

E

F

H

M

O

P

Q

R

T

W

X

Z